# 北上 从何家冲出发

中共罗山县委宣传部 编著

中国文史出版社

图书在版编目（CIP）数据

北上:从何家冲出发/中共罗山县委宣传部编著.
北京：中国文史出版社,2024.10.
ISBN 978-7-5205-4823-6
Ⅰ.D642
中国国家版本馆 CIP 数据核字第 202451P0K0 号

责任编辑：方云虎
封面设计：宋　滔

出版发行：**中国文史出版社**
社　　址：北京市海淀区西八里庄路 69 号
邮　　编：100412
印　　装：郑州宁昌印务有限公司
经　　销：全国新华书店
开　　本：710 毫米 × 1000 毫米　1/16
印　　张：26
字　　数：418 千字
版　　次：2024 年 10 月北京第 1 版
印　　次：2024 年 10 月第 1 次印刷
定　　价：86.00 元

# 《北上，从何家冲出发》编委会

本书顾问：林爽爽（红二十五军军长程子华之女）

# 中国工农红军第 25 军长征路线图

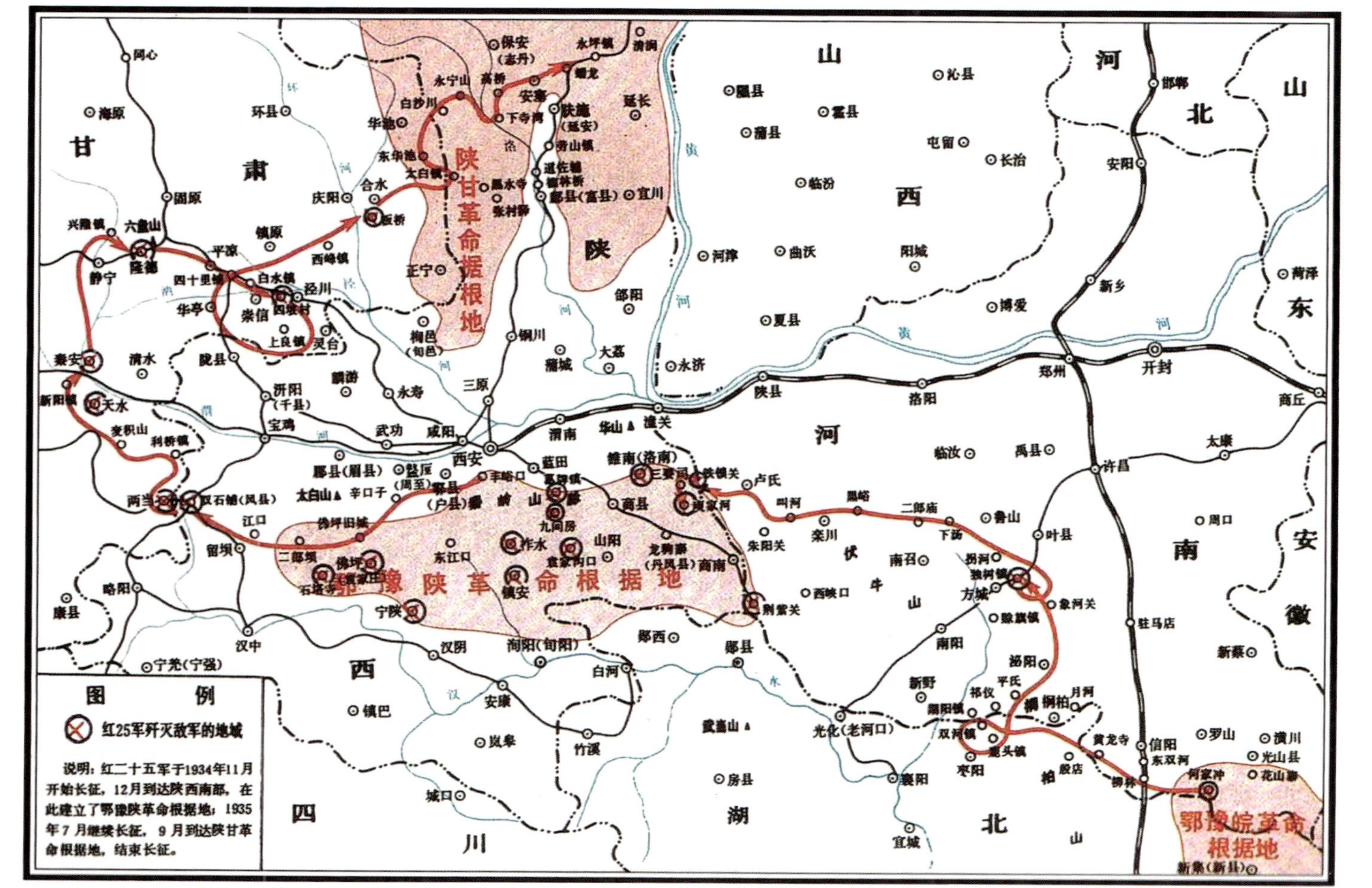


（图片来源于《中国工农红军第二十五军战史》，中国人民解放军出版社，2017 年 7 月第 1 版）

# 序　言(一)

在纪念红二十五军长征出发90周年之际，一部记录红二十五军长征历史的书籍《北上，从何家冲出发》，即将由中国文史出版社出版发行，这是一件很有意义的事情。历史是最好的教科书，中国革命史是最好的营养剂。

中国工农红军长征胜利，充分展现了革命理想的伟大精神力量，谱写了豪情万丈的英雄史诗，伟大的长征精神是中国共产党人革命风范的生动反映。

我的父亲程子华，与吴焕先、徐海东等人率领的红二十五军，于1934年11月16日从何家冲出发长征的。这一天，参加长征的每个人并不知道，人类历史上一次惊心动魄的军事远征就要开始了，踏上征程的每一个红军战士都将成为前所未有的英雄史诗的主人公。

红二十五军从鄂豫皖出发到达陕北历时约10个月，途经河南、湖北、陕西、甘肃4个省，沿途建立了新的革命根据地。1935年9月15日，率先到达陕西延川永坪镇，胜利完成了伟大的长征。

世界上不曾有过像中国工农红军这样的军队，无论是政治和军事精英，还是不识字的红军小战士，他们都坚信自己是一个伟大事业的奋斗者。他们激情万丈、前赴后继、视死如归，决心为每一个红军所认同的革命理想牺牲生命。他们用青春和鲜血证明，在人类历史上，为争取自由解放的斗争，披荆斩棘，前赴后继，勇敢顽强。最后的胜利者，无疑属于高举革命信仰旗帜的那一方。

岁月悠悠，转瞬已经90年过去了。红军长征的壮举已经成为历史。当年那支衣衫褴褛、疲惫不堪，依靠着坚贞不屈的革命精神，不断从胜利走向胜利，建设起社会主义新中国的革命队伍，已经成长为一支强大的、现代化的国家武装力量，成为一支所向披靡的威武之师。

当年一代开国将士，奋不顾身、浴血奋战，更有无数革命先烈捐躯在黎明的前夜。他们的丰功伟绩已化作耸立的纪念碑和不朽的传说，镌刻在共和国历史的画卷上，一代代源远流长、彪炳千秋，我们的子孙万代都会永远缅怀如此惊天动地的历史的荣耀。

以书记史，不仅需要大量的历史资料来印证和补充，更重要的是要实事求是，忠于历史，还原历史。必须用唯物辩证法的观点去分析和概括，真实反映历史的本来面貌，传承红色基因，赓续红色血脉。

承蒙本书编者的邀请，书写这个序言，遂又让我看到了父亲和他的战友们集结在了何家冲，站成一列列军阵准备出发。这是父辈们的浩大军阵，是那么的威武、整齐、铿锵、豪气，富有感染力。他们当年都是为了民族独立、国家富强，“除了胜利已经无路可走”的铮铮铁骨！伟大的长征精神永放光芒！

勿忘昨天的苦难辉煌，无愧今天的使命担当，不负明天的伟大梦想。

林爽爽

2024 年 10 月 5 日

# 序 言(二)

罗山县地处河南省南部,大别山北麓,淮河南岸。

这里历史悠久、文化厚重,是“小殷墟”商周文化的典型代表。隋开皇十六年定名罗山延续至今。罗山是全球罗氏发源地、“子路问津”典故发生地、全国四大红军长征出发地之一。

这里风景秀丽、山水如画,是国家重点生态功能区。董寨国家级自然保护区是“东方宝石”朱鹮的栖息地、“白冠长尾雉之乡”,是世界级观鸟胜地。国家4A级景区灵山,有“灵山山灵”之美誉。

罗山是一片红色的土地。革命战争时期,先后有4万多名优秀儿女为中国革命的胜利献出了宝贵的生命。

土地革命时期,红四方面军、红二十五军、红二十八军在这片土地上浴血奋战并成长壮大。抗日战争时期,罗山是豫鄂边区抗日根据地的重要组成部分,1939年3月,李先念在灵山寺主持召开了灵山会议,标志着鄂豫边地区党领导的抗日武装由分散走向统一,从此,鄂豫边区敌后抗日游击战争进入了新局面。解放战争初期,王震同美方及国民党代表在罗山县城谈判并签订《罗山协议》,该协议的签订,解决了中原军区部队运输给养问题,迟滞了蒋介石发动内战的时间,为我党在政治军事上赢得了主动;中原突围、刘邓大军挺进大别山,都曾在这里书写了波澜壮阔的历史画卷。

罗山县是鄂豫皖革命根据地的重要组成部分。1934年11月16日,红二十五军2980余名将士在军长程子华、政委吴焕先、副军长徐海东的率领下,高举“中国工农红军北上抗日第二先遣队”的旗帜,从罗山县铁铺镇何家冲一棵千年银杏树下集结,出发长征。

本书真实记录了红二十五军在鄂豫皖革命根据地从诞生到发展壮大的重大历史事件、重要历史人物以及著名战斗场景,详细介绍了这支红军队伍奋战大别山、威震鄂豫皖,从何家冲出发,转战中原大地,挺进陕南,创建革命根据地,西征甘陕,会师陕北红军,迎接党中央,再现了这支从大别山走出的红军队

伍极其艰难、曲折而又光辉的战斗历程。它西征北上的革命行动，成为主力红军北上的先导，为把中国革命大本营建在陕北立下了特殊功勋。

历史长河川流不息，红色精神代代相传。红二十五军的光辉历史，不仅为罗山人民留下了宝贵的精神财富，也是大别山精神的重要组成部分，始终激励我们赓续红色血脉，开创美好未来。

2019 年 9 月 16 日至 17 日，习近平总书记在信阳考察时指出："鄂豫皖苏区根据地是我们党的重要建党基地""大别山精神是我们党的宝贵精神财富。"习近平总书记的重要指示为我们在新时代把红色基因传承好指明了前进方向，提供了根本遵循。

近年来，罗山县委、县政府深入贯彻落实习近平总书记"要把红色资源利用好、把红色传统发扬好、把红色基因传承好"的重要指示精神，大力传承弘扬大别山精神和长征精神，依托优越的区位优势、珍贵的红色资源、良好的自然生态、丰富的历史文化等资源，秉承"以红带绿、以绿托红"的发展理念，以红二十五军长征国家文化公园规划建设为契机，保护利用好红色基因库，着力打造以"大别山精神""长征精神"为内核的红色文化品牌，将何家冲打造成红色文化传承创新高地、红色研学基地，同时带动休闲度假、康养旅居、森林观鸟等一大批乡村旅游产业发展，奋力推动革命老区实现高质量发展。

在红二十五军长征出发 90 周年之际，《北上，从何家冲出发》一书的出版，旨在进一步贯彻落实好习近平总书记重要讲话精神，"讲好党的故事、革命的故事、根据地的故事、英雄和烈士的故事"，牢记"红色政权是怎么来的、新中国是怎么来的、今天的幸福生活是怎么来的"。相信这本书的出版，将鼓舞老区广大干部群众传承红色基因，弘扬大别山精神，解放思想、改革创新，向着中国式现代化的壮阔航程，阔步前进！

站在新的历史起点上，推动革命老区振兴发展是我们这一代人新的长征。我们将在习近平新时代中国特色社会主义思想指引下，牢记"两个更好"殷殷嘱托，锚定"生态立县、工业强县、农业稳县、文旅活县"发展定位，建设美丽罗山，以奋勇争先的拼搏姿态，奋力书写新时代中原更加出彩的罗山绚丽篇章！

中共罗山县委书记　余国芳

罗山县人民政府县长　时圣宇

# 编著说明

罗山县是红二十五军的根据地和重要活动区域,何家冲又是红二十五军长征的出发地。为了落实好习近平总书记考察河南深入信阳革命老区指示精神,弘扬大别山精神、长征精神和发挥何家冲革命教育基地的重大作用,讲好革命的故事、根据地的故事、英雄和烈士的故事,传承红色基因,在纪念红二十五军长征出发90周年之际,我们编著出版了《北上,从何家冲出发》一书。

这本书的编著出版,几易其稿。首先感谢县委、县政府领导的关心指导和社会各方面的支持。为了完整准确呈现红二十五军长征的历史,我们查阅参考了《红二十五军军史(第二稿)》《中国工农红军第二十五军战史》(中国人民解放军战史丛书一解放军出版社)《大别山风云录》《红色信阳》《罗山革命史》《血沃中原——吴焕先传记》《程子华回忆录》等书,以及许多党报党刊上的有关红二十五军与何家冲的史实材料,还有一些红二十五军将士的回忆录。在此,我们非常感谢并致以真诚的谢意!同时,我们还多次到铁铺镇何家冲、彭新镇殷家湾、朱堂乡、灵山镇等有关村组召开老人座谈会,了解他们所知晓的当年红二十五军在当地的活动情况,并且采访了一些红二十五军中的红军后代。本书主编张庆楠,选题章节框架总策划、统筹段发广,主要执笔殷世璜,第一章至第三章,殷世璜负责编著;第四章至第七章,段发广负责编著;第八章至第九章,殷世璜负责编著;第十章二节,段发广负责编著,一、三、四、五节,史笑妍负责编著;附录,由殷世璜负责编著。在编著过程中,我们还多次到信阳市委党史办、罗山县委党史办、县文物局、文旅局、何家冲学院等单位,以及安徽金寨、湖北省红安县、大悟县等红二十五军战斗过的地方等征集资料、图片。在此,我们一并致以诚挚的谢意。特别感谢中国文史出版社的编辑老师和参加评审的党史专家,在三审三校中,对诸多历史细节认真质疑与考辩,去伪存真,力求每一处史实与观点的表述,客观准确权威。

本书的编写,得到有关历史专家和开国元勋革命后代的指导和帮助,但由于年代久远,史料、图片匮乏,加之我们编写水平有限,书中缺点和错误在所难

免，文内存在不全面、不系统、不完整、部分章节与有关书稿和网络文章存在少量雷同等问题（因红二十五军历史资料传播广泛），敬请各级领导和广大读者指正和见谅。

我们荣幸邀请到林爽爽（红二十五军军长程子华同志的女儿）担任本书顾问，在此非常感谢！

编者

2024 年 5 月 20 日

# 目　录

# 第一章　罗山革命史概述

罗山是著名的革命老区，是鄂豫皖革命根据地的主要组成部分，土地革命战争时期，从这里先后走出了红四方面军、红二十五军、红二十八军主力部队，有6000多人参加了红军。抗日战争时期，罗山是豫鄂边区抗日根据地的重要组成部分，新四军第五师曾在这里战斗成长。解放战争时期，王震同美方及国民党代表签订了《罗山协议》，为缓解中原局势，准备中原突围赢得了宝贵时间。李先念、王震、吴焕先、徐海东、程子华、郭述申、刘华清等老一辈无产阶级革命家曾在这里留下了战斗的足迹。在这块红色的土地上，先后有4万多名优秀儿女为中国革命的胜利献出了宝贵生命。

## 一、建党初期和大革命时期

1917年，俄国十月革命的成功，给中国人民送来了马列主义。1919年，在中国爆发了反帝反封建的五四运动，革命浪潮由城市波及农村，也激荡着罗山。

### （一）“罗山青年学社”的建立及其进步活动

五四运动很快影响到罗山社会各界，一批在外地求学的进步学生，成为推动罗山革命的先驱。

1919年寒假，在信阳省立第三师范学院上学的学生尚伯华（原名尚炜）和在开封高中上学的学生尚钺（原名尚宗武）回到罗山县城，发起筹建“罗山青年学社”，联合罗山进步学生及有觉悟的知识分子，联名向当时的县令呈文。县令迫于当时社会革命的压力，在呈文上签了个“具呈已悉，原禀复”的圆滑批语。

1920年暑假，“罗山青年学社”成立大会在县城霍尚公祠召开。参加会

议者数百人，除学生外，还有社会各界代表。会场上张灯结彩，鼓乐喧天，鞭炮齐鸣，掌声阵阵。会场内外贴了大量标语："打倒帝国主义！""打倒军阀！""拥护青年利益！""一切被压迫青年应参加民族解放斗争！""反对旧道德，树立新风尚！"等这些反映学社活动目的的标语，令人耳目一新。特别是大门上的那副对联，反映了罗山知识界对学社的支持和期望。上联是"青春愿长留、将输入新潮、濯尽腐霉脑海"，下联是"年华休错过、速增进学识、放开世界眼光"。

在各界代表和知名人士讲话后，尚伯华代表学社筹备组宣读了《罗山青年学社成立宣言》。宣言中阐明学社的宗旨是"团结进步学生，励志学业，讲究卫生，相信科学，解放个性，传播民主，争取自由，拥护青年利益，为民族解放而斗争……""罗山青年学社"之所以能成为当时团结进步学生的核心组织，在罗山革命史上占有重要的历史地位，就是因为它在五四运动后，在政治上倾向革命，倾向人民。

学社活动的决策群体是学社理事会。理事会是由理事、副理事及教育、农民、经济等部的部长组成。学社图书馆是宣传活动的重要阵地，藏书数千册，有红色书刊，也有灰色书刊。当时流动借阅最热的是《共产党宣言》，有英文和中文两种版本。阅览室内挂有名人像，其中有马克思、恩格斯、列宁、孙中山、牛顿、泰戈尔等，也有其他人物像。

学社编印的刊物是《三日报》，它是学社向社会发表言论、传播信息、抨击时弊的工具。报纸是石印或蜡刻，四开版面，图文并茂，文风犀利，面向大众，通俗易懂，深受民众欢迎。学社教育部举办假期补习班、读书会，这是学社宣传、团结青少年的重要活动。学社农民部在县城郊区开办农民夜校。夜校是以教农民识字的方式进行革命思想宣传的，联络并组织了许多农民。学社经济部负责经费管理和向社会联系。其经费主要来源是向社会募捐。

"罗山青年学社"从 1920 年建立，到 1927 年春结束，历时 7 年。在这 7 年中，它传播马克思列宁主义，宣传进步思想，团结青年，培养革命人生观，唤起工农的阶级觉悟，为罗山县建立党支部和发展工农运动做了思想上和组织上的准备。

### （二）马列主义传播与中共罗山地方组织建立

五四运动，把中国推进新民主主义革命的新的历史时期。罗山县有一批在

信阳、开封、武汉等地上学的青年知识分子,受到了进步思想的熏陶,走上了革命的道路。1924 年夏,党员秦君侠受武汉党组织派遣到信阳省立第三师范学院任国文教员。罗山陈孤零(原名陈锡鸿)在信阳省立第三师范学院首先经秦君侠、刘少猷介绍加入党组织。1925 年 4 月,信阳最早的地方党组织——信阳独立团党支部成立,陈孤零为委员。夏天,陈孤零回到家乡罗南山区万店。因和同学郑新民、冯情生家很近,和光山同学熊少山等均交往甚密。他介绍了郑新民入党。秋天,郑新民又发展了王世俊、郑新州、李清白(东峰庵和尚)等入党。经陈孤零介绍,报经中共信阳地委批准,在罗南东峰庵小学建起了中共东峰庵支部,郑新民任支部书记。这是罗山县第一个农村党支部。

党的四大后,农村党组织得到了很大的发展。陈孤零于 1925 年秋陆续介绍发展了罗山同学冯之涣、冯隽明、蔡慕张等在省立第三师范学院入党。这对党加强“罗山青年学社”的领导,为罗山城区建立党支部创造了有利条件。同年秋,从国立武昌大学(现武汉大学)毕业的尚伯华,从洛阳、开封、淮阳、信阳等地毕业的余范文、余友民、姚辅民、冯之辅、冯之涣等,陆续回到了罗山,为罗山建立县级组织奠定了基础。到 1927 年春已发展党员 30 余人,建立了郊区、九里、青山等 5 个党支部。

### (三)席卷乡村的农民运动

大革命时期的罗山农民运动,可大致分为 1925 年党的四大之前自发的枪会运动和之后在党的领导或影响下的农民革命运动。党的四大以后,罗山有了党组织,才加强了党对农民枪会的影响和改造工作,使部分枪会组织转化为党领导下的农民革命武装。罗山党组织在当时发展农运中,充分运用枪会运动中农民活动集中的特点,开展思想、文化教育,发动农民运动,这是大革命时期罗山党组织开展农民运动的一条经验。

1925 年 1 月,党的四大做出了关于民族革命运动的决议和关于农民运动的决议案,指出:中国的民族革命,必须由无产阶级领导才能取得胜利。同时指出:要取得民族运动中的领导地位和革命成功,还必须尽可能地组织各地农民从事经济的和政治的斗争。遵照党加紧农运工作的一系列指示,罗山党组织于 1925 年秋天便开始了对枪会组织进行改造。其办法有:一是利用党员或亲戚的家庭地位和条件,自己设堂办枪会。二是加强对进步枪会首领的教育争取工

作。利用亲戚或同学关系，增强其信任感，晓之以理，提高其觉悟，支持其正义行动，待条件成熟时秘密发展其入党。三是根据条件，派党员或积极分子参加社会地位低、力量较弱的真正农民枪会，取得说话权利，逐步取得领导权。

1925 年秋冬，是罗山农民枪会大发展时期。党领导下的农民运动只是在受黄麻影响的罗南（罗山南部地区，下同）与信阳柳林、当谷山接壤的九里关、青山店一带和青年学社活动的县城郊区有初步的发动，开办农民夜校，联系掌握少数农民枪会，鼓励农民组织起来抵御军阀骚扰，支持农户抗租抗息。

1926 年 10 月 6 日，北伐军攻克武昌，吴佩孚的 20 万军队已基本被歼，败退信阳。北伐军进抵武胜关。北伐胜利的大好政治形势，又使豫南地区的工农革命运动进入蓬勃发展时期。同时，把农民枪会运动也推向高潮，主要表现在以下几个方面：一是党领导下的革命宣传工作大大加强。二是出现了反帝反军阀的斗争高潮。三是党组织和农会得到发展与壮大。

### （四）声震罗山、信阳边区的朱堂店农民暴动

1927 年农历三月二十六日的罗山朱堂店农民暴动，是豫南地区在共产党领导下最早的农民暴动之一。在规模上，它涉及罗山、信阳两县农民自卫武装，其影响曾震动国民党县府、省府直至蒋介石。朱堂店农民暴动的胜利，深刻地揭示了农民组织起来的革命武装，是能够打败反革命武装的。

朱堂店地处京汉铁路（今京广线北段，下同）东侧，是信罗边区一个山区小镇。这里头号豪绅是民团团长刘聚庭，他横行乡里，作恶多端。清塘沟农民吴道宽租种白云寺庙田，他持家勤俭，较为殷实，才交罢刘家的枪款，又被派下 5000 斤军粮。吴家父子交不起，刘聚庭竟将吴道宽捆在牛行的牛桩上示众，又捉其长子吴德春，将其吊打。吴家悲愤难忍，投诉到当谷山柳林治安委员会和农民协会。农民协会派吴相立（中共党员）以清塘沟、老虎店、曹老湾等党所掌握的红枪会为基础，聚集朱堂店、万河及信阳当谷山、杜家畈等枪会会员千余人，在国民革命军一个连的配合下，一举全歼了刘聚庭的民团，击毙刘聚庭次子刘自起，活捉了刘聚庭。经信阳治安委员会刘展宇、刘蔓葛、聂仪之等审理，依照董必武领导的湖北省委党部颁布的《湖北省惩治土豪劣绅暂行条例》和《湖北省审判土豪劣绅委员会暂行条例》之规定，判处刘聚庭死刑，将其枪决在柳林车站。农民振奋，豪绅胆惊。

朱堂店农民暴动,在罗山及整个豫南,其意义和影响都是巨大的。它清楚地告诉了人们:农民只要武装起来跟着共产党,是有力量打败强大的敌人的。同时它也明确地告诉人们:工农要得到真正的解放,必须武装起来推翻反动政府,建立自己的政权。也显示了在党领导下的罗山农民运动的高涨,预示了罗山在北伐胜利后农村阶级斗争的激化。

## 二、土地革命战争时期

中共中央及时召开八七会议,告诫全党:中国民主革命必须建立无产阶级领导的革命统一战线。而无产阶级领导政权的确立,中心问题是农民问题。因此,必须放手发动农民起来革命,武装工农,以革命的武装打倒武装的反革命。

### (一)八七会议精神的贯彻与罗山县委成立

1927 年,蒋介石、汪精卫相继叛变革命,"宁汉合流"。第一次国共合作破裂,大革命失败,中国共产党和中国革命遭受了严重的挫折。

在反革命的血腥屠杀面前,共产党人并没有被吓倒。7 月中旬,中共中央决定在南昌发动武装起义。八一南昌起义打响了武装反抗国民党反动派的第一枪。8 月 7 日,中共中央在汉口召开了紧急会议,选举产生了以瞿秋白为首的中央临时政治局,确定了土地革命和武装反抗国民党反动派的总方针。在会上,毛泽东提出了"政权是由枪杆子中取得的"光辉思想。

八七会议精神于 9 月初传至河南。为有力地贯彻省委决议,9 月下旬,中共豫南特委在信阳成立,领导信阳、潢川、息县、固始、商城、罗山等 13 个县。在八七会议和省委扩大会议精神指导下,豫南革命群众以新的战斗姿态,很快地投入党领导下的工农革命运动。

1927 年 12 月底,豫南特委宣传鼓动部部长尚钺,受省委书记周以栗(代名易云)的派遣,回到罗山发动工农武装暴动。临行时组织部部长龚逸情向尚钺介绍了罗山情况,并嘱咐其回罗后和县特支胡日新、胡明如取得联系。尚钺回到县城找到了胡日新,在胡明如家中召开会议,传达了有关会议精神,通报了回罗山的任务,共同商讨并制订了工作计划,决定于 1928 年 2 月 6 日(正月十五)夜,在城内趁闹灯之机,枪杀罗山城内大劣绅王少琴,以扩大革命影响。后由于

刘厚生的出卖，尚钺在暴动前的2月5日夜被捕入狱。事情发生后，胡日新率数百名农民武装计划进城营救。尚钺得知消息后，制止了这起冒险劫狱行动，后利用罗山尚氏家族的上层社会关系，将其保释出狱。待国民党河南省政府“就地处决尚钺”的命令到达罗山时，尚钺已离开罗山去杭州了。

1928年3月，在豫南特委委员余锡珍的主持下，中共罗山县第一次党员代表大会在县城霍尚公祠召开，会期两天，参加会议的代表有：陈孤零、尚伯华、余友民、尚攸如、徐万发、范金声、张霁辰等30余人。会议传达了中共八七会议精神，总结了罗山工作，肯定了罗山党组织在白色恐怖下进行的斗争。会议选举产生了中共罗山县委员会，陈孤零任县委书记。胡朗山、余友民、范金声等为县委委员。大会还通过决议：(1)扩大和发展党组织；(2)注意发展工农分子入党；(3)领导工会进行增加工资、改善生活的斗争；(4)领导农民进行抗粮、抗租、抗税、抗捐、抗息斗争；(5)扩大宣传，揭露国民党叛变事实，回击白色恐怖；(6)组织学生会，要求言论自由；(7)把革命力量分散派到农村群众中去。会后建立了城区、周党、罗南三个区委，吸收了一批新党员。

## (二)罗山县党组织和工农革命运动的恢复和发展

通过宣传贯彻党代会决议，罗山农村党组织和农民运动有了恢复和发展。城区发展了10余名工农分子入党，建立了城区独立支部，下辖徐堆、东大园、河上湾3个党支部；青山店双桥镇是农运开展较早的区域，经过工作发展了几名农民党员，建立了双桥镇党支部；青山店学校支部；南李店街上发展了7名工农分子入党，建立了南李店党支部；莽张、榆树店、定远店、杨店、万店等地均发展了几名农民党员，并建立了党支部或党小组。

南李店党支部是党代会后县委决定把工作重心从城区转移到南李店时建立的。党组织以北庙小学为阵地，以开办平民夜校、农民夜校作为宣传发动群众的手段，发展党的组织和农民协会等群众组织。到夏天，南李店镇上成立了烟匠工会、泥匠工会、贫民团、把兄会、姐妹会等6个群众组织。党组织发展了余家湾支部，书记余正帮；烟匠工会支部，书记吴文才；敖湾支部，书记余友民(兼)；南李店支部，书记陈晓难。发展党员20余人，工农分子占80%以上。同时，附近的王乡、郑家湾、邢桥、万嘴、敖湾、刘乡、姚家湾等地都建立了农会组织。

九里、青山店一带信罗边区是大革命时期开展活动较好的地区,由于四望山暴动失败,原已建立的区、乡农会都遭破坏。在青山店、双桥党支部的领导下,经过工作,整顿和新建了一些农民协会。

### (三)红军攻克罗山县城

1930 年 9 月,京汉特区行动委员会根据长江总行动委员会给予的任务和指示,集中鄂豫皖红军力量向京汉铁路出击,配合以武汉为中心的全国总暴动。10 月,红一军三个师以红一师强攻潢川县城不克,在北门外歼敌 1 个营。红二、三师攻克了光山县城。继而,红军三个师会合于光山县城进行整编。随后,在军长许继慎、副军长徐向前的率领下,挥师西进罗山。

为配合红军攻城,在余范文的率领下,罗北红色游击队由宣化店赶来支援。罗山县城守敌系国民党十二军戴民权部李茂生补充团和县朱相九保安大队,兵力 500 余人,大都为收编的土匪。在进驻县城时,曾公开大抢 3 天,奸掳烧杀,无恶不作,民众痛恨至极。他们得知光山县城被攻克的消息后,慑于红军的威力,昼夜不停地加紧修筑城防工事,以对抗红军。

10 月 16 日(即农历八月二十五)上午,进城做生意、赶集的群众络绎不绝,城外守敌一个连在东大园塘里洗澡摸鱼,红军以迅雷不及掩耳之势,俘敌一个连,迅速占领了城东大王庙,包围了罗山县城。城内守敌实行戒严,县保安大队立即行动,挥舞大刀,胁迫群众到屋里。四面城门由国民党正规军分兵把守。天没黑,县保安大队挨户抓人,将 15 岁以上的男子都抓到城墙上守城,连光山来的两个卖白布的商贩也被抓上城墙。城墙下每隔 5 米有一个敌兵掂着枪督战。

夜幕降临了,敌人在城墙上每两个垛口上点着一盏灯,全城灯火通明,护城河里映出了一条"火龙"。许继慎军长、徐向前副军长向指战员们作战前动员和攻城部署。命令红一师第一团第一营第一连由王宏坤连长率领,担任主攻南门任务,军部手枪队配合一连行动;各师抽调 10 名精干战士组成一支敢死队,由许世友率领,承担爬墙任务;其余各部待南门突破后,发起总攻。王宏坤带领主攻部队查看了南门外地形。这里壕沟干涸,芦苇丛生,且城墙上塌有一个豁口。主攻部队及时从附近农家借来几架大梯,准备攀登城墙使用。夜里 10 点钟,红一军在地方赤卫队的配合下,攻城的战斗打响了。豁口处,王宏坤在数挺机枪

的火力掩护下，率手枪队占领了有利地形，并依托一个商店的木门，用驳壳枪从左至右一连打灭了9盏油壶灯。接着，手枪队甩出一串手榴弹，炸死一批敌人后，其余守城的敌人龟缩在城门楼里不敢出来。这时，被逼到城墙上的群众趁机逃跑了。

另一突破点在城东南之奎星楼下，此时也发起了猛烈的攻势。城内守敌凭借宽阔的护城壕和高大坚固的城墙，据守顽抗。许世友率领敢死队跑步冲到城墙下，架起了高高的云梯，敏捷地登上城墙，冲进城内。他身先士卒，手握大刀与敌展开了肉搏战。王宏坤带领战士向东西城楼打，手枪队长带人向西面碉堡冲击。顷刻间，刀声、枪声响彻夜空，整个城内硝烟弥漫。此时，城内地下共产党员张霁辰也乘势出来高声呐喊："红军进城了！""红军进城了！"守敌顿时溃乱。敌团长李茂生见大势已去，遂带着10余名残兵败将从城北门仓皇逃窜；县保安大队长朱相九在战斗打响后，趁黑夜从城西北角的下水沟里逃出城外。战斗持续两个小时，红一军全歼守敌一个补充团及县保安大队，毙俘敌500余人，缴获枪支500余支。

红一军取得了光山整编后的第一个胜利，红军战士砸开了监狱，释放了被关押的共产党员和革命群众。

当夜，罗山城居民各家各户把门打开，在门头上挂个灯笼，迎接红军进城。是夜，红军战士露宿街头，对老百姓秋毫无犯。

10月17日上午9时，中共罗山县委在城内东北大操场召开群众大会，欢迎红军解放罗山县城。到会者近千人，红一军领导人向到会群众宣布了共产党的革命主张和红军政策。会开得很活跃，标语满城，歌声飘荡，会后组织了盛大的游行。

在红军政治部的协助下，18日，中共罗山县委召开各团体代表协商会议，成立了"罗山县工农兵革命委员会"（即临时苏维埃政权）。

### （四）罗山县苏维埃政权的建立

1930年11月上旬，罗山特别会议之后，红一军随即由潘新店挥师南下，罗山城区县委也随红一军南下到宣化店。11月下旬，在宣化店召开了罗山县第一次工农兵代表大会和中共罗山县党代会。两会分别选举产生了罗山县苏维埃政府和第三届中共罗山县委。潘天成当选为县苏维埃政府主席（后为郑思广

任)，徐恕风(鄂豫皖特委派来的麻城人)任县委书记。县苏维埃政府机关设在宣化店。

县苏维埃政府成立那天，工、农、商、学、兵各界群众万余人，从四面八方拥到宣化店。杨店、万店、周党、潘新等地区也派来了代表参加会议。会场张贴着“拥护罗山县苏维埃政府成立”的巨幅标语，无数面彩旗形成一片波浪起伏的大海。在红军的支持下，罗山南部各区、乡建立了苏维埃政权。罗山县苏维埃政权分为县、区、乡、村四级。县苏维埃政府下辖6个苏区：一区苏宣化区(今属湖北大悟县)；二区苏丰、王店区(今属大悟县)；三区苏杨、万店区，辖7个乡苏，区苏主席谢守俊；四区苏卡房区(今属河南新县)，辖3个乡苏，区苏主席阮德成；五区苏潘新店区，辖11个乡苏，区苏主席房恒平；六区苏周党区，为县直属特区，辖5个乡苏，特区苏主席刘全初。

1931年1月，罗山县又建立了青区苏维埃政权，辖3个乡苏政权。至此，全县共建了7个区苏政权，36个乡苏政权(二区苏所辖乡苏没统计在内)。县苏维埃代表大会是全县最高权力机关。选举若干人组成苏维埃执委，除正、副主席及常委外，还设有生产建设、工农监察、财政经济、军事、粮食、交通、内务、土地、文化教育各种委员会和革命法庭等机构。区苏维埃也建立了与县苏维埃各委员会工作相应的委员，村苏维埃执委为3—5人。罗山县各级苏维埃政府在同级党委领导下行使以下职能：及时宣传和贯彻执行上级的指示和决议；组织和动员人民群众拥护红军、扩大红军、支援红军；积极领导人民群众实行土地革命；没收豪绅地主财产，管理财政收支；搞好苏区建设；维护社会秩序；兴办文化教育和卫生；大力发展苏区的经济等。

### (五)清除反动势力，扩大根据地

罗山县各级苏维埃政权的建立，标志着罗山土地革命运动已进入了一个新的历史时期。为了巩固苏区，巩固苏维埃政权，县苏维埃政府领导各级武装在根据地内开展打民团、杀豪绅、拔据点、清除一切反动势力的斗争。

1930年11月23日，罗山独立团配合鄂中特务营、游击队、陂教北赤卫队，在阳平口附近来家河与孝感清乡团激战数小时，将其击溃，俘团丁50余人，缴长枪100多支、盒子枪20余支。

12月，罗山独立团又往定远店、周党畈一带活动，攻打林家湾陈子仲民团。

陈子仲系罗南倒座湾大地主张九的干儿子。他倚仗张九的势力，在地方收编土匪，组织民团，残害百姓，附近30里的百姓家无宁日。12月13日夜，天正下着大雪，县独立团在天亮前包围了陈子仲民团的巢穴林家湾。天亮后战斗打响。独立团迅速冲进寨内，与敌激战近5个小时。民团大部缴械投降。陈子仲带着家眷及残匪夺门外逃，三营长桂本祯紧追数百米将陈击毙，为民除了一害。同月，罗继柏带领三区苏赤卫队攻破了董家村，惩治了豪绅陈继生、陈迎宾、陈恒柏。

这年，在郾城任县委书记的陈孤零回家乡万店过春节，看到大好形势，高兴地在大门口贴了一副对联："赤旗飘扬，大地欢呼解放万岁；春风浩荡，普天同庆革命成功。"罗山各级武装清除根据地内反动势力的斗争，为扩大根据地创造了良好条件。

1931年1月初，鄂豫皖临时特委委员王平章来到宣化店，主持召开了区以上干部会议。会议根据上级指示精神，研究了扩大根据地、解决苏区粮食等问题。

在万家店的彭家湾有一股40余人的民团，团长彭固义，有步枪20余支，手枪5支。这股民团经常袭扰苏区，对苏区边缘区的群众进行奸、掳、烧、杀、抢，严重地威胁着这一带人民生命财产的安全，同时也阻碍了罗北工委工作的开展。罗北工委决定扫除这一障碍。1月下旬的一天夜里，工委率领独立团包围了彭家湾彭固义的全部团匪，激战3小时，民团弃寨而逃。独立团又乘胜清扫了这一带的地主豪绅反动据点，收缴了许多粮食、布匹、食盐、烟叶等物资。随后，工委到处张贴标语，散发传单，组织宣传队广泛地向群众宣传党的方针、政策，很快把群众发动组织起来了。工委根据上级指示，在万家店建立了乡农会。

罗北工委开辟了万家店地区后，率独立团继续北上，于1931年1月下旬进入青区（青山至双桥一带）。这一带的反动势力，在独立团的有力打击下，纷纷逃到金家寨内，以保全性命。

金家寨，又称郑寨，是青山店东最大的寨子，有坚固的寨墙和宽阔的围壕，易守难攻，反动势力称之为"保险柜"。郑作吾、余范文指挥独立团包围了金家寨，激战数日，后采用火攻，终将其攻破，捉住了冯玉保、伍云波等12名地主豪绅。工委在青山街上召开群众大会，对捕捉的反动分子进行公审后，当场处决于青山店东门外，并将独立团缴获的粮食、衣物分给到会的群众。

为了进一步巩固苏区，罗北工委决定继续清除根据地内的反动势力。1931年3月，罗山县五区苏游击大队决定攻打罗山民团团总丁印昆的老巢黄湖寨。此寨寨墙坚固，又有围壕，防守森严。游击队曾先后发动了5次围攻，最后于5月攻破。民团头子丁印昆逃跑了，捉住了岳城店的李八和民愤极大的丁偏颈，两人被游击队处决。4月，郑新民、王世俊带领县独立团和彭陈店赤卫军，全歼三里城周贡臣民团，缴获长枪30多支。5月2日，郑新民率领县特务营至周党畈，巧遇傅兰田民团和胡逸堂民团合并，午饭后民团正玩牌，县特务营赶到，敌人已控制了十字街口，特务营牺牲数人。郑新民立即命令大家散开，占领了周党畈福音堂楼顶。特务营居高临下，打死了房上的敌人，把敌人围困到一个碉堡内。相持之间，特务营派人去找红军增援，同时，民团亦派人过河向光山团总易本应求援。3日夜，红二十九团到达周党畈，包围了民团。4日清晨，民团见突围不成，傅兰田自杀，团丁们纷纷缴枪投降，民团团副傅少卿跳下炮楼，持两支手枪向外冲杀，红军追至街外稻田里将其击毙。

战斗刚结束，光山易本应民团纠集枪会数千人赶到。周党畈与光山隔一条竹竿河，恰遇河水暴涨，敌人用几只木船往周党畈这边渡，被红军打得落花流水，死伤过半。残余者来不及坐船逃跑，只好泅渡，又被河水淹死了很多。

4月中旬，县独立团活动到五区苏，配合潘新店涂堰赤卫队，攻破了豪绅的土围子王墩，活捉了豪绅王八爷，将其处决于定远麻田河。接着，县独立团第三营配合周党桂店赤卫队，攻打周党地区民团枪会的据点董家墩。7月初，县独立团配合地方游击队清扫涩港民团，活捉了民团团长黄可梅、王合型，打死打伤团丁30多人，缴获长短枪30余支。同时，还捉住了涩港联保主任王进军及豪绅王鼎明、熊成斌等3人，予以镇压。同月上旬，五区苏游击队挺进到南李店一带，于南李店击溃光山尹会堂民团。随后向南挺进，连续击溃天湖、鲁堂等地7股小民团，击毙民团长1人，俘团丁8人，缴获长枪6支，马1匹，使这一带的苏维埃政权更加巩固。

1931年8—9月间，罗北工委相继在徐寨和谢围子建立了中心区党小组和东区党小组，从而加强了白区党组织的力量。这两个党小组主要活动于罗山与光山交界，破坏敌人的电线，散发传单，扰乱敌人，扩大了共产党在白区的影响。

县苏维埃政府领导根据地各级武装的对敌斗争，沉重地打击了反动势力，使以宣化店为中心的苏区向罗山北部发展了近百里。到1932年秋，鄂豫皖粉

碎国民党的三次“围剿”之后，罗山苏区向北扩展到罗山城郊，全县共建立了1个县级苏维埃政权、9个区级苏维埃政权。

### （六）罗山苏区的土地改革

土地革命前，罗山县有可耕地115万亩，人口27.2万人。其中近20万农民无土地，3万多农民只有少量的土地，而少数地主却占有70%以上的土地。仅县城刘氏（楷堂）官僚地主一家就占有土地25000多亩，分布在9个乡；铁铺大地主陈淮一家就有土地7000亩。地主阶级凭借着所占有的土地，向农民索取高额地租，预收租地押金，加要各种小稞，使农民辛辛苦苦一年劳动的全部收入被榨得所剩无几，生活饥寒交迫。因此，彻底摧毁封建土地制度，实现耕者有其田，就成为广大劳动人民的迫切愿望。

1930年11月下旬，罗山县各级苏维埃政权相继建立起来后，苏区即全面掀起了以分配土地为中心内容的轰轰烈烈的土地革命运动高潮。这次土地改革工作，苏维埃政权建到哪里，土地分配就开展到哪里。分配土地的政策，主要是按照《鄂豫边革命委员会土地政纲实施细则》进行的。同时，在工作中还贯彻执行了鄂豫皖特区苏维埃政府制定的有关政策规定，使土改工作进行得比较顺利。县、区、乡、村各级苏维埃政府都专门成立了土地委员会，具体领导土地改革工作。村一级土地委员会一般由5—7人组成；乡一级土地委员会由7—9人组成。土地委员会由群众推选忠于革命、办事公道、群众拥护的贫雇农担任。

### （七）扩大红军，筹粮捐款支援前线

在鄂豫皖根据地军民连续取得第一、二次反“围剿”胜利的大好形势下，根据地党组织向全苏区发出了紧急动员令，号召广大人民群众迅速行动起来，粉碎敌人新的“围剿”，积极开展群众性的游击战争和拥护红军、参加红军的运动。

1931年5月中旬，罗山苏区广大人民群众在县委、县苏维埃政府的领导和组织下，在各处掀起了参军拥军热潮。6月上旬，罗山县委第三次组建的独立团，北上进入万店一带，在万店冯家河滩召开了千余人参加的群众大会。会场上当即出现了许多父送子、妻送郎参军的动人情景。如谢林村农民刘天好兄弟4人一同参加了红军，董大勤夫妇把两个儿子一齐送给了红军，方海卿家有3个儿子、1个女儿和1个儿媳，因儿子都报名当了红军，女儿坚决要去，儿子去了部

队,媳妇一看也坚决跟去参加红军,家中只剩下老两口。这次会议,三区苏报名参加红军的达200多人。

1931年8—9月间,党、团中央分局分配给罗山动员100人加入红军的任务,罗山县委、县苏维埃政府为部队输送了150余人,超额完成了任务。12月上旬,罗山县委为继续完成上级分配的扩红任务,在杨、万店三区苏的殷家湾召开五个区苏的乡苏以上干部大会,一次为红军输送兵员1500余人。从1931年春到1932年春的一年时间里,罗山县苏区青年参加红军的就达五六千人。仅罗山独立团就6次被集体编入红军。在革命战争中,罗山英勇献身的人数占加入红军人数的80%。罗山苏区人民为红军的壮大和发展做出了巨大贡献。

在筹粮捐款支援前线方面,1931年3月上旬,罗山县苏维埃政府组织了上百人的慰问团,携带挂面、花生、食盐、军鞋等大批慰问品,到前线慰问打仗的战士们,使战士们备受鼓舞,增强了红军对敌作战的勇气。11月上旬,在黄安战斗中,罗南苏区群众在县苏维埃政府的领导下,筹粮、筹款、做军鞋,并组织了上万人,日夜运送物资到前线,给参战红军以有力的支援。群众说:“前线要啥咱送啥,要人给人,要粮给粮。”

县苏维埃政府还组织区苏与区苏、乡苏与乡苏、村苏与村苏之间展开拥军活动竞赛,号召群众省吃俭用,把粮食积蓄下来,送给红军。罗山苏区每亩田交纳红军粮20斤大米,第一、二区苏送到宣化店,三、五、六3个区苏送到杨店陈祠堂特务营仓库,充分地保证了红军用粮。党向苏区青年们提出:“每个革命的青年每月要替红军做一双草鞋或布鞋,每月要帮红军捐一升或一碗的粮食,及经常替红军家属耕田和做其他的事。”整个苏区军民的情绪十分高涨。

据不完全统计,罗山苏区各级党组织发动群众支援红军的军粮达5000多担,捐款2万多元,鞋袜8000多双,都超额完成了任务。此外,苏区内还组织了共耕队、代耕队,为红军家属耕种、收割,解除了在前线作战的红军战士的后顾之忧,为战斗胜利提供了保证。

### (八)红军游击队、便衣队配合红二十五军保卫和坚守根据地

1933年10月以后,红二十五军在罗山南部、光山西南部地区,西起三里城、五里店,东到浒湾、泼陂河之间往返回旋,时而集中作战,时而分散隐蔽,时而乔装智取,时而远程奔袭,曾先后攻破浒湾、杨家店、周党畈等几处民团据点,并数

次袭击南向店、晏家河，歼敌第三十二师1个连及易本应的3个民团中队。

随着游击斗争深入开展，罗、陂、孝各地武装也配合红二十五军在罗南活动。2月中旬，陂孝北游击队打垮了罗山西南姚家畈民团后，继而转移罗山南部，消灭了郑九皋民团，烧毁了铁铺王家祠堂碉堡，缴获长短枪27支、子弹460多发。

红二十五军在光、罗（光山、罗山，下同）地区，一面开展艰苦的群众工作，一面与便衣队、游击队配合进行外线游击战争，恢复了光、罗苏区政权。罗山各级党组织还从游击队、地方干部中抽调部分骨干力量到乡村发展便衣队。这些便衣队，配合红二十五军在光罗地区活动，不断出击，打击袭扰敌人，消灭民团，取得了很大成绩，获得了省委在《一〇〇号通告》中的表扬与肯定。

为发展罗、陂、孝地区和光、罗边界的便衣队，省委指示从游击队中抽一些精干力量充实到罗、陂、孝、光、罗地区的便衣队中去。1934年2月，红二十五军向罗山西南地区派出三个便衣队开辟新区，鄂东北道委也派了一个便衣队到罗山香炉寺一带活动。便衣队和群众为党和红军提供了许多情报。罗山定远牢山民团勾结国民党军队准备搜剿牢山便衣队。便衣队获得情报后，先发制人，在国民党军队未到之前，活捉了牢山民团团长，将其处死在周党畈集上，敌人联络中断，“搜剿”计划破产。罗山便衣队是在艰苦的条件下成立的，在斗争中成长和发展的，它不仅成为红军的主要后备力量，而且在坚持根据地斗争中发挥了巨大作用。

1934年6月1日，省委召开了第八次常委会，两次讨论了发展罗、光苏区，开辟新的游击根据地问题，决定“在光、罗北部（进行）最高度的军事行动”。6月2日，红二十五军之一部于光山县大竹园击溃敌四十四师1个旅后，向光、罗北部进发。6月6日，红二十五军一部在罗山县青山店击溃青山民团一部。同日，红军挺进信阳县闵家岗，在中山铺与国民党军激战半日，给敌以沉重打击，同时还占领罗山县楠杆铺，截断了信潢（信阳至潢川，下同）公路，继而进占信阳县五里店，歼灭驻五里店的信阳县保安大队，并就地发动群众进行了分粮、分盐活动。

6月7日，红二十五军又南抵罗山县彭新店与国民党刚到彭新店宿营的机动游击部队四十四师一三二旅2个团相遇。红军抢占有利地形，先敌开火，分东、西两面向敌驻地勇猛夹击。正在号房做饭、抢东西的国民党军措手不及，弃

枪向南逃跑。红军乘胜追至彭新店以南的九龙河，抄敌后路，猛烈攻击，击溃全部敌人。敌两个营被迫缴械投降，余者溃逃。战后，当地群众热烈地慰问红军，烧茶送水，为红军搬运战利品，并要求红军长期驻扎，以协助打粮、分粮斗争。是夜，红军宿营在彭新店附近山区。

6月8日，红二十五军由罗山彭新店过九龙河东向杨店进发。在彭新店被红军击溃之残敌已先期到达杨家店，集中编为4个营，企图运送伤员南窜宣化店。敌军在杨店、胡洼、桃湾、黄湾、南洼、黑洼一带村庄抢掠群众、打鸡杀猪。黑洼的桃李园里聚集了许多溃兵打桃摘李。杨店便衣队发现情况后，一面在鳖嘴、新庄一带山岭上监视敌人，一面派人向红二十五军报告情况。红二十五军闻讯后，立即投入战斗。杨店便衣队分成四个战斗小组，分别为红二十五军带路，直奔鳖嘴、新庄山岭，居高临下，趁敌不备，突然分路猛击。战斗进行了3个小时，歼敌4个营，俘敌200余人，夺取了全部辎重。战后，红军还为杨店便衣队配备了一批枪支。

6月中旬，红二十五军返回朱堂、铁铺一带进行恢复和开展工作。深入村庄组织发动群众，很快在朱堂店地区建立一个区政权和几个乡政权，恢复开辟了南北长60余里、东西宽40余里的小块根据地。朱堂乡苏还建立了30人的乡游击队，铁铺乡苏组建了30人的警卫队。除此之外，还有若干便衣队。

红二十五军自5月上旬到6月下旬，转战豫东南、光罗边、罗信边、罗息边界地区。罗山各级地方武装积极配合主力红军的军事行动，传递情报，不断出击，牵制和袭击敌人，为红军创造战机，有力地支援了红军作战，接连歼灭了许多股国民党地方武装及反动民团，取得了凌云寺、彭新店、杨店等重大战斗的胜利，共歼灭国民党二十五路军2个团、四十四师及刘镇华部3个团，击溃了光山易本印、罗山丁印昆等大股地方民团，使边沿地区形势大为好转，为开辟边沿根据地奠定了基础。

### （九）红二十八军在罗山地区的游击战

红二十五军向西转移出根据地后，由尚在皖西的鄂豫皖省委常委、皖西北道委书记高敬亭领导鄂豫皖根据地的斗争，留下一部分武装重建红二十八军。

红二十八军重建后，军部设在罗山县彭新乡青蓬村（现为铁铺镇青蓬村）。根据鄂豫皖边区新的斗争形势，红二十八军遂决定避敌锋芒，运用辽阔的大别

山区与敌周旋，寻找新的立足点，创建新游击根据地。1935 年 5 月 19 日，红二十八军在青蓬村与中共鄂东北道委、罗山独立团会合。高敬亭立即召开会议，传达了黄尾河会议的决定，并命令将第二次组建的罗山县独立团编入红二十八军二四四团，道委特务一、二营亦编入军手枪团，任命罗山独立团团长梁从学为二四四团团长，张生先为政委。

省委交给红二十八军的任务是坚持鄂豫皖地区的斗争，保卫革命根据地。红二十八军能在大别山坚持斗争，对国民党南京政府有相当的威胁，还能拖住蒋介石 10 多万部队，同时会大大减轻中央主力红军和红二十五军的压力。

红二十八军往返平汉铁路的战略行动，不仅牵制了大量的敌人，而且打乱了敌人的"清剿"部署。全军在战斗中受到锻炼，积累了经验，提高了战斗力，为持久地坚持鄂豫皖边区游击战争创造了条件。

正是由于罗山人民群众用鲜血和生命全力支援，给了红军和便衣队以生存和发展的条件，才使得斗争取得胜利。

# 三、全民族抗日战争时期

1937 年 7 月 7 日，日本帝国主义为了实现占领中国、独霸亚洲的目的，向北平卢沟桥的中国军队发动了进攻，遭到中国军队的英勇抵抗。七七事变标志着全国抗日战争的全面爆发，民族矛盾上升为主要矛盾，国民党被迫停止了对南方各省游击区的“清剿”。中共中央根据新的斗争形势，在同国民党达成共同抗战协议的同时，将走出大别山的红四方面军和红二十五方面军整编到八路军一一五师、一二九师，将南方八省坚持游击战争的中国工农红军、游击队，改编为国民革命军新编第四军，在大江南北广泛开展敌后抗日战争。

## (一)红军游击队、便衣队整编开赴抗日前线

在全国形势发生巨大变化的时候，鄂豫皖地区党、政、军的最高负责人、红二十八军政委高敬亭在皖西岳西县看到皖鄂边特委书记何耀榜转来由姜术堂从西安八路军办事处带来的《抗日救国十大纲领》和《关于抗日救亡运动新形势与民主共和国的决议》两个文告，以及一些阐明国共第二次合作共同抗日的宣传品，认识到日本帝国主义发动的全面侵华战争使中华民族危亡迫在眉睫，中国共产党主张停止内战，与国民党合作抗日。高敬亭主动向“鄂豫皖剿共督办公署”主任卫立煌提出“停战谈判，共同合作抗日”的建议，深受蒋介石排挤、厌恶内战的卫立煌立即同意高的要求。双方于 1937 年 7 月 25 日至 28 日在安徽省岳西县南田村开始进行局部的国共合作抗日谈判。

双方经过 3 天的谈判，终于达成了协议，于 7 月 28 日在九河朱家大屋正式举行了签字仪式。高敬亭和卫立煌的高级参谋刘刚夫分别代表双方在停战协议书上签字。

根据谈判协议，从 9 月上旬开始，鄂豫皖地区各级红军游击队、便衣队奉命分别向七里坪和宣化店集结。在罗山大小鸡笼山、铁铺、彭新、灵山等地活动的游击队、便衣队于 9 月中旬陆续到宣化店地区集结。在老君山一带坚持游击战争的刘名榜也率领罗礼经光中心县委机关 30 余人去七里坪集结。

各地游击队、便衣队集中后，改编为“鄂豫皖边人民抗日军”。为了提高部

队战斗力，以适应皖中、皖东打击日寇的需要，在七里坪又对部队从思想上、军事上、组织上进行了全面整训，有效地提高了部队的军事素质和政治素质。

罗山独立团和便衣队、游击队编为四支队第九团，团长顾士多、政委高志荣。1938 年 3 月，四支队从七里坪出发，经新集、沙窝开赴蚌埠东抗日前线。红军时期的罗山游击队、便衣队从此踏上新的征途。

### (二) 罗山抗日救亡宣传队的活动

为了广泛深入地宣传抗日救亡主张，1938 年 2 月，李雨膏以罗山县城西小学师生为基础，又吸收了部分乡村师范进步学生，成立了“罗山抗日救亡宣传队”，利用演戏、唱歌、办壁报、画漫画等形式宣传抗日。“抗宣队”每到一处，就在街头围一大圈，敲锣打鼓招来观众之后，歌声顿起：“工农兵学商，一起来救亡……”“大刀向鬼子们的头上砍去……”他们还唱着《松花江上》《义勇军进行曲》等歌曲。这些歌曲有力地揭露了日本帝国主义的滔天罪行，唱出了广大人民群众的苦难生活和强烈要求抗日的心声，表现了抗日宣传队员的爱国热情，反映了中华儿女不甘当亡国奴的坚强意志和伟大民族精神。有不少人就在这歌声的鼓舞下走上了革命道路。9 月，“抗宣队”还在光山、潢川一带巡回演出，对当地人民鼓舞很大。“抗宣队”在李雨膏的带领下，为疾呼抗日救亡，足迹踏遍了罗山的山水，走遍了罗山大、小集镇和乡村，他们像火种，走到哪里，就把抗日救亡的烈火燃烧到哪里，唤醒了罗山民众，使罗山城乡掀起了抗日救亡的热潮。

### (三) 小龙山阻击战

1938 年 5 月，日军攻陷徐州后，决定先以一部分兵力攻占安庆，作为进攻武汉的前进基地，然后以主力沿淮河进攻大别山以北地区，由武胜关攻取武汉。9 月初，日军攻占潢川县城。潢川县城距罗山县城只有百里。17 日，日本侵略军进犯罗山。蒋介石急调增援部队星夜驰援罗山前线，中国守军第二十六、第二十七集团军节节阻击。在罗山战役中，日军使用了飞机、大炮、坦克、毒气弹。双方在罗山县城周围投入 10 万大军。中日罗山战役是罗山县历史上规模最大、最为惨烈的一次现代化战争。

为牵制日军南下和保卫武汉的安全，中国国民革命军第十七军团奉命开赴

罗山，在龙山一带与日军展开生死搏斗。第十七军团军团长胡宗南决定把龙山作为阻击日军的主战场，把竹竿、楠杆、伍家坡作为伏击日军的战场，打响了阻止日军西犯信阳、南侵武汉的阻击战。胡宗南命令将士们预先在龙山修筑工事，挖掘战壕，集中兵力和武器弹药，准备与日军决一死战，并要求将士千方百计炸毁竹竿大桥，切断日军的运输供给线。

9 月 17 日，日军向罗山县城发起攻击，拉开了龙山阻击战的帷幕。18 日上午，第十七军团一二四师、一二五师到达指定位置后，沿竹竿铺西的岗岭地带布防，并组织一批又一批的炸桥敢死队，炸毁了竹竿大桥。18 日下午，一二五师三七五旅先头部队在竹竿铺中了日军埋伏，经过激战伤亡惨重，退至集镇外，筑简易工事待援。随后，日军地面部队在空军的配合下，向守军阵地发起全面进攻。19 日，一二五师退至罗山县城东 10 里处，一二四师固守城北八里井。20 日，日军增兵进攻罗山。进犯罗山的日军返回县城东南，抢占附近高地，守军多次反攻均被日军阻挡，城东南阵地失守。城北八里井守军在日军飞机和大炮的狂轰滥炸下，在数倍敌人的进攻下也遭遇失利。21 日凌晨，罗山县城沦陷。

22 日，中国军队多次组织反击，一度攻入县城，均遭到日军疯狂反扑，被迫撤离县城。24 日，第十七军团以龙山及其附近岗岭为主战场，阻击日军向西进犯，给日军造成严重的威胁。因此，日军集中兵力、火力，用飞机对龙山反复轰炸，发起数十次冲锋，均被守军打得落花流水，日军伤亡千人。守军在龙山附近群众和便衣队的配合下，越战越勇。日军眼看短期内攻下龙山无望，恼羞成怒，狗急跳墙，竟然对龙山守军阵地施放毒气，致使大批将士伤亡，龙山阵地失守。28 日，第十七军团向西南撤退，与埋伏在楠杆、伍家坡一带的部队会合后，继续阻击日军西犯信阳。日军装备精良，人数众多，天上有飞机轰炸，地上有坦克、大炮、毒气弹猛攻，战事极其惨烈。在敌强我弱的情况下，第十七军团没能击败日军，被迫撤退。

在龙山阻击战中，中国军队及便衣队数千名官兵壮烈牺牲，死亡群众 1000 多人，县城及城西一带尸横遍野。战斗结束后，当地群众收尸时发现有的尸体仍保持着瞄准射击的姿势，有的与日军同归于尽，场面极其悲壮。后来，当地群众将英勇牺牲的将士们的尸骨埋葬在龙山。

“忠贞伟烈，千古不灭；壮我河山，争光日月。”1939 年罗山县城收复后，为了纪念在龙山阻击战中为国捐躯的将士们建立了忠烈塔，并屹立有蒋介石为龙

山战役阵亡将士亲笔题词的“保家卫国”纪念碑。“宁为战死鬼，不做亡国奴”“一寸河山一寸血”，这是中华儿女面对日本帝国主义的侵略发出的怒吼。龙山阻击战虽以失败而告终，但为武汉的党、政、军机关及战略物资向大西南转移赢得了宝贵时间。无数将士抛头颅，洒热血，前赴后继，奋勇杀敌，他们顽强的战斗作风、为国捐躯的牺牲精神和反抗外来侵略的高尚民族气节，永远值得后人敬仰。

### (四)侵华日军在罗山的暴行

日军入侵罗山以后，实行残酷的“烧、杀、抢”政策，其野蛮程度令人耳不忍闻、目不忍睹。日军的飞机连续三次对县城进行狂轰滥炸，炸毁民房500余间。县城到处墙倒壁坍，一片废墟，许多居民被杀害。1937年11月中旬，日军在铁铺九里关杀害农民13人，将4名妇女轮奸后又残酷地用刺刀捅入阴道。月底，驻信阳日军到彭新抢劫群众粮食、牲畜后，将大小便拉在群众的饭锅、水缸、香炉、供桌、水井等处，还纵火烧毁民房100余间，屠杀群众20多人。1938年8月16日，日军在朱堂店屠杀无辜群众100人，烧毁房屋300余间，其中70多户被杀绝，80多户无家可归。从朱堂店，西至万河，南至肖畈，方圆30里，浓烟滚滚，一片焦土，无辜的百姓，抛尸遍野，死者枕藉，白骨堆满沟壑。日本侵略者在中华大地所犯累累罪行，罄竹难书。罗山到处是残垣断壁，无数平民百姓家破人亡，妻离子散，罗山人民蒙受了巨大的灾难。

日军的侵略战争是非正义的战争，他们的野蛮暴行，使中国人民认识到，只有拿起武器，同日军血战到底，才能保卫民族的生存。所以，日军所到之处，都遭到人民强烈反抗。1938年9月，日军2架飞机在轰炸罗山县城后返回途中，由于缺油，一架迫降在楠杆镇刘小寨西头的稻田里，另一架降落在樊湾的大河滩里。樊湾群众郭文堂组织了60多名群众拿起冲担、锄头、铁锨当武器，每人又肩扛一捆稻草，围住了飞机。日军飞行员被群众用大锄、铁锨打死；两架飞机也被群众用稻草围住放火焚烧。当五里店日军赶来救援时，两架飞机只剩下一堆枯焦的残骸。

樊湾群众焚烧日军飞机，充分显示了中华民族同仇敌忾抗击日寇的英勇气概，表现了中华儿女不屈不挠的斗争精神。五里店日军为了报复，血洗这一带的村庄，有的村子被烧光，有的户被杀绝，幸存的群众不得不流落异乡。日军的

疯狂报复,进一步暴露了他们的残暴本性,更加坚定了中国人民抗战到底的决心。

### (五)灵山会议

党的六届六中全会后,李先念受中央和中原局委派,到武汉外围豫鄂边放手发展敌后抗日游击战争,建立独立的抗日武装。

1939年1月17日,李先念率新四军独立游击大队从确山县竹沟南下,2月到达罗山县灵山寺,与罗厚福领导的豫南第六游击大队及罗(山)礼(山)(黄)陂孝(感)中心县委会合。3月,李先念在灵山寺大雄宝殿主持召开军政干部会议,史称"灵山寺会议"(又称"灵山寺军政干部会议")。参加会议的分别有新四军独立游击大队领导、罗(山)礼(山)(黄)陂孝(感)中心县委和地方武装负责人周志坚、罗厚福、熊作芳、石健民、贺建华、廖毅、蔡韬庵、尚小平、粟野、娄光琦、鲁彦卿等。

会议听取了罗(山)礼(山)(黄)陂孝(感)中心县委关于"第六大队"在敌后斗争的情况,以及"铁破"大队有可能受其大队长徐宽(共产党的叛徒)的指使投靠国民党的情况汇报。李先念向到会干部传达了党的六届六中全会精神、中原局和豫鄂边区党委有关指示以及郑位三电示精神,并作出决定:

第一,贺建华、罗厚福、熊作芳等率第六游击大队沿平汉路东侧向陂安南敌后深入,设法与程坦、张体学、吴林焕等带领的鄂东独立游击第五大队联系,传达中原局的指示,迅速深入鄂东敌后,组织群众抗战,打开鄂东局面。

第二,鉴于平汉铁路破坏大队因受国民党拉拢和大队长徐宽有个人野心,随时有投靠国民党的可能,"铁破大队"的党组织要加紧工作,力争挽回不利局面,一旦徐宽投靠国民党,党的干部和党员要设法拉出部队在敌后坚持游击战争。

第三,建立中共信罗边中心区委和新四军独立游击支队留守处,娄光琦任中心区委书记和留守处主任,组织发动信罗边的群众抗日武装。

会议的召开,明确了罗、礼、陂、孝地区抗日斗争的指导思想,指出了向敌后发展的总方针。把豫鄂边地区分散的武装力量统一了起来,为开辟豫鄂边地区抗日根据地打下了坚实的基础,使豫鄂边地区的敌后抗日游击战争进入了新局面。

### （六）朱堂店战斗

朱堂店位于罗山西南70里，是红二十五军开辟的新苏区，西邻平汉铁路，是信罗边界一个重要集镇。日军军车被袭，使驻信阳日军大为恼火。1939年7月14日，日军400余人尾随新四军二团队直扑朱堂店报复。因不熟悉这一带情况，日军派骑兵先头侦察，被松树嘴二团队哨兵发现，进行了反击。日军稍作接触后，因人少天黑、地形不熟，不敢恋战，连夜撤回信阳。

当天夜里，新四军二团队立即召开各大队负责人会议，分析研究情况，认为敌人这次来朱堂店报复，这一仗一定要打好。如果打不好，就不能在此地立足，群众就会对抗战失去信心，有损信罗边党组织和新四军的威信。

15日10时许，500多名日军由左店、杜家河方向向朱堂店袭来。日军先集中火力向朱堂店猛轰，然后则以钳形队式向第二大队正面攻击。这时，1里以外的游击小组首先与日军接火。日军蜂拥而上，直扑二团阵地，向二团指挥所攻击。一大队立刻从正面反攻，二大队也从侧翼压过来。在前后夹击下，日军伤亡很大。由于二团队居高临下，占据了有利地势，迫使日军陷入了进退维谷的境地。为了彻底消灭这支日军，团指挥部立即集中了团警卫队、手枪队和一个大队向日军的侧翼展开了猛烈攻击。日军在这猛烈打击下惊慌失措，加上所处地形处于劣势，只得仓皇地向朱堂店北溃逃，在7里以外的枫树坡负隅顽抗。

枫树坡是一个群山环抱的低洼地带，四周山峦起伏，树木葱茏，中间有一条羊肠小道直通村外，地形宛如一条长方形的“布袋”。日军向枫树坡溃退时，二团队乘胜追击，把日军逼进这个“布袋”。日军困兽犹斗，多次组织反扑，妄图夺路逃跑，均被二团队阻击。由于二团队缺乏重武器，几次出击均被日军强大火力压回去，始终未能给敌人以毁灭性打击，双方处于相持状态。

为了减少伤亡，节约子弹，指挥部命令停止进攻，准备利用夜战优势伏击敌人。日军害怕夜战于己不利，下午4时许先施放毒瓦斯，然后轻重机枪、迫击炮一齐开火。在滚滚浓烟掩护下，日军先焚烧被击毙的日军尸体，然后突围。二团队了解日军的意图后，让开一条路让日军逃脱，另安排二中队在芦子洼设下埋伏。晚上8时左右，天已完全黑了，又下小雨，日军一到，二中队几十支军号齐鸣，全体指战员冲入敌阵。日军措手不及，纷纷弃枪而逃，二团队大获全胜。

朱堂店战斗的胜利，是新四军豫鄂独立支队二团队与罗山人民共同团结抗

日的结果,战斗始终得到罗山人民的支援。战斗前,当地群众为二团队筹集给养,传递情报;战斗中,为战士送水送饭,为部队护理伤员。群众马国环在战斗打得激烈的时候,为了使部队夺取主动,冒着生命危险,自愿带二大队占领了左佛山;当敌人施放毒瓦斯的关键时刻,群众冒着枪林弹雨给二团队送水、送毛巾;群众姚老四在担水时被日军打死在井旁。这一系列生动事例说明:朱堂店一战,是新四军与罗山人民共同用鲜血和生命谱写的一曲军民抗战的凯歌。

朱堂店战斗是豫鄂独立支队成立以来在豫鄂边区最大的一次战斗。这次战斗打出了军威,不仅在豫鄂边区抗日斗争史上占有重要地位,也在抗战史上写下了光辉的一页。

## 四、解放战争时期

中华民族经过浴血奋战赢得抗日战争胜利后,又面临着建什么国的斗争。

中国共产党代表全国广大人民的根本利益,力图通过和平的途径来建设一个独立、民主、富强的新民主主义中国。代表大地主大资产阶级利益的国民党统治集团,企图抢夺抗战胜利果实,用内战的方式来剥夺人民已经取得的权利,使中国社会退回到抗战前一党专制独裁的反动统治。一场关系中国走向光明还是黑暗的大决战不可避免。

### (一)王震代表中原军区出席罗山谈判

抗战胜利后,蒋介石调集20多个师,包围和蚕食中原解放区。将中原军区部队5万余人分割包围在以罗山宣化店为中心的罗山、光山、商城、礼山(今大悟,下同)之间,纵横不足百里的狭小区域。

鉴于中原部队所处的严重形势,中原军区向国民党多次提出严重抗议和要求。在“军事调处执行部”中共代表督促下,该部于1946年1月19日直接由特派第九执行小组来光山地区解决中原战事和中原部队给养问题(因军调部成立不久,人员尚未到齐),监督执行《关于停止国内军事冲突及恢复交通的命令与声明》。该小组由中原部队薛子正、国民党代表邓为仁、美国代表福特组成。由于国民党是在《关于停止国内军事冲突及恢复交通的命令与声明》生效后制造的军事摩擦,向中原部队进攻,加上这些部队驻在罗山、光山、信阳一线,经协商

双方同意将谈判地点设在罗山县城。

执行小组由驻信阳的六十六军军长宋瑞珂陪同转赴罗山县城。中共中原军区副司令员兼参谋长王震也同时到达。22 日夜，执行小组会见了王震、宋瑞珂和国民党罗山驻军四十七军军长陈鼎勋。23 日上午 10 时，谈判在国民党罗山县参事室（四十七军军部会议室）举行。参加谈判的有执行小组美方代表福特上校、国民党代表邓为仁少将、中共代表薛子正上校、中原军区代表王震、国民党驻军代表陈鼎勋和宋瑞珂共 6 人。王震的翻译和秘书也列席了会议。

谈判首先就双方军队立即停止冲突和中原部队给养运输问题进行了磋商。王震对国民党军队蓄意破坏《国共停战协定》、在停战命令生效后攻占光山县问题提出严厉质问，并一针见血地戳穿了他们的谎言。谈判于下午 5 时结束，最后，就双方军队“均停止于现在地区”、我军给养运输安全问题达成了谅解，三方签订了文字协议即《罗山协议》。

协议签订后，王震派随行秘书回中原军区司令部向李先念司令员汇报罗山谈判及签订《罗山协议》的情况。随后，王震随执行小组及宋瑞珂一起到信阳，次日到达汉口，向国民党第五战区司令长官部副司令长官郭忏汇报了《罗山协议》签订情况，决定由双方同时下达执行《罗山协议》的命令。

从《罗山协议》《禹王城协议》《汉口协议》的签订，到中原部队突围的胜利，中原解放军有效地牵制了敌人 30 万大军达 5 个月之久，一次又一次地推迟了蒋介石发动全面内战的时间，为中共军队全面部署反击蒋介石进攻赢得了宝贵的时间，也为后来中原部队得以胜利突围奠定了基础，对当时全国的政治、军事形势及经济趋势都产生了深刻影响。

### （二）挺进大别山的刘邓大军在罗山的战斗

中原部队突围后，即和其他解放区军民配合作战，经过一年的内线作战，全国形势发生了重大变化。党中央决定，中国人民解放军由战略防御转入全国性的战略进攻，以主力打到外线去，将战争引向国民党统治区域，在外线大量歼灭敌人，将革命推向新的高潮。

1947 年 5 月，中央军委向晋冀鲁豫野战军和华东野战军发出“大举出击，经略中原”的指示。晋冀鲁豫野战军遵照中央军委命令，在刘伯承司令员、邓小平政委率领下，实施集中突破，于 6 月 30 日一举突破国民党军队的黄河防线，向大别山

千里跃进，经过跨陇海路、涉黄泛区，过涡河、沙河，战汝河，抢渡淮河，于8月27日全部进入大别山，从而拉开了人民解放军战略进攻的序幕。

刘邓大军一纵队攻克罗山后，以一部破袭平汉铁路，另以张才千部占领应山、宣化店地区，进至平汉铁路活动，命令主力集结于罗山地区待机行动。十九旅从正阳陡沟过淮后，沿肖王、九店一线向南，8月27日傍晚到了五里店。敌五十二师闻讯后，以扇形向十九旅包抄。十九旅上至旅政治部主任、团长、团政委，下至炊事员全部拿起武器，与敌浴血奋战24小时，光荣地完成了阻击敌人的任务，保证了主力部队全部顺利通过罗山。

十九旅撤出战斗后，从五里店、檀树岗等地转移到朱堂店，在朱堂店休整3天后，又向罗山西南发展，单独活动在大小鸡笼山一带。这支队伍逼近信阳，威胁武汉，指向桐柏，蒋介石先后调集八十五师、四十师、整编十师和五十二师，企图在这纵横不过几十里的狭小区域消灭十九旅，多次勒令八十五师师长吴绍周"不消灭十九旅，杀吴绍周的头"。十九旅在罗山南部山区与敌周旋一个多月，吸引了敌几个师的兵力，成为千里跃进的一支强有力的牵制军。

1947年12月，晋冀鲁豫野战军第十纵队、十二纵队陆续南下，进入罗山地区，第十纵队由竹竿河口寨渡淮进入罗山境内，在竹竿红光村牛头山歼灭敌阻击部队第十师2个团，毙敌400余人，俘敌600余人，缴获军用品甚多。

刘邓大军每到罗山一个地方，群众老老少少都迎出来，拉着战士们问长问短，忙着打扫堂屋、支门板、铺稻草、烧热水，充分显示了人民子弟兵与人民的血肉关系，留下了许多佳话。

### （三）大别山内线反攻和罗山解放

1948年2月20日，中央军委集中兵力进行较大规模的歼灭战，以夺取全国解放的胜利，发出关于各军作战部署的指示，决定晋冀鲁豫野战军离开大别山，进入淮西地区。2月底到3月中旬，主力野战部队先后撤离大别山。

刘邓大军主力转移后，敌人对罗山各根据地和民主政权进行了疯狂"扫荡"和"围剿"。信罗边县委率游击队主力转移到铁路西，在新店二龙山与敌十四师二十八团一营相遇，激战3小时，毙敌10余人。6月，信罗边游击大队在郝家堂遭敌十四师十三营及国民党地方保安队合围，游击队英勇冲杀，胜利突围。6月底，向正阳陡沟挺进，他们乔装成国民党保安二团，从陡沟到明港，再从明港突

然回到罗山丰店，捣毁了丰店保公所，缴枪9支。

1949年初，淮南地区党的地下工作人员胡心广、陈世玉等策动洋河保安队杨济坤率部起义，击溃了新驻洋河的2个保安中队。1949年元月下旬，信罗边军事指挥部策划东双河中队二分队起义，有33人参加了游击队，大大削弱了敌人的力量，使东双河保安中队陷于垮台状态，吓得敌人很长时间不敢妄动。

同时，各级游击队在这个时期非常活跃，取得了不少战果。县、区、乡游击队配合起来，到处摆开了消灭敌人的战场。1月上旬，指挥部在罗山县青山店伏击国民党罗山县大队，打死、打伤、俘敌20多人，缴步枪8支。1月中旬，指挥部又组织游击队攻打罗山楠杆朱寨的土匪中队，毙俘敌30余人。1月下旬，信罗边游击大队于五里店东信潢公路上，先后击毁敌军用汽车28辆，缴获军用品40包。

两年多来，信罗边游击队在上级党组织的正确领导下，紧紧依靠老革命根据地人民，灵活机动地开展游击战争，不断地发展和壮大革命武装，狠狠地打击了敌人，有力地配合了刘邓大军挺进大别山开辟解放区的工作。

罗山，是信阳到大别山的必经要道，也是敌人从信阳至豫东南的唯一退路。潢川、商城相继解放后，敌人为了加强罗山的防卫，白崇禧部张淦兵团所属1个团约1500人配备有大炮3门、长枪1000余支、轻重机枪60挺，进入罗山县境，配合保安二旅固守罗山县城。1949年3月13日，鄂豫军区二分区司令员熊作芳带部队向罗山进军。部队进至县城附近，与敌保安二旅三团展开了激烈战斗。敌一触即溃，俘敌68人，毙敌20余人；14日，二分区独立团在罗山八里井与桂军1个团及保二旅一部激战一日，在二分区部队强大火力攻击下，敌仓皇溃逃。罗山县城只留一小部分反动武装固守。这些反动分子看到张淦逃走后，随即投降。15日，二分区部队进驻罗山县城，被国民党统治了20多年的罗山县城又回到了人民手中。

4月1日，中共罗山县委、罗山县人民政府在县城正式组建。县委书记鲁彦卿，副书记吴仁文、刘诚，县长耿宏，军事指挥长彭明川，副指挥长周建国。全县下辖9个区：城关区、楠杆区、竹竿区、周党区、莽张区、彭新区、涩港区、河口区、朱堂区。罗山县委、县政府成立后，隶属潢川地委领导。

### （四）罗山人踊跃支前，迎接中华人民共和国成立

为支援子弟兵解放全中国，在县委、县政府的领导下，一场大规模的、轰轰

烈烈的支前运动迅速在罗山展开。罗山县是豫东南的门户，是大军渡江必经之地。国民党军溃败前夕，境内的公路、桥梁破坏严重。为了保证大军畅通无阻和各种物资供给，广大群众勇敢地担负起修路架桥的艰巨任务，罗山县支前指挥部将县里能抽调的人员尽量抽调出来，派到各区，结合各区力量组织征收、献工、献料，昼夜赶修公路、桥梁。鉴于有的基层政权尚未完全建立，干部少，县委采取政治攻心的办法，使保里人员、地主士绅明白形势，立功赎罪，或用强制手段让其出面征集粮食、物资。中原局规定各阶层征借额最高限度：贫农不超过5%，中农不超过15%，富农不超过30%。罗山征收公粮大多采取按田摊派的办法，田多多征，田少少征，无田者不征。柴草是根据实际需要随粮附征，一般是1斤粮、2斤草。支前工作中，罗山共征集柴草600万斤、粮300万斤。

做军鞋是一项重大的支前任务。罗山城乡广大群众积极响应政府号召，日夜赶做军鞋，支援子弟兵。一般大户每户1双、小户两家1双，莽张区一个村200来户、1000多人，区政府要求妇女每人做一双军鞋。她们在很短的时间里就交了800多双，超额完成任务。周党区一个妇女自接受任务后，起五更睡半夜赶做军鞋，并动员2个女儿帮助纳鞋底，共上交了6双，被评为支前模范。全县共交军鞋6万双。

南下大军经过罗山时，无论到哪里，都受到人民群众的热烈欢迎。沿途各地墙壁、树干上都贴满了“欢迎解放大军！”“打过长江去，解放全中国！”等醒目标语。队伍经过罗山时，沿公路两侧的楠杆、竹竿、莽张、周党等地的群众提着筐子站在公路两侧，把鸡蛋、面馍、花生等食物送到战士们的手中。从1949年2月到5月底，罗山县党政军民全力以赴，支援了人民解放军南下渡江作战。据不完全统计，共动用民工8万人，各种机动车辆1000余辆，修筑公路50公里，支援食盐3万斤、食油5000斤，从而保证了大军顺利南下，为渡江战役的胜利做出了贡献。

# 第二章　红二十五军的建立及发展

1921 年 7 月中国共产党的诞生，给鄂豫皖交界地区人民带来了希望，给革命斗争以强大的动力。1927 年鄂东的黄陂、孝感、黄冈、黄安、麻城、黄梅、蕲春、广济，豫东南的信阳、商城、光山、罗山、潢川等县的一些地区，农民协会相继建立。为了保护革命成果，同时也相继成立了农民自卫军。1931 年 6 月，鄂豫皖革命根据地的党组织和红军及地方武装，在取得第一、第二次反“围剿”胜利后，为了粉碎敌人新的“围剿”，整顿和扩编部队，发展地方武装。1931 年 10 月 25 日，根据中共鄂豫皖中央分局和军委会的决定，中国工农红军第二十五军在皖西六安麻埠正式成立，军长旷继勋，政治委员王平章。1932 年 11 月 29 日，中共鄂豫皖省委在黄安檀树岗召开军事会议，分析红四方面军主力西去后根据地的形势，决定将根据地各红军主力团统一组织起来，重新组建中国工农红军第二十五军，军长吴焕先，政治委员王平章，坚持鄂豫皖革命根据地的斗争。

## 第一节　红二十五军诞生

中国工农红军第二十五军，是以黄麻起义、商南起义和六霍起义的一部分工农武装为基础，于 1931 年 10 月建立于鄂豫皖革命根据地的一支主力红军，是中国工农红军的重要组成部分。

鄂豫皖革命根据地，位于湖北、河南、安徽三省交界地区，是土地革命战争时期全国主要革命根据地之一。全盛时期，拥有黄安、商城、霍邱（也写作霍丘）、英山、罗田、广济六座县城，建立了黄安、麻城、河口、黄冈、陂安南（黄陂、黄安南部）、陂孝北（黄陂、孝感北部）、光山、罗山、潢川、赤城（商城及其北部）、赤南（商城南部）、固始、信阳、六安、霍山、五星（霍山西部燕子河）、霍邱、红山（英山）、罗田、蕲水、广济、黄梅、太湖、宿松、潜山、舒城等 26 个革命政权，总面积达 4 万平方公里，人口约 350 万人。这个地区南濒长江，北抵淮水，东接江淮平原，西控平汉铁路，大别山脉雄峙中央，武汉、南京、信阳、安庆、合肥等城市均在其

俯瞰之下，战略地位极为重要。

鄂豫皖交界地区的人民同其他地区的人民一样，在半封建半殖民地的旧中国，受着帝国主义、封建主义的压迫、剥削，过着极其悲惨的生活。这里的土地，百分之七八十为地主阶级所占有，农民深受地租、高利贷的盘剥。反动统治阶级的横征暴敛，连年的军阀混战，帝国主义的大肆商品倾销及资源掠夺，使农村经济遭到严重破坏，田园荒芜，满目疮痍，民不聊生。为了摆脱剥削、压迫，广大人民群众不断进行斗争。

1921 年 7 月，中国共产党的诞生，给鄂豫皖交界地区人民带来了希望，给革命斗争以强大的动力。早在建党初期，中国共产党人董必武、陈潭秋等就以武汉为中心，在湖北地区传播马克思列宁主义，建立和发展组织。五卅运动后，他们曾动员和组织一批共产党员和青年学生，深入黄安、麻城等地，宣传中共的主张，从事农民运动，在鄂豫皖交界地区建立了党组织、农民协会和青年群众团体，掀起了轰轰烈烈的农民革命运动。

1926 年 10 月，随着国民革命军北伐战争的节节胜利，鄂豫皖边界地区中共所领导的农民革命运动，在鄂东北 10 余个县蓬勃发展起来。到年底，鄂东正式成立县农民协会的有黄陂、孝感、黄冈、黄安、麻城、黄梅、蕲春、广济等县。豫东南的信阳、商城县农会和光山、罗山、潢川等县的一些区、乡农会，也于 1927 年春相继建立。农民运动的迅猛发展，动摇了封建地主阶级的反动统治，引起豪绅地主的极大恐慌、仇恨。他们纠集反革命武装，疯狂反扑，破坏农民革命运动。他们利用红枪会、大刀会，并组织商团、民团等反动武装，到处捕杀农会干部，拷打农会会员，禁止农会活动。

为了对付阶级敌人的暴力行动，巩固农民政权，保卫革命成果，鄂豫皖交界地区人民积极建立农民武装。其中，黄安、麻城两县尤为突出。共产党员吴焕先、吴先筹等利用红枪会的组织形式，首先在黄安北乡箭厂河（今属河南新县）一带建立起三堂红学队伍，以大刀、长矛为武器，捕捉土豪劣绅，打击反动武装，成为当地的第一支农民革命武装。稍后，黄安的七里、紫云和麻城的乘马、顺河等区，都建立起农民自卫队、义勇队等武装。到 1927 年 4 月，鄂东的黄冈、孝感、黄安、麻城、黄梅、罗田等县，都成立了农民自卫军。这些武装力量有力地打击了地主阶级的反扑和进攻，促进了农民革命运动的蓬勃发展。

1927 年 4 月 12 日，蒋介石集团在帝国主义支持下，在上海发动了反革命政变。7 月 15 日，汪精卫集团公开背叛革命，镇压共产党人和革命群众。这时，中

国共产党尚在幼年时期，又处在陈独秀右倾机会主义领导下，致使鄂豫皖交界地区的革命同全国一样，在敌人的突然袭击下，遭到惨重失败。但是，一批忠于共产主义事业、经过斗争考验，并和群众有着密切联系的共产党员，坚决贯彻党的八七会议所确定的实行土地革命和武装起义的总方针，按照中共湖北省委制订的秋收暴动计划，继续组织和武装农民群众，举行武装起义，使鄂豫皖交界地区革命之火又燃烧起来。

1927 年 11 月，黄麻起义爆发了。在中国共产党的领导下，参加起义的农民自卫军编为工农革命军鄂东军。不久，改编为工农革命军第七军。这支最初创建的武装，在黄麻起义遭受失败后，转入黄陂木兰山开展游击战争，并在斗争中逐步走上了边界武装割据的道路，开辟了以光山柴山堡为中心区域的鄂豫边革命根据地。1928 年 7 月，工农革命军第七军编为红军第十一军三十一师，吴光浩任军长兼师长，戴克敏任党代表，曹学楷任参谋长。1929 年 5 月，商南（商城南部）爆发起义，建立了红军第三十二师，师长周维炯，党代表徐其虚，创建了豫东南革命根据地。同年 11 月，中共又领导了六霍起义，组成了红军第三十三师，徐百川任师长，姜镜堂任政治部主任，随之建立了皖西北革命根据地。1930 年 4 月，为了加强鄂豫皖边革命根据地的统一领导和武装斗争，正式成立了中共鄂豫皖边区特别区委员会，郭述申为特委书记，并根据中共中央的决定，将第三十一师、第三十二师、第三十三师合编为红军第一军，许继慎任军长，曹大骏任政治委员，徐向前任副军长。原第三十一师、第三十二师、第三十三师，依次改编为第一、第二、第三师，全军共 2100 余人。6 月下旬，鄂豫皖边区苏维埃政府正式成立。1931 年 1 月，红一军与蔡申熙等领导的中国工农红军第十五军在商南长竹园胜利会师，随即根据中共中央的决定，两军合编为中国工农红军第四军，旷继勋任军长，余笃三任政治委员，徐向前任参谋长，曹大骏任政治部主任。全军两个师，共 1.25 万余人。同年 5 月，中共鄂豫皖中央分局成立，张国焘为中央分局书记兼军委主席。后成立中共鄂豫皖省委，沈泽民任省委书记。

1931 年 6 月，鄂豫皖革命根据地的党组织和红军及地方武装群众，在取得第一、第二次反“围剿”胜利后，为了粉碎敌人新的“围剿”，在中共鄂豫皖中央分局和军委会领导下，抓紧时机，深入进行政治动员，筹集军需物资，整顿和扩编部队，发展地方武装，积极做第三次反“围剿”的准备。到 10 月间，全区赤卫军（不脱离生产的地方武装）达到 15 个师，脱产的地方武装，仅各县独立团就有 20 多个。在整顿和扩编地方武装的同时，主力红军也得到了发展，从 6 月到 8

月，就有7460人参加红军。

1931年10月25日，根据中共鄂豫皖中央分局和军委会的决定，中国工农红军第二十五军在皖西六安麻埠正式成立，军长旷继勋，政治委员王平章，辖第七十三师、第七十四师、第七十五师。第七十三师师长刘英，政治委员吴焕先。该师师部由红四军十二师师部改编，下辖第二一七团（原第十师二十八团）、第二一八团（原第十一师三十一团）、第二一九团（原第十二师三十四团）。第七十四师、第七十五师正在筹建中。

1931年11月7日，中国工农红军第四方面军在黄安七里坪成立。徐向前任总指挥，陈昌浩任政治委员，刘士奇任政治部主任。下辖第四军和第二十五军，总兵力近3万人。红四方面军的成立，是鄂豫皖革命根据地红军发展壮大的重要标志，是中共领导鄂豫皖革命根据地人民进行了四年革命斗争的胜利成果。从此，红二十五军在红四方面军编制内，在红四方面军总部的直接领导指挥下，投入新的反“围剿”斗争。

## 第二节　红二十五军重建

1932年10月10日，中共鄂豫皖中央分局在河口以北的黄柴畈召开紧急会议，讨论红军的行动方针，决定留下第七十五师、第二十七师及各县独立师、团在根据地坚持斗争，红四方面军主力转至外线作战。会后，红四方面军20000余人，越过平汉铁路，向西转移。

原红二十五军随红四方面军转移后，敌人以20万兵力对鄂豫皖根据地进行"围剿"和"清剿"，企图彻底消灭留在鄂豫皖的红军。1932年11月25日，驻新集之敌第八十九师二六五旅五三〇团和第二六七旅五三四团向根据地光山南区郭家河进犯。26日，红军以5个团的优势兵力攻击该敌，激战终日，毙伤敌数百人。但出于指挥不够统一等原因，未能全歼敌人，自己也伤亡数百人。加之敌人在"围剿"中，实行了灭绝人性的"三光"政策。敌军所至，火光冲天，田园荒芜，庐舍成墟，许多地方成了无人区，根据地大都丧失。根据地党政军民在思想上、组织上、行动上陷入混乱，形势十分危急。因此，统一领导和集中指挥的问题，更加迫切地提上了议程。

1932年11月29日，中共鄂豫皖省委在黄安檀树岗召开军事会议，分析红四方面军主力西去后根据地的形势，总结一个多月来分散坚持斗争的经验。会议认为：一个多月来，虽然根据地军民一致奋起开展对敌斗争，但由于缺乏统一的组织和指挥，力量比较分散，因而不仅不能有力地打击敌人，相反却存在被敌各个击破的危险。为了保存红军力量，便于统一指挥，集中力量打击敌人，会议决定，将根据地各红军主力团统一组织起来，重新组建中国工农红军第二十五军，坚持鄂豫皖革命根据地的斗争。

1932年11月30日正式重建红二十五军，军长吴焕先，政治委员王平章。原第二十七师政治部改为军政治部。第二十七师改编为第七十四师，师长徐海东，政治委员戴季英，其第七十九团、第八十团、第八十一团依次改为第二二〇团、第二二一团、第二二二团；原红二十五军七十五师二二三团、二二四团番号不变，师长姚家芳，政治委员高敬亭，另将黄安原独立第一师二团一部编为该师特务营；原红二十五军特务营为军特务营。全军7000人。

红二十五军重建后，不仅振奋了苏区军民的斗志，而且连续取得了郭家河、

潘家河、杨泗寨等战斗的重大胜利。国民党十分震惊,1932 年 12 月 12 日,蒋介石下令调 15 个师又 1 个旅,加上光山的易本应、罗山的丁印昆、商城的顾敬之等反动地方武装计 20 余万人,对红二十五军进行"驻剿",务必在 1933 年 1 月底以前,将鄂豫皖革命根据地的红军"完全肃清"。鄂豫皖广大军民在省委的领导下,开始了为保卫鄂豫皖革命根据地而斗争的新阶段。

针对敌人的"进剿""驻剿"军事行动,鄂豫皖省委于 12 月 30 日召开紧急会议,通过了《中共鄂豫皖省委临时紧急会议决议案》,省委分析了当时国内外的政治形势,进一步明确了坚持独立斗争的思想,要求鄂豫皖苏区各根据地有相应的斗争策略,粉碎国民党"进剿"与"驻剿"计划。

为了加强党在反"清剿"斗争中的领导,省委决定将鄂东北、豫东南、皖西北等三个道区调整为两个道区。皖西北道区,道委书记郭述申,原属豫东南道区领导的赤南、赤城、固始归皖西北道委领导;鄂东北道区,道委书记郑位三,把豫东南的罗山、光山、潢川、信阳划归鄂东北道委领导。红二十五军一方面寻机歼敌,筹备给养,扩充部队,积蓄力量;一方面发动群众,在地方武装配合下,扩大游击斗争范围,恢复和巩固根据地。在根据地军民的配合下,红二十五军执行了正确的斗争方针和策略,积极广泛地开展游击战争,初步打开了鄂豫皖边区根据地的斗争局面。

1933 年 3 月初,省委决定集中红军主力,寻机歼灭敌人有生力量。根据这个指示,红二十五军两个师采取了集中行动,于 3 月 6 日在光山南区郭家河同敌马腾蛟三十五师展开激战。罗山党组织带领罗山独立团和警卫营及当地群众数千人,在郭家河周围袭击骚扰敌人,筹集物资,支援红军作战。当红军向郭家河敌人发起猛烈进攻时,游击队和群众在郭家河周围山上齐声呐喊助威,敌官兵闻声丧胆,红军士气更加旺盛,无不奋勇杀敌。围歼战接近尾声时,游击队和手持锄头扁担的群众,主动追截少数溃逃的敌人,罗山警卫营歼灭敌军 1 个连。同日,为策援郭家河战斗,罗山独立团和光罗游击队先后袭击了孝、罗交界处的三里城、九里关及铁铺。这些积极行动,都有力地牵制了光罗边区的敌人,使郭家河战斗获得了彻底的胜利。歼敌 2 个团,毙敌二〇七团团长以下 100 余人,俘敌二〇五团团长以下 2000 余人,缴获山炮 1 门、迫击炮 8 门、机枪 12 挺、长短枪 2000 余支、战马 100 余匹。

为壮大主力红军,省委于 4 月 8 日决定:罗山独立第六师第十六团改编为红二十五军二二五团,罗山县委又抽调游击队重新组建了第十六团。此时,红

二十五军已达1.2万人。自1933年3月以来，红二十五军连续取得了郭家河、潘家河等战斗的胜利，一次次挫败了敌人对光罗中心区的进攻，沉重地打击了敌人。罗山等各县地方武装、游击队也在斗争中得到了发展壮大，使主力红军西撤后根据地的斗争形势有所好转。4月19日，蒋介石任命卫立煌为“鄂豫皖边区清剿总指挥”，重新调整部署，这意味着两个月来敌人苦心经营的“进剿”和划区“驻剿”计划已经失败。

8月上旬，敌第一、二、三追剿队和第三十二师、独立第三十四旅等，相继向罗陂孝交界地区进攻，企图合围红二十五军。省委分析了各种情况，认为在此停留必然形成在内线兜圈子的境地，况且敌我力量对比悬殊，遂决定红二十五军再次转向皖西北地区，使敌人的合围计划落空。8月9日，省委率红二十五军从铁铺、杨店出发，于8月中旬到达赤城根据地。从8月中旬到10月上旬，红二十五军在皖西先后取得了叶集战斗和奔袭太湖的胜利，并于10月底在陶家河地区开辟了一块根据地。至此，蒋介石、张学良布置的从7月1日到10月10日“三个月清剿计划”彻底破产。

红二十五军转战皖西后，鄂东北道委利用敌人“追剿”主力红军，鄂东北地区敌兵减少之机，大力恢复和加强党组织。9月，道委为加强罗、陂、孝（罗山、黄陂、孝感，下同）地区斗争的领导，决定组建罗、陂、孝特委，吴光陆任特委书记。同时，将陂孝北游击大队编成特委教导营。教导营的成立，使罗、陂、孝地区有了一支骨干武装力量。

蒋介石、张学良“三个月清剿计划”被粉碎后，又继续加快了对鄂豫皖革命根据地的“围剿”步伐，于10月上旬改组并加强了“追剿”部队的力量，将兵力由11个团增至16个团，编成“鄂豫皖三省追剿纵队”，下辖5个追剿支队。红二十五军虽然取得了不少的胜利，但由于敌人力量的强大，形势依然严峻。

## 第三节　巩固鄂豫皖根据地

红二十五军于1932年11月在黄安县檀树岗重建后，即于麻城、光山（七十四师）、商城、罗山（七十五师）分散活动，其任务是巩固苏区和休整补充。当时情况稍为缓和，红二十五军经两个月休整补充后，士气很高。

1932年12月30日，中共鄂豫皖省委和红二十五军于麻城、光山间之大畈召开会议，决定红二十五军仍以师为单位，在鄂东北分散活动。为了恢复皖西工作，决定组织皖西道委，以郭述申同志为书记，1933年1月初，根据省委决定成立红二十八军，军长廖荣坤，政委王平章，率红二十五军直属队特务营。下辖：二四四团，原七十四师二二一团；二四六团，原二十七军第二团，（留皖西活动）全军约3000人。同时将红二十七军第三团改编为皖西三路游击师，师长江求顺，政委詹大列。红二十八军组成后，即奉令开往皖西，恢复苏区，开展斗争，并将皖西道委机关，及群众50000人带回皖西，由大畈出发，经苏区到达赤南县之间沙河、关玉庙与豫东南道苏主席张展三同志会合。首战小南京，打垮梁冠英独立旅，继战大屈山，歼敌刘镇华六十四师一个团。

1933年3月18—19日，红二十八军在商城门坎山与敌第七十五师二二四旅激战，毙伤敌数百名。军政治委员王平章牺牲。4月8日，红二十五军和红二十八军在麻城大畈会合。中共鄂豫皖省委决定将红二十八军编为红二十五军七十三师，师长廖荣坤（兼），后为周希远，政治委员王少卿；另将罗山独立第六师十六团编为第七十五师二二五团，全军共12000余人。军长吴焕先，政治委员戴季英。同时，决定以红二十八军特务营及皖西北地方武装，再组建第八十二师，坚持皖西北地区的斗争。4月初，省委会议根据红四方面军西征后，敌由鄂豫皖调走了一些部队，认为敌第四次“围剿”基本结束，我军已处于反攻阶段，要向侵占苏区城市的敌人进攻，须首先夺取七里坪（苏区一中心），遂决定围攻七里坪。当时七里坪为敌精锐部队十三师驻守。

红二十五军围攻部署：以七十三师全部在七里坪东及东北之大小屋脊山，七十四师二二二团及特务营，在其西之香炉山、老爷岭，七十五师二二五团一个营在其北龙王山，并以七十四师之二二〇团及七十五师主力作机动部队，以便打击援敌。

在43天的围攻中，黄安敌八十九师，先后三次来援，均被红二十五军七十四师于古风岭（两次）、红自山（一次）将敌击退。守敌十三师，向我七十三师大小屋脊山出击，亦被击退。这四次战斗及围攻过程中，我军伤亡800余人。由于此时苏区已经受敌人近一年的残酷破坏，又值春季，加之我军准备不足，大部队集中，作战无后方供应，粮尽草绝，部队以野草树皮充饥，而失去战斗力。同时在战术上未完全包围敌人，七里坪至黄安敌之运输未能断绝，我军既不能困死敌人，亦无力攻取，后只得撤出战斗。是役掩护了群众春耕和麦收，但未歼灭敌人，而我军损失甚大。在围攻七里坪期间，省委决定在红二十五军内部进行肃反，由于政策上"左"的错误，全军肃掉千余人，直接给部队战斗力以损失，因此影响指战员战斗积极性，也妨碍了部队的团结。5月下旬，我军被迫撤出，向东转移，进至麻城、光山间福田河、黄土岗一带，保卫苏区和整训部队，并解决粮食问题。

此时，决定缩编红二十五军，取消七十三师番号，将二一七团拨给七十五师，改为二二五团；将二一九团拨给七十四师，改为二二一团；将七十五师之原二二五团编散，分别补入该师三个团内。由于粮食困难，部队休整一周后，即向西行动，经光山县西河、八里区，罗山县一区的老爷湾至乘马岗、黄土岗地区，以解决粮食方面的困难。6月底，敌为了向红二十五军苏区发动新的进攻，便将刘镇华部之六十四、六十五两师由潢川县调至新集集结（新集原有敌五十八师）。7月20日，敌即向王家湾进犯，红二十五军于光山南区、徐家畈地区集结。为了歼灭进犯之敌，七十四师奉令首先歼灭进占临牌石之敌，七十五师作预备队。临牌石因侧翼不便进攻，七十四师以两个团连续由正面冲击，四次未下，副军长徐海东同志亲临前线，重新组织力量，率领特务营、交通队和二二〇团第一营，组织第五次攻击，始将敌全歼，团长被击毙，俘敌副团长以下近千人，我亦伤亡500余人。敌见其六十四师主力被歼，不敢与我再战，即龟缩新集。我军即转移至莲花沿（七十四师）、李家湾（七十五师）一带进行休整和补充。以黄陂、孝感独立团一个营，光山独立团一个营，桃花游击司令部四个连补入七十五师。以河口独立团两个营，麻城独立团一个营补入七十四师。此时全军达9600余人。我军经补充后，于7月底去皖西，由莲花沿出发，经福田河、长竹园、中头山、西河，8月初进至皖西碾湾、白沙河、关玉庙地区。为了与皖西道委会合，休息三天后，由关玉庙经门坎山、南溪进至吕家大院一带，与皖西道委书记郭述申同志、道苏维埃主席姚志修同志会合。此时敌情较缓和，加之我军疲惫，决定暂时休

整。当时皖西之敌，布于吴家庙、牛石贩地区，为五十七师，李家集至丁家埠一线是五十四师，金家寨为敌梁冠英三十二师及独立五旅，叶家集为宋世科独立三十四旅，双河山为敌戴民权的四十五师及一个旅。敌人为了向我皖西苏区大举进攻，遂将六安县麻埠独山一线，集结七师、十二师两个师，商城的七十五师，刘镇华的六十四师、六十五师调至皖西，调整就绪后，于8月中旬，分路向我进攻。我军为粉碎敌人的围攻，决定首先痛击进占四道河之敌六十四师、六十五师。我七十四师、七十五师当即发起猛攻，激战终日，歼敌一个团，俘敌2000余，余敌被迫退回原地；我伤亡数百人，二二一团团长邓金荣同志牺牲。为继续粉碎敌人的进攻，8月底，决定乘胜再歼双河山之敌戴民权的四十五师，与敌激战约六小时，歼其一个营，俘敌500余人，迫敌全师溃退固始城里。红二十五军为巩固苏区，七十四师在桃树岭金家店一线占领阵地，抗击敌人，七十五师为预备队。在13天顽强的防御战斗中，曾数次击退数倍于我的敌人的进攻。后来敌为了与我军决战，又调七师、十二师参战。因敌我力量悬殊，红二十五军为不打消耗战，主动向南溪、葛藤山地区转移。

1933年10月2日，红二十五军从皖西向鄂东北行动，在通过潢（川）麻（城）公路时被敌人分割，后卫部队1000余人，由副军长徐海东率领转回皖西北地区。11日，中共皖西北道委在南溪东北之吕家大院召开会议，分析当时的严重形势，决定将这一部分部队编为第八十四师，与活动在皖西北的红八十二师，再次组成中国工农红军第二十八军，坚持皖西北地区的斗争。红二十八军军长徐海东，政治委员郭述申。辖第八十二师，师长刘德利，政治委员詹大列；第八十四师，师长黄绪南，政治委员周化贤。每师各辖3个营，全军共2300余人。红二十八军编成后，主要行动任务是：坚持与保卫皖西苏区的斗争，巩固与扩大部队。行动方针是：积极行动于外线，找敌弱点，主动打击敌人，以解决部队供应。保证吃饱穿暖，械弹充足。10月底，敌宋世科独立三十四旅，于商城凭门堵击我军。我八十四师仓促与敌遭遇，立即向敌发起猛攻，敌未及应战，即被我军歼灭一个团，敌则全旅溃散，弃械逃遁。是战，我军俘敌千余，缴获械弹及军需品甚多，解决了部队的装备和部分冬装，为粉碎敌人的进攻奠定了基础。战斗结束后，我军撤回熊家河、前井一带休整。11月中旬，我军为有计划地打击向我进犯之敌，即集中行动，活动于丁家埠、红旗山一带，寻机作战。八十二师进至狗鸡岭公路东侧，伏击由固始向我进犯之四十五师。以八十四师截断敌由固始至双河山之交通，诱敌进入我伏击区而聚歼之。是日，固始敌一个团送粮去双

河山，中途与我八十四师接触。我且战且退，将敌诱至狗鸡岭，进入我八十二师预伏地区。此时我八十四师正在铁路冲集结，准备向敌侧后出击，突然遭到敌四十五师一个团于铁路冲山上预伏，敌居高临下，向我冲击。在如此紧急情况下，八十四师在军长徐海东同志亲自率领下，立即向敌发起猛烈的反击，将敌全团歼灭，俘敌近 2000 人，缴获甚多。同时我八十二师给由固始来犯之敌以迎头痛击，歼其先头一个连，敌残部逃去。部队撤出战斗，进到苏区休整。这两次战斗的胜利，红二十八军八十四师装备加强，弹药充足，部队士气旺盛，给皖西的苏区人民极大鼓舞。

11 月底，红二十八军为主动打击敌人，即经莲花山、八道河、黄家畈转移到红旗山以西地区，敌尾随而来。为避敌主力，寻找敌人弱点，则与敌周旋，以疲惫敌人。由于红军行动神速、诡秘，敌屡次扑空，士气颓丧，加之苏区群众坚壁清野，给敌人重重困难，则不战而退回巢穴。我军长期坚持作战，开辟苏区，解决部队的冬装与给养。12 月初向西行动，由红旗山出发，经熊家河，奔袭叶家集，经短时间的战斗，将叶家集之民团大队 500 余人全部消灭，于该地没收了大批的布匹和棉花，解决了部队的冬装。我军又返回红旗山、熊家河一带休整。12 月中旬，敌六十四、六十五师及独立三十四旅，共七个旅的兵力向我熊家河进犯。我军即占领前后塘、天桥预设阵地阻击进犯之敌。激战终日，我军于黄昏主动转移，由金家寨南五里处渡过了史河，进至金家寨南之古皮冲，未及休息，金家寨敌之独立五旅和该县长率之民团即向我军进攻，我军即展开应战，以两个营在正面阻击，军主力向敌侧后施以猛攻，将敌全部击溃，敌县长被击毙，旅长重伤，并俘 800 余人，缴迫击炮 3 门、重机枪 4 挺、步枪 700 余支。战后我军即携大量粮食和数十名伤员，向葛藤山转移，中途通过金家寨至南溪敌封锁线时，于马头山歼敌四十五师一个连，进抵葛藤山南岗警戒汤家汇与南溪之敌，掩护军主力休息。当即敌刘树青五十四师三旅两个团向我军进攻，我军即以声东击西的手段诱敌分散，以一个团沿山岭向另一方向运动，只留下少数部队坚守，主力撤回，使敌误认为是我军主阵地。敌即向该方向实施主要突击，我军则集中主力于敌侧翼出击，将敌打垮，除一个营逃去外，余均歼灭。敌代师长兼旅长刘树青以下 1600 余人均遭生擒。

敌闻悉其旅长刘树青被俘后，恼羞成怒，企图报复，集中了四十七师、五十四师的一个旅和七十五师的一个旅共 10 个团，向我军驻地杨山进犯。当时红二十八军八十二师、八十四师士气高涨，弹药充足，激战终日，打退敌人五六次

冲击，终于彻底粉碎了敌人的进攻，但八十四师师长黄绪南同志牺牲。由于连续打了几个胜仗，大大震惊了敌人，迫敌放弃了南溪、牛石畈等重要城镇，而龟缩于丁家埠、小南京、李家集、汤家汇等地区，不敢再向我军进犯，我军活动自如，向外发展苏区。年终，蔡廷锴在福建组建政府，举行反蒋运动，国民党即由皖西抽走其嫡军主力王均之七、十二师部队，从此敌兵力大为减少，所留多为杂牌军队，由于情况变化剧烈，当时二十八军确定主要任务是“转入外线作战”扩大苏区，提升战斗力和筹粮。在后来的两个月里，部队继续活动于固始县东南、吴桥段集东至商城北至罗田僧塔寺和赤南交界地区，并与顽匪战斗数次，于1934 年 4 月 16 日，在豹子崖与吴焕先等同志率领的红二十五军部队会合。

1934 年 4 月 16 日，红二十五军和红二十八军两军在商城豹子崖会师。根据中共鄂豫皖省委决定，红二十八军编入红二十五军。辖第七十四(3 个营)、第七十五师(两个团)，共 3000 余人。军长徐海东，政治委员吴焕先，政治部主任郭述申(兼)。第七十四师师长梁从学、政治委员姚志修，第七十五师师长丁少卿、政治委员高敬亭。同时以红二十八军二二四团 1 个营、军特务营和皖西北第三路游击师为基础，编成第八十二师(1 个团)，坚持皖西北革命根据地斗争。红二十五军整编后，为了找省委研究与汇报工作，复向鄂东行动，皖西地区仍有郭述申同志率领一、二、三路游击师(千余人)坚持斗争。红二十五军经汤池、西余集到沙窝南高家寨时，沙窝集之敌一〇九师一个团向我军出击，被我军击溃，歼其两个营，缴轻机枪 60 余挺。战后即于沙窝集附近与省委书记徐宝珊同志会合。省委会议决定，在安徽的宿松、太湖、潜山、桐城、舒城五县创建新的根据地，同时在鄂东黄陂、罗田、孝感地区创建游击区域，并成立皖西和陂、罗、孝两个道委，红二十五军在这两个地区机动打击敌人。调光山、八里区独立营改编为二二四团第三营(280 余人)。

省委会议后，红二十五军即遵照会议决定，担负扩展与恢复苏区的任务。首先活动于皖西，查明宿松、太湖、舒城、桐城、潜山地区敌情及群众条件，当即由现地出发，经洪店子、通城店、银畈、大埠口、僧塔寺奔袭罗田敌郝梦麟之四十五师，我军一举攻入，进行激烈巷战，除东北角碉堡未攻下外，全城被我占领。敌该师主力来援，我军撤出战斗，转移到僧塔寺后，继续在新苏区潜山、桐城、舒城边进行活动一月有余，沿途除调查情况外，并宣传教育群众，还留下小股武装，组成 13 个游击队，坚持开展新苏区的斗争。红二十五军主力则返回鄂东，恢复陂、罗、孝苏区。后经南溪、银山畈、汤池，进至罗山县龙池。敌三十二师追

击赶到，我军为争取主动，即向敌猛攻，将其击溃，毙伤敌团长、旅长以下千余人，敌则溃回新集停止追击。是战我军伤亡 700 余人。战后继续进到毛草岭、杨亭区一带，徐海东军长率二二四团一个营，到毛草岭看地形，恰与敌四十四师企图抢占毛草岭阻击我军的一个团遭遇，我军居高临下，先敌开火，随即发起猛攻，歼敌先头两个连，敌全部溃去，徐海东腿部负伤，并伤 70 余人。我军进入罗山朱堂店一带，组织群众，打土豪，分土地，并扩大武装(200 余人)，在此活动 20 余天，取得了很大成绩。

敌军为消灭红军，即以四十四师、三十二师、一二〇师等三个师三路围攻。为争取主动，找敌弱点，打击敌人，我军立即转移到彭新店，将敌四十四师击溃，歼其一部，敌退回仙花庵，另两路敌人则不敢再进，畏缩于现地。我军继续向陂、罗、孝西南转移，去恢复苏区。6 月初，到达杨平口东观音庵，敌一二九师，由杨平口向我军进犯。我全军英勇抗击到黄昏，为不与敌打消耗战，主动撤出战斗，向东辛店转移，到达该地，继续组织群众斗争，恢复苏区。

1934 年 6 月底，敌集中一一七师、四十四师、六十四师、一〇七师等四个师，分四路向我军进攻，我军占领白亚山设阵地，与敌三个师激战(敌四十四师未到)至黄昏。我军以二二三团占白亚山北之隘路口，阻击敌人，军主力转移到殷家冲，随后以二二五团(这个团是新编的)一营先占领何家冲，军主力继续向该地转移，行进到长岭岗，又遇敌东北军一〇七师，正在岗上分团集合休息，我军即以二二四团分两路向敌攻击。由于敌警备疏忽，一冲即溃，乘敌混乱，政委吴焕先继续以二二五团 2 个营插入敌群，在 5 个营猛击下，将敌全师歼灭，除敌师长率百余人逃脱外，旅长以下悉数被毙伤和生擒，缴获机枪 200 余挺。此战不仅提升了我军战斗力，也给陂、罗、孝苏区群众极大鼓舞，更给东北军部队以迎头痛击。战后红二十五军转移到殷家冲休息一周后，西进皖西。陂、罗、孝苏区继由郑位三同志率西路军游击师(师长郭起高)坚持武装斗争。

7 月上旬，红二十五军向皖西行动，由该地出发，沿苏区边界，绕商城县北半周，行动于白区，插过固始、光山县境内，到达叶家集，经孤子店，由独山东过河，到合集子，遇敌独立五旅进攻，被我军击溃。休息一天，继经六安县庵门冲、祖福庵奔袭英山县城。守敌一个团依凭城垣抵抗，且碉堡林立，地形又不利于攻击，而红二十五军当时又无攻坚器材和战斗经验，攻而不克，即撤到英山北杨里湾一带，休息数天。为打开苏区新局面，打击敌人，鼓舞群众斗争情绪，决定袭击太湖县城，由现地出发到回龙湾，做奔袭的准备。当日下午 4 点出发，奔袭

130 里,中途阻止红二十五军前进的太湖民团 2 个营被击溃。我军即跟踪追击,在距城 30 余里处,复遭该民团 1 个营阻击,该营被击溃,我军即分两路一举进入城内,将民团残部全歼,没收了大批物资补给部队,并将敌粮食钱财分给群众。

8 月中旬,部队经点秋河,回到苏区赤南,与郭述申同志会合,交了货物,讨论并制定开展皖西新苏区的工作方针。根据陶家河位于安徽省的宿松、潜山、太湖、英山四县交界,地形及群众基础均便于我军活动,故决定以此为中心,开辟新苏区,我军即进到陶家河地区活动。政委吴焕先率七十五师在陶家河周围组织群众打土豪,分土地,建立苏维埃政府。徐海东军长率七十四师活动于外线弥陀寺、张家坝掩护和发展新苏区。

9 月初,敌上官云相四十四师,向我军进犯。红二十五军为保卫新苏区,在群众中产生良好影响,决心打好这一仗。与敌激战两昼夜,我军伤达 300 余人。敌五十四师由霍山来援,为在运动中打击敌人,即星夜转移,以七十四师第三营掩护转移伤员,以一个手枪团、一个分队去筹粮,未跟上军主力。红二十五军转移到霍山六安间,接到郑位三同志给陈锦秀同志送来的信:“宝珊、海东、焕先同志,中央派人送来重要指示,已到我处,请你接信后,火速率领红二十五军到鄂东来找我们。”阅信后,中共鄂豫皖省委立即研究布置了皖西工作,并组织了红二十五军留守处,以吴先原同志为主任,负责处理后方伤员,及指挥七十四师三营及手枪团一分队,尔后率队来鄂东。二十五军西进鄂东进至汤池,歼敌一〇九师 9 个连,通过了敌商城到麻城第一道封锁线;继续西进,当日又通过了敌商城到新集第二道封锁线,在大柳树歼敌一〇九师两个团,缴获甚多。在此休息两小时,经西余集,进至光山汪桥附近,休息半天,准备干粮,以便连夜急行军,通过 130 里的敌人第三、第四道封锁线。下午 5 点出发,晚上 10 点时左右通过了敌人在双柳树至新集之第三道封锁线。到敌人第四道封锁线时,天已拂晓,我军与敌接触,我军且战且走,相互掩护,突破敌人最后一道封锁线,急行 25 里。在斛山寨休息不足两小时,敌便集中六十四师、六十五师、一〇七师、一二〇师等四个师兵力,在空军配合下,包围我军。我军即与敌激战,至黄昏将敌四个师全部打垮,俘敌 4000 人,缴获甚多。七十五师政委姚志修同志及二二四团政委在战斗中光荣牺牲,七十四师师长负伤,我军伤亡数百人。当时将伤员全部安置,将俘虏释放,星夜出发,继续西进,于罗山宣化店北殷家湾与郑位三、程子华同志会合。

红二十五军建立后，发扬英勇顽强、连续作战的战斗作风，同友邻部队一起，接连取得商潢、苏家埠和潢光战役的重大胜利。同年3月、5月，红二十五军七十四师、七十五师相继组成后，始终坚持在皖西北地区活动，广泛发动群众，坚持武装斗争，巩固与扩大了以金家寨、麻埠为中心的皖西北革命根据地，为皖西北革命斗争做出了重大贡献。

1933年10月以后，中共鄂豫皖省委逐步转变了斗争方针，采取内线与外线相结合的方针，主动灵活地打击敌人，先后取得了长岭岗、太湖、斛山寨等战斗的胜利。但是，鄂豫皖革命根据地在国民党军重兵“围剿”下，被分割和压缩成几小块，敌我兵力极端悬殊，总的形势仍然十分严峻，客观形势迫使省委必须考虑红二十五军实行战略转移的问题。花山寨会议上，省委根据中共中央和中革军委副主席周恩来的指示，适时地做出关于战略转移的决定，这样才使红二十五军得以摆脱困境，走上胜利发展的道路。

## 一、苏家埠战役

1932年1月初，红二十五军第七十三师奉命攻打苏家埠。师部带领第二一七团、二一八团从叶集出发，经白塔畈、独山到两河口。部队冒着严寒涉过淠河，在接近老虎头时遇敌陈调元部一个营阻击。经红军攻击后，该敌溃逃。红军追至八里滩，将守敌一个团包围，经一昼夜激战，歼其一部，余敌逃往苏家埠。红军乘胜追到苏家埠，同敌激战一夜，敌弃城向六安溃逃。此战，共歼敌约2个营。这是红军第一次攻占苏家埠。

第七十三师在此休整3天，开展群众工作，旋即返回叶集待命。当时，皖西敌人的部署是：岳盛煊第四十六师3个旅，阮肇昌第五十五师一六三旅，警备第一旅、第二旅，共6个旅12个团，以苏家埠为枢纽，从六安至霍山沿淠河东岸构成一条防线，企图阻止红军东进。根据敌人的部署，红四方面军总部决定以地方武装从西面袭扰迷惑敌人，主力则渡过淠河，从敌侧后分割包围苏家埠、青山店和韩摆渡的敌人，伺机消灭增援之敌。红二十五军七十三师按照红四方面军总部的部署，于3月21日晚由青山店以西之两河口渡过淠河，并以第二一八团扫清青山店外围敌人，随即将青山店包围。其他部队则连夜向北疾进，包围苏家埠和韩摆渡。

苏家埠西濒淠河，居民逾万，为皖西北敌之重要据点。红四方面军总部鉴

于苏家埠四周地形平坦，围寨高大，工事坚固，外围壕宽水深，不宜强攻，决定采取围城打援战法，吸引六安、霍山之敌出援，予以歼灭。

第七十三师和霍山独立团担负围困青山店和打击霍山援兵的任务。3 月 31 日，敌第四十六师师长岳盛煊指挥 6 个团，在飞机掩护下，由六安、霍山分南北两路，同时向韩摆渡、苏家埠和青山店方向出援，企图南北夹击，解救被围之军。第七十三师在包围青山店的同时，以部分兵力阻击由霍山出援之敌，经激战，歼援敌警备第一旅 200 余人。在红军的顽强阻击和奋力反击下，援敌溃退。此时，青山店之敌见有援兵接应，即乘隙突围，其大部被歼，一部窜入苏家埠。

在红军的阻击下，六安、霍山之敌已无力再援。苏家埠、韩摆渡被围之敌已成瓮中之鳖。守敌被围月余，粮草不济，援兵无望，在红军的强大政治攻势下，军心动摇，携械投降者日多。敌第四十六师师长岳盛煊一筹莫展，不断向安徽省主席陈调元求救，陈调元亦向蒋介石多次告急。4 月下旬，蒋介石任命第七师代师长厉式鼎为皖西“剿匪”总指挥，集中 15 个团 20000 余人，从合肥向苏家埠大举增援。为消灭敌人援兵，红四方面军总部命令第七十三师在樊通桥地区构筑阵地，担任正面阻击；第十师、第十一师主力配置于第七十三师阵地两翼，伺机迂回包抄，围歼援敌。同时命令第七十三师二一八团 1 个营和六安独立团进至陡拔河以东，佯作抵抗，诱敌深入。

5 月 1 日，第七十三师二一八团在陡拔河以东与敌接触，边打边撤。2 日拂晓，敌先头第七师主力第十九旅尾追红军渡过陡拔河。时逢连日大雨，河水猛涨，路滑难行，敌难以展开。已过河之敌进至第七十三师阵地前，在飞机、炮火的掩护下，以密集队形向红军攻击，遭到红军的顽强抵抗。当敌人攻到军部阵地前 200 米处时，军长旷继勋奋勇当先，率领军部特务队向敌人发起反击。敌顿受挫，遂仓皇后撤。而敌后续部队仍在疾进，前退后拥，阵脚大乱。第七十三师乘胜勇猛冲杀。敌溃不成军，中弹落水者不计其数。敌第十九旅大部被歼。第七丨三师乘胜渡河，一举突入敌纵深，摧毁了敌军指挥机构。友邻部队也从侧翼迂回包抄，使敌陷入重围。在陡拔河西岸纵横 10 余公里的广大战场，红军主力和地方武装以及参战群众，从四面八方发起冲击，杀声震天，锐不可当。当日下午 5 时，战斗结束。敌 2 万余援兵，除少数漏网外，大部被歼。敌总指挥厉式鼎亦被第七十三师二一七团俘虏。

合肥援敌被歼后，苏家埠、韩摆渡之敌已陷绝境。红军向其发出最后通牒。敌于 5 月 8 日全部缴械投降。至此，战役胜利结束。苏家埠战役从 3 月 22 日至

5月8日，历时48天，共歼敌3万余人，俘敌总指挥和5个旅长、12个团长等18000余人，缴获枪支、火炮、电台等军用物资甚多。这是鄂豫皖红军建立以来取得的一次空前大胜利。

苏家埠战役刚结束，红四方面军总部即派旷继勋军长率领第七十三师二一八团和六安独立团攻打淮河南岸重镇正阳关。部队从迎河集乘船顺淠河北上，靠近正阳关时兵分两路，一路直取正阳关，一路截敌去寿县之退路。攻击正阳关的部队，先派尖兵连化装潜入城内，于5月12日，内外配合，一举攻占正阳关，歼守敌一部，缴获大批军需物资。随后在此发动群众，有数百名青年参加红军。接着，红军又乘胜奔袭霍邱县城。在霍邱东北之新店埠附近，全歼一土围子守敌300余人。霍邱守敌宋世科独立第四十旅、国民党霍邱县常备团团总孙培基和县长查世翰等，闻风弃城而逃。红军进占霍邱，扩大了皖西北革命根据地。

苏家埠战役胜利后，红二十五军七十四师于5月中旬，在霍邱白塔畈正式组成。师长汪明国，政治委员戴季英，副师长张成功。部队由皖西北原独立第三师（其前身为六安、霍山、霍邱、赤城县独立团）改编而成。下辖第二二〇团、二二二团。

至此，红二十五军编制序列的3个师全部组成，全军共12000余人。

## 二、商潢战役

在红四方面军主力进行黄安战役期间，七十三师在皖西地区不断袭扰、打击敌人，钳制皖西之敌，配合红四方面军主力作战，巩固扩大了皖西北革命根据地。在主力攻打苏家埠之时，第二一九团奉命攻打固始县城和三河尖。固始县城只有部分民团驻守。第二一九团三营实行夜袭，顺利占领县城，该团二营和地方武装攻打三河尖。三河尖靠近淮河，水陆交通便利，商业发达，有民团一个营驻守。红军拂晓发起攻击，经短时间战斗即占领此镇。此战，俘敌100余人，缴获60余支枪支和大批食盐、布匹等物资，余敌乘船北逃。

黄安战役期间，敌以重兵集结于豫东南商城、潢川地区。其中，曾万钟第十二师位于潢川、北亚港地区，汤恩伯第二师及唐云山独立第三十三旅位于傅流店、豆腐店、江家集一线，陈耀汉第五十八师位于商城、河凤桥地区，戴民权第四十五师位于固始地区。上述各敌互为掎角，企图构成一条隔离带，对鄂豫皖革命根据地实行东西分割，分别"进剿"。1932年1月13日，红四方面军主力由黄安地区向北开进，红二十五军七十三师奉命参加此役，由皖西地区西进，于1月23日进至上石桥。此时，敌第二师北侧遭红军猛攻，已与敌第十二师断绝联系，遂沿商潢公路（商城至潢川，下同）向南收缩于豆腐店、江家集一线，企图向商城地区敌第五十八师靠拢。由于第七十三师和第十二师等部队，从东西两面向敌第二师逼近并呈包围态势，敌见势不妙，仓皇逃回潢川。26日，河凤桥之敌在第七十三师逼迫下，亦逃入商城。至此，红军乃控制了潢光间全部公路，并切断了商城与固始间的联系，敌第五十八师在商城陷于孤立。红四方面军首长遂决定采取围点打援战术，令第七十三师围困商城，大造强攻声势，诱潢川之敌出援。

2月7日，麇集于潢川之敌3个师又1个旅共19个团，分左右两路大举增援商城。红四方面军乃以第十二师在豆腐店一带高地正面阻击，调围城之第七十三师置于第十二师右侧，第十师、第十一师置于左侧，分别从两翼伺机包抄。第七十三师由东面向右路之敌发动猛烈攻击，歼敌1个团。遇敌顽抗，形成对峙。激战至下午，第十师、第十一师从左翼包围了敌军指挥部，并抢占了傅流店渡口。右路敌军见后路被切断，顿时混乱，纷纷后退；左路之敌亦动摇。红军乘势全线展开猛攻，敌军向北溃逃。次日红军继续追击，直逼潢川近郊。敌援兵溃

败后，商城守敌第五十八师亦弃城逃往麻城。红军不战而克商城。此役，第七十三师师长刘英负伤（后由王树声接任师长）。

商潢战役历时10余天，共歼敌5000余人，解放了公路沿线广大地区，使鄂豫皖革命根据地连成一片。这是红二十五军七十三师组建后参加的第一个战役。该师在红四方面军的统一指挥下，同友邻部队协同作战，独自歼敌第二师1个多团，使部队受到了锻炼和考验。战役结束后，第七十三师按红四方面军总部指令返回皖西北地区。

## 三、郭家河歼灭战

1933年2月初，由于蒋介石大规模划区“清剿”计划未能按预期实现，遂决定延期，并局部调整了部署：令第八十九师为“进剿”部队，将原驻信阳以北铁路沿线的马鸿逵部第三十五师调至新集，另调肖之楚第四十四师一三〇旅接替调出的第三师、第八十三师的防务。

3月初，中共鄂豫皖省委总结两个月来的斗争经验，认为通过两个月的分兵活动，积蓄了力量，根据地和红军的元气已初步恢复；分兵活动虽然给敌人以一定打击，但战果不大，只有大量地歼灭敌人，才能彻底粉碎敌人的大规模划区“清剿”，以保卫和发展鄂豫皖革命根据地，策应中央苏区的反“围剿”斗争。省委根据情况的变化，决定让红二十五军集中行动，以便在运动中捕捉和创造战机，寻歼孤立薄弱或突出冒进之敌。

3月4日，敌第三十五师一〇三旅二〇五团、第一〇四旅二〇七团进占郭家河，接替第八十九师的防务。省委和军首长分析了敌我情况，认为：敌第三十五师装备较差，战斗力较弱，又是新接防地，人地生疏；敌两个团进占郭家河，是孤军深入，离周围据点黄陂站、七里坪等都有一天的路程，不易迅速增援。红军在两个月的分兵活动中经过休整，士气高涨，求战心切，郭家河是老根据地，群众条件也很有利。于是，决心乘敌立足未稳，集中全军力量将其歼灭。遂命令在麻城以北地区待机的第七十四师连夜赶到新集以南的野鸡笼，与第七十五师会合。确定由第七十四师和军特务营进攻郭家河的敌人；第七十五师占领郭家河东北的摸云山（又称磨儿山）一带，阻击可能由新集增援之敌，并在必要时支援对郭家河进攻的部队。

在主力开进之前，光山独立团、罗山警卫营等地方武装和上千群众，即在郭

家河周围不断袭扰敌人。

3 月 5 日夜，红二十五军在野鸡笼进行政治动员。军长吴焕先讲话，指出这次战斗的意义和取得胜利的条件，号召全军指战员英勇战斗，消灭敌人，打好全军集中兵力作战的第一仗。而后，部队连夜向郭家河开进。6 日拂晓，到达郭家河东南戴家岗一带。吴军长命令第七十四师以第二二〇团及军特务营迂回到郭家河东北方向实施主攻，第二二二团从郭家河以南及西南实施攻击。

部队受命后即发起攻击。第二二一团以勇猛迅速的攻势，将郭家河东南羊人岩（又称羊儿岩）高地的敌人警戒部队一个营大部歼灭。接着，第二二二团由西南，军特务营由东北，以合围之势向郭家河之敌发起猛烈攻击。周围山头上的地方武装、游击队和群众呐喊助威，红军士气更旺，勇猛冲杀。敌人一部就地被歼，其余仓皇向西北逃窜。红军立即追击，将其围困于二道河西南洼地，经过 1 个多小时激战，将其歼灭。少数溃散的敌人，又被地方武装和手持锄头、扁担的群众全部俘获。这次战斗，红军以伤亡 30 余人的代价，将敌 2 个团全部歼灭，毙敌第二〇七团团长以下百余人，俘敌第二〇五团团长以下 2000 余人，缴获山炮 1 门、迫击炮 8 门、机枪 12 挺、长短枪 2000 多支、子弹 10 万余发、战马百余匹。

郭家河战斗是红二十五军重建后的首次大捷，是一次出色的歼灭战。取得这次胜利的原因是：情况判断正确，决心果断，部署得当，做到知己知彼，不失战机，集中兵力，迂回包抄，打歼灭战；进行了有力的政治动员，部队充分发扬猛打、猛冲、猛追的战斗作风；有地方武装和广大群众有力的配合与支援。

这次胜利给根据地军民很大鼓舞。战斗结束后，广大群众跟着部队拥进郭家河，热烈庆祝胜利。不少群众愤怒地扯着被俘的国民党军官，控诉他们的罪行，要他们赔偿房屋、耕牛、谷子，并要求红军为死难群众报仇。

郭家河战斗震慑了敌人。敌第三十五师、第十三师分别固守新集、黄安，纷纷告急求援。

## 四、潘家河之战

1933年3月10日，敌第八十师二三八旅、第三十师八十八旅、第三十一师4个团，根据蒋介石、卫立煌的命令赶至新集救援，红二十五军却出现于黄安东北的袁英河地区，并包围了打鼓岭，向守敌第十三师七十六团展开进攻。同时，派少数部队佯攻宋埠，吸引敌人南顾。3月12日，卫立煌判明红二十五军位置后，一面命令远在孝感东新店一带的第八十九师急速开回河口，一面命令第三十师、第三十一师等部急返袁英河地区，同时命令驻黄安之第十三师向袁英河进攻。红二十五军认为敌第十三师系孤军深入，其他各路敌人一时还难以赶到，这是一个歼敌良机，遂命令部队连夜做好战斗准备。13日拂晓，红二十五军在袁英河以南的九龙长岭向敌第十三师发起猛攻，激战一个半小时，予敌先头第三十八旅七十七团以歼灭性的打击，然后向麻城北部的杨泗寨地区转移。

卫立煌发现红军东去，乃于3月15日下令，以第三十师、第三十一师的6个团为左翼纵队，第十三师的2个团为中央纵队，第八十九师的4个团为右翼纵队，共12个团，自黄安、七里坪一线，分三路追击，拟于19日“会剿”于杨泗寨地区。18日、19日，红二十五军在杨泗寨、万字山、李家寨地区占领有利地形，与敌第十三师、第三十师、第三十一师各一部展开激战，杀伤敌人700余名。

这时，红二十八军来到麻城福田河地区。中共鄂豫皖省委拟集中两军力量与敌作战，但由于敌第八十九师的阻隔，两军未能联系上。而各路进攻之敌仍继续进逼，红二十五军遂北上光山南部地区，红二十八军则东返皖西北地区。

红二十八军东返皖西北后，于3月27日、28日，在商城门坎山与敌第七十五师二二四旅激战，毙伤敌数百名。军政治委员王平章在战斗中壮烈牺牲。王平章是鄂中地区早期革命运动的领导人之一，在参加重建红二十五军进行第三、第四次反“围剿”斗争和领导红二十八军坚持皖西北斗争的过程中，均做出重大贡献，他的牺牲是红军的一大损失。

卫立煌误认为东去的是红二十五军，亲自率领各路进攻部队越出“经(扶)黄(安)清剿区”，紧紧追击。当其追至南溪以西的九歇山、关王庙一带时，才发现判断错误，只得垂头丧气地率部返回原防地。红二十五军则乘此时机，在光山南部的南向店地区进行休整，为继续反“清剿”做准备。

4月初，红二十五军由南向北转回麻城北部的大畈地区。这时，红二十八军也由皖西北到达该地（第二四四团一营和军部特务营留在皖西北）。两军会合后，为加强红二十五军，进一步集中兵力对付敌人的"清剿"，中共鄂豫皖省委于4月8日决定，将红二十八军编为红二十五军七十三师，师长廖荣坤（兼，后为周希远），政治委员王少卿；其第二四四团、第二四六团依次改为第二一七团、第二一八团。同时从第二四四团、第二四六团各抽一个营编成第二一九团，由麻城独立师补充第七十三师各团，并组编师特务营。另将罗山独立第六师十六团编为第七十五师二二五团，以部分地方武装编为第七十四师二二一团和师特务营。军长吴焕先，政治委员戴季英（兼第七十四师政治委员），副军长廖荣坤（兼第七十三师师长），全军共12000余人。同时，为了坚持皖西北地区的斗争，决定再度组建第八十二师，由红二十八军特务营和第二四四团一营及第三路游击师的大部组成第二四四团（另以六霍游击队补充第三路游击师），由部分地方武装组成第二四六团（一个营），师长芦永彬（不久牺牲，由刘德利继任），继任政治委员詹大列。

为了恢复黄安以北地区，红二十五军西进至郭家河，准备歼灭罗山卡房之敌。此时，卫立煌由皖西北返回鄂东北，下令将两个月来疲于奔命、一无所获的第八十九师的"进剿"任务解除，改由第十三师专任全区的"追剿队"。接着，于4月10日命令第十三师由华家河、七里坪北上，第五十八师由黄陂站、禹王城向东策应，第三十、第三十五师由中途店、泼皮河向西策应，"清剿"光山以南地区。13日，敌第十三师师长万耀煌亲率以第三十八旅七十五团、七十六团和第三十七旅七十八团组成的右纵队，由七里坪出发，经香炉山、仰天窝向郭家河进犯；以第三十七旅（欠第七十八团）为左纵队，由华家河出发，经平头岭、郭家凹向老君山、黎子沟北犯。根据这一新的情况，红二十五军当即放弃进攻卡房计划，决心乘敌第五十八师及第十三师左纵队在天台山以西，敌第三十师、第三十五师尚未行动的有利时机，集中力量，打击突出之敌第十三师右纵队。地方武装在外围积极活动，钳制其余各路敌人。

14日下午，敌第十三师右纵队沿倒水河西岸进至潘家河及其以北地区，第七十五团占领鸡公寨，第七十八团三营占领黄石岩高地，第七十八团一、二营在白果树店露营，师部及第七十六团在潘家河露营。根据敌人的配置和地形条件，红二十五军命令：罗山独立第六师在鸡公寨一带牵制与迷惑敌人，并保障红军右翼的安全；第七十三师从正面向黄石岩敌人进攻，歼灭该敌后，以一部控制

黄石岩，其余配合军主力消灭敌后续部队；第七十五师迂回到黄石岩敌人的右侧，切断其退路，然后集中力量歼灭敌后续部队；第七十四师为预备队。命令下达后，部队进行深入的政治动员。指战员听说要狠狠地打击敌人的主力第十三师，无不欢欣鼓舞，立即展开挑、应战活动，决心多捉俘虏、多缴枪。

当夜，红二十五军秘密进抵黄石岩附近，罗山独立第六师也逼近了鸡公寨。15 日拂晓，敌第七十八团一、二营开始渡河，拟会合其第三营后，与河西主力齐头向郭家河前进。第七十三师趁漫天大雾，以迅速勇猛的动作，首先攻占黄石岩制高点，歼敌第七十八团三营一部，而后配合第七十五师将敌第七十八团全部压在河边狭窄地段上、经反复冲杀，将敌大部歼灭。万耀煌见此情势，一面急令其左纵队驰援，一面指挥第七十六团两个营渡河投入战斗。红军主力遂转攻敌第七十六团渡河部队，予以迎头痛击。敌仓皇回窜。时逢狂风暴雨突然袭来，河水陡涨，敌被淹死甚多。这时，一直牵制鸡公寨之敌的罗山独立第六师，向该敌发动猛攻。万耀煌误以为红军主力由上游渡河发动攻击，慌忙退至钟家岗。天黑后，又怕红军夜袭，率残部向南退至 5 公里以外的香炉山。

战斗过程中，敌第十三师左纵队借口大雨路险，无线电机件失灵，不敢前来增援，敌第五十八师则滞留在老君山一带不敢前进。敌第三十师、第三十五师于出发当天即退回原防地。战后，敌“清剿”总指挥卫立煌于 4 月 22 日撤销第十三师的“追剿”任务，改由第八十九师接替。

潘家河战斗消灭了敌主力第十三师 1 个多团，打乱了敌人进攻光山南区的计划。此战胜利的主要原因是：掌握了敌情，经过分析判断，下定决心，打击敌人运动中突出的一路；在战役的劣势中，以地方武装牵制和迷惑敌人，集中主要兵力，形成了战术上的优势；利用暗夜秘密接敌，突然发起攻击；抓住敌人逐次增兵的错误，予以各个歼灭；战前和战斗中进行了强有力的政治工作。

战斗过程中，由于狂风暴雨，山洪暴发，红军受天候、地形所限，不便再战，遂收捡战利品，东移麻城北部地区，寻机打击敌第三十师、第三一九师。4 月 18 日，红二十五军到达杨泗寨附近时，与由大河铺出发的敌第三十一师 4 个团遭遇，经激战，歼敌一部。20 日，敌第三十、第三十一师再次向杨泗寨进攻。红二十五军坚守阵地一日，再次给敌人以沉重打击。这两次战斗，共歼敌数百名。敌第三十一师战报自供：伤亡团长 2 名、营长 6 名、连排长 30 余名、士兵 300 余名。

在主力红军连续取得胜利的同时，各独立师、游击师也积极主动地开展游

击活动，有的深入敌占区，截敌军火、给养；有的对敌人驻地进行骚扰、袭击，迫使敌人不得不收缩防线，加强守备。这些行动，既使部队的给养、武器、弹药得到了补充，又扩大了红军的活动区域。根据地的人民群众虽然深受敌人的血腥摧残，但始终保持着旺盛的斗志，他们全力支援红军，积极主动地参战，对打破敌人"清剿"、保卫革命根据地付出了重大的代价，做出了巨大贡献。

至此，蒋介石苦心策划的大规模划区"清剿"行动即告失败。由于敌人划区"清剿"计划一再破产，蒋介石于4月19日又任命卫立煌为"豫鄂皖边区清剿总指挥"，重新调整了兵力部署，继续加紧对根据地实行"清剿"。

## 五、血染七里坪

1933年3月7日，也就是郭家河战斗胜利后的第二天，鄂豫皖省委就在《鄂东北通讯》发表的捷报中号召广大军民"夺取中心城市""恢复整个苏区"。3月10日，党中央给鄂豫皖省委发出了《中共中央关于反四次"围剿"中的错误及目前军事形势任务给鄂豫皖省委的军事指令》，要求"改组后的红二十五军当以消灭七里坪的敌人力量和夺取与巩固这个地点为第一任务"，"而进攻最适宜的时机恰恰就在现在"。3月15日，中央又给省委发来指示信，首先对省委原采取的正确战略方针提出批评，说："我们不得不再着重警戒你们现在所采取的飘忽游击战……"这一战略，引起了鄂豫皖省委严重的不安，因为这是一种绝对错误的路线。中央指示的具体和措辞之严厉，使省委违心地发动了七里坪战役。

4月14日，省委根据中央指令，贸然做出了夺取七里坪的决定。发布了《鄂豫皖省委通告第一〇六号》，具体确定了执行"反攻计划"的四项主要任务："……夺回新集、七里坪、红安县、宣化店、商城、金家寨等一切城市"，收复整片鄂豫皖根据地和扩大根据地，决定集中红军主力"拿下七里坪，争取我们更大的胜利"。

这一决定从当时的形势和敌我力量的对比来看，是脱离实际的。在红军方面，红二十五军只有三个师，共12000余人，既无攻击坚固据点的条件，也无围攻和阻击敌援兵的力量，加之根据地人民生活困苦，部队给养无法保障。在敌人方面，驻鄂豫皖边区共有15个师又4个旅，兵力是红军的近20倍，并占据根据地的全部城镇和大部分农村，控制着所有的主要交通线；七里坪是敌人在根据地中心重兵防守的坚固据点，驻敌6000人，并且周围城镇驻敌可随时增援。

对于省委这一错误决定，红二十五军主要领导人吴焕先、徐海东等曾提出不同意见，但省委主要负责人强调党中央的指令必须执行，强调夺取七里坪的意义，坚持要打。

5月2日，红二十五军开始围攻七里坪，同敌人展开激战，并多次击溃敌军增援部队。战役开始10天后，部队断粮，根据地内已弄不到粮食，在战斗激烈、兵力紧张的情况下，红二十五军不得不抽调部分部队和地方武装到一二百里外的地方筹粮。广大指战员流露出怀疑和不满，军长吴焕先、副军长徐海东都建议撤围，但省委主要领导人仍坚持继续围攻。到6月中旬，久围不克，反而使自己陷入被动。红军多日断粮，长期露宿，疾病蔓延，死者日增，再加上战斗伤亡，部队减员很大。全军由12000余人减为6000余人，而且身体虚弱，士气不高。这时各地敌军趁机侵犯根据地中心区，逼迫群众插“白旗”。

在红二十五军围攻七里坪期间，鄂豫皖省委在红军中又进行了一次错误的“肃反”。这次错误的“肃反”又有许多红军指战员被错杀，在思想上和组织上造成很大的混乱，严重地影响了对敌斗争，也加重了七里坪战役的困难程度。

在这种情况下，省委才放弃了对七里坪的围攻。6月13日全军撤出阵地。历时43天的七里坪围攻战，由于省委盲目执行中央的军事指令，犯了“左”倾冒险主义错误，终于失败。这次战役以相对弱小的红军和20倍于己的敌军拼消耗，使红二十五军力量大为削弱，根据地遭到很大破坏，第四次反“围剿”失败。

七里坪战役后，省委又进行了几次“肃反”，错杀了很多高级领导人，主要有：红二十七军军长刘士奇、红二十五军副军长兼七十三师师长廖荣坤、七十五师师长姚家芳、皖西北游击总司令吴宝才、红八十二师政委江求顺、七十三师政治部主任程启波、独立第六师师长叶启文、第八路游击师师长汪明国等，中、下级干部和战士还有一大批。错误的“肃反”政策削弱了革命力量，和“左”的军事冒险一起，导致根据地斗争出现了被动局面。

在七里坪战役进行过程中，蒋介石又部署对鄂豫皖革命根据地的第五次“围剿”。敌人实行分进合击，妄图一举消灭红二十五军和彻底摧毁罗山、黄安边界的革命根据地。为保卫豫鄂边区的中心区域，省委错误地提出“死守”“与土地共存亡”的主张。红二十五军和地方武装广大指战员虽经英勇奋战，毙伤大批敌人，但由于敌人不断进攻，红军转战于大山上，风吹雨打，长期露宿，饥饿疲劳，多日断粮，体力衰弱，疾病蔓延，患病者甚多。到8月底，红二十五军因伤亡、掉队或中途病倒等，减员1500余人。在此严重情况下，省委才被迫决定红

二十五军暂时转到豫皖边区休整。至此,豫鄂边中心区保卫战遂告失败。

9月上旬,豫鄂皖三省边区"剿匪"总司令刘镇华见红军主力转移到皖西北,遂将前线指挥部由新集移至沙窝,调集七个多师的兵力,从四面向皖西北中心区进犯,合围红军。对此,鄂豫皖省委依然采取内线单纯防御的作战方针,命令红军主力实行分兵抵御,虽杀伤不少敌人,但未能阻止敌人攻势,导致皖西北中心区保卫战失败。此时,省委鉴于敌军主力转移到皖西北,留在鄂东北的只有5个师,而红二十五军只剩下3000余人,决定立即返回鄂东北。1933年10月初,红二十五军强行越过潢麻公路,被敌军南北夹击,截为两段。此后,沈泽民、吴焕先等率领约2000人活动于鄂东北地区,徐海东率领后续部队活动于皖西北地区。第五次反"围剿"进入更为艰难的阶段。

主力红军在郭家河、潘家河等战斗中的胜利,使鄂豫皖形势虽然有些好转,但敌之"围剿"部队没有遭到毁灭性的打击,形势仍很严峻。然而,省委领导却机械地执行中央王明的"左"倾冒险路线,错误地发动了七里坪战役,导致红二十五军与鄂豫皖根据地遭受重挫。

## 六、斛山寨反袭击战

1934年11月4日,中共鄂豫皖省委收到中共鄂东北道委书记郑位三的来信,其大意是:党中央派程子华来鄂豫皖工作,已到道委,建议省委率领红二十五军速来鄂东北,研究今后行动计划。省委当即决定率红二十五军(3000余人)赶赴鄂东北。

这时,敌"追剿"支队紧紧跟追红二十五军:东北军第一〇七师、第一〇八师、第一〇九师、第一一〇师、第一一七师和后调来的第一二九师等部,则早在商(城)麻(城)光(山)潢(川)交界地区构成重重封锁线,阻止红二十五军西进。

为迅速到达鄂东北,红二十五军决心选择当面敌人防守兵力薄弱部位,以出其不意的行动,突破封锁线。11月6日,红二十五军从葛藤山地区出发,日夜兼程,向西挺进。7日,突然袭击驻守于商城以南汤泉池的敌第一〇九师工兵营(4个连),将其全部歼灭,通过了敌人从商城到麻城的封锁线。是日,又在商城西南的大柳树遇敌第一〇七师2个团堵击。经激战,将敌击溃,歼其一部。接着,又将援敌第一〇八师先头部队击溃,通过敌人从商城到新集的封锁线,经余家集北折至汪家桥附近。在此稍事休息后,又连夜疾进,在白雀园以北通过敌

人自双柳树至新集的封锁线。随后,在仁和集至白雀园之间且战且走,强行通过敌人经营已久的潢(川)麻(城)公路封锁线。8 日拂晓,到达光山东南 25 公里处的斛山寨地区休息。

红二十五军突破重重封锁,向鄂东北穿插,敌军十分震惊。这时,红二十五军军部及军直属队位于斛山寨以西地区;第七十四师一、三营位于斛山寨东北的沙子岗,第二营位于斛山寨,控制制高点;第七十五师二二三团位于寨东的刘湾,第二二四团位于斛山寨南的朱家坳;手枪团位于斛山寨西北方向担任警戒。红二十五军在两夜一天内,连续急行军 100 余公里,经过几次激烈战斗,突破敌人四道封锁线,已经十分疲劳。军领导决定稍事休息。

就在这时,敌第一〇七师、第一一七师各一部共 4 个团和第四"追剿"支队(第六十四师 3 个团)、第五"追剿"支队(第六十五师 3 个团)跟踪而至,并趁红军警戒部队极度疲劳、疏于戒备之隙,从东、南两面发动突然袭击。红二十五军仓促应战。第二二三团顽强阻击敌第一〇七、第一一七师的攻击;第二二四团因朱家坳地形低洼,在敌第四、第五支队的猛攻下,难以进行有效的还击。为脱离不利地形,争取主动,即向朱家坳以西转移。敌第四、第五支队乘隙进占朱家坳,并向斛山寨实施佯攻,企图夺取制高点。此时,敌"追剿纵队"总指挥上官云相派飞机对红军轰炸、扫射,并乘飞机亲临战场上空督战。敌人气焰十分嚣张,凭其优势向红军阵地反复猛攻。红二十五军处境极端危险。第七十四师二营固守要点,抗击敌人,但因众寡悬殊,阵地随时都有被敌人突破的可能。在此情况下,军首长急令该师第一、第三营增援。全师指战员以极其英勇顽强的战斗精神,打退敌人 6 个团多次猛烈的攻击,守住了斛山寨。

在这紧急时刻,第七十五师二二四团赶到军部驻地。徐海东军长、吴焕先政委及时分析了部队情况,认为部队经过长途行军和连续战斗,指战员体力消耗很大,要以"走"来摆脱敌人是很困难的,只有坚决守住阵地,打垮敌人的进攻,才能继续前进。遂当即命令:第七十四师继续扼守斛山寨制高点,钳制和消耗敌"追剿"第四、第五支队;第七十五师二二四团从寨北迂回到刘湾北侧,协同第二二三团向敌第一〇七师、第一一七师实施突击;而后第二二四团迂回至朱家坳以南,第二二三团到朱家坳以东,与第七十四师协同攻击敌第四、第五支队。命令下达后,部队立即进行短暂的政治动员。第二二四团沿斛山寨北山麓隐蔽地迂回到敌第一〇七师侧后,突然发起猛攻,第二二三团乘机反击,敌被迫向东撤退。第二二四团、第二二三团协同攻击敌第一一七师。在红军的勇猛攻

击下，该敌不支遂撤退。而后，红军两个团集中力量向敌第四、第五支队的侧后猛攻，第七十四师也乘机发起反击，将敌压至朱家坳一带。该敌处于三面夹击之下，纷纷溃败。整个战斗持续到黄昏胜利结束，共毙伤俘敌约4000人，缴获武器弹药甚多。红军亦伤亡数百人。第七十五师政委姚志修在战斗中身先士卒，负重伤后牺牲。

斛山寨战斗的胜利，主要是由于军首长决心果断，指挥正确，适时巧妙地由防御转为进攻，变被动为主动；指战员发扬了不怕疲劳、不怕牺牲、英勇顽强、机动灵活、能攻善守的战斗作风。此战打破了敌人的追堵计划，为红二十五军的下一步战略行动创造了有利条件。

战后，省委率领红二十五军继续西进，在光山西南部的花山寨与鄂东北道委会合。同时，省委还收到中共中央1934年7月26日《关于组织抗日先遣队的通知》、7月29日《致鄂豫皖省委训令》等文件。至此，红二十五军胜利完成了赶赴鄂东北接受中央指示的紧急任务。

# 第三章　红二十五军在罗山

红二十五军从1931年10月成立到1934年11月从何家冲集结长征，历时三年多。在这三年多的时间里，罗山地方武装曾多次参加红二十五军组织的攻坚战斗，红二十五军也多次到罗山帮助地方党组织开展武装斗争和根据地建设，多次游击于彭新店、杨店、宣化店、大小鸡笼山，恢复和开辟了朱堂店至铁铺（包括何家冲、殷家湾）之间南北长30余公里、东西宽20余公里的根据地。军爱民、民拥军，罗山人民与红二十五军建立了深厚的革命情谊。

## 第一节　在罗山的斗争

1932年10月上旬，中共鄂东北道委和游击总司令部为了集中兵力反击敌人的“清剿”，先后合编和扩编了7个独立游击师。鉴于罗山独立团主要活动在光、罗边界地区，决定将光山西部地区的游击队与罗山独立团合编为独立第六师，师长由罗山县委书记叶启文兼任，下辖第十六团、第十七团，两团约1200人。独立第六师的组建，使罗山有了武装斗争的主力。

在反“清乡”的艰苦斗争中，罗山人民表现了不屈不挠的斗争精神和对党对红军的坚定信念。罗山根据地的群众在粮食很困难的情况下，自己不吃也留给伤病员吃。敌人大举进攻时，根据地群众坚壁清野，上山入林与敌周旋，没有饭吃，宁肯吃树皮、草根、观音土，甚至饿死也不向敌人屈服。敌人搜山毁林，叫喊“砍尽大别山的树，挖尽共产党的根”。群众针锋相对地写下“树也砍不完，根也挖不尽，留得大山在，处处有红军”的豪言壮语，显示出坚定的革命决心。敌人抓住群众，追问红军下落。有的群众把敌人领向绝路，有的群众宁死也不向敌人吐一字。杨店殷湾群众顾瞎子被国民党军队抓住强迫带路找红军医院，他不顾个人安危，领着国民党军迂回爬山，凡经红军暗哨就大嚷：“红军医院没有固定地方，叫我到哪去找？”走到药鸡沟后，天将黑了，敌人发觉上当，残忍地将顾杀死在八斗冲。罗山根据地人民的积极斗争，增强了红军指战员与地方武装坚

持根据地斗争的坚定信念。

鉴于敌人大规模地“清剿”，苏区急需重建一支主力红军来扭转根据地的困难局面，中共鄂豫皖省委于 1932 年 11 月 29 日在黄安檀树岗召开了军事会议，决定将留在根据地各红军主力统一组织起来，重新组建中国工农红军第二十五军，独立地坚持鄂豫皖根据地斗争。11 月 30 日，在檀树岗南河滩上召开大会，宣布新的红二十五军组成。全军约 7000 人。军长吴焕先，政委王平章。这次会议，是红二十五军历史上一个重要里程碑，对加强党的领导、统一军事指挥、集中红军力量坚持武装斗争、结束红四方面军仓促转移后根据地武装力量分散和混乱的斗争局面起了重要作用。从此，鄂豫皖广大军民在省委的领导下，开始进入为保卫鄂豫皖革命根据地而斗争的新阶段。

红二十五军的重新组建，说明了两个月来敌人的残酷“清剿”的失败，振奋和鼓舞了苏区军民的斗志，同时也震惊了敌人。1932 年 12 月，蒋介石又下令对鄂豫皖革命根据地实行大规模的划区“清剿”。12 日，国民党调 15 个师又 1 个旅，加上光山的易本应、罗山的丁印昆、商城的顾敬之等反动地方武装计 20 余万人在各地区配合“清剿”。手段是“驻剿”和“进剿”相结合。要求“进剿部队不论匪向何方逃窜，协同努力追剿”；“驻剿部队应与驻地各要点构筑工事，严密堵截，并须酌派部队协助进剿”；“进剿驻剿各部队互通情况，时时不失联络”；在时间上，蒋介石严令“进剿”部队务必在 1933 年 1 月底以前，将鄂豫皖革命根据地的红军“完全肃清”。

针对敌人的“进剿”“驻剿”军事行动，鄂豫皖省委于 1932 年 12 月 30 日在今属新县大畈召开紧急会议，通过了《鄂豫皖省委临时紧急会议决议案》，省委分析了当时国内外的政治形势，进一步明确了坚持独立斗争的思想，要求鄂豫皖苏区各根据地有相应的斗争策略，打破国民党“进剿”与“驻剿”计划。

为了加强党在反“清剿”斗争中的领导，省委决定将鄂东北、豫东南、皖西北等三个道区调整为两个道区。皖西北道区，道委书记郭述中。原属豫东南道区领导的赤南、赤城、固始归皖西北道委领导。鄂东北道区，道委书记郑位三，把豫东南之罗山、光山、潢川、信阳划归鄂东北道委领导。省委同时还决定由红二十五军一部和红二十七军一部组成一支新的主力红军，以赤南为根据地，开展鄂豫边区游击战争。

按照省委意图，红二十五军以师为单位在豫鄂边区分兵活动，一方面寻机歼敌，筹备给养，发展部队，积蓄力量；一方面发动群众，在地方武装配合下，扩

大游击斗争范围，恢复和巩固根据地。

罗山独立第六师和罗山警卫营等地方武装在县委、道委领导下，配合红二十五军行动，一面加紧巩固苏区，保护群众利益；一面扩大游击范围，深入白区游击，解决苏区的物资困难。12 月下旬，罗山独立第六师在游仙山突袭了敌第十三师潘旅，激战 4 小时，给敌以重创。1933 年 1 月 4 日至 9 日，罗山独立团先后在胡家河、大竹园、丰家店袭扰敌五十八师。罗山警卫营于 1 月 26 日在驼岭峰击溃了敌五十八师 1 个团，而后分散活动于潘家凹、将军岭一带。2 月 3 日，罗山独立第六师第十六、十七两团及独立营、钢炮连等，分别在白马山以西、曾家店地区与敌 1 个团激战。当敌军向曾家店进攻时，罗山独立第六师集中 1000 余人占据白马山有利地形向敌军猛烈射击，激战数小时，将该敌击溃，而后迅速分路向罗家湾、叶家老湾一带挺进。2 月 13 日，光山民团团总易本应的大本营遭罗山独立第六师的袭击，易氏宗祠守敌 1 个连被击溃，毙敌 30 余名，大量武器、弹药和粮食被独立第六师缴获。3 月上旬，罗山独立第六师游击到汪洋店，消灭国民党五十八师 1 个连，缴获枪支 100 余支。

罗山地方武装开展的斗争，初步巩固了中心根据地，牵制了大量敌军，有力地配合了主力红军在豫东南的分兵活动，地方武装在斗争中得到发展壮大，为今后继续开展反“清剿”斗争创造了有利条件。

1933 年 1 月上旬，根据省委决定，红二十八军（八十二师）在大畈成立，军长廖荣坤，政治委员王平章，下辖二四四团、二四六团及 1 个军部特务营，全军约 3000 人。红二十五军和红二十八军两支主力红军在根据地军民的配合下，执行了正确的斗争方针和策略，积极广泛地开展游击战争，初步打开了鄂豫皖边区根据地的斗争局面。

1933 年 3 月初，省委决定集中红军主力，寻机歼灭敌人有生力量。根据这个指示，红二十五军两个师采取了集中行动，于 3 月 5 日在光山南区郭家河同敌马腾蛟三十五师展开激战。罗山党组织带领罗山独立团和警卫营及当地群众数千人，在郭家河周围袭击骚扰敌人，筹集物资，支援红军作战。当红军向郭家河敌人发起猛烈进攻时，游击队和群众在郭家河周围山上齐声呐喊助威，敌官兵闻声丧胆，红军士气更加旺盛，无不奋勇杀敌。围歼战接近尾声时，游击队和手持锄头扁担的群众，主动追截少数溃逃的敌人，罗山警卫营堵截消灭敌军 1 个连。同日，为策援郭家河战斗，罗山独立第六师第十六、十七两团和光罗游击队先后袭击了孝、罗交界处的三里城、九里关及铁铺。这些积极行动，都有力地

牵制了光罗边区的敌人,使郭家河战斗获得了彻底的胜利。这次战斗歼敌两个团,毙敌二〇七团团长以下100余人,俘敌二〇五团团长以下2000余人,缴获山炮1门、迫击炮8门、机枪15挺、长短枪2000余支、战马100余匹。

郭家河战斗的胜利,引起了敌人极度恐慌。红二十八军又按照省委意图在袁英河、杨泗寨地区和关王店、门坎岭等地战斗,不仅打击了敌人,而且吸引了敌人9个师的兵力,使敌留在豫东南根据地的“清剿”兵力大为减少。罗山县委根据省委、道委指示精神,抓住这一有利时机,进一步发动群众,扩大游击战争,恢复和巩固根据地。罗山警卫营、罗山独立第六师第十六和十七团在光(山)、罗(山)、(黄)陂、孝(感)地区开展活动,回旋游击南向店、华家河、夏家田、何家店、香炉寺和老君山等地,沿途打击反动民团,袭击地主的寨子或国民党部队的据点,夺取大批物资给养,并多次重创由七里坪、华家河、丰家店等据点出动的敌十三师、四十四师等留守部队。

4月14日,敌十三师右纵队沿倒水河两岸进至上潘家河以东地区,红二十八军、红二十五军一部决定消灭这股敌人。罗山独立第六师在鸡公寨一带牵制和迷惑敌人。当晚,两支红军主力部队悄悄进入预定地点,罗山独立团第六师也逼近鸡公寨。15日拂晓,战斗打响了,在鸡公寨牵制敌人的罗山独立第六师,突然向河西敌人发起猛攻。红军歼敌十三师一个多团,十三师师长万耀煌以为是红军主力在倒水河西发起的攻击,慌忙率残部退至钟家岗一带。

罗山独立第六师在潘家河战斗结束后,北上南向店、文殊寺一带活动,包围消灭了邓天岗、何家畈反动民团,并进逼光山县城,牵制敌八十五师一部;罗、陂、孝游击队1000余人在光(山)、罗(山)以西活动,包围歼灭了驻青山口的保安第二中队,并牵制了敌四十四师一部。这些积极的活动,都有力地配合和支援了主力红军反“清剿”斗争。

为壮大主力红军,省委于4月8日决定:把罗山独立第六师第十六团改编为红二十五军二二五团,罗山县委又抽调游击队重新组建了第十六团。此时,红二十五军全军已达12000人。

在省委广泛开展游击战争,相应集中主力红军和地方骨干武装力量消灭薄弱之敌的战略方针指导下,主力红军在地方武装力量的配合下,自1933年3月份以来连续取得了郭家河、潘家河等战斗的胜利,一次次挫败了敌人对光罗中心区的进攻,沉重地打击了敌人。罗山等各县地方武装、游击队也在斗争中得到了发展壮大,使主力红军西撤后根据地的斗争形势有所好转。

# 一、罗山苏区的恢复

1933年4月，敌划区“清剿”失败后，蒋介石不得不重新调整部署，罗山苏区的紧张形势得到暂时的缓解。趁此机会，各级党组织抓住时机进行根据地的各项整顿和恢复工作，准备迎接新的斗争任务。

首先，积极发动广大军民恢复发展生产，改善群众生活。在敌人严密封锁、极度困难的情况下采取了一系列措施，如在群众中，有组织地发动借贷和互助，调剂生产工具和生活资料，号召大家共同渡过难关；在敌人进攻时，白天上山坚持斗争，晚上下山生产；各区、乡组织春耕护卫队，以保障春耕生产的顺利进行；为了使红军战士在部队安心工作，动员群众为红军家属代耕，不让土地荒芜；动员群众种植生长周期较短的瓜菜和粗粮作物，以接济生活；指导群众改善藏粮的办法，储备军民的口粮，以防敌人“清剿”。其次，加紧各级苏维埃政权的恢复和建设工作，发挥革命政权在对敌斗争中的作用。红四方面军撤走后，罗山大部分组织和苏维埃政权被破坏，只剩下少数留在深山区。鄂东北道委、罗山县委、罗山四区区委和区苏维埃机关都驻在卡房牛冲一带的大山上。建立了3个乡级政权，即一乡苏卡房、二乡苏胡河、三乡苏牛冲。由于缺少干部，县级苏维埃政权还未能及时恢复起来。区、乡苏维埃建立以后，在县委的领导下，帮助红军筹集粮食和衣物，为前线服务，各个苏维埃政府在反“围剿”斗争中起了很大的革命作用。再次，恢复健全党的队伍，提高党的战斗力。县委在恢复党组织和发展党员中，要求必须严格进行审查，坚决地淘汰第四次反“围剿”斗争中自首变节分子，大量吸收在斗争中涌现出来的优秀分子入党。坚定信心，准备反击敌人的更残酷“围剿”。最后，扩大红军主力，发展地方武装。红二十五军和红二十八军成立后，罗山独立第六师和罗山警卫营、独立团都先后编入了主力红军。同时，罗山又重新组建了地方武装，各区、乡都普遍建立了游击队和游击小组。罗山在恢复和巩固根据地方面做出了显著成绩，为以后光、罗苏区保卫战创造了有利条件。

## 二、第五次反“围剿”

正当鄂豫皖省委组织红二十五军及地方武装对七里坪之敌实施打击之际，蒋介石已于1933年5月初任命刘镇华为鄂豫皖边区“剿匪”总司令，对鄂豫皖根据地发动了第五次“围剿”。

参加这次“围剿”的国民党正规军计82个团，10余万人，另外还有地方反动武装数万人。敌人的“围剿”计划是由东向西，分区“清剿”。这样，光(山)罗(山)黄(安)麻(城)中心根据地首先成为敌人攻击的重点，投入兵力达8个师又4个旅。其具体部署是:第五十八师在罗山南宣化店地区;三十二师在光山、罗山边界地区;六十四师、六十五师在光山、潢川、新集地区;四十四师一三〇旅在宣化店、四姑墩以西地区，并担任平汉铁路的护路任务;第十三师在七里坪、华家河地区;第三十师在黄安、麻城边界地区。此外，敌人还在皖西北部署了4个师另4个旅的兵力。从敌人的兵力部署看，对鄂东北欲做重点进攻。

国民党反动派不但以大量的军事力量包围控制鄂豫皖地区，而且进一步强化地方反动政权，编练保安团队，强迫群众插白旗。在经济上，实行焦土策略，竭力破坏根据地的秋收，大肆移民，烧毁根据地的稻谷和房屋。在短短的时间内，罗山西部、南部一些苏区成为一片荒野。同时，敌还加强对食物、军用物资、药材等物品的控制，严禁这些物品输入苏区。敌人企图用经济封锁手段，把根据地军民困死，然后一举把鄂豫皖根据地革命力量彻底摧毁。

红二十五军从七里坪撤出战斗后，与从皖西北转战过来的红八十二师会合。恰好省委派往上海向中央请示工作的邵达夫返回，带来中央给鄂豫皖省委的指示。省委遂于7月1日至2日在新集南的太平寨召开了省委常委会议和第二次扩大会议，同时召开了鄂东北道苏维埃第一次代表大会。会上再次口头传达了党中央1933年3月15日《给鄂豫皖苏区党委的信》，又通过《通告一〇八号》和《省委第二次扩大会议议案》。由于王明单纯内线防御路线的严重干扰，导致了省委斗争方针和策略的两次失误，把消极的内线防御和保护根据地中心区作为基本方针。

1933年7月17日，敌人开始对鄂豫皖根据地进行第五次“围剿”。刘镇华由潢川赶到新集，亲自指挥对鄂东北革命根据地的进攻。敌人实行分进合击，

妄图一举消灭红军。18 日，敌占领光山县南部的双山门，逼近鄂豫皖省委驻地太平寨。19 日，敌人又攻占了郭家河、观音寨。在这种危急形势下，罗山独立第六师根据指示从正面向敌人阻击，红二十五军也根据省委指示从麻城赶回抵抗，力图保卫中心区。21 日至 23 日，红军分别在陵牌石和光宇山给敌以重创但未能将敌击退。战后，红二十五军又转移到麻城县北董家畈地区。不久，红军到两路口以东和以西地区筹粮，由于这一带人烟稀少，粮食奇缺，指战员们经常挨饿，再加上连日露宿高山，病者日多。在省委“与土地共存亡”的错误口号下，红二十五军只好饿着肚子再回到中心区，在苏区的一片废墟上兜圈子，食宿条件十分艰难。

8 月中旬，刘镇华以 4 个师的兵力再次向红二十五军合围。22 日，红二十五军在大小斛山与敌十三师两个团相遇，激战至下午，敌十三师驻七里坪一个团绕至红二十五军侧后发动进攻，红二十五军指战员虽经英勇奋战，但因长期病饿交加，身体虚弱，没有力量击退敌人的猛烈进攻，因而全军趁黄昏急忙撤出战斗，向太平寨转移。之后，转移到皖西北根据地休整。

红二十五军转战皖西以后，罗山独立第六师第十六团、罗山区乡游击队、便衣队在县委领导下，积极活动于天台山一带，打击和骚扰敌人，发动罗、光中心区的群众，利用各种方式反抗国民党第五次“围剿”。9 月 15 日，卡房地区各游击队、便衣队在高山岗会议之后一致行动，打掉了敌人在居畈设立的“办事处”。

从 1933 年 5 月至 10 月这段时间里，由于“左”倾冒险主义军事路线的干扰，致使红军的力量遭到严重损失。根据地内物力、财力都将枯竭，广大群众没有衣穿、没有粮食吃、没有房子住。罗(山)光(山)地方武装虽然在一定程度上打击了敌人，靠从敌人手中夺取解决了部分物资，但由于根据地元气大伤，形势仍十分困难。

## 三、罗山便衣队的发展

第五次反“围剿”初期的失利,促使鄂豫皖省委坐下来研究总结经验教训,重新考虑新的斗争方针。1933年10月16日,省委在黄安紫云寨召开了第三次扩大会议。会上,全面地总结了前段工作。省委对罗山独立第六师第十六团和黄安独立第七师十九团跳出根据地外线游击,对敌采取“打得赢就打,打不赢就走”的方针,牵制住敌人使之日夜疲于奔命,然后寻机打击薄弱之敌,从而取得胜利的做法,给予了充分的肯定,较客观地分析了敌我形势,重新制定了符合实际的斗争方针,对第五次反“围剿”斗争起着重要的作用。

12月初,蒋介石调整部署,把驻扎在黄安的第十三师调往江西,在豫鄂边区还留下4个师。红二十五军在省委新的斗争指导下,利用敌人兵力减少和分布较散、联系不便的时机,迂回作战,开展游击战争。12月4日,红二十五军从天台山长驱北上,袭击了罗南宣化店民团。敌人没有准备,仓皇应战,一触即溃;接着向东发展,在杨泗寨打油尖一带宣传发动群众,组织和武装群众。12月下旬,再次向北游击,以灵活的战术、神速的动作出其不意地接连打下罗山县的定远店、周党畈和光山的南向店,消灭民团数股,击溃敌三十二师一部,缴获了大批武器弹药和其他物资。仅周党畈战斗,就消灭易本应民团1个中队,缴获步枪140多支、手榴弹100多枚、自动机枪3挺以及大批面粉、食盐等。

红二十五军在光罗地区的活动,证明省委制定外线进攻的新斗争方针符合实际情况,并取得显著的成绩。为了及时总结推广这一经验,省委于1934年1月2日发布了《一一〇号通告》。通告指出今后具体任务是“红军主力要有计划地打击和消灭敌人”;要求各地党组织在深入发动群众的基础上,扩大红军队伍,吸收“白旗下”的群众参加红军;对这一段工作中应执行的一系列政策,通告也做了明文规定,指出:要注意执行区别对待反动力量的政策,开展统一战线工作,要加强对民团和白色士兵的宣传和策反工作,对哗变或俘虏过来的国民党官兵和民团、义勇队,要实行正确的政策;对于富农的土地、粮食,只能征收不能没收。省委《一一〇号通告》,对发展便衣队、扩大红军、开展白区“白旗下”的工作等,都做了详细部署,指明了发展方向,提出了明确要求。省委主动纠正过去一些“左”的做法,使苏区广大群众深受鼓舞。

在省委新的斗争方针指导下，罗山县委积极恢复和重建了各区、乡游击队。1934年1月初，被敌人冲散了的罗山独立第六师第十六团又重新组编为罗山县西路军。中旬，罗山西路军配合红二十五军给予长期盘踞在光、罗边界的反动武装易本应部多次打击之后，转移到定远以西的大、小鸡笼山一带活动。1月15日，红二十五军在罗山四区仰天窝发动群众，镇压反动民团时，敌十二师、四十四师共3个团的兵力分三路突然向红军驻地仰天窝发动猛烈进攻。罗山西路军闻讯后及时从鸡笼山赶来增援。在罗山西路军支援下，红二十五军果断地选定了敌军的薄弱环节，趁天黑突围转移，然后在老君山以南和宣化店附近等地连日与敌苦战。21日，敌又以4个团的兵力对红二十五军形成合围，红二十五军转移到仰天窝以北直插敌人兵力比较薄弱的罗山与孝感交界处活动。23日，红二十五军攻入铁铺；24日，再次攻占铁铺西南的三里城、大新店；25日占领双桥镇，沿途给敌人以沉重的打击。

此后，红二十五军在罗山南部、光山西南部地区，西起三里城、五里店，东到浒湾、泼皮河之间往返回旋，时而集中作战，时而分散隐蔽，时而乔装智取，时而远程奔袭，曾先后攻打浒湾、杨家店、周党畈等几处民团据点，并数次袭击南向店、晏家河，歼敌第三十二师1个连及易本应的3个民团中队。

随着游击斗争深入开展，罗、陂、孝各地武装也配合红二十五军在罗南活动。2月中旬，陂孝北游击队打垮了罗山西南姚家畈民团后，继而转移到罗山南部，消灭了郑九皋民团，烧毁了铁铺王家祠堂碉堡，缴获长短枪27支、子弹460多发。

自省委改变斗争方针以来，红二十五军在天台山、凌云寺及其以北的光罗地区，一面进行艰苦的群众工作，一面与便衣队、游击队配合开展外线游击战争，转战南北、驰骋东西，取得了鄂豫边区反“围剿”斗争的胜利，恢复了光罗苏区政权。罗山各级党组织还从游击队、地方干部中抽调部分骨干力量到乡村发展便衣队。这些便衣队，配合红二十五军在光罗地区活动，不断出击，打击、袭扰敌人，消灭民团，取得了很大成绩，因而获得了省委在《一一〇号通告》中的表扬与肯定。为加强对便衣队的领导，推动便衣队的发展，鄂东北道委根据省委指示，在罗山四区卡房举办了便衣队训练班。训练班由道委书记郑位三主持，道委秘书程坦兼任训练班秘书。学员是从各区、乡游击队中抽选出来的立场坚定、斗争坚决的队员。每期训练时间10天左右。训练班还为便衣队总结和制定了“游击战争，昼伏夜行，两面政策，统一战线”的斗争方针和策略，培养大批

骨干，推动了各地便衣队的蓬勃发展。

为发展罗、陂、孝地区和光、罗边界的便衣队，省委指示从游击队中抽些精干力量充实到罗、陂、孝、光、罗地区的便衣队中去。1934 年 2 月，红二十五军向罗山西南地区派出三个便衣队开辟新区，鄂东北道委也派了一个便衣队到罗山香炉寺一带活动。这些便衣队既是战斗队，又是工作队，成为鄂豫皖根据地武装斗争中的一支重要力量。

便衣队和群众为党和红军提供了许多军事情报。罗山定远牢山民团勾结国民党军队准备搜剿牢山便衣队，便衣队获得情报后，先发制人，在国民党军队未到之前，活捉了牢山民团团长，将其处死在周党畈集上，敌人联络中断，“搜剿”计划破产。

省委斗争方针改变后，县委及便衣队注意抓好重新建党的工作，秘密发展党员，收集流散的红军战士和伤病员，改造保甲政权，分化瓦解敌军，保护红军家属，帮助群众解决困难，使群众增强了斗争信心。特别是争取国民党地方开明人士的工作取得了显著的成绩。宣化店郑家湾绅士郑本顺、石家湾的石祥心、施家湾的施启仪都先后与罗山县委建立了关系，他们向县委提供情报，代购医药、子弹和粮食。

对反动的首恶分子，县委带领便衣队予以打击。敌在莲花寺修碉堡，保长董光耀带着民团团丁向群众派款。宣化店便衣队埋伏在路口，打死团丁 10 人，缴枪 1 支，其余的团丁狼狈逃窜。东河地主何钧恕从杜家寨带了一个班的团丁去李家楼收租。便衣队埋伏在姚岗，打死团丁 5 人，其余的都逃回杜家寨。

便衣队的发展，使形势逐渐好转，党组织和地方武装也逐步恢复和加强。1933 年冬，鉴于原罗山县委书记叶启文调入主力红军任团政委，道委决定由宣化店区委书记章家胜担任县委书记。同时成立了教导队，下辖 3 个分队，共 80 多人。活动于卡房、宣化店、仙居等地及大、小鸡笼山、金牛城一带，与罗陂孝特委领导的便衣队保持联系。

便衣队是在艰苦的条件下建立的，在斗争中成长和发展的，它不仅成为红军的主要后备力量，而且在坚持根据地斗争中发挥了巨大作用。

## 四、开展彭新店、杨店斗争

红二十五军离开光、罗地区，跳到外线转战皖西后，由于执行了新的斗争方针，在皖西也取得了胜利。1933 年 10 月 2 日，红二十五军离开皖西向光(山)麻(城)地区转移。

10 月 2 日，越过潢麻公路时，由于受到敌人阻截，红二十五军一部分到了光、麻地区，未越过公路的后卫部队 1000 余人，由副军长徐海东率领转回皖西北地区。10 月上旬，中共皖西北道委根据省委指示将红二十五军未过路的部队整编为八十四师，并与八十二师合编为红二十八军，徐海东任军长，郭述申任政委，全军 2300 余人。

由于红二十五军和红二十八军在光、罗中心区和赤南中心区反“围剿”斗争中不断取得胜利，使敌人企图在短期内消灭鄂豫皖红军的计划遭到失败。蒋介石为彻底“剿共”，于 1934 年 2 月调整了鄂豫皖“剿共”指挥机构，重新部署兵力。他亲自担任鄂豫皖三省“剿共”总司令，任命张学良为副总司令。把东北军 9 个师从华北调到鄂豫皖地区，加上刘镇华部共 16 个师 4 个旅的兵力，80 多个团。

1934 年 4 月，吴焕先带领七十五师千余人，又一次穿越潢(川)麻(城)公路，去皖西北会合红二十八军。这一次穿越公路，吴焕先采取“昼伏夜动”的秘密行动，神不知鬼不觉地迂回 50 多公里，直插到公路附近。同时，又利用东北军布防尚未就绪的有利时机，出其不意地穿过公路。半年前，被敌人分割于鄂东北、皖西北两地的吴焕先与徐海东，又一次在皖西北根据地会面了。红二十五军的两位核心人物，从此以后也就紧紧拴在一起。

当天，除了开会传达中央及省委意见之外，他们互相间还交谈了鄂东北、皖西北两地的反“围剿”斗争情况。吴焕先这时才知道：坚持在皖西北根据地的红二十八军，这半年也打了不少的胜仗，仅就葛藤山一次战斗，就毙伤俘敌 1000 余人，活捉敌五十四师师长兼一六一旅旅长刘书春。如此重大的胜利，这一时期在鄂东北地区还不曾有过，吴焕先也打心眼里感到高兴。他在了解了红二十八军的真实情况以后，以他和郭述申的名义，就红二十八军在皖西北的几次作战胜利，包括每一次歼敌数字、每一项缴获战果，都十分具体地向党中央写了书

面报告。

省委针对敌人新的部署，号召各级党组织做好第五次反“围剿”的准备。3月中旬，省委收到中央军委《关于鄂豫皖苏区战争经验的研究及今后作战的建议》，建议鄂豫皖红军“在适宜的时候就实行战略退却，可以从罗山地带返回豫南的桐柏，目的是在鄂豫边的新集、桐柏、和杏、唐县镇、厉山建立新区……”建议还表扬了罗山十六团等地方武装“坚持灵活多变、外线游击”的做法。4月10日，省委召开会议，对建议进行讨论，认为建议中所指寻求新区域问题，首先是以接近鄂东北找地点较好；其次是接近皖西北找地点。决定以光（山）罗（山）息（县）和黄（山）罗（山）两地区为新区域目标。

1934年5月，省委给鄂东北道委发出指示，对地方党组织在红军进行游击战争、开辟边沿地区期间的工作任务做了具体指示，要求巩固光罗、光麻两块苏区，联系东西两阵地，扩大游击区域，为恢复整个苏区，完全粉碎敌人新的进攻与第五次“围剿”而斗争。

6月1日，省委召开了第八次常委会，两次讨论了发展罗、光苏区，开辟新的游击根据地问题，决定“在光、罗北部（进行）最高度的军事行动”。6月2日，红二十五军之一部于光山县大竹园击溃敌四十四师1个旅后，向罗（山）光（山）北部进发。当进到茅草尖一带时，国民党驻宣化店、禹王城一带的四十四师一三二旅3个团向茅草尖逼近。6月3日，红二十五军在茅草尖附近与从宣化店出动之敌1个团遭遇，歼敌一部，然后北上，直插罗山、信阳之间。6月6日，红二十五军一部在罗山县青山店击溃青山民团一部。同日，红军挺进信阳县闵家岗，在中山铺与国民党激战半日，给敌以沉重打击，同时，还占领罗山县楠杆铺，截断了信（阳）潢（川）公路，继而进占信阳县五里店，歼灭驻五里店的信阳保安大队，并就地发动群众进行分粮、分盐活动。

6月7日，红二十五军又南抵罗山彭新店与国民党刚到彭新店宿营的机动游击部队四十四师一三二旅两个团相遇。红军抢占有利地形，先敌开火，分东、西两面向敌驻地勇猛夹击。正在做饭、抢东西的国民党军措手不及，弃枪向南逃跑。红军一气追至彭新店以南的九龙河，抄敌后路，猛烈攻击，击溃全部敌人。敌两个营缴械投降，余者溃逃。战后，当地群众烧茶送水，热烈欢迎红军，并为红军搬运战利品，请求红军长期驻扎，以协助打恶霸、分粮斗争。当日，红军宿营在彭新店南的山林中。

6月8日，红二十五军由罗山彭新店过九龙河东向杨店进发。在彭新店被

红军击溃之敌已先到达杨店，集中编为4个营，企图运送伤员南窜宣化店。敌军在杨店、胡洼、桃湾、黄湾、南洼、黑洼一带村庄抢掠群众东西、抓鸡杀猪。黑洼的桃李园也聚集了不少打桃摘李的敌兵。杨店便衣队发现情况后，一边在鳖嘴、新庄一带山岭上监视敌人，一边派人向红二十五军报告情况。正在殷家湾休息的红二十五军闻讯后，立即投入战斗。杨店便衣队分成4个战斗小组，分别为红二十五军带路，直奔鳖嘴、新庄山岭，居高临下，趁敌不备，突然分路猛击。国民党军队遭到突如其来的袭击，乱作一团。红军和杨店的游击队四面围歼，使敌无法逃脱，仅在黑洼一块大田里就毙敌百余，血流沟畦。战斗进行了3个小时，歼敌4个营，俘敌200余人，缴获了全部辎重。战后，红军还为杨店便衣队配备了一批枪支。便衣队编了一个顺口溜歌颂这次战斗的胜利："主力红军到，群众哈哈笑，四十四师没跑掉，又送子弹又送炮，还问要不要。"

红二十五军在罗山活动时，罗山各级地方武装积极配合主力红军的军事行动，传递情报，不断出击，牵制和袭击敌人，为红军作战创造良好战机。5月26日，罗山西路军和罗山教导大队在罗山何家冲东南击溃了丁印昆民团两个中队，活捉了罗山县民团团总丁印昆，为罗山人民除了一大害，并缴获步枪100余支、手枪8支。

罗山区、乡游击队、便衣队，不仅担负了武装镇压反动势力的任务，而且担负了组织发动群众、为红军筹集所需军用物资的任务。

红二十五军在杨店与敌四十四师一部战斗时，罗山西路军在涩港店与国民党四十四师之另一部及东北军一〇五师之一部激战，击溃了全部来犯之敌。敌四十四师师长受伤逃走。西路军夺得枪支弹药及其他大批军用物资。

罗山各地群众，对红军在罗山境内活动给予了大力支援。红军到中山铺、五里店、闵家岗、楠杆铺、高店、北渡淮河入正阳、息县边境活动时，罗山地下党组织群众烧茶送水、筹粮筹款、筹鞋袜、传递情报、慰问红军，保证了红军的战斗胜利。红军经过罗山高店时，许多青年踊跃参军，仅高店的湖南、后于湾、岑湾等几个村庄，就有32个青年自愿参加了红军。

红二十五军在省委的领导下，转战豫东南、光罗边、罗信边、罗息边界地区，在罗山各地武装的配合下，一路攻克山寨，接连歼灭了许多股国民党地方武装及反动民团，取得了凌云寺、彭新店、杨店等重大战斗的胜利，共歼灭国民党二十五路军2个团、四十四师及刘镇华部3个团，击溃了光山易本印、罗山丁印昆等大股地方民团，使边沿地区形势大为好转，为开辟边沿根据地奠定了基础。

## 五、开辟朱堂店根据地

1934年1月23日，吴焕先带领队伍即以极其神速的飘忽行动，一举攻入罗山南部的铁铺。24日，又一次占领三里城和大新店。25日，乘胜攻占双桥镇。三天之内，接连奇袭四座集镇，歼灭民团数股，缴获了一批粮食、物资和武器弹药。

到了1934年2月，一个月的时间，敌人都没有逮住吴焕先，也不知新年是怎么过的，心里很不安。而吴焕先所率领的红军队伍，则在飘忽的游击活动中，欢度了甲戌年的新春佳节。在此期间，他们西起孝感以北的三里城，东至光山县的泼陂河，飘忽回旋于二百多里长的边界线上，急如穿梭一般。有时远程奔袭，有时化装奇袭，有时埋兵伏击，有时引敌就范，聚而歼之。忽而攻入定远店、周党店，忽而打下宴家河、南向店，忽而又占领新集以北10多公里的浒湾。2月底，恰是农历正月十五，吴焕先获悉敌三十二师派部队护送物资，即在浒湾附近的森林中打了一次伏击，将敌护送部队两个连全部歼灭，缴获物资和武器弹药甚多。

这一年的新春佳节，吴焕先所领导的红军队伍，搞得敌人四下告急，很不安宁。“消灭吴焕先，过年也心安”，敌人只能是在搜山、烧山时喊喊而已。对此，有些气愤不过的指战员，在红军所攻占过的几个乡镇街头，临走时偏又写下这样一句标语，给敌人以实际回答：“吴焕先到此游击！”

5月初，中共鄂豫皖省委为了解皖西北地区的斗争情况，决定率领红二十五军由鄂东北转至皖西北地区。6日，红二十五军远程奔袭敌第五十四师后方所在地罗田县城，歼守敌一部，缴银洋7000余元及大批弹药物资和几十匹骡马。

战后，红二十五军经罗田僧塔寺到达霍山团山。省委在团山召开会议，决定从红二十五军抽调部分骨干，组成一支游击队，在当地开展工作。数日后，敌第四十七师、第五十四师向红二十五军发起进攻。为摆脱敌人，红二十五军经麻河岗、银山畈、枫树坳、大柳树等地向鄂东北转移，并先后在枫树坳和大柳树进行战斗，击退了敌人的追击。

5月30日拂晓，红二十五军刚到达光山南部凌云寺地区，敌第三十二师九十四旅即追至山下。吴焕先政委当即对部队进行紧急动员说：我军经过连续行

军，相当疲劳，现在敌人迫近，如果转移，就要遭遇危险。我们必须发扬英勇顽强的战斗精神，利用居高临下的有利地形，狠狠地打击敌人。部队立即进入阵地，抢修工事，做好战斗准备。敌人发动猛攻，红军指战员顽强抗击，连续打退敌人的多次冲击，使其锋芒大挫。红二十五军遂组织强有力的反击，又予敌以很大杀伤。这时，敌人以3架飞机向红二十五军阵地猛烈轰炸，敌地面部队乘势再次发动疯狂的进攻。红军指战员沉着应战，愈战愈勇。至黄昏，终于挫败了敌人陆空配合的进攻。这次战斗，共毙伤敌700余人，红军亦伤亡600余人。

战后，红二十五军进到茅草尖一带。敌第四十四师一三二旅3个团分别由宣化店、禹王城向红军进逼。6月3日，红二十五军在茅草尖附近与该敌一个团遭遇，歼其一部。然后北上，直插罗山、信阳之间。5日、6日，先后攻占青山店、五里店、栏杆铺等地，消灭保安队数股，截断信（阳）潢（川）公路，威逼信阳，并就地发动群众，分粮分盐。

在这次行动中，省委进一步了解到罗山、息县交界地区地势平坦，而红军缺乏平原作战经验，不便于在这一地区活动，遂决定放弃开辟光（山）罗（山）息（县）地区的计划，改到罗山、黄陂、孝感交界地区发展游击战争，恢复老区，并开辟新根据地。

敌在其第一三二旅连遭失败后，又以第四十四师一三〇旅、第三十二师九十四旅和第一〇五师一部，从杨家店地区分南、东、北三面向红军进逼，企图将红二十五军向西压迫到平汉线消灭之。省委根据这一严峻形势，及时率红军南下直插到孝感县会亭河、蔡店一带敌占区活动，牵敌南下后，于6月中旬转而北上，在胡家冲、观音寨、杨平口等地打击花园、夏店之敌，又迂回到光山。6月28日，红军于光山南大河歼敌一〇五师1个连。不久，敌将四十四师大部调往鄂西北老河口一带，这样，罗陂孝地区的形势有所好转。所以省委便率红二十五军又回到朱堂、铁铺一带进行恢复和开展工作。

这时，敌人将第四十四师大部调往鄂西北的老河口地区。鉴于罗（山）（黄）陂孝（感）地区敌情暂趋缓和，省委即领导红二十五军在朱堂店南北地区进行恢复和开辟根据地工作，扫清民团，镇压反动分子，发动群众，分配土地，建立政权和地方武装，扩大红军。红军在开辟和恢复朱堂店根据地的工作中，首先派出了大量的工作队，深入村庄组织发动群众，很快在朱堂店地区建立一个区政权和几个乡政权，恢复和开辟了一块南北长30余公里、东西宽20余公里的小块根据地。经过党政军民一个多月努力，到7月中旬，在朱堂店至铁铺一

带，恢复和发展了农会、妇女会、少先队、儿童团等群众组织，每个乡都成立了宣传队，朱堂乡苏区成立了有 30 支枪的游击队和 200 多人的赤卫军，扩大红军 80 余人。铁铺乡苏区建立了 30 余人的警卫队，除此之外，还有若干便衣队。

在这一时期，鄂东北地方部队和便衣队在敌人严密封锁、频繁“搜剿”的困难条件下，穿插于敌人明堡群和封锁线之间，积极打击敌人，镇压反动分子，发动群众。

朱堂店苏维埃政府建立后，进行了打土豪、分田地、杀敌人的斗争。先后歼灭了熊西楼民团、肖畈民团等反动武装，促进了群众武装斗争的开展。6 月下旬，朱堂乡苏区在陈上楼召开千人大会，公审镇压了反动保长翟新裕、土豪熊少一，当场分粮、分衣物给穷人。同时，铁铺乡苏维埃在铁铺街也召开了群众大会，红军代表和苏维埃干部登台演讲，群情激昂。根据地最大的一次会议是在朱堂乡杜嘴村稻场里召开的，会上镇压了各地提来的反动豪绅 20 余人。根据地土改是 6 月中旬至 7 月初进行的，土地分配原则与红四方面军时期大同小异。贫农分好田，富农分差田，军属给照顾。分田的办法，首先是以村为单位，统计人数田亩，按人口平均分配，然后经土地委员、工会代表、农会代表组成的评议小组进行评议，最后定块插标。同时还动员青年积极参加红军。这期间，仅朱堂乡就有 160 余人参加了红军。

这一时期，前后只有一个多月，红二十五军就在朱堂店至铁铺一带，恢复和开辟了一块南北长 60 余里、东西宽 40 余里的根据地，建立了区、乡、村基层政权，发动群众分配了土地，并成立了地方游击队、赤卫军和便衣队，仅一次就扩大红军 80 余人。这一块革命根据地的开辟，即成为罗山、黄陂、孝感交界特区委（即临时县委）和独立团的所在地，随后也是红二十五军长征的出发地。

就在这一时期，吴焕先也建立健全了军政治部机关，成立了一支队伍精干的宣传队，唱歌演戏、刷写标语、喊口号鼓舞士气，并兼做发动群众和瓦解敌军工作。此外，每个连队都建立健全了党、团支部组织和红色战士委员会，并建立了以群众工作为主的宣传小组。每个宣传小组三五人不等，多由指导员兼任领导。主要任务是：开展群众工作，进行社会调查，扩大红军队伍，检查群众纪律。这四项任务所涉及的政策内容，以及工作方式方法之类问题，吴焕先都具体做了规定。

与此同时，也加强了对敌军的瓦解工作。军政治部印刷了《哗变士兵招待条例》，并在靠近敌军的边沿区域路口，设立了“哗变士兵招待处”，或派俘虏兵

回去散发传单，或派便衣队秘密张贴标语，或派地方部队向敌人喊话鼓动，搞得十分活跃。甚至，还给驻扎光山县的第六十七军军长王以哲将军，捎去红军的传单和标语口号。“东北军最易接受宣传，尤其是反日宣传。白色士兵开小差的，各部匪军中天天都有，以东北军为最多。哗变到我方来的前后共计数十人，都是东北军。一〇五师一个排打死排长，寻找我们未遇……前后吸收东北军数十人在红军之中。”这些适时而具体的做法，在鄂豫皖时期与东北军的最初接触之中，就曾产生一定的政治影响，收到良好的效果。

由于红军和地方武装作战不断取得胜利，以及省委各项新政策的逐步深入贯彻，到6月底，原鄂东北革命根据地恢复了一部分县、区党组织，其中有3个县委、3个特区委（临时县委）、11个区委；党员由上年10月的200多人发展到500多人，其中在“白旗”下坚持斗争的党员有100多人；共青团小组、贫农小组和工会小组也有所恢复。至此，鄂豫边除了一些零星的游击区域外，已有三块根据地：一是中共鄂东北道委所在地区，即从天台山、老君山到光山、罗山北部地区；二是鄂东北游击总司令部所在地区，即从东高山、西高山到光山、潢川边境；三是新开辟的朱堂店至铁铺一带，为罗（山）（黄）陂孝（感）特区委和独立团所在地区。前两块根据地，虽屡遭敌人的严重摧残，土地荒芜，农舍成墟，人口稀少，但红军和地方部队有了回旋立足之地。

在朱堂店根据地的开辟与创建中，红二十五军还根据省委指示和军政治部的决定，在朱堂店地区进行集中整训。整训工作从6月底到8月初进行了40天，使全军干部战士在政治、军事素质上都有很大的提高。

## 六、长岭岗战斗

红二十五军在朱堂店地区开辟根据地和进行整训时，国民党加快了“围剿”步伐。1934 年 6 月下旬，张学良制订了一个从 7 月 1 日到 10 月 10 日的“三个月清剿”计划，调遣 15 个师和 3 个独立旅共 70 多个团的兵力，向红二十五军进攻，其方针是一面划区驻剿，将鄂豫皖边区划为六个“驻剿区”和一个“护路区”，一面无限制地用“竭泽而渔之方，做一网打尽之图”。

罗山南部、光山西部是红二十五军驻地，敌三十二师独立五旅布置这一带为“第五驻剿区”。敌用大部兵力担任“驻剿”任务，另以 11 个团组成四个追击队，不分昼夜地对红军“纵横穷追”寻机决战，企图在三个月内消灭红二十五军。

当时，红二十五军正在罗山县朱堂店一带恢复和开辟根据地，一方面对红军战士进行政治教育和军事训练，准备粉碎敌人新的进攻；另一方面积极宣传发动、教育群众，扩大地方武装，以便在红军走后继续坚持敌后斗争，以牵制敌人的力量。

7 月 12 日，敌第三追击队一一七师，第四追击队一一五师和护路部队第一〇五师一部，从东西两面向朱堂店进犯。为了避敌锋芒，掌握主动，红二十五军向东南转移到铁铺以东白鸭山一带，杨店便衣队秘密活动在龙池一带。敌第一一五师、第一一七师从西北方向追来。16 日，敌第一一七师由铁铺向白鸭山进攻，驻宣化店之敌第一〇八师以一个团进至姚家畈地区防红二十五军南下。红二十五军决定继续转移，先去殷家冲，然后转向西南，到何家冲一带待机行动。军长徐海东、军政委吴焕先发布命令，由二二三团占领白鸭山隘路口，阻击敌第一一七师；令七十四师第一营为先遣分队，占领何家冲西北山寨，防止敌人阻击红军去路；军主力连夜转移至殷家冲。

7 月 16 日，敌第一一五师（辖六四三团、六四四团）进占长岭岗一带：师部在长岭岗；第六四三团在长岭岗西端至岳家沟地域，并以一个营占领岳家沟以西及以南高地，担任警戒；第六四四团第一、二营在长岭岗东西端，第三营在富栗陡坡东北高地上。

17 日凌晨，红二十五军从殷家冲向何家冲转移，行抵长岭岗南侧高地时，徐海东军长突然发现敌人架着 3 门迫击炮盲目地向西射击。军政委吴焕先与军

长徐海东商量，对这只拦路虎是该打还是该绕过去时，负责对敌侦察、出生于殷家湾的红二二四团团长殷少礼前来报告：敌人虽然气势大、炮火猛，但并没有发现我军行动，只是虚张声势，盲目打枪。根据敌人布防情况看，他们疏于戒备，且其所处位置极为不利。因为长岭岗是一条孤岭，地形狭窄，只要我军将敌前面的部队打垮，其后面的部队就无法展开，我军再乘势压过去，必能获胜。军首长听了殷少礼的报告后，认为突袭长岭岗之敌是个极好的战机。于是，决心歼灭该敌。即令：二二四团一营攻击岳家沟以西敌之排哨，消灭该敌后，继续向敌纵深猛插；令二二四团另两个营攻击岳家沟以南敌之连哨，消灭该敌后，即向长岭岗至岳家沟间之敌第六四三团（欠第一营）实施拦腰突击；令七十四师（欠第一营）在二二四团摧毁敌人警戒阵地后，即加入战斗，协同该团向敌纵深挺进，消灭长岭岗一带的敌人。同时，命令殷少礼派几名熟悉当地情况的战士与杨店便衣队取得联系，随时准备参加战斗。杨店便衣队接到通知后，一方面组织群众为前方战士送水、送干粮，准备担架；另一方面随红军战士一起赴长岭岗助战。

9 时，红二十五军二二四团第一营首先以迅速勇猛的动作，将敌排哨消灭，又乘势将敌第六四三团第一营打垮，第二、三营将敌连哨消灭，又对该敌侧翼实施突击。敌第六四三团第二、三营急忙向岳家沟以西增援。这时，杨店便衣队也赶来占领长岭岗以北高地，配合主力作战。敌在我三面围攻之下，队形顿时混乱，纷纷夺路逃窜，有的缴械投降。红二十五军积极地展开战场喊话，瓦解敌军，接着乘势猛冲猛追，直捣长岭岗。敌师长姚东藩见势危急，忙令第六四四团派两个营占领长岭岗西端阵地，企图阻止红军。此时，红二十五军已冲到长岭岗，并正向敌师部实施包围。敌第六四四团两个营只得仓皇在其师部附近就地抵抗，掩护师部及第六四三团残部向东北方向逃窜。这时，红二十五军七十四师两个营发起猛攻，敌第六四四团两个营不支后撤。于是，我军五个营集中力量，乘胜追击，直抵富栗陡坡以东。敌师长姚东藩带着残敌向倒座湾溃逃。战斗历时 3 个小时，到下午胜利结束，歼敌东北军一一五师 5 个营，俘敌 1000 余人，缴获迫击炮 3 门、轻机枪 60 余挺、长短枪 800 余支以及其他军用物资 1000 多件。

下午，红军在长岭岗八斗冲召开了释放俘虏大会。吴焕先政委向俘虏讲了话，对俘虏中愿意当红军的表示欢迎，愿意回家的每人发银圆 2 块作为路费。因为在打扫战场时，按规定群众上交枪 1 支，奖银圆 1 块。在给俘虏发路费时，

红军所剩银圆不够，便当场向红军战士们借钱。部分在场的战士立即把自己仅有的银圆拿了出来，不在场的战士闻讯后也把自己珍藏的银圆拿出来派人送到殷少礼手中，俘虏们目睹了这一情形，个个为之感动，有100多名已领路费的俘虏退还了路费，报名参加红军。吴焕先政委亲自与留下的东北军士兵谈话，进行教育。数十名经过教育的东北军士兵分别编入连队，担任机枪教官。红二十五军的装备因此大为改善，不少连队配备9挺轻机枪，有几个营换上了新式的马步枪，为红二十五军长征奠定了胜利的基础。

由于东北军在长岭岗战斗中遭到惨败，张学良便把一一五师残部调孝感休整，师长姚东藩被撤职。

事后，红二十五军认真总结了胜利的原因：一是适时地抓住战机，果断下定决心。在殷家冲向何家冲转移过程中，发现敌第一一五师疏于戒备，处于不利地形，即毫不犹豫地抓住这一有利战机，大胆而果断地下定歼敌的决心。二是充分发挥我之优点，攻击敌之弱点。这次战斗，从兵力上看，敌人两个团3000余人，而且敌第一一七师、第一〇八师可能增援，我军五个营约2000人；从装备上看，敌人也优于我军。但是，我军利用了敌人疏忽戒备和处于不利地形的弱点，充分发扬了我军山地战特长，出其不意，攻其不备，因而战胜了处于优势的敌人。三是运用了猛打、猛冲、猛追的战术。当军领导下定歼敌决心后，部队迅速隐蔽地接近敌人，突然发起攻击，猛打、猛冲、猛追，使敌人陷入一片混乱，指挥失灵，无法组织有效抵抗，全师迅速溃败。四是地方武装积极参战和我军适时的战场喊话，加速了敌人的溃败。战斗打响后，活动在当地的游击武装主动赶来参战。他们突然出现在敌人的侧后，配合主力从三面打击敌人，造成了对我军更为有利的态势。这时，我军又利用东北军下层官兵思乡怀土、不愿打内战的心理特点，在军事打击的同时，适时地进行了战场喊话，瓦解了敌军。这些都加速了敌人的溃败。

战后，红二十五军即在以朱堂店和铁铺为中心的罗南地区活动，广泛发动群众，使群众工作和地方武装得到了发展，开辟了朱堂店游击根据地。

## 第二节　花山寨会议

关于战略转移问题，实际上已经过了半年多的酝酿。自1934年3月中旬接到中共中央批转的要红二十五军向桐柏山区战略转移的建议后，4月间，省委曾召开会议，确定红二十五军暂不离开鄂豫皖革命根据地，并向中央做了报告；7月1日，省委又收到中央1934年2月12日的指示信和6月13日的军事训令。中共中央在2月12日的指示信里，根据鄂豫皖革命根据地的严重形势，指出“省委当前的任务，在于保全我们的活力，保全我们的队伍，去创造新的苏区，新的根据地，整理、锻炼和强固我们的力量，创造新的主力红军。同时，广泛开展游击战争，为恢复原有苏区而斗争。这是在目前形势下唯一正确的路线”。“再固执着‘死守’的方针，是只有牺牲我们的干部，牺牲我们的活力，必至完全葬送我们的事业”。同时也明确提出“关于新的地区的选择，原则上应注意下列的条件：(1)敌人力量比较薄弱；(2)群众中革命的影响较大，或者群众比较容易为我们争取者；(3)地形有利于我们防御和作战，粮食和一般物质条件较丰优的。应根据这一原则及中革军委的军事指示，以及根据当时当地的具体形势，再作适当的决定和行动”。中共中央、中革军委在6月13日的军事训令里，虽然对省委4月13日的报告表示“原则上同意省委提议，红军主力仍留在原来苏区继续行动”，但同时也提到“应创造一个较强的独立团，到平汉铁路西桐柏、随县地域去活动”，积极地向外线发展，“特别应向河南及京汉路上活动”。据此，省委对战略转移问题又做了进一步的研究，在7月5日给中共中央的报告里，一方面认为“组织一团人到铁路西及桐柏一带活动，在分散敌人兵力与开展平汉铁路两旁游击的意义与作用很大，但是目前在我们实际的力量上还做不到”，因此准备继续坚持鄂豫皖革命根据地斗争；另一方面又请中央“令河南省委将豫南及平汉铁路南段秘密工作适当地与我们发生关系”。省委并在7月6日直接写信给中共河南省委，要求“把豫南及平汉线的敌情经常告诉我们……以便根据敌情的变化规定红军临时的动作”；还询问“四望山、桐柏、正阳、息县、罗山、确山党的组织如何”，说“这些地方是红军目前行动的目标”。

1934年11月4日，中共鄂豫皖省委接到鄂东北道委书记郑位三的来信，党中央派程子华来鄂豫皖工作，建议省委立即率领红二十五军速来鄂东北，研究

今后的行动计划。11 月 6 日,红二十五军从葛藤山出发,日夜兼程赶往鄂东北,经过斛山寨反击战,11 月 11 日到达花山寨与鄂东北道委和程子华会合。

根据中共中央的指示精神和周恩来的指示,省委花山寨会议分析了鄂豫皖革命根据地两年来的斗争形势,郑重地讨论了今后行动大计。一致认为:红二十五军转移出去,创建新的根据地,谋求更大发展。

据《刘华清回忆录》记载,花山寨会议整整开了一夜。会议从战略高度审时度势,正确解决了红二十五军迫切需要解决几个问题。第一,下定了战略转移的决心,解决了走不走的问题;第二,以平汉铁路以西鄂豫边界的桐柏山为初步转移目标,解决了转移的方向问题;第三,红二十五军在行动中,对外称为“中国工农红军北上抗日第二先遣队”,解决了举什么旗帜的问题;第四,留下一部分武装再组建红二十八军,解决了苏区继续坚持斗争的问题。

会议还决定增补程子华为省委委员、省委常委;任命程子华为红二十五军军长,吴焕先为军政治委员,徐海东为副军长,戴季英为军政治部主任;留下省委常委、中共皖西北道委书记高敬亭领导鄂豫皖苏区的斗争(高敬亭没能参加会议,会后由省委给高敬亭写了一封指示信,说明花山寨会议的情况和决定);省委书记徐宝珊、省委常委郑位三率省委机关随同红二十五军一道实行转移。

程子华不是省委委员,没有参加会议。会议结束后,郑位三把会议决定向程子华做了传达。程子华提出,中央派他来是当军参谋长的,请郑位三报告省委,他不能当军长。徐宝珊说,省委已经做了决定,就不要再变了。程子华没再坚持,成为红二十五军军长。

# 第四章　从何家冲出发，转战中原大地

1934 年 11 月至 1935 年 7 月，是红二十五军实行战略转移、在鄂豫陕边界地区创建革命根据地的阶段。红二十五军在中共鄂豫皖（鄂豫陕）省委的直接领导下，胜利地实行了战略转移，创建了鄂豫陕革命根据地，在敌人的两次重兵“围剿”中，先后歼灭陕军警备第一旅、警备第三旅大部，重创警备第二旅和第一二六旅，沉重地打击了敌人。同时，也使自己得到发展和壮大。

红二十五军在开辟新区中，以武装斗争为先导，多次派遣领导骨干、主力连队到地方，广泛发动群众，建立地方武装和基层政权，充分体现出“红军打仗，不是单纯地为了打仗而打仗，而是为了宣传群众、组织群众、武装群众，并帮助群众建设革命政权才去打仗的”。当时在根据地所采取的分配土地、保护正当经商、释放白军俘虏等政策也有很大影响。特别在作战指导上，在鄂豫陕革命根据地两次反“围剿”斗争中，红二十五军运用机动灵活的战略战术，采取“先拖后打”的作战方针，先诱敌深入，调动、分散、疲惫敌人，打乱敌之部署，然后捕捉战机，集中兵力，打敌一部，力求全歼。这种运动战与游击战相结合的作战方式，使红二十五军由战略上的劣势转变为战役、战斗上的优势，赢得了战争的主动权，战果也越来越大，能够在一次战斗中歼灭同自己全部兵力相当、装备精良的整团整旅敌人。红二十五军这一阶段在政治上、军事上的锻炼成长，为后来的西征、北上创造了条件。

红二十五军从 1935 年 7 月 16 日离开鄂豫陕革命根据地至 9 月 15 日到达陕北永坪镇，两个月内，攻占两当、秦安、隆德 3 座县城，经过多次激战，终于打退了敌人的围追堵截，胜利地实现了预定的战略目标，加强了陕甘革命根据地力量，成为红军长征到达陕北的第一支队伍。

# 第一节　红二十五军集聚何家冲

这时候，敌人大军云集，妄图一举围剿大别山革命根据地的力量。鄂东北地区的敌人有东北军九个师和“鄂豫皖三省追剿队”五个支队，共四十多个团。为争取迅速、突然地实行战略转移，鄂豫皖省委将鄂东北地方武装罗山西路军补入红二十五军。

据《刘华清回忆录》记载，花山寨会议第二天，红二十五军根据鄂豫皖省委的决定，立即西移到罗山县殷家冲、何家冲一带，加紧出发前的准备。郑位三、戴季英把鄂东北道委和游击总司令部机关人员集合起来，传达了省委指示：鄂东北地方武装西路军补入红二十五军，两个机关人员做一些精减，除年老体弱的留在地方坚持斗争外，其余人员编入红二十五军，随红二十五军一起行动。郑位三还专门把我和程坦叫到一起，说，道委机关留下的人员全部编入红二十五军政治部，省委办事机关与军部机关合为一体。他让我们做好留下人员的工作，到何家冲后抓紧时间准备，并特别嘱咐我，一定要把刻字、油印等物品带上。

到何家冲后，红二十五军立即整编部队，撤销了师一级建制，军直辖第二二三团、二二四团、二二五团和手枪团；军部机关设司令部、政治部、经理处、军医院及直属分队等，全军共3000余人。准备工作的另一项内容，是进行政治动员，讲解斗争形势，让大家做好“打远游击”和“创建新苏区”的心理准备。同时做好行军物资的筹备，减少不必要的辎重挑担，实行轻装，每人准备三天干粮、两双草鞋。

各项工作进行得很匆忙。特别是一些伤病员，他们都不愿留下，到处找各级领导，争着吵着要随部队走。我和一些老同志都还记得，红二十五军出发时，统计是2980人。实际许多伤病员都跟着走了，而且还有一些女同志，更是闹着要跟部队走，最后有七名女护士参加了转移。所以说，实际人数应该是3000挂零。

我和程坦等人被编入红二十五军政治部机关。政治部主任戴季英找我和郭述申分别谈了话，他对我说：“你是鄂东北道委和游击总司令部来的，你就担任组织科长吧，郭述申当宣传科长。”

何家冲、殷家冲位于大小鸡笼山西边，都是三面环山，呈喇叭状山村，两个

山冲分别在长岭岗几座高山的南北方向，中间有一条密林山路相连，这里山高沟深，古木参天，又是红二十五军的根据地，便于隐蔽，便于筹集军粮。

来到这两个隐蔽的山冲里，全军上下，都忙于战略转移前的各项准确工作之中；何家冲、殷家冲老根据地的人民，与红二十五军官兵早已结下深厚感情，他们男女老少放下农活，做布鞋编草鞋，送军粮，挑武器弹药，照顾伤病员，满腔热情地投入到支援红军的各项准确工作中。

## 第二节　何家冲会议及出发长征

花山寨会议后，省委将罗山西路军补入红二十五军，然后西移到罗山县殷家湾、何家冲一带。为了争取迅速实行战略转移，安排好红二十五军走后的鄂豫皖根据地的党政军工作，11 月 16 夜，出发前省委在何家冲又召开了会议，参加会议的有省委领导，红二十五军领导，以及接到通知赶来的罗（山）孝（感）黄（陂）特委领导徐诚基、何耀榜等。具体讨论了红二十五军的战略转移路线和红二十五军走后鄂豫皖根据地的党政军建设。会议决定：（一）部队进行整编，撤销师一级建制，军直属二二三团（团长张绍东、政治委员赵凌波）、二二四团（团长叶光宏）、二二五团（团长张某某，政治委员张明先）和手枪团（团长杜本润、政治委员宋兴国）及军部直属队，全军 2980 余人。军长为程子华、政委吴焕先、副军长徐海东、政治部主任戴季英。（二）留红二十五军手枪团一个分队，原红七十四师两个连及皖西红八十二师两个营和各地武装约 2000 人，归高敬亭（鄂豫皖省委常委、皖西北道委书记）领导，并致信高敬亭，说明花山寨会议的决定，责成其组织鄂豫皖边区党的新的领导机构。再次组建红二十八军，继续坚持鄂豫皖边区的武装斗争。（三）省委率红二十五军西征，目标是到达伏牛山区创立新苏区。（四）鄂东北道委书记郑位三等编入红二十五军随军长征后，重建鄂东北道委，王福明为书记，领导罗（山）孝（感）（黄）陂特委和几个中心县委，立即把地下党的关系和秘密联络点都交给特委，要照顾好红军家属，以保存革命种子为原则，保存好革命力量。照顾安置好留下来的几百名红军伤病员，待他们伤好后，以他们为骨干基础力量，组织起小部队，坚持大别山的武装斗争。

省委还根据中共中央 1934 年 7 月 26 日《关于组织抗日先遣队的通知》精神，拟出了出发宣言，内容如下：

### 中国工农红军北上抗日第二先遣队出发宣言

群众们！

本军在中国共产党领导之下，奉了我中央苏维埃政府、中央革命军事委员会的命令，出发抗日。现当出发之时，特向全中国群众发表这个宣言。

日本帝国主义占领我东北四省已经几年了，今年日本帝国主义更大伸张强

盗的血手，进占我整个华北和内蒙，并从南方进攻我福建。卖国的国民党，不但没有出一个兵花一文钱抗日，并且法西斯蒂蒋介石所领导的南京政府，已经与“满洲国”通了邮，通了车，减低了日货的进口税，使整个中国成为日本的市场，把北方几个主要铁路的权利交给日本去了。另一方面，国民党蒋介石、张学良把北方军队统统调到南方来进攻真正抗日的红军和群众，为帝国主义瓜分中国清除通路。

中国工农红军虽处在反对五次“围剿”保卫苏区的严重任务之下，但为不能坐视国民党将中国出卖给日本，特调动一部分队伍组织北上抗日先遣队，领导并组织群众去打日本帝国主义，收回华北失地。

我红军北上抗日第一先遣队前几日由福建出发北上，日本帝国走狗蒋介石随即调动他的军队阻拦红军抗日第一先遣队北上。本军现在开始出发，卖国的国民党一定要调动他的队伍阻拦我们的，本军当然要沿途扫除国民党的阻拦。

我们号召一切不愿做亡国奴的中国人，不分政治倾向，来进行如下之反日工作：

一、欢迎广大的群众武装起来，或者参加本军，或者组织抗日义勇军、抗日游击队同我们一路去打日本帝国主义。

二、国民党任何部队执行三个条件——停止进攻苏区和红军，武装群众抗日，群众言论结社之自由——欢迎与我们订立抗日作战的协定，和我们一路去打日本。

三、动员一切海陆空军和日本帝国主义作战，不许一兵一卒一个飞机留在后方屠杀压迫本国群众和进攻苏区。

四、以兵工厂和军器库的一切武器以及正在制造和从外国买来之武器，来武装全体群众去打日本帝国主义。

五、解决抗日战争军费的具体办法：(1)没收日本帝国主义的一切财产和商品；(2)停付日债一切本息；(3)没收一切卖国贼的财产；(4)实行财产累进所得税；(5)在国内人民和国外华侨以及一切同情中国劳苦群众民族解放斗争的人们中进行广泛的募捐运动。(6)动员广大群众组织抗日会，组织民族武装自卫委员会，进行一切反日反帝的工作。

一九三四年十月十日

部队在何家冲休整两天，做行动准备，筹集干粮，减轻行装，开展政治动员，

宣讲北上抗日的意义和战略转移的重要性，结合当时的斗争形势，提出“创造新苏区”的战斗口号。部队实行轻装，减少马匹和挑担，对少数不能随军行动的伤病员都做了妥善安排。每人准备三天干粮、两双草鞋。同时，省委还就近召集鄂东北地区党组织的一些负责同志部署了走后的工作。到 11 月 15 日，完成了转移的一切准备工作。

何家冲电闪雷鸣，暴雨滚滚。每个连队前面由掌旗兵举着本连队的旗帜，猎猎战旗后面是威武雄壮的方阵。大雨打湿了战士们单薄的衣服，雨水顺着他们的脸颊流到地上，但将士们满脸都是坚毅。红二十五军 2980 余名将士集合在大白果树下，军政委吴焕先向指战员传达了当前的斗争形势，提出了明确而又巧妙、不至于泄露军事机密的动员口号：一是“打远游击”；二是“创建新苏区”，并宣读了《中国工农红军北上抗日第二先遣队出发宣言》。

据当时老人回忆，那场大雨比平时格外滂沱，银杏树那心一样形状的叶片在雨中闪射着耀眼的金黄色。农家的狗都卧在自家门前，没有发出一声狂吠，村民们各自站在自家门口，依依不舍地看着这支即将远征的队伍。

1934 年 11 月 16 日夜，红二十五军在中共鄂豫皖省委领导下，高举“中国工农红军北上抗日第二先遣队”的旗帜，从罗山县何家冲出发向西挺进。17 日，红二十五军在罗山县朱堂店以南击退敌“追剿队”第五支队，当晚在信阳城南东双河与柳林之间越过平汉铁路，迈出战略转移的第一步，开始了万里长征。

## 一、巧过围寨

红二十五军越过铁路后，经青石桥、黄龙寺、月河店、金桥等地，进入桐柏山区。

蒋介石闻讯后，急令“追剿纵队”五个支队和东北军第一一五师跟踪追击；令驻河南南阳、泌阳、方城、叶县一带的庞炳勋第四十军和湖北老河口（光化）一带的肖之楚第四十四师迎头堵截。敌人妄图以30多个团的绝对优势兵力阻我西进，并趁我军脱离老根据地、孤军远出之际，将我军包围消灭。

红二十五军进入桐柏山后，经过实地考察和中共鄂豫边工委介绍情况，省委认为这一地区靠平汉铁路和汉水太近，回旋范围狭小，加之敌人大兵压境，难以立足发展。于是果断决定：立即向河南省西部的伏牛山区挺进；如伏牛山区也不宜立足，便进入陕西省南部山区。

为了隐蔽北上意图，迷惑和调动敌人，我军继续西进，直抵桐柏县城以西50里之洪仪河、太白岭、界牌口一带，并派少数部队佯攻湖北枣阳县城。这一行动，果然使各路敌人纷纷向枣阳一带集中，敌第四十军大部兵力推进到新野、唐河、赊旗镇（今社旗县，下同）之线，“追剿纵队”主力和第一一五师先后到达桐柏以西地区，第四十四师则进至枣阳坡附近。正当敌人对我军形成合围之势，妄图将红二十五军聚歼于枣阳地区之时，红二十五军突然于22日从枣阳县城以北的韩庄掉头东进，并在保安寨冲破敌“追剿纵队”第五支队的拦阻，然后转向东北。23日，又在桐柏县以西之歇马岭、栗园一带，击退敌“追剿纵队”第二支队的进攻。黄昏后，由鄂豫边工委书记张星江带路，绕道平氏镇、泌阳城东，经马谷田、刘庄铺、贾楼等地，乘虚北上，跳出了敌人的追堵合围，到达驻马店西北的山区。我军预定由象河关转向西北，越过许南（许昌至南阳，下同）公路，向伏牛山挺进。

军长程子华翻开随身携带的一本袖珍地图，也是全军战略转移途中唯一的地图，指着一片山地，与吴焕先、徐海东商量说，庞炳勋的部队堵在北面，我们现在只能绕过泌阳以东的平原地带，才好进入伏牛山区。从泌阳城东向北，沿途地势平坦，村落稠密，围寨林立，封建势力雄厚，许多大地主豪绅盘踞的村落围寨，都拥有相当数量的武装，多者有数百条枪支，配以土炮防守。有的围寨四周

还筑有外壕，深水环绕。红二十五军沿途时常遭到地主武装的袭扰，行进缓慢。敌人派出的便衣侦探，也常于夜间在红二十五军所到之地进行骚扰活动，纵火烧房，显示红二十五军行踪，作为向其追堵部队传递情报的信号，并借机造谣惑众，诋毁红二十五军声誉。我军沿途阻碍重重。为减少前进的阻力，争取时间迅速北上，红二十五军高举北上抗日旗帜，沿途宣传党的抗日救国主张，开展政治攻势。军政委吴焕先分别召集各级干部会议，进行思想动员，要求部队严格遵守群众纪律，不打土豪，不进围寨，沿途所需粮草，一律实行购买；并要求部队随时做好战斗准备，以防敌人袭击。省委常委、秘书长郑位三在部队经过沿途，事先都亲自给寨主头目写信，散发油印传单："老乡老乡，不要惊慌。我军所向，抗日北上。借道通过，不进村庄。奉劝乡亲，勿加阻挡……"宣传我党抗日救国主张，晓以民族大义，促其保持中立态度，勿加阻拦。部队多在河滩野外风餐露宿，纪律严明，秋毫无犯。

徐海东说："这里的山可是敌人眼皮子底下的山啊，又在平汉铁路边上，不是我们久居之地。还得向伏牛山区走才好。"据鄂豫边工委书记张星江介绍说，要去伏牛山区，必须通过豫西平原，除了敌人容易集合外，更值得注意的是泌阳、赊旗、方城一带，村庄稠密，围寨林立，封建势力浓厚。一些大地主的围寨，多则几百支枪，少则几十支枪，炮楼上有大量土炮，杀伤力很大。按照地方协约，一寨枪响，其他寨子全部武装都要来增援。泌阳城东的郑家寨寨主郑老三，自称"镇三县"，就是泌阳、赊旗、方城三县寨主的大盟主，为人凶狠奸诈，必须认真对待。

吴焕先说："那我们就先礼后兵。我们先去拜望他，他要方便我们，我们就与他和好；他要是刁难我们，我们也得闯过这一关！"

省委认为必须十分注意民族政策，严格红军纪律，可先派人去郑家寨宣传我们党的政策和抗日宗旨，争取郑老三不和我们作对。便派军政治部副主任郭述申带两名工作人员去郑家寨。当郭述申一行来到寨前约一里处，便被两个游动人员查问，原来是郑老三放的游动哨。当郭述申说要见郑寨主时，一名游动哨便回去报告，不一会儿便出来几个腰揣盒子枪的便衣，将郭述申带进寨里。进入大厅，便见一个年近五旬的大汉坐在太师椅上吸水烟，一副旁若无人的傲气。郭述申很客气地问道："这位想必就是威镇泌阳、赊旗、方城三县的郑大寨主吧，我们是红军北上抗日先遣队，奉首长命令前来拜望郑寨主！"

吸水烟的大汉皮笑肉不笑地说："本人就是。我们井水不犯河水，你们干吗

要到我们这里来?”

郭述申说:“正因为此事,今天才来打扰郑寨主。”于是说明了红军抗日主张和借道北上的意图。

“你们共产共妻,我们这里不欢迎!”郑老三很不高兴地说。

“我们在苏区是搞了土地改革,但在非苏区绝对不搞。至于共妻之说,是郑寨主亲眼所见,还是听来的传闻?”郭述申强硬地反问。

“眼见也罢,耳闻也罢,反正我们这里不欢迎你们!”郑老三高声叫道。

郭述申又向他宣传了一些国际国内形势和抗日的道理,最后软中带刺地说:“我们是抗日的队伍,每一个真正的中国人都应该欢迎与同情。今天到贵地借道北上,我想郑寨主是会深明民族大义的。我军纪律严明,买卖公平,不拿群众一针一线,不进群众家住宿,望郑寨主给予方便。若有谁借故滋事,妨碍抗日队伍北上,那将是民族的罪人,我们将给予必要的惩治。郑寨主威镇三县,望帮助我们向你的盟友们做些工作。”说罢告辞。由于红军遵守群众纪律,也可能是郑老三畏惧红军的威力,红二十五军在豫西平原通过时,大多数围寨的地主武装保持中立,使红二十五军赢得了时间,顺利通过了围寨地区,摆脱了敌军的追堵。与此同时,地下党组织也积极配合,组织群众为红二十五军筹备粮草、送水送饭,充当向导,有些伤病人员,亦由地方党组织和群众收容安置。鄂豫边工委书记张星江同志,一路跟随部队行动,介绍情况,带路联络,给红二十五军提供了很大的支持帮助。

## 二、鏖战独树镇

红二十五军转向北上后，敌即判断红军有“经象河关及独树镇、保安寨之间西窜企图”，又急忙调整部署。敌第四十军一一五旅由赊旗镇北返方城县之独树镇、七里岗、砚山铺一带，迎头堵击红二十五军；驻叶县之第四十军骑兵团，也南下保安寨配合堵击；第一一六旅则由新野北上南召，以阻止红二十五军进入伏牛山区；敌“追剿纵队”五个支队和第四十军骑兵第五师均随后紧紧尾追，形势相当紧迫。

1934 年 11 月 25 日，红二十五军到达象河关西北的王店、土风园、小张庄一带。当晚，敌“追剿纵队”第二支队也跟踪而至，并向土风园发动进攻。红二十五军驻土风园的军直属队和二二五团予敌以打击后，沿小道赶至王店与军主力会合。26 日拂晓，敌“追剿纵队”又尾追而来。这时，红二十五军距许南公路只有 25 公里，过了公路即是伏牛山东麓。为防止敌人追堵合围，保持回旋余地，争取时间迅速穿过公路，军领导决定以二二四团、二二五团和军直属队为前梯队先行出发；以二二三团为后梯队，占领王店、赵庄阻击尾追之敌，掩护全军行进。这天，恰遇寒流，气温骤降，北风刺骨，雨雪交加。红二十五军指战员衣服单薄，又被雨雪湿透，饥寒交迫，十分疲惫。许多同志的草鞋被烂泥粘掉，赤脚行军。但是，全军上下仍然忍饥冒寒，不怕艰难困苦，奋勇前进。

独树镇是伏牛山东麓的一个小镇。当日下午一时，红二十五军前梯队二二四团进至方城县独树镇附近，准备由七里岗通过公路。此时，大部队已到独树镇附近，虽然看不清远方，但他们仿佛能够看到那高耸蜿蜒的山脉。

“呯！”突然一声枪响，红军战士们一下愣住了。原来国民党军第四十军一一五旅和骑兵团已于 2 小时前到达，并抢先占领段庄、马庄、七里岗等一线阵地，他们埋伏在四周，构筑好工事，形成弧形堵击战线。因此，当红二十五军抵达后，敌军便向红军展开凶猛攻击。

此刻，先头部队已经完全暴露在敌人的火力之下。“有敌人！快打！”仓促中红军指挥员发出命令。“打！打！”战士们吼叫着卧倒把枪口指向敌人。惊慌之中战士们纷纷拉枪栓射击，却只有零星的枪声响起，原来大多数战士衣着单薄，脸被冻得青紫，手更是僵到拉不开枪栓，眼看前方已有战友接连倒下，却又

无法还击。

荒蛮的隆冬旷野，连个掩护的地方都没有，敌军看到红二十五军已陷入慌乱和被动，趁势发起冲锋，从两翼包抄而来，抢占了公路南侧的小山脊，截断沟两处有利地形，把红二十五军先头部队压在公路以南的空地上。一时间红军手足无措，眼看就要被敌军的炮火所淹没。

“同志们，就地卧倒，坚决顶住敌人！”危急时刻，只见政委吴焕先从交通队员身上抽出一把大刀，高呼：“同志们，现在是生死存亡的罐头，决不能后退！共产党员跟我来！”从雪地上跃起，勇猛地冲到队伍前方，带领二二五团战士们与敌人展开白刃肉搏，一时间杀声四起，震撼山岗。

在吴焕先的指挥下，指战员们迅速就地卧倒，分散隐蔽着，利用地形地物进行反击。然而气焰嚣张的敌人并没有停止攻击，反而一波一波更加汹涌地扑上来，敌人枪弹越来越密集，势头有增无减。

在这千钧一发之时，徐海东副军长带领断后的二二三团赶到，并立即投入战斗。看到援兵已到，战友陡增，必胜的信念又重新涌起，奋起反击敌人。经过一番恶战，战士们终于把正面进攻的敌人压了回去，攻占了小山脊和截断沟，占据了有利地形。此时，敌军并不甘心，继续反扑过来，红二十五军战士们凭借有利地势，浴血奋战，一次又一次地把敌军顶了回去，小山脊、截断沟和杨武岗一线阵地始终被红二十五军牢牢控制着。

随后，敌军连续发起数次进攻，都被红军一次次打退。战斗持续到下午 3 时许，为了打开一道缺口，通过公路，军首长指挥二二三团向七里岗发起反冲锋，准备夺取公路北侧的有利地形。

冲锋开始，红二十五军以多路纵队向北猛冲过去，隐蔽在七里岗村和路沟里的敌人抵挡不住红军的凌厉攻势，纷纷向东西两面退去。红军冲过公路，一度占领了七里岗村北 500 米处的任岗村，使敌纵深受到攻击。

敌人看到已经有红军先头部队冲过了火力封锁，急忙调集一个步兵营和一个骑兵连的兵力，凭借任岗村北面的古驿道路沟和砚河西岸拼命抵抗。只见十来挺轻重机枪向冲锋的红军疯狂扫射，安放在砚山铺村头的迫击炮也向公路南北两侧红军阵地连连轰击。敌人火力凶猛，直接导致红军正面受阻，先后三次冲锋都没有成功。下午 4 时左右，红军不得已又退回公路以南，并牢牢占据着袁五岗、上曹屯、赵庄等村，而敌人也不冒进，把守着公路沿线，一场血战由此转为僵持状态。

天黑以后，部队悄悄的后撤，全军在杨楼集结整理，军领导决定连夜突出重围，对部队进行了紧急动员。天黑夜暗，风雨不止，全军不顾极度的饥饿劳累，由地下党的同志带路，穿过敌人空隙，绕道急行。许多伤员同志忍着极大的伤痛，坚持随军突围。当晚，在叶县保安寨以北的沈庄附近，穿过许南公路。27 日拂晓，红二十五军进入伏牛山东麓。

这时，敌第四十军一一五旅和骑兵团又尾追而来。红二十五军占领五里坡、高老山一带高地，将敌击退。接着，沿叶县、方城边界西进。28 日，红二十五军继续向西北前进。当前卫部队正由拐河镇东北的孤石滩通过澧河时，敌第四十军骑五师和一一五旅、骑兵团，分由拐河、常村追来，从南北两面向红二十五军夹击。当时，敌先头部队已超越红二十五军，并控制了澧河西岸两侧部分高地，对红二十五军极为不利。军领导当即命令前卫二二三团强渡澧河，占领纸房以东高地，击退敌骑五师进攻，控制了入山要道；与此同时，二二五团也迅速渡过澧河，吴焕先政委命令二二五团三营九连连长韩先楚带领该连抢占上马村以北山上的围寨，击退敌骑兵团和第一一五旅的进攻，掩护军直属队和二二四团过河。随后，红二十五军又在古木庄、交界岭击退尾追之敌，经由神林、熊背、下汤等地继续西进，深入伏牛山中。

独树镇战斗，是红二十五军在战略转移途中一次极为险恶的战斗。我军在地形平坦和气候恶劣的条件下，遭敌数万步骑兵的前堵后追，形势十分危急。能否击退敌人进攻、突出重围，不仅是战略转移成败的关键，而且关系到全军的生死存亡。由于军领导和全体共产党员在战斗的紧要时刻，奋勇当先，带领全军同志顽强地战斗，挫败了敌人的攻击锋芒，稳住了阵地，突出了重围，把所有追堵之敌甩在红二十五军背后，才使红二十五军转危为安，得以继续前进。独树镇、拐河战斗的胜利，充分表明这支军队具有一往无前的精神，在任何强大的敌人面前，都是打不烂、摧不垮的。

## 三、庾家河之战

敌人突袭，红军奋战，2 位军首长受伤。

进入伏牛山区后，中共鄂豫皖省委在部队行进的沿途，经过认真勘察和调查，很快了解了伏牛山区的情况，认为该地区地域狭窄，人口稀少，粮食和物资都很缺乏；这一带为豫西“内乡王”别廷芳的势力范围，反动统治严密，盗匪出没无常，凭险据守的地主围寨很多，发动群众、开展工作、创建根据地都比较困难；加之敌第四十军、“追剿纵队”主力相继追来，红军难以在伏牛山区立足发展。因此，省委决定继续西进，准备进入陕西南部，择机创建新的根据地。

1934 年 11 月 30 日，红二十五军以中国工农红军北上抗日第二先遣队司令部、政治部名义发出布告，明确宣布：“我们调动队伍北上，一方面去打日本帝国主义，一方面来帮助陕西的工农穷苦群众弄吃的、弄穿的，解除一切痛苦。”“欢迎一切不愿做亡国奴的人来参加我们的队伍，欢迎一切军队和围寨和我们订立抗日协定，同我们一路去打日本帝国主义，扫除障碍我们抗日的反动武装。”“希望一切人都各做各的职业，莫惊莫走，特别欢迎穷人、工人、农人和我们见面谈话开会。”布告还就红军对于没收地主豪绅、军阀官僚的财产，帮助穷人抗拒苛捐杂税，保证商业的自由，以及对白军士兵和民团中的穷苦团丁的优待等做了明确规定。甚至提出“我们队伍有什么错误，欢迎当地人来报告，立即纠正”。布告最后宣告：“红军此来，是要帮助陕西穷人进行上面的事业，帮助穷人武装起来，推翻豪绅地主的统治，建立陕西的苏维埃政府。”

布告颁发后，红二十五军即日夜兼程向陕西南部前进，经一行树、庙子、栾川、陶湾等地，直奔豫陕边界。途中，先头部队将袭扰阻击的土匪、地方民团一一击溃。

12 月 4 日，红二十五军到达卢氏的叫河附近，发现敌第六十师已在卢氏县城以南的五里川、朱阳关、黄沙镇一带构筑工事，控制了入陕大道。原来，蒋介石为堵截红二十五军入陕，在红军进入桐柏山之时，就将驻防开封的陈沛部第六十师用火车运至灵宝，继经 100 多公里行军，于 12 月 1 日到达朱阳关一带部署，企图以逸待劳，堵歼红军。当时，敌“追剿纵队”第一、第二、第三支队也跟踪追到庙子、栾川一带。红二十五军处于前堵后追的境地，情况十分危急。据此，

军首长当即决定改变入陕路线，另择小路，进入陕南。恰在此时，手枪团找到一个名叫陈廷贤的货郎小贩，在他的积极帮助下，很快查明一条经大石河、文峪、卢氏城南入陕的隐蔽小路。12月5日，红二十五军先派手枪团到朱阳关以东7公里处“号房子”，虚张声势，迷惑敌人，主力部队则由陈廷贤带路，从朱阳关东北20公里处转向西北，沿着一条“七十二道水峪河，二十五里脚不干”的深山峡谷，直插卢氏县城。当晚，红二十五军从卢氏城南与洛河之间的隘路迅速西进。守城民团惊恐万状，紧闭城门，点燃灯笼、火把壮胆，不敢轻举妄动。天明后，红二十五军遂将敌第六十师筹谋多日的堵击防线置于侧后，直奔豫陕交界的铁锁关（即箭杆岭）。

12月8日，红二十五军在豫陕交界处铁锁关击溃陕西守关民团后，进入陕南境内。这时，由潼关、华阴仓促调来的陕军冯钦哉部第四十二师二四八团、二五二团，已进至洛南县城和景村、三要司等地，准备迎面堵截红二十五军。8日下午，红二十五军先头部队进至三要司，与敌第二四八团三营接触。敌人凭借三要司南面的九泉山高地进行顽抗。红二十五军以第二二五团由九泉山东南侧攀登陡崖，实施正面攻击。其余部队则迂回至高地西侧向敌人攻击。第二二五团三营八连在营长李学先和连长肖邦与的带领下，首先登上山头，与敌展开肉搏。在红军勇猛夹击下，守敌一个营全部被歼。9日，红二十五军翻越蟒岭，进至洛南县之庾家河（今属丹凤县）宿营。

庾家河这个山中小镇，是红二十五军长征入陕后第一个立足点，红二十五军也是从这里迈出了关键性的一步，开拓出一块新的红色天地！

庾家河南北两条小河的流水，在街头不远的三岔沟口相汇，翻卷着银白色的浪花，哗哗东流而去，经由石门流入武关河，而后汇入丹江……这个地处高山峡谷中的乡镇，当时也不过几十户人家，大都是些庄稼人在此兼开店铺。自古以来，这里就形成一条南北通商的必经之路，南通商县之龙驹寨（今为丹凤县城），以至湖北郧阳、郧西境内；北面可以抵达潼关、华阴、西安等地。南来北往的商客山民，也多在此歇脚住宿。街面上，五六家骡马大店，晚间也是很兴盛的，早晨又是很繁忙的。每到一、四、七逢集之日，方圆几十里的山民们，大都在此聚集赶集，别有一番山乡情味。

一条狭窄的拐弯小街，向有上街下街之称，如同拇指与食指分了开来，中间形成一个拐弯形状。套用当地的一句俗语，“一泡尿也就撒到头了！”小街的拐弯处，有一所中药铺子，店名“春永茂”。临街的三间两层楼房，里面包着天井小

院，倒也十分幽静。1934 年 12 月 10 日——红二十五军入陕后的第三天，鄂豫皖省委第十八次常委会议，就是在这个药铺里召开的；关于《创造新苏区、新的革命根据地的决议草案》，也是在这里研究制定的。“春永茂”这个中药铺子，连同庾家河这个地名被一起载入史册。

郭述申同志所撰写的《寄语商山忆英烈》是这样叙述初到庾家河的情景：1934 年 12 月 8 日，红二十五军经由箭杆岭进入陕南境内，歼灭三要司守敌四十二师二四八团一个营。第二天，即翻越蟒岭，到达山中小镇庾家河。省委和红军的几位领导同志，就住在小镇拐弯处的一家中药铺子，店名“春永茂”。当天，就曾发生了一桩饶有情趣的事：

“‘春永茂’药铺掌柜杨春荣，在红军进入小镇之前，听信了一些谣言，以为红军都是些‘血脸红头发的怪物’，就躲到附近的山林里去了，压根就没敢露面。当晚，偏又被红军捉住。此人三十五六岁，头戴一顶皮帽，身着棉袍。战士们都认定是个‘大土豪’，马上就扣押起来。过后经过一番了解，街民们都说‘是药铺的杨掌柜，是个大善人，好得很！’这才弄清此人自小在药店当过学徒，懂得一点医道，因为生活所迫，曾挑着一根扁担到潼关等地跑过几年山货买卖，随后在此地开了个中药小铺，为人老实厚道，也没啥政治嫌疑。军政委吴焕先听说这事以后，忍不住呵呵笑道：‘开上个中药铺子，也是救死扶伤的慈善事业。我们就住在人家铺子，还把掌柜的扣留起来，实在不够意思啰。赶快放了、放了，莫把个“善人”当成大土豪！’马上就叫人为之松绑，并向其做了一番解释，表示歉意。杨春荣对红军有了认识，又出于一种感激之情，当时就从他家里拿出好几斗苞谷，资助远道而来的红军。听说杨春荣事后还配制了专治枪伤的药物，掩护和医治过红军的伤员，为革命做过不少有益的工作。

“放了一个‘杨善人’，在小镇上引起了很大反响。人们都说红军的好话，能把好坏分清，没有冤枉杨掌柜！可是，吴焕先心里却感到是个事儿，当晚就跟郑位三同志进行商量，决定由郑位三起草一份传单张贴，借以安定民心，使群众真正了解红军队伍。第二天，《什么是红军》的油印传单，就在街头上贴了出来。几百字的一页传单，把红军的性质、宗旨、任务以及有关政策，都写得一目了然。末尾还有几句十分令人自豪的话：‘中国有红军已经八年了。现在中国的红军总计有好几十万……全国红军的总司令是朱德同志！……”

1934 年 12 月 10 日，恰是庾家河逢集之日。可在这天，哪还有人赶集啊，在这红军足迹从来没有到过的一处乡镇，山民们因为受了谣言蛊惑，从茅屋田舍

中逃避一空。这一带，也曾流传过徐向前与贺龙领导的两支红军队伍，从商洛山里穿梭而过，在漫川关、武关等地打过几场恶仗的事儿。然而，传说中的红军嘛，都是些神乎其神的“怪物”——“血脸红头发”“两尺长的手指甲”“能上天也能入地”“见了娃娃就抓哇(吃)”……这些古怪传说，比起“青面獠牙”的文绉词儿，更是具体吓人！因此，军政治部的小宣传员们，当天一吃过早饭，就把一张张散发着油墨气味的安民告示，及时张贴在庾家河的街头。五个铜板大的字儿，赫然映在眼前：什么是红军！

当日上午，省委正在庾家河召开第十八次常委会议，研究在鄂豫陕边界地区创建新的革命根据地问题。徐宝珊抱病主持了这次会议。吴焕先、程子华、徐海东、郑位三、戴季英和郭述申等领导同志，都围着个木炭火盆，进一步讨论在鄂豫陕边创建新区的具体问题。

就在这时，原来在卢氏朱阳关一带堵截红军入陕的第六十师，突然跟踪追入陕南境内，经由鸡头关方向奔袭而来。枪声，一阵突如其来的枪声，忽然在庾家河的东山坳口响了起来。事前，省委领导们都以为陕南是杨虎城的地盘，谁也没有充分估计到第六十师这条疯狗，居然又越过省界，直扑庾家河而来。战斗迫在眉睫！

省委立即停止开会。程子华、徐海东、吴焕先等人，都抢先奔上山去，指挥部队实施反击，阻止敌人的进攻。一场极其壮烈的反击战，就在庾家河的山坳口上，风驰电掣般地展开……

战斗一开始，敌第六十师先头部队三六〇团，就占据了东山坳口的有利地形，接连不断地发起猛攻。徐海东奋勇当先，率领主力二二三团，强攻东山坳口，以猛烈反击夺回阵地。与此同时，二二四团、二二五团也迅速抢占坳口南北两侧高地，协同主力团将敌人打退。我二二四团团长叶光宏，在与敌争夺坳口阵地时一条腿被炮弹炸断，仍然坚持不下火线，继续指挥作战。该团七连的一挺轻机枪，在与敌人火力的对抗射击中，接连牺牲了三名射手，仍持续不断地更换射手，终以猛烈的火力压倒敌人，保障了反击成功。跟随徐海东的司号长程玉林，下颏被敌人子弹打穿，不能再吹军号，就利用坳口的一座小庙作掩护，坚持向敌人投掷了数十颗手榴弹，接连打退敌人多次冲锋，最后也壮烈牺牲。激战中，军长程子华、副军长徐海东和多名师、团、营干部先后都负了重伤。

程子华、徐海东负伤以后，军政委吴焕先挺身而出，继续指挥战斗。午后，敌第六十师三五五团、三五七团，紧跟着又增援上来，向我发起冲击。于是，一次又一次的冲击与反冲击，如同拉锯似的一来一往，激烈争夺开来。地势险要的东山坳口，硝烟弥漫，杀声震天，血肉横飞。

全体指战员在军政委吴焕先的指挥下，英勇反击，殊死战斗，以大刀、刺刀、手榴弹与敌拼搏。经过20多次的反复冲杀，终于将敌人打垮击退。是役，敌人伤亡300余人，红二十五军亦伤亡100余人。庾家河反击战的胜利，最后打垮了敌人的连续追堵，使红二十五军得以在陕南站住脚跟。较之独树镇战斗的激烈场景，也是有过之而无不及，同样是一次生死存亡的恶战苦斗。战斗之壮烈场面，可歌可泣，实属少见。吴焕先奔下山时，天也黑了。冷风簌簌地吹着，天空中飘起了雨雪。满山满谷，一片皆白。当他回到街头时，看到那一条拐弯小街，到处都是来往奔忙的队伍，街面上拥挤不堪，显得十分混乱。各团转运下来的伤员，大都集中在军部驻地，还没有来得及转移。

吴焕先径直跑到军医院救护所，向钱信忠院长了解程子华、徐海东的伤情。钱信忠告诉他说，程军长的伤势较重，他的两只手都被子弹打穿伤到骨头，左手腕的动脉血管破裂，血流不止；徐副军长伤势不轻，敌人的一颗子弹从他的左边脸颊穿了进去，又从耳朵背后穿了出来，昏迷不醒。吴焕先嘱咐钱院长一定要竭尽全力救治好他们，并准备好两副担架，抬上他们今晚就随军出发。

庾家河战斗，打垮了敌人对红二十五军的连续追堵。至此，红二十五军终于以不足3000人的兵力，粉碎了20余倍于己之敌的围追堵截，胜利地完成了第一阶段的战略转移，不仅保存了红军的有生力量，而且锻炼和提高了部队的战斗力。红二十五军长征入陕的胜利，调动了敌人“围剿”鄂豫皖革命根据地的部分兵力，配合了红二十八军坚持鄂豫皖革命根据地的斗争，为开辟鄂豫陕革命根据地创造了条件，奠定了基础。

# 第五章　挺进陕南，创建革命根据地

## 第一节　庾家河会议

1934 年 12 月 10 日，中共鄂豫皖省委在庾家河召开第十八次常委会。这是一次十分重要的会议。根据花山寨会议关于红二十五军实行战略转移和创建新的革命根据地的战略任务，会议研究决定在鄂豫陕边创建新的革命根据地。这次会议，虽然由于敌第六十师的进攻而中断，未能充分进行讨论，但仍及时做出了《关于创建新苏区、新的革命根据地的决议草案》（以下简称《决议草案》），不失时机地解决了选择新区和制定当前方针任务等重大问题，这对于鄂豫陕革命根据地的创建和红二十五军的发展壮大有着重要的意义。

鄂豫陕三省边界地区，包括陕西南部的洛南（今洛南，下同）、蓝田、商县、商南、山阳、镇安、柞水、洵阳（今旬阳，下同）、宁陕、佛坪、洋县等县，湖北西北部的郧西、郧县等县，河南西部的卢氏、淅川等县。这个地区峰峦峻叠，悬崖陡峭，地势险要，便于开展游击战争，自古就是兵家割据称雄的战略要地。这里，封建势力和反动政府对人民的压榨剥削极为残酷，土地和山林大部分掌握在地主手里，苛捐杂税多达数十种，抓丁、派夫、高利贷盘剥和兵灾匪祸连年不断，人民苦难深重，反抗强烈。红二十五军到此之前，党和红军已在这一带有广泛的革命影响。1928 年 5 月参加渭（南）华（县）起义的部队，曾在蓝田、洛南地区组织过农民协会，打击土豪劣绅。1932 年冬，红四方面军、红三军先后两次过境。1933 年 5 月，陕北红二十六军南下行动。这些，都给当地人民以深刻的影响。因此，到 1934 年底，尽管地方党组织已遭到破坏，但群众自发的抗捐抗粮斗争仍然此起彼伏。

省委庾家河会议认真分析了上述情况，认为：鄂豫陕边界地区敌人统治比较薄弱，人民生活贫困，容易发动斗争，党和红军在这一带有一定的影响；这里山大沟深，丛林茂密，回旋余地较大，便于活动；在与川陕红军、陕北红军的相互配合上，与鄂豫皖革命根据地红二十八军的呼应上，都有着重要意义。这些基

本符合中共中央1934年2月12日指示信中关于选择创建新根据地的原则。因此，会议做出决定，在此创建新的根据地，并提出了具体措施。省委的决议草案提出：首先要以武装斗争打开局面，同时展开创建根据地的工作。要立即组织群众工作委员会，要求每个党团员并动员每个战士进行群众工作。红军每到一地，都要召开群众大会，没收和分配地主的财物和土地，组织和武装群众，成立赤卫军、少先队，解除民团的武装，消灭境内的国民党反动势力，建立苏维埃政府或者成立革命委员会。在扩大主力红军的同时，建立红军的后方。在宣传工作和没收分配工作中，要注意各项政策，保护民族资产阶级和小资产阶级的利益，特别提出不要过早地没收富农、工商业者的财产。

省委的《决议草案》初步总结了在鄂豫皖革命根据地斗争的经验，提出在重大的转变面前，必须进行关于党的路线的解释工作，全党同志务必明确当前的形势与任务，坚定意志和胜利信心，为创建鄂豫陕革命根据地而斗争。并提出在新的任务与困难面前，要反对悲观失望、消极退却的右倾机会主义，同时反对那些“死守”拼命的情绪。《决议草案》还提出：立即建立中共鄂豫陕省委，将中共鄂豫皖省委改为中共鄂豫陕省委，省委成员不变。

为了创建新的革命根据地，红二十五军在庾家河会议的同一天，以中国工农红军北上抗日第二先遣队政治部的名义，编印了《什么是红军》的传单，就中国工农红军的性质、宗旨、任务及有关政策，做了通俗而有力的宣传。传单指出：“红军是工人农人的军队，红军是苏维埃政府指挥的军队，红军是共产党领导的军队”，“红军里面的人，都是工人农民贫民士兵出身”，“红军一到那地就没收土豪的粮食东西分配给穷人，帮助穷人免除一切捐税”，“欢迎国民党军队的士兵到红军中来”。这份传单在新区广大群众中产生了深刻的作用，扩大了党和红军的影响。

## 第二节　创建鄂豫陕根据地

庾家河会议后，省委又先后召开郧西会议、葛牌镇会议，对坚持入川反对单独创建根据地思想进行斗争，统一思想，坚定创建鄂豫陕根据地的信心。

1935年1月初，红二十五军由洛南地区再度南下。9日攻克镇安县城，歼敌保安队一部，救出大批“抗捐犯”，并缴获许多棉花、布匹，解决了全军的冬服问题。此时，还发布了《中国工农红二十五军为占领镇安县告群众书》，号召工农劳苦群众团结起来，捉拿反动首领，打土豪分田地，发展生产，建立自己的革命政府。而后，乘胜在南部郧西、洵阳、镇安、山阳等4县边界地区横扫民团，宣传“五抗”①，发动群众，镇压豪绅恶霸，铲除“地头蛇”，摧毁保甲组织，发动和组织群众建立苏维埃基层政权。在郧西一、二、三天门地区，分别召开群众大会，演戏、讲话，发动群众没收、分配地主的土地、粮食、财物。当地贫苦农民分得土地的有500多户，分得粮食、衣物的有1000多户。少数群众害怕地主报复，不敢公开接受斗争果实，红军就在夜里将东西送上门去。广大群众欢天喜地，到处传说红军是“活神兵”。

2月19日，中共鄂豫陕省委在郧西二天门召开第二十次常委会。会议总结入陕后两个月的斗争情况，分析形势，并就红二十五军能否在鄂豫陕边界地区单独创建根据地的问题，进行了一场重要的思想斗争。早在庾家河战斗后，省委就有少数同志认为，经过庾家河战斗，领导干部伤亡较大，以红二十五军的力量单独创建根据地似有困难，因而提出入川会合红四方面军的意见；随着敌人进攻的开始，加之春荒到来，给部队的行动和补给都增添了新的困难，更助长了这一思想。为了统一思想，坚定反“围剿”斗争和创建新根据地的决心，省委郧西会议批评了这种思想情绪，提出要克服怕苦畏难的落后情绪，看清必然胜利的前途。省委坚持庾家河会议决定的方针，作出了《为完全打破敌人进攻，争取春荒斗争的彻底胜利，创造新苏区的决议案》（以下简称《决议案》）。《决议案》要求扩大部队，加强红军，组织地方武装，开展游击战争，抓紧时机，继续发动群

① “五抗”指抗租、抗税、抗粮、抗捐、抗债。

众，立即分配土地，建设基层政权，争取在较短时间内建立相当于三个县的大块根据地。

随后，又在镇安店垭子对“大刀会”武装进行团结改造工作，将他们编成抗捐军，并派去干部加强领导。这样，很快就在镇安的白塔，茅坪，大小米粮川，郧西的一、二、三天门和丁家坪等地，成立了第一批区、乡苏维埃政权。同时，部队也抓紧时间进行休整，吸收了400多名新战士。茅坪一带还有不少回族青壮年参加了红军。到1月底敌人发动进攻时，红二十五军已在那西、洵阳、镇安、山阳等4县边界地区开辟了第一块革命根据地，为第一次反“围剿”斗争和继续创建鄂豫陕根据地准备了条件。

1935年4月9日，由张汉民任旅长的第十七路军杨虎城部的警备第三旅，进入九间房镇的山沟，张汉民亲自带着阎揆要的第九团走在前面，团长曹伯箴带领第七团断后。下午1点，红二十五军突然以猛烈的轻机枪火力从第七团后方发起袭击，警备三旅顿时大乱，张汉民吸取上次第一二六旅的反伏击经验，亲自带领部队冲上路旁高地，想抢占制高点。冲到半山腰，早已埋伏在山上的红军战士一面高喊：“缴械每人发三块大洋。”一面把轻机枪子弹、手榴弹一股脑倾泻下来，大部分警备三旅士兵顿时非死即降。

交战之初，张汉民曾高喊：“不要打了，不要自己人打自己人。”可惜双方已经杀红眼，如何停得下来？张汉民只好收拢起一个营的兵力，依托山腰上的岩石和丛林，集中火力反击红军，给红军造成了不小伤亡。最后双方士兵甚至展开肉搏，地下党员张明远也在战斗中牺牲。打到下午4点，战斗基本结束，张汉民带着卫士五六人企图跳崖逃脱，结果被红军战士詹大南跟上活捉。

九间房一战，警备三旅的第七团、九团基本被全歼，除旅长张汉民被俘外，第七团团长曹伯箴左臂被弄断，躲在死人堆里逃过搜查，第九团团长阎揆要率残部逃脱。红军共俘虏国民党军1000余人，缴获长短枪1000支，机枪驳壳枪300支，此战红军自身也伤亡200余人，其中阵亡100余人。

由于当时省委与中共中央失去联系，不了解党在陕军中的兵运工作情况，误将中共地下党员张汉民当作“叛徒”“法西斯分子”错杀，给党造成了损失和不良影响。这是一个沉痛的教训。1945年4月，中共中央组织部将张汉民列入《死难烈士英名录》，并在中共第七次代表大会上追认其为革命烈士。

九间房战斗后，附近的鄂陕和豫陕几块根据地已连成一片。红二十五军以袁家沟口、红岩寺为中心，建立了中共五星县委和两个区工委，统一领导这一地

区的工作。并健全区、乡苏维埃政权组织，成立基层农民协会、妇女会等群众组织，分配土地，进行优待红军家属工作，开办地方干部训练班。同时，还在这里建立了后方机关、医院和物资基地。

4 月中旬，中共鄂豫陕省委乘反“围剿”胜利的时机，在葛牌镇召开省委扩大会议。会议肯定了入陕 4 个月来的成绩，提出准备粉碎敌人第二次“围剿”和加紧建设根据地的任务。这次会议，还对主张入川的少数同志进行了批评教育和组织处理，进一步在全体同志中坚定了创建鄂豫陕革命根据地的决心。会议改选了省委，新的鄂豫陕省委由 11 人组成。省委常委是：徐宝珊、吴焕先、徐海东、李隆贵、赵凌波、张明先、田守尧；委员是：程子华、戴季英、陈先瑞、张希才，后来又增选了郑位三、郭述申。徐宝珊为书记，吴焕先为副书记。

葛牌镇会议后，红二十五军东进，于 4 月 18 日傍晚攻克洛南县城。部队入城后，纪律严明，秋毫无犯，并张贴和散发红军关于商业政策问题的布告。当晚，部队露宿街道两旁。第二天，在城隍庙召开群众大会，吴焕先政委讲话，他阐明了党的政策、红军的三大任务和官兵平等的原则，号召青壮年参加红军。军政治部宣传队还演出了《纺线》《抓兵》等反映穷人翻身的节目。会后，将顺兴恒等 5 家豪绅反动分子开办的粮行、货栈、钱庄的部分粮食、财物分配给穷苦群众，以度春荒。同时对正当经商的“致中和”山货店、“丁裕恒”中药铺、“瑞义合”食品店等几十家中小店铺，都按政策加以保护。其中，有的店主在红军攻城时弃店逃走，红军对其店铺不但未予没收，还派哨兵妥善看管。红二十五军进城后打开监狱，释放了在押的“抗捐犯”70 多人。这些行动在群众中留下了良好的印象。

1935 年 1 月 9 日，红二十五军一举攻克镇安县城。坚持在鄂陕边界的鄂陕游击师立即与红军主力取得联系，红二十五军根据陈先瑞提供的情况，马上把红军主力拉出镇安县城，抵达以东、以南的山阳、郧西、旬阳交界，转入发动群众，创建了鄂陕边第一块革命根据地。

1935 年 1 月下旬，蒋介石令驻河南的第四十军两个团和驻湖北的第四十四师，在陕军第一二六旅的配合下，以 11 个团的兵力对鄂豫陕边区红二十五军发动第一次“围剿”。红二十五军为争取主动，各个击破“围剿”军，遂由山阳、郧西交界地区北上袁家沟口，尔后又转至凤凰嘴，突然出现在敌之后方。1 月 31 日，红二十五军以一部兵力袭占柞水县城，吸引“围剿”军警备第二旅西进，将其兵力分散。2 月 1 日，红二十五军主力在蔡玉窑击溃敌第一一六旅第二五二团

2个营，歼其1个营。战后，向北移至葛牌镇休整。5日，“围剿”军第一一六旅旅长柳彦彪又率第二五一团、第二四八团向葛牌镇进攻。红军依托文公岭高地给“围剿”军以杀伤后，从正面和左翼实施反击，歼其2个多营，其余向南溃退。红二十五军在红岩寺和袁家沟口等地，建立了第三、第四路游击师，乘胜在蓝田、商县、山阳、镇安、柞水五县边区建立区、乡苏维埃政权，开创了第二块根据地。

1935年2月下旬，红二十五军从郧西出发，接应红四方面军南下汉中，途中连克宁陕、佛坪两座县城，歼灭守城的保安队，于3月8日进至华阳镇。3月10日，红二十五军在华阳镇东南之石塔寺设伏，击溃警备第二旅5个营，歼其600余人，缴枪500余支。战斗结束后，我军在华阳地区建立了7个乡的革命政权，开辟了第三块根据地。

接着，红二十五军进至豫陕边的洛南、商县、商南、卢氏4县边界地区，大力进行开辟根据地的工作。军首长鉴于中共商洛特委已不存在，决定收回洛南游击队，又派第二二五团三营副营长方升普等带领该营第八连到地方开展群众工作。这一时期，红二十五军先后在孙家山、北宽坪、桃坪、峦庄、庾家河、留仙坪、灰池子、七盘磨、刘家花屋、梨园岔、腰庄等地建立了一批区、乡苏维埃政权，成立了地方武装，并没收分配了地主的土地和财物，创建了第四块革命根据地。

5月初，省委决定建立中共豫陕特委和豫陕游击师（辖第八连和三个游击大队），统一领导豫陕革命根据地的工作。特委书记为郑位三（后为李隆贵），师长方升普，政治委员曾焜。

广大群众在红军战斗胜利和获得翻身解放的鼓舞下，革命情绪高涨，青壮年纷纷参加红军。在攻克洛南县城后的半个月内，红二十五军共吸收新战士600多名。洛南附近几个小煤窑的一些工人也参加了红军，为红二十五军增加了工人阶级的成分。

这一时期，各地的地方武装积极开展活动，打击反动武装，进行群众工作，取得了很大胜利，加强了根据地建设。第四路游击师先后消灭二道沟税警队和牛耳川、金井河民团。第五路游击师摧毁洵阳潘家河敌乡公所，没收了12家恶霸地主的财物，分给2000多户贫苦农民。鄂陕游击司令部战斗营和郧西地区的游击队袭击关防铺等据点，捣毁了“郧西铲共义勇军”在三天门的老巢。华阳游击队在青龙山地区予敌洋县保安队以打击，在汉中附近的公路上截获敌军用物资30多担，还两次打下佛坪旧城。

红二十五军入陕5个月，在作战上取得一连串的胜利，歼灭陕军第一二六旅3个多营、警备第二旅、警备第三旅大部，先后攻占镇安、柞水、宁陕、佛坪、洛南等5座县城。由于全军指战员英勇作战，积极开展群众工作，组织地方武装，建立革命政权，扩大红军等，使根据地的建设迅速取得了显著的成就。到5月初，红二十五军主力发展到3700多人，地方游击师、抗捐军发展到2000多人，并在蓝田、柞水、镇安、山阳、洵阳、洛南、商南、商县、郧西、卢氏和华阳地区，建立了4块革命根据地，成立了中共鄂陕、豫陕两个特委和五星（柞水红岩寺地区）、山阳、镇（安）柞（水）、郧西、洛南等5个县工委，发展了一批党员；先后成立了鄂陕边区苏维埃政府和两个县（五星、镇安）、13个区、40多个乡、300多个村的苏维埃政权。根据地人口近50万，耕地面积90多万亩，鄂豫陕革命根据地已初步建成。

## 一、陕南游击师

为了创建根据地，宣传共产党和红军的宗旨，省委编印了《什么是红军》的传单广为散发张贴，说明红军是共产党领导的工人、农民的子弟兵，打击土豪劣绅和一切压迫人民的反动分子，分配地主土地财产给人民群众，帮助工人、农民建立自己的政权，开展抗捐、抗丁、抗租斗争。

同时，加强根据地创建工作的领导。省委抽调军政治部主任郑位三、副主任郭述申到地方发展党的组织，建立鄂陕、豫陕两个特委；抽调部队骨干，帮助地方建立群众武装。陈先瑞、方升普这两个大别山的儿子，凭着他们的无产阶级感情和革命胆识，每人只带一个连，深入到边区群众中去，宣传党和红军的宗旨，打击地方反动势力，获得了人民群众的信任。陕南民间枪会组织很多，有的受了反动宣传，视红军为敌人。陈先瑞在镇安县茅坪村就遇到一件头痛的事。一天晚上，排长刘长有到群众家做宣传，被当地一支以抗捐、抗税、抗丁、抗粮为宗旨的大刀会扣留。会首袁大先说红军烧了他家的房子，抢走了他的女儿。任凭陈先瑞派人去如何解释也不放人，要红军放回他女儿，赔偿他损失。事情原来是这样的：陈先瑞来的前一天，镇安县保安团冒充红军到茅坪，趁大刀会不在时，烧了袁大先家房子，抢走了他的女儿。陈先瑞了解这一情况后，认为不解除对袁大先的怀疑，就无法在茅坪站住脚。经过侦察，组织了攻打镇安县保安团的战斗，由于是化装奇袭，保安团200多人大部被歼，红军救出了被关押的“抗

捐犯”70 多人，袁大先女儿也被救了出来。红军的行动，感动了袁大先，大刀会 100 多人被改编为“陕南抗捐军”，以茅坪为中心，建立了农民协会，袁大先被推举为会长，打土豪，分地主财产给贫苦百姓。接着向四周发展，打掉了镇安县 13 个乡镇的民团，组建了 4 个游击师，13 个乡镇全部建立了苏维埃政府，人民群众欢天喜地，给红军送了“人民大救星”的匾额。广大青年积极参军，陈先瑞领导的一个红军连，发展成立了鄂陕游击师，陈先瑞任师长。

方升普率领一个红军连，深入到豫陕边区的卢氏、商南县接壤部发动群众，两个多月时间，打掉了两县边区 9 个区乡民团，成立了两个区 7 个乡苏维埃政府，改造了三支红枪会为游击师；方升普领导的红军连也发展成立了豫陕游击师。鄂陕、豫陕两特委为了扩大根据地，组织游击师向鄂豫陕边区十余县的广大地区开展游击战争，连续打下了柞水、宁陕、佛坪、洛南、商县 5 座县城，缴获了大量枪支弹药和军需民用物资，武装了红军，救济了群众。随着游击战争的不断胜利，红军的声誉也越来越高，很多青年报名参加红军，从 1935 年 1 月到 4 月，红二十五军扩充红军 800 多人，地方游击师发展到 2100 多人。由于他们对地理环境熟悉，打了很多漂亮仗。袁大先领导的抗捐军在攻打柞水县城时，没有重武器，久攻不克。第三天晚上，在他的一个亲戚带领下，从阴沟里钻进城里，全歼了县保安团。洛南县红枪会改编的九路游击师，在攻打洛南县城时，师长张承礼白天装成商人，混进城里，通过朋友关系买通了西门哨兵。第二天拂晓攻城时，哨兵打开了西门，游击师没费力气进入城里，将 100 多名正在熟睡的民团全部俘虏，县府官员大部分被活捉。但由于游击师都是枪会组织改编的，从领导到战士多是放荡不羁，不习惯红军纪律的约束，和红军派去的政治干部经常闹意见。派驻宋登贤“神团”的党代表林承国，为了制止宋登贤乱杀俘虏、抢夺民财，多次遭到宋登贤的辱骂，还说林没本事，多管闲事。林承国以大局为重，不予计较。在一次反敌人“围剿”中，宋登贤不听林承国劝告，要战士（均是神团人员）光着膀子念咒语向敌人冲杀，被敌人包围，宋登贤大腿中弹，敌人大叫：“活捉宋登贤，奖赏大洋一千块！”林承国把宋登贤背到一个草丛里隐蔽，代替其指挥，在红二十五军的支援下，打退了敌人。从此，林承国才得到宋登贤的信任，和林承国结盟为生死兄弟，并要其女儿认林承国为干爹。

由于省委加强了游击师的思想政治工作，各游击师很快发展成了真正的人民军队。李先念同志在一次谈长征历史时说：“几支长征红军队伍，各有创造。红二十五军除了最先到达陕北外，它在长征中一个重要成就，就是创造了一块

连接10多个县的鄂豫陕革命根据地。这块根据地是在全国各根据地几乎完全丢失的情况下创建的，还组建了红七十四师，实在是个奇迹。”

## 二、奔袭荆紫关

1935年3月6日，伤势刚好些的徐海东率领二二三团在华阳河活动，陕军警备第二旅旅长张飞生获悉，立即率全旅向华阳河奔来。徐海东决定调动该敌，寻机歼灭，便率二二三团向镇安方向飞去，敌扑空后，又跟踪向镇安追去，徐海东又率二二三团折向华阳河。就这样，来回三次，拖得警二旅疲惫不堪，3月10日在石塔补充休息，徐海东率二二三团连夜飞驰25公里，包围了石塔寺，拂晓时发起猛攻，疲惫不堪的敌人，怎么也不会想到红军会从天而降，有的连衣服也没来得及穿，仓促应战。这个3000之众的一旅之敌，被不足千人的红军打得狼狈不堪。旅长张飞生中弹后，躲在死尸中装死，得以逃脱，其余大部分被歼。被俘的敌团长刘长生说：“我们追了你们三天三夜，没找到你们的影子，认为你们害怕我们，怎么也没想到你们会找着我们打，所以我们一点准备也没有。你们红军打仗实在鬼得很，了不起！”

为了粉碎敌人的“围剿”，1935年4月，省委在洛南县的葛碑镇举行会议。根据鄂豫陕边区山大、交通不便，敌人运输困难等情况，利用红军和游击师山熟、路熟、人熟、机动灵活的有利条件，制定了大迂回、绕大圈子、调动敌人、疲劳敌人、寻机歼灭敌人的作战方针。一面将红军和游击师分散或一团、或一营、一连为单位活动，时而跳到外线，搞敌人后方，忽而杀入敌人心脏，捞一把就走，调动敌人，疲劳敌人；一面发动群众，坚壁清野，不给敌人一粒粮食，并于夜间四处放炮呐喊，骚扰敌人，使敌人食不甘味、夜不安寝。省委这一作战方针十分有效，一个多月内，敌人没有找到红军主力作战，有时还被红军、游击师在背后咬了一口。石塔寺伏击战，就是一例。

由于蒋介石限期剿灭红军的日期将尽，敌人便在根据地内划分“剿区”，实行“驻剿”，又派一部分兵力专门“追剿”。省委命令红军和游击师主力转入外线，到敌人后方去活动，留小部分红军在根据地游击，牵制敌人。敌人在根据地内剿来剿去，总是找不到红军主力作战。敌陕南快报哀叹：“匪徒流窜，东西无方，去来无定，昨于彼，而今忽此，令人防不胜防……”事实就是这样，30多个团的兵力，对付不足3000人的红军和游击师，应该是不难取胜的，可是他们老吃

败仗，根本原因是他们不得人心、耳目闭塞；而红军处处得到人民的支持，对敌情了如指掌，真正是知己知彼、百战不殆。

5月9日，省委书记徐宝珊病逝。全体红军战士莫不为这位德高望重的党的领导人逝去而悲痛。代理省委书记、军政委吴焕先在追悼会上向指战员们说："我们要化悲痛为力量，大量歼灭敌人，纪念我们敬爱的省委书记！"各团、营、连纷纷写决心书、请战书，要求执行最艰巨的任务。为打破敌人第二次"围剿"部署，红二十五军远程奔袭紫荆关。

6月16日，徐海东率领二二三团和手枪团疾行一昼夜，行程130余公里，来到距荆紫关10公里的刘庄。经过了解，荆紫关守敌为一个营，两个连驻关里，一个连在关外警戒，城墙高一丈，四周均是开阔地，很难接近。徐海东命手枪团化装成敌人智取。

手枪团团长杜本润率领化装成敌四十四师追剿队来到荆紫关，和警戒连通话后，警戒连连长很客气地迎接，当要敌人开城门时，敌军需处处长说要有西安剿总印信才行。这时手枪团已被警戒连怀疑，便决定缴警戒连的械，大声骂道："你们怀疑国军，延误追剿军机，八成是暗里通匪，全部缴械！"手枪团战士们一听杜团长发话，300多支长短枪一齐对准了警戒连，警戒连还在发呆时，即全部被红军缴械，接着各寻有利地势向关内敌人攻击。这时，徐海东率二二三团也赶到关前，一齐向敌人开火。徐海东组织了6挺机枪掩护，命手枪团一分队搭人梯登城。经过半个小时激战，一分队登城成功，打开城门，红军一拥而进，敌人大部被歼，军需处处长王均生被生俘，缴获了大量枪支弹药和军需民用物资。

红二十五军攻占荆紫关后，敌第六十七军、第四十四师和陕军警备第一旅等部，均向荆紫关蜂拥而来。这时，敌人的部署全被打乱，部队也被拖得相当疲惫，锐气大减。因逃亡和疾病，敌第四十四师多数连队减员三分之一以上。红二十五军军首长在查明敌情后，决定甩开密集之敌，挥师西进，以继续分散和疲劳敌人，诱敌深入到根据地中心区小河口、袁家沟口一带，然后选择有利战场，歼其一路。

红军攻打荆紫关的胜利，使敌人大为震惊，调动了大批部队向后方回援，打乱了敌人的"围剿"部署。随着时间的推移，蒋介石限令三个月"剿清"红军的计划也随之破产！

## 三、袁家沟口歼灭战

1935年6月，蒋介石限期三个月"剿清"红军计划破产后，很快又重新部署了新的围剿计划。为了提高西北王杨虎城的地位，任命杨虎城为剿匪总指挥，调动了西北军大部，东北军两个军，河南、湖北各一个军，向鄂豫陕根据地柞水、山阳、商县、镇安进攻。

1935年7月2日，红二十五军在"诱敌深入""先拖后打"的作战方针指导下，在陕西山阳袁家沟口，一举歼灭了陕军警备第一旅。这是红二十五军在鄂豫陕革命根据地第二次反"围剿"中的一个重大胜利。

1935年4月20日，蒋介石命令第四十军（辖第一一五旅、第一一六旅），第四十四师、第九十五师，东北军第六十七军（辖第一〇七师、第一一〇师、第一二九师）和陕军第三十八军一部及警备第一、第二旅等部，共30多个团的兵力，对红军发动第二次"围剿"。5月上旬，敌第六十七军和第九十五师自洛南及其以东地区向南进攻；第四十四师自湖北郧西上津一带向北进攻；第四十军、第三十八军4个团和警备第一、第二旅等部，于安康、镇安、柞水、蓝田一线，从西面堵截，形成对红二十五军分进合击的态势。

红二十五军（两个团3000多人）发现敌人行动企图后，立即结束在商县龙驹寨（今丹凤县城）的战略整训，于5月中旬南下郧西地区。19日，中共鄂豫陕省委在郧西地区召开第一次执委会，从思想上、行动上做了第二次反"围剿"的准备。5月下旬，省委又在郧西地区召开会议，决定乘东北军第六十七军新到，首先北上，争取歼其一部；然后采取"诱敌深入""先拖后打"的作战方针，先以盘旋式打圈子的行动，待把敌人分散、疲劳到一定程度时，再选定适当地点，歼其一两个师（旅），以粉碎敌人的"围剿"。

红二十五军根据省委的作战方针和计划，于6月初由郧西二天门出发，北上商县地区，继而插到敌第六十七军侧后洛南庾家河（今属丹凤）一带。这一出其不意的行动，使原来向南进攻的敌人又掉头向北。这时，因敌主力比较集中，不便分割，红军遂放弃先打东北军的计划，掉头向东南，大踏步前进，继续向外线行动，以便调动、分散和疲惫敌人。6月中旬，红二十五军包围商南县城，打下富水关，进占青山街，并于16日袭占敌第四十四师后方补给站荆紫关。敌第六

十七军、第四十四师和警备第一旅等部均向荆紫关蜂拥奔来，寻找红军主力决战。

这时，敌人的“围剿”部署已被打乱，其部队被拖得相当疲劳，逃亡、疾病严重，士气低落。敌第四十四师多数连队都减员二分之一以上。但是，当面之敌仍然较强大、集中。为创造战机，省委和军领导决定甩开密集之敌，挥师西进，继续分散和疲惫敌人，诱敌深入根据地中心区，再选择有利时机，集中兵力，歼其一路。

6 月 17 日，红二十五军由荆紫关出发，避开敌第六十七军和第四十四师的堵击后，连日沿鄂陕交界的崇山峻岭急速西进。敌第六十七军、第四十四师和警备第一旅立即掉头跟追，第三十八军和第四十军一部进到漫川关、上律一线堵截。22 日，红二十五军在山阳姚家湾击退敌第四十军一部的阻拦后，转向西北，于 25 日到达根据地边缘黑山街。此时，追堵之敌都被甩在后面；距离最近的警备第一旅也有 4 天路程。

红二十五军到达黑山街后，初步决定在小河口一带伏击敌人，提出“哪一股敌人先到，就坚决消灭哪一股”的口号。据此，部队不顾数十天连续行军作战的疲劳，紧张地进行战斗准备工作。指战员斗志昂扬。活动在当地的第三、第四路游击师和地方党政组织也积极领导群众侦察敌情、封锁消息，组织担架队、运输队，准备配合主力作战。四天后，一切准备工作均告就绪。

6 月 29 日下午，敌警备第一旅（两个团）进到了黑山街附近。军首长决定伏击该敌。为吸引敌人深入根据地中心区，红二十五军以小股部队与敌接触后，即向预伏地域小河口撤退。到小河口后，经过勘察，发现地形不利于伏击，即决定继续西进，到达袁家沟口、桃园岭一带。袁家沟口到桃园岭是一条长达 5 公里的山沟，两侧山高林密，沟底的一条小路是敌人必经之道。军首长考虑到这里的地形和群众基础较好，当即确定以这一带为伏击战场。为继续诱敌深入，红二十五军经桃园岭向西北撤到红岩寺。

7 月 1 日，敌警备第一旅追到袁家沟口。军首长查明这一情况后，即率部队连夜轻装返回桃园岭及其以东地区设伏。部署是：第二二三团占领袁家沟口北面一线高地；第二二五团两个营占领袁家沟口西南的东沟、李家沟南侧高地，另一个营在桃园岭堵击敌人；第三路游击师控制袁家沟口东南山，以切断敌人退路；第四路游击师配置于牛耳川附近，担任对战场南面的警戒。

7 月 2 日拂晓，各部队已进到指定位置，在晨雾弥漫中，发现敌人正在袁家

沟口村西集合，尖兵已出发向西前进。军首长当机立断，适时发出总攻击命令。随即，红军向敌密集队形突然开火，猛烈攻击。第二二三团从北面猛冲下去。敌遭到突然打击，立即乱作一团，一部占领村庄抵抗，企图掩护主力展开，组织反扑。在第二二三团的猛烈打击下，经一度激烈的白刃战斗，敌一部就歼，其余敌人仓皇向西南山上逃窜，遭第二二五团迎头打击。敌人在第二二三、第二二五团前后夹攻之下，大部被歼。在战斗过程中，杨虎城一再电令已经进到山阳县城以西洞峪口、离战场不到20公里的第一一〇师前往增援，但该师始终未敢前进一步。敌旅长唐嗣桐率残部向东南方向突围，又遭第二二五团和第三路游击师阻击。敌占据一小寨子顽抗，在红军多次猛攻下，到午后，终于全部被歼灭。

袁家沟口一仗，全歼敌警备第一旅，毙伤敌团长以下300余人，俘敌旅长唐嗣桐以下1400余人，缴获轻重机枪40挺、长短枪1600余支，其他军用物资亦缴获甚多。

红军仅伤亡100余人。

# 第六章　西征甘陕，北上迎接党中央

1935 年 9 月，红二十五军到达陕北后，与红二十六军、红二十七军合编为红十五军团。从此，红二十五军在红十五军团编成内，参加了劳山战役和榆林桥战斗，用战斗的胜利迎接了党中央和中央红军的到来。

11 月上旬，红十五军团编入红一方面军建制。从此，在中共中央、中央军委、毛泽东主席和红一方面军的直接指挥下行动，参加了直罗镇、东征、西征、山城堡等战役，歼灭敌人大量有生力量。西安事变发生后，奉命南下商县地区，执行制止国民党亲日派军事进攻的任务，为巩固和发展陕甘宁革命根据地，促成西安事变的和平解决和抗日民族统一战线的建立，做出了重要贡献。

## 第一节　沣峪口会议

1935 年 1 月，中共中央在长征途中举行了具有伟大历史意义的遵义会议。6 月中旬，中共中央和毛泽东等率领中央红军，历尽艰难险阻，到达四川西部的懋功地区，与红四方面军会合。

1935 年 6 月，日本帝国主义的侵略魔爪已由东北伸向华北，威胁平津，使中日两国间的矛盾急剧上升，而国民党反动政府置民族危亡于不顾，继续推行所谓“攘外必先安内”的反共卖国政策，与日本签订了《何梅协定》等密约，把河北、察哈尔两省的大部分主权拱手送给了日本。中华民族危机空前严重。红二十五军北出终南山之时，蒋介石正在调集几十万大军向川陕甘边境集结，企图将主力红军围堵消灭于川西地区。

红二十五军自从 1934 年 11 月离开鄂豫皖革命根据地后，即与中央失去联系，对中央红军的行动不甚了解。1935 年 7 月，红二十五军威逼西安时，从国民党的报纸上得悉中央红军和红四方面军已在川西会师，并有北上的动向。7 月 15 日，原中共鄂豫皖省委交通员石健民从上海经西安到达军部驻地，带来了中共中央数月前发出的几份文件，也带来了中央红军和红四方面军已在川西会师

并向北行动的消息。当晚,省委即在长安县沣峪口召开紧急会议。会议在代理省委书记吴焕先主持下,根据中央文件精神、报纸消息和敌情动态,通观全局地分析了斗争形势。认为:日本帝国主义的入侵和国民党的出卖,使民族危机空前严重,党和红军必须动员千百万人民,一致奋起,坚决反对蒋介石的卖国反共政策,积极准备同日本帝国主义作战。同时,会议还根据鄂豫陕革命根据地的斗争实践和行动区域的状况,认为"在目前我们行动区域的群众工作、党的组织十分薄弱,红军本身还没有扩大到有力地迅速地消灭整批敌人,创造伟大的巩固的革命根据地。同时在我们行动的区域,目前说来还是狭小的,物资还不能充分供给大批红军的需要,创造一个很好的新的革命根据地是有些困难,这主要是因为我们本身力量不能迅速完成的关系"。

红二十五军在鄂豫陕革命根据地第二次反"围剿"中取得袭占荆紫关、袁家沟口歼灭战和威逼西安等作战胜利,"只是粉碎了敌人三个月的进攻计划而没有取得最后的全部胜利",加之敌人实行"围剿"的兵力有增无减,根据地形势仍很严峻。为了谋求新的战略出路,省委在袁家沟口战斗后,就曾有过与陕北红军会合行动的战略意图。这时,省委已明确认识到"中国苏区发展,红军新胜利,主力会合在西方的胜利与将要形成中国西北部苏区根据地……这都是目前中国革命发展的新形势特点";"我们党在新的胜利与新的经验与教训下要加紧粉碎敌人新的进攻,配合红军主力行动以争取最后全部胜利,这是当前最紧迫的战斗任务"。省委提出:红二十五军"目前首先要执行新的任务,采取新策略,在一切行动(中)极力与陕北红军集成一个力量";"集中一个大的力量,有力地去消灭敌人,配合红军主力在西北的行动,迅速创造新的伟大的巩固的革命根据地"。会议决定:省委"率领红二十五军到陕甘苏区会合红二十六军,首先争取陕甘苏区的巩固,集中力量以新的进攻策略消灭敌人,直接有力地配合红军主力,创造新的伟大红军与准备直接与帝国主义作战的阵地。在这种新的策略方针之下,决定了红二十五军的西征北上的行动"。同时决定:将鄂陕、豫陕两特委,合并为鄂豫陕特委,统一领导留下的武装力量,继续坚持鄂豫陕革命根据地的斗争。

会议通观全局地分析了形势,决定率领红二十五军西征北上,到陕北"同红二十六军会合起来,集中成一个大的力量,有力地去消灭敌人,配合红军主力在西北的行动,迅速创建西北新的伟大的巩固的革命根据地"。同时认为配合红军主力在西北的行动,是红二十五军最为紧迫的战斗任务。这一独立自主的战

略决策，完全符合全国革命形势发展的需要，符合党中央把革命大本营放在西北的战略意图。

这一战略决策的成功，后来也被历史所肯定。毛泽东曾经讲过，徐海东之由陕南经陇东入陕北，乃偶然成为中央红军之向导。

红二十五军的长征历程，从此又展开了新的一页，艰难而又壮丽的一页！

7月16日，红二十五军即从沣峪口出发，沿秦岭北麓向西挺进。这支从大别山转战而来的劲旅，又一次踏上长征的道路，跨上了新的战斗征途。两天以后，便进入周至县境。

这天晚上，夜已经很深了，但在店子头附近的一座古庙里面，仍然亮着一盏灯。吴焕先伏在一张残破的香案上，伴着一盏悠悠晃晃的油灯，满脸汗水津津，奋笔疾书。因为天气闷热，庙内不透一丝凉风，搭在他脖颈上的一条湿毛巾，发出一股刺鼻的汗腥气味。可他还是一次又一次地扒拉下来，一面擦着汗水，一面扑打着飞蛾。对于那些吸血鬼似的长脚蚊子，他倒是不怎么理睬的，事先就在身上涂了一些防护的万金油，任其像恶魔似的拢在身边，嗡嗡飞叫。只是那些自取灭亡的扑灯蛾儿，总是接连不断地迎着灯光扑腾着，跟他捣乱……

他正起草一份报告。因为石健民的到来，他得抓紧这个难得的好时机，让其及早转报中央。关于红二十五军的行动、个别策略及省委工作情况向中央的报告，内容颇为繁多。报告依照时间顺序，概括了红二十五军撤离鄂豫皖苏区、胜利实现战略转移和创建鄂豫陕革命根据地的全过程，直到威逼西安为止，可以说是一篇艰苦卓绝的斗争简史。他在写到省委的工作时，采取一分为二的辩证观点，提纲式地写了六个方面的进步及一般情况，同时也写了五个方面的缺点和不足之处，一针见血，语意恳切，无哗众取宠之意，有实事求是之心。

从报告里面，吴焕先这时已明确意识到这样三个问题：一是没有上级指示及各方兄弟党组织的关系，当地亦无党的组织，红军之一切行动都得不到应有的配合帮助；二是红军本身扩大了三分之一，但没有完全实现扩大3000名新红军的计划，成立起新的师团；三是在我们行动的区域，目前说来还是狭小的，物资还不足充分供给大批红军的需要，创造、巩固一个很好的新革命根据地是有些困难。对于红军威逼西安之行动，只是突破了敌人的包围防线，动摇了敌人进攻的整个后方，使敌人在疲惫之下鞭长莫及，我们的胜利只是

粉碎了敌人三个月的进攻计划，而没有争取到最后的全部胜利。这种面对现实的深思熟虑，表明他似乎也意识到“孤军悬于一隅之地”的艰难困境。换句话说，既是对创建鄂豫陕革命根据地的深入实际的反思，又是对红二十五军的战略出路的考虑。两者紧密交织在一起，正好应了郑位三的基本看法：第一步到陕南是个大胜利，第二步再走是个极好极坏的分界线，红二十五军恰恰走了极好的一步！

鉴于这种新的思想认识，同时也是出于新的战略考虑，吴焕先在写给中共中央的报告之中，提出这样一个极为迫切的问题：

“我们只知中央红军与四方面军的会合，但不知党对全国红军之对付敌人国内战争，现在时期的战争策略如何？想一定有新的计划对付敌人。我们二十五军如何行动，现在是否须改变我们的任务，我们现在正有这样的感觉。

“是否可以同二十六军会合起来，集中一个大的力量，有力地去消灭敌人，配合红军主力在西北的行动，迅速创造西北新的伟大的巩固的革命根据地。这个意见是否正确，希指示。”

这一切，就是当时决定去陕北的思想基础，也是吴焕先的整个战略意图。报告长达 8000 余字，末尾附有这样两句落款：“鄂豫陕省委，吴焕先签；7 月 17 日夜，下三点半。”

当然，在这篇急于写成的报告里面，并非全部内容都是那么准确完美，也不是字字珠玑，无可非议。如果说有什么失误或不妥之处，也是因为历史的局限性所致。对于去陕北会合红二十六军的战略意图，吴焕先此时只是当作建议提了出来，请求中央给予指示。事实上，当时也不会得到中央的及时指示，但他还是按照共产党人应有的党性原则，写下这个至关重要的问题。长征途中，红二十五军所迈出的决定性的一步——“极好极坏的分界线”，这是需要多少勇气与智慧、雄心与远见！在这历史的转折关头，吴焕先又一次为红二十五军绘下一幅壮丽的蓝图，亲手拉开了继续西征北上的历史帷幕！

吴焕先把一切料理妥当之后，天也亮了。一盏熬了一夜的灯台底下，飞蛾、蠓虫、蚊子的残骸，如同一团战败的敌军，横七竖八，狼藉满桌。吴焕先顾不得打扫这个战场，就将写成的长篇报告，连同省委关于创建新的鄂豫陕革命根据地的几份决议文件，都妥善加以秘密收藏，交给交通员石健民呈报中央，请中央全面予以审查。

至于这些党内文件，到底是怎么被送到中央机关的，我们无从知道。然而，

这些闪烁着历史光辉的文献史料，都完整无缺地收藏在中央档案馆内。吴焕先所写的长篇报告，后来也不知被哪位慧眼所识，将其前半部分内容压缩成一篇4000字的文章，题为《中国工农红军第二十五军通讯》，而今也成为珍贵史料。

## 第二节 兴隆镇休整

红二十五军威逼静宁县后，于1935年8月15日进抵静宁县城以北的单家集、兴隆镇等地。进入兴隆镇休整期间，正确执行民族政策，沿途群众结队欢迎。

兴隆镇一带是回民聚居的地区。军首长对做好少数民族地区的工作一直很重视。

1935年初，红二十五军在鄂陕边界的茅坪（回民地区）一带活动时，曾以土地革命推动了少数民族的斗争热潮，不少贫苦回民群众自动参加红军。但在当时并未引起各级领导对于少数民族工作的足够重视。为此，中共鄂豫陕省委曾在1935年2月19日做出决议，批评了“对少数民族中工作的不了解与不可容忍的严重倾向”，要求“党与红军政治部不但要从日常实际生活、政治上抓紧这一工作”，而且要建立“回回民族中的工作”。此后，全军上下都很重视少数民族工作。部队每到一个新的地区，军领导都根据当地民情风俗，适时地提出一些新的规定，要求部队严格遵守，切实做到秋毫无犯。此次进入单家集、兴隆镇之前，军政治委员吴焕先就了解到反动政府实行大汉族主义统治及军阀部队在这一带造成的恶劣影响，民族之间隔阂严重，于是结合当地回族的宗教信仰和风俗习惯，教育部队一面行军打仗，一面做好回民地区的工作，扩大红军的政治影响。提出要争取革命成功，必须团结和发动各族人民群众，反对大汉族主义。他还专门规定了“三大禁令、四项注意”：禁止部队驻扎清真寺，禁止毁坏回族的经典文字，禁止在回民地区吃大荤；注意遵守回族人民的风俗习惯，注意使用回民水桶在井里打水，注意回避青年妇女，注意实行公买公卖。按照省委和军领导的要求与规定，许多连队在进入回民地区之前，自动把一些没有吃完的猪肉做了处理。军领导还派手枪团和少数回民战士先期进入兴隆镇，把事先写好印好的标语、传单、布告广为张贴，进行宣传。

进入兴隆镇后，部队休息三天，一面就地开展群众工作，一面做好继续行动的准备。吴焕先政委亲自召集当地的知名人士和阿訇开座谈会，宣传党的抗日救国主张和红军的政策纪律，讲明红军只是稍作停留，不征粮派款，不拉夫抓丁，以解除他们的思想顾虑，稳定人心。随后，吴焕先等领导同志在一派欢腾的

军号、锣鼓、鞭炮声中，热烈而隆重地来到清真寺拜访，并赠送了匾额和礼品。回民群众称赞红军是“仁义之师”。清真寺的阿訇也按照民族礼节宴请了红军的领导人。事后，还赶着一群染成了红色的肥羊送到军部做回拜。部队严格执行党的民族政策，普遍开展群众工作，进行助民劳动。街头巷尾，到处都打扫得干干净净。军医院的医护人员热情为群众治病，院长钱信忠亲自为一腹胀病患者扎针治疗。红二十五军的实际行动，扩大了党与红军的影响，使当地回族人民深受感动，“红军好”的消息很快传遍了回民地区。许多回民群众积极为红军做事。如当地有两位回族妇女，看到山顶上的红军哨兵没法做饭，就提着一篮馒头，拎着汤罐，上山送饭。

红二十五军离开兴隆镇时，全镇男女老幼齐集街头，他们在道路两旁摆设香案，放上点心油果，依依不舍地为红军送行。马青年等十几名回族青年高高兴兴地参加了红军，被编在军政治部，沿途负责带路联络，做宣传群众工作。红二十五军所到之处，回民群众结队相迎，许多回族老乡自觉为红军报告敌情，充当向导。后来，中央红军长征经过这里时，也受到回民群众的热烈欢迎。毛泽东曾夸奖红二十五军路过陇东回民区时所做的工作，说红二十五军政策水平很高，民族政策执行得很好。

# 第三节　痛击马鸿宾

1935年7月，杨虎城知道了红二十五军的厉害。8月，朱绍良偏要往枪口上撞。

红二十五军歼灭了陕军警备第一旅，确实给西北“剿匪”总指挥杨虎城一个严重打击。杨虎城正在心痛时，蒋介石又来电催逼“清剿”红军事宜。当杨虎城向蒋介石报告警一旅被红军吃掉，要求补充兵员和弹药时，蒋介石却打起官腔来，说西北军“剿匪”不力，罪有应得，既然警一旅被红军吃掉，存在没有必要，番号取消！

杨虎城骂道：“这个老奸巨猾的流氓政客，真是比曹操还曹操！”其夫人谢葆真劝道：“有道则出，无道则隐，何必伤肝动肺呢？你不是说要解甲归田、栽花种竹吗？”

杨虎城说：“蒋介石这个民贼独夫，什么手段都使得出来，他不会叫你安静的，现在他想以陕（西）甘（肃）宁（夏）青（海）的回族马家军逼近西北，正想搞垮我呢！”

紧接着蒋介石又来催命电报说：红军要北上陕北，会师刘匪（注：指西北红军领袖刘志丹），要杨虎城派重兵堵截。接着又接到蒋介石任命甘肃省主席朱绍良任西北“剿匪”总司令的命令。

朱绍良新官上任三把火，主力军自然是马鸿逵、马鸿宾、马步芳、马步青等以骑兵为主的马家军，纷纷向鄂豫陕根据地开来。横向陕西、甘肃的西兰公路，是敌人重要防线，马鸿宾第三十五骑兵师就驻西兰公路要冲平凉城。师长马鸿宾听其侦察员报告说，红二十五军都是一些娃娃兵，气势极为嚣张，对其部下说：“这支从大别山里跑出来的小崽兵，到我们这里来，我们要像老鹰抓小鸡那样，把他们全部消灭在平凉城下！”

红二十五军当时的情况是：歼灭了敌警一旅后，即获悉中央红军和红四方面军在四川西部懋功会师。为了配合中央红军北上，迎接党中央和中央红军，省委决定率红二十五军出陕南，攻打平凉县城，穿越西兰公路向北行动。7月16日留下指示信给鄂陕、豫陕特委和红七十四师，命令他们继续坚持鄂豫陕根据地斗争。

8月中旬，红二十五军在翻越六盘山时，打后卫的徐海东率领二二三团与敌马鸿宾骑兵三十五师侦察连相遇，将其大部歼灭。经审问俘虏，才知有敌三十五师重兵把守平凉城，遂将原拟攻打平凉县城的计划改为由平凉以北的塬上前进。马鸿宾得知红军经过平凉县城北行，便命一〇二旅旅长率领一个团骑兵追击红军。

18日，红二十五军进至瓦亭附近，与由固原赶来堵截之敌第三十五师一〇五旅一部（两个步兵营、一个骑兵营、一个炮兵连）遭遇。红二十五军立即占领几处山头，将敌击退，毙伤敌数十名，缴获战马17匹，并相继占领瓦亭、三关口、蒿店。19日，逼近平凉县城。这时，敌第三十五师一面令第一〇五旅一部增援平凉，一面令师属骑兵团及第一〇四旅二〇八团，分别由庆阳西峰镇、宁县早胜镇，向泾川县城集中，企图将红二十五军逐出陇东地区。

政委吴焕先、军长程子华、副军长徐海东决定再很好地打一仗，教训一下骄横得不可一世的马家军，不然红军北上就不得轻松。便决定由徐海东率领二二三团选择有利地势伏击。8月18日、19日，敌一〇二旅率领骑兵团攻来，徐海东率第三营且战且退。当敌人进入伏击阵地时，两面塬上红军多种火力一齐向敌人射杀，打得敌人人仰马翻，红军战士趁敌混乱之际，勇猛冲向敌阵，与敌短兵相接，激战半小时，敌一团骑兵除旅长率少数警卫人员逃脱外，大部被歼。这时，率一连骑兵前来督战的敌三十五骑兵师师长马鸿宾还未到马莲铺，听逃兵说马应图全团被歼，吓得掉头就跑。徐海东听说马鸿宾来了，率二二三团追了6公里，打死打伤敌人100多人，给了这个想“老鹰抓小鸡”的狂人当头一棒。是役，缴获战马100多匹，为红二十五军北上发挥了重大作用。

## 第四节　血染四坡村

1935年8月17日，红二十五军开始沿西（安）兰（州）公路东进，一举攻克隆德县城，歼守敌第十一旅二团一营大部，活捉敌县长、保安团团长，并将所缴获的部分衣物被服救济贫苦百姓。这时，敌第六师十七旅由兰州乘70余辆汽车，沿西（安）兰（州）公路向东驰援，遭到红军阻击，不能前进。当日黄昏，红二十五军继续东进，连夜翻越六盘山，直逼平凉县城。

红二十五军为了继续钳制敌人，于20日绕过平凉县城，由该城以东约20公里附近南渡泾河，沿西兰公路进至白水镇。敌第三十五师一〇五旅3个步兵营尾追而来。傍晚时分，红二十五军冒着大雨进到马莲铺以东，抢占打虎沟高地，将敌全部打垮，歼敌一个多营。亲自到马莲铺督战的敌第三十五师师长马鸿宾也险些被红军生俘。

这时，因连日暴雨，西兰公路北侧的泾河水猛涨，北渡困难！而在公路南面，又被一道数十里宽的高塬所阻，回旋余地很小！东边泾川之敌已经到位，挡我去路，西南尾追之敌毛炳文、马鸿宾部又渐渐逼近，红军已处于被敌前后夹击的不利境地！于是，军领导决定部队暂时离开公路，南渡泾河支流汭河，佯作进攻灵台、夺路入陕之模样，迷惑和调动敌人，继续切断西兰公路，以探听中央红军的信息。

8月21日拂晓，红二十五军经由白水镇，冒雨东进，到达了泾川县以西约20多里的王村，接着南折，登上王母宫塬。

王母宫塬，得名于这里的一座建于北魏时期的王母宫石窟。它北临泾河，南靠汭河，向东不远处就是两河交汇处的泾川县城。政委吴焕先率部队过河，副军长徐海东断后，同担任后卫的二二三团一起，负责掩护。

吴焕先亲自在岸边指挥。他浑身衣服全都被雨水湿透，紧紧贴在身上，满脸都滚着水珠，面孔变得铁青。他指挥手枪团和二二五团抢先渡过河去，占领南岸高地，并向泾川方向实行警戒，防止敌人突袭。等到军供给部和军医院过了河时，山洪突然暴发，有几个战士不幸被洪峰卷走。吴焕先一看情况严重，马上命令停止渡河，抢救落水的战士。

这时，全军的骡马担架、行李挑担、医疗药品、军械修理器材，以及随医院行

动的伤病员，全部拥挤在汭河以北狭窄的岸边。

突然，王母宫塬上响起了枪声！敌人上来了！红军领导担心的事偏偏就在节骨眼上发生了！敌第三十五师一〇四旅二〇八团1000余人，在一连骑兵的配合下，由泾川县城沿着王母宫塬，乘机向我突袭。他们利用我哨兵雨中观察的困难，冲散了我们的排哨，趁机攻了上来。在塬上四坡村内的二二三团三营，首先与敌接上了火，当即凭借房屋、土墙和窑洞，分班分排地与敌展开激战。为配合三营抗击敌人，二二三团重机枪连连长戴德归，奋不顾身地将一挺重机枪架在窑洞顶上，向蜂拥而来的敌人猛烈扫射，压住了敌人的进攻势头。红军受到突然攻击，阵势一时显得忙乱，而先头部队已渡河难以回援，许多人马被阻在塬下河边，完全处于背水作战状态。如顶不住敌人的进攻，让敌人占领塬上制高点，后果将不堪设想。徐海东带领二二三团一营、二营，立刻投入战斗，坚决阻击敌人的进攻。

正在河边的吴焕先，听到枪声，便带领军部交通队和学兵连150多人，迅速增援。他一马当先，一鼓作气奔上塬顶，恰好插入敌人的尾部，切断了敌人的后路。战士们不顾泥泞路滑，迅速占领几座高地，从侧后向敌人发起攻击。吴焕先向战士们大声疾呼："同志们，压住敌人就是胜利，决不能让敌人逼近河边！一定要坚决地打！"与此同时，二二三团3个营，在徐海东的指挥下，在几挺重机枪火力的掩护下，趁机向敌人发起猛烈反击。只顾向四坡村发动围攻的敌人，没想到忽然从背后杀出一支奇兵。在红军前后夹击下，敌人顿时乱作一团，纷纷夺路逃窜。

然而，就在这一霎间，吴焕先刚好冲过一道沟坎，突然飞来一颗罪恶的子弹，穿入他的前胸。只见他就地打了个趔趄，仰身躺在泥泞地上……

身边的两个交通队员急忙扑上前去，把军政委抱到一处隐蔽的土坎底下，进行急救包扎。这时，吴焕先的脸色已经变得苍白，双目微微地眨动着，只是蠕动了几下嘴唇，欲言又止。他当下就说不出话了。鲜血从胸膛里面涌了出来，染红了他的灰布军装，滴答滴答地洒落在地。王母塬上，被他的血肉之躯压过的野草丛中，几束开着小黄花的地丁草，全都溅上了鲜血……

指战员听到军政委负伤的消息，更燃起对敌人的无比仇恨，人人怒火万丈，个个锐不可当。大家都急红了眼睛，怒目圆睁，杀气腾腾，奋不顾身地冲向敌群，与敌拼刺肉搏。我二二三团第二营的三个连队，在营长郎献民、营政委田守尧的带领下，向敌人发起了猛烈冲锋，赶羊似的把敌人压到一条烂泥沟里，敌人

就像炸了群似的，奔逃的奔逃，跳崖的跳崖，人马互相践踏，各自不能相顾。深沟底下，恰是一片泥水淤成的稀浆，陷落到沟底的人马，一个也没有挣脱出来。二营通信班班长周世忠，发现一名骑着白马的敌人军官，企图夺路逃走，举起手枪“啪啪”两下，将其连人带马撂倒在断崖边上。这家伙身上挂了好几处枪伤，浑身上下都成了血糊糊，当时就一命呜呼。战后经过查证，从这个家伙身上找到一枚铜质印章，上面雕着敌团长“马开基”的名字。据说，马鸿宾后来赶到现场察看时，才从死尸堆里将其扒拉出来，可已被野狗啃了个稀烂！

王母塬上的一场恶战，敌二〇八团全部被歼。但是，凡是参加作战的指战员们，谁也没有表现出激战后的喜悦、胜利后的欢笑。而是处于万分悲痛之中，无不热泪盈眶，捶胸顿足。因为，就在战斗即将结束的时刻，军政治委员吴焕先，躺在了王母塬上，停止了呼吸……

巍巍耸立的王母塬上，阴云低垂，风雨声咽。吴焕先倒下的野草丛中，一摊摊被雨水溶过的紫血，渗透了一簇簇野草。此时此刻，那一簇簇被鲜血染过的地丁草，盛开着黄的、白的、紫的小花瓣儿，都滚动着一滴滴带血的泪珠，仿佛也在为烈士垂首致哀！……

吴焕先——这个红二十五军“军魂”下葬 2 天后，不知敌人怎么获知消息，急忙派了一群匪兵，闻风扑到了郑家沟，当下就掘开了坟墓，把棺材撬开来了。兽性大发的匪兵们，把尸体搬来倒去的，加以蹂躏。覆盖在烈士身上的一件青呢大氅，被那带队掘墓的匪军长官拿去了。吴焕先身上裹着的几丈白布，也被匪兵撕成破碎片儿，狼藉遍地。而后，匪兵便强迫村里的几个老汉，把尸体抬到泾川县城，放在粮食市场附近的一座破庙里面，陈尸示众。盘踞于陇东高原的第三十五师，为了宣扬堵截红二十五军的“赫赫战果”，好向其上司邀功请赏，还曾动用了好几架摄影机，对准烈士浑身上下的各个部位，拍下许多惨不忍睹的照片。马鸿宾在是年 9 月 15 日写给陕西省主席邵力子的信中，就曾直言不讳地写道：“王母塬击毙二十五军军政委吴焕先照片七张，由邮寄来，祈便察览……”这便是当年所发生的真实情景。

吴焕先牺牲后，省委常委临时商定，由于程子华负伤未愈，军政委和省委书记均由徐海东兼任，待以后有机会再开省委扩大会议选举。在此关键时刻，徐海东以高度负责的精神，勇挑革命重担，这对于当时稳定部队的思想情绪、坚定胜利的信心、继续执行北上的战略任务起了重要作用。徐海东在领导和指挥红二十五军坚持鄂豫皖革命根据地的斗争中，在创建鄂豫陕革命根据地的斗争

中，在西征北上迎接党中央和中央红军的行动中，都做出了卓越的贡献。他原则性强，顾全大局，襟怀坦白，勇于负责；他多谋善断，指挥果敢，运用战略战术灵活；他作战勇敢，临危不惧，身先士卒，多次负伤，战功卓著；他团结同志，联系群众，关心、爱护战士，深受指战员的崇敬和爱戴。后来，毛泽东等曾多次对徐海东做过很高的评价。

四坡村战斗的胜利，使敌人暂时不敢向红二十五军逼近。红二十五军为继续钳制敌人，即西进金龙庙，威逼崇信县城；南下什字镇，逼近灵台县城；并在崇信与灵台之间的上良镇、梁原镇、赤城镇等地积极活动。每天都派人搜集报纸，访问客商，极力探寻有关中央红军北上动向的消息。由于条件所限，又没有电台联络，迟迟得不到中央红军的消息。这时，由兰州乘汽车驰援之敌第六师十七旅已经到达泾川县城，敌第三十五师继续向泾川附近调动，陕甘边之敌第五十一军一一三师，则由凤翔、清水向北推进到陇县、马鹿镇一带，敌第三军十二师也由武山、甘谷等地向华亭方向尾追而来，对红二十五军形成合围之势。省委和军领导考虑到一时难以获得中央红军的确切消息，而敌军日益逼近，部队连日在大雨和泥泞中行军作战已很疲劳，伤病员也难以安置，继续做无后方依托的行动十分不利，便按照沣峪口、佛坪两次会议确定的北上方针，决定立即北上陕甘革命根据地，与陕甘红军会师。8 月 30 日，红二十五军经华亭安口窑转向北进。31 日晚，由平凉县城以东的四十里铺涉过泾河，向东北前进。

从 8 月 14 日到 31 日，红二十五军在陇东隆德、平凉、泾川、灵台、崇信、华亭等广大地区活动，切断西兰公路 18 天，敌人不得不一再抽调兵力对付红二十五军。

## 第五节　激战板桥

1935 年 8 月底，四坡村战役后军政委吴焕先在这次战斗中壮烈牺牲。红二十五军后挥师南下，在崇信县与灵台县之间的上良镇、梁原镇、赤城镇一带活动，此时国民党军队以优势兵力逼近红二十五军。

马鸿宾第三十五师连战皆败，气焰顿失。其他国民党军部队也慑于红二十五军的战斗力，暂时不敢逼近。红二十五军西进金龙庙，威逼崇信县城；南下什字镇，逼近灵台县城，并在崇信与灵台之间的上良镇、梁原镇、赤城镇等地积极活动。军部每天都派人搜集报纸，访问客商，极力探寻有关主力红军北上的动向。但由于张国焘的阻挠，红一方面军和红四方面军滞留于川西北地区迟迟无法北上，加之双方没有电台联络，红二十五军始终无法得到主力红军活动的准确消息。

这时，红二十五军已经在陇东的隆德、平凉、泾川、灵台、崇信、华亭等广大地区活动了一个多月的时间，并切断西（安）兰（州）公路有力地牵制和吸引了国民党军的力量，打乱了国民党军围堵红军的部署，在一定时期内减轻了主力红军的压力，有力地配合了主力红军的行动。

国民党军被迫抽调更多的兵力围堵红二十五军。国民党军第六师第十七旅由兰州乘汽车到达泾川县城，第三十五师也向泾川附近开进，位于陕甘边之第五十一军第一一三师则由凤翔、清水向北推进到陇县、马鹿镇一带，第三军第十二师由武山、甘谷等地向华亭方向前进，逐步形成对红二十五军的合围之势。

国民党军日益迫近，主力红军却不知去向。红二十五军部队连日在大雨和泥泞中行军作战已经非常疲劳，伤病员也难以安置，如果继续进行无后方依托的行动将十分不利。中共鄂豫陕省委研究后，决定按照沣峪口会议所确定的北上方针，不再等候与北上的主力红军会师，而是立即北上陕甘革命根据地，首先与陕甘红军会师。

8 月 30 日，红二十五军为进一步调动敌人，打开入陕通道，突然掉头西进，进入华亭境内，接着由安口镇转向北进，于 31 日晚在平凉县城以东的四十里铺涉过泾河，向东北方向经由镇原、庆阳县境兼程前进。国民党军第三十五师以骑兵团和一个步兵团跟踪追击，红二十五军先后在西峰镇、赤城源两次打退敌

骑兵的尾追，于9月3日渡过马莲河，进抵合水县板桥镇宿营。这是陇塬上一个不大的小镇，不到百户人家。由于连日行军作战，部队疲劳，战士们很快就休息了。夜幕下，敌人的马蹄声越来越近，一场危险正在临近。

9月4日晨，红二十五军准备由板桥镇出发继续前进。天刚亮，部队集合。二二三团是前卫部队，已经出发了；二二五团一营、二营也出发了。军部机关和二二五团三营集合后，军参谋长集合部队讲话，由于时间过长，耽误了出发时间，加之警戒疏忽，国民党军骑兵悄然而至。部队出发后，后卫红二二五团三营突然遭到袭击。三营打退敌骑兵袭击后，官兵杀得性起，奋勇追击敌人。不料敌骑兵团主力到达，从两翼展开包围，步兵也随之到达，从正面猛攻，三营陷入包围。徐海东接报，从前卫部队飞马赶到后尾，亲自指挥该团二营投入战斗，掩护三营突围。但因敌众我寡，部队被冲散。

板桥镇，位于马莲河与台水川的汇流处且与川塬相连，沟壑纵横，地形复杂。马家军多为回民，兵强马壮，作战凶猛剽悍，加上官兵都是当地人，善于山地作战，步兵与骑兵配合默契，进攻异常凶猛。激战中，敌人发现了骑马的徐海东，认定是红军高级军官，遂打马狂追，高叫“捉活的！”危急关头，红二二五团一营营长韩先楚、营政委刘震带领部队主动出击，抢占山头，以猛烈的火力制止了敌人的进攻，掩护徐海东率部突出包围。此战，红二十五军损失二百余人，红二二五团团长方炳仁壮烈牺牲。此战是红二十五军在即将结束的长征时最大的一次减员。

板桥战斗是红二十五军长征途中一次损失较大的战斗。二二五团三营200余人或牺牲或失散，团长方炳仁壮烈牺牲，副军长徐海东险些被俘，二二五团二营营长陈彦启及坚守在锦坪塬上的部分战士受伤弹尽被俘。9月15日，红二十五军到达永坪镇，至此胜利完成长征。

# 第七章　会师陕北,巩固陕北大本营

红二十五军从 1932 年 11 月 30 日在黄安县(今红安县)檀树岗重新建立,到 1935 年 9 月 18 日与红二十六、二十七军合编为红十五军团,历经战斗数百次,这里分三个阶段对其重要战例进行了选编,以利于读者了解红二十五军的战斗历程。

## 第一节　进入陕甘

1935 年 9 月,红二十五军在撤出板桥镇后,为了迅速摆脱马家军的追击,红二十五军经东华池、太白镇之间渡过葫芦河,沿陕甘边界的崇山峻岭继续向北前进。沿途地瘠民贫,人烟稀少,无粮可筹,加之道路崎岖难行,部队体力消耗很大。最后,全军断粮,饥不可支,有的同志走着走着就昏倒在地,不少营以上领导干部把自己的乘马杀掉,为指战员充饥。眼看就要陷入绝境,恰巧,饥饿的红二十五军遇到一个羊贩子赶着 500 多只羊路过这里,他们立即说服羊贩子,花钱买下这群羊。徐海东回忆说:“我们的部队就吃起羊肉来,锅也很少,有脸盆的用脸盆煮,没有脸盆的就把羊肉切成薄片放在石板上烤,有的拿着羊腿放在火上烤。”幸亏这群羊救驾,填饱了指战员的肚子,解除了严重的饥饿威胁,使部队得以继续前进,走向陕甘根据地。

9 月 7 日,红二十五军到达合水东北边界的豹子川(今属华池县),中共鄂豫陕省委在此召开会议。参加会议的有程子华、徐海东、戴季英、郭述申、赵凌波、张明先、田守尧、张希才等。会议决定由程子华代理中共鄂豫陕省委书记兼军政治委员,徐海东任军长,戴季英任参谋长,郭述申任政治部主任。同时,还对部队做了关于进入陕甘革命根据地同陕甘红军会师的政治动员。军领导一再要求部队整顿军容,遵守纪律,注意团结,讲究礼节,尊重地方政府,虚心向陕甘红军学习,向根据地人民学习。全体指战员怀着无比喜悦的心情,准备进入盼望已久的陕甘革命根据地。

会后，省委率领红二十五军继续北进。9日，红二十五军抵达保安（志丹）永宁山，同陕甘革命根据地党组织取得了联系。中共陕甘边特委、军委得悉红二十五军到达永宁山的消息后，立即写信报告中共西北工作委员会。西北工委组织部当即印发了《为欢迎红二十五军北上给各级党部的紧急通知》（以下简称《通知》），《通知》指出："这一胜利的红二十五军、二十六军、二十七军的会合，是争取陕甘、川陕的联系及联系全国各苏区，在苏维埃中央政府与中央革命军事委员会统一指挥下的一致行动。为苏维埃在整个西北及全中国的胜利而斗争的这个伟大胜利消息，使我们西北劳苦群众听见了，没有一个不手舞足蹈、鼓掌欢迎与庆祝的。我们党应该抓住这一千载难逢的机会，动员全体党员及全苏区的每个劳苦群众，欢迎红二十五军上陕甘同红军的会合，庆祝红二十五军北上的伟大胜利。"《通知》要求各级党组织立刻动员起来，举行各种形式的欢迎会与庆祝会，散发传单，广贴标语，欢迎红二十五军，发动群众自发地捐助各种食品与鞋袜，派代表慰问劳苦远征的红军。

红二十五军在永宁山稍事休息后，即在陕甘党组织、红军和人民群众的热烈欢迎声中，向永坪镇开进。一路上，人民群众送水送饭、送米送柴、送鞋送袜，到处都可见到欢迎红二十五军的标语，听到热烈欢迎的口号。陕甘革命根据地党组织和人民对红二十五军无微不至的关怀，使指战员深受感动。

## 第二节　永坪会师

红二十五军行军到达陕甘苏区边缘地带时，陕甘边区的党政军领导人已通过递步哨渠道获知了这一消息。陕甘边区苏维埃政府主席习仲勋、陕甘边区军事委员会主席刘景范，就迎接红二十五军当即召开党政军干部会议，做出三项决定：一是立即将此消息传送到中共西北工委；二是由习仲勋和刘景范代表根据地党政军领导去永宁山迎接红二十五军；三是动员苏区的干部和广大人民群众热烈欢迎慰劳红二十五军将士。会后，习仲勋、刘景范与边区政府秘书长张文华带着保卫队和交通员去永宁山迎接红二十五军。中共西北工委得知消息后，立即部署迎接工作。同时，告知刘志丹领导的陕甘红军主力马上开赴延川县永坪镇，准备与红二十五军会师。

此时的西北军委主席刘志丹正在反"围剿"前线指挥作战，接连取得了绥德老君殿、吴堡慕家园子、定仙塘（今属绥德）战斗的胜利。接到西北工委的会师通知后，刘志丹立即起草了《欢迎红二十五军的指令》，召开军委会议，部署欢迎红二十五军的工作。

9 月 9 日，红二十五军前进至陕西保安县（今志丹县）永宁山时，与前来迎接的陕甘边苏维埃政府主席习仲勋、陕甘边革命军事委员会主席刘景范会合，受到热烈欢迎。在他们的引导带领下，红二十五军向永坪镇开进。

1935 年 9 月 15 日，红二十五军到达永坪镇。永坪镇，位于陕北延川县境内，是当时中共西北工作委员会和西北革命军事委员会的驻地。

红二十五军受到了根据地党、政、军机关干部和群众的夹道欢迎。红二十五军是长征红军中第一支到达陕北的队伍。至此红二十五军经过两个月的艰苦转战，行程 4000 余里，沿途攻克二座县城，进行大大小小战斗十多次，打退了敌人的追堵，终于实现了自己的战略意图，胜利完成了长征。

9 月 16 日，刘志丹率领红二十六军、红二十七军赶到永坪镇，三个军胜利会师。

9 月 17 日，中共西北工作委员会和鄂豫陕省委联席会议，在朱理治、聂鸿钧等组成的中央西北代表团的主持下，在永坪镇召开。

为了统一党的领导和集中兵力，统一指挥作战，会议决定：

一、撤销西北工委和鄂豫陕省委,成立中共陕甘晋省委。朱理治任省委书记,郭洪涛任副书记,王大成任组织部部长,郭述申任宣传部部长,戴季英任政治保卫局局长。

二、改组西北革命军事委员会,由聂鸿钧任主席,戴季英兼任参谋长,张秀山任供给部部长。

三、将红二十五军、红二十六军、红二十七军,组成中国工农红军第十五军团。徐海东任军团长,政治委员程子华、副军团长兼参谋长刘志丹,高岗任政治部主任,郭述申任政治部副主任。红十五军团还设立了司令部、政治部、经理部、卫生部等机构,下辖七十五师、七十八师、八十一师及军交通队、手枪团等。全军共7000余人。其中,七十五师由红二十五军编成,师长张绍东、政委赵凌波;七十八师由红二十六军编成,师长杨森、政委张明先(后脱离革命);八十二师由红二十七军编成,师长贺晋年、政委张达志。

四、号召军民行动起来,准备粉碎敌人的第三次"围剿"。

9月18日,红二十五军与陕甘红军在永坪镇举行了会师庆祝大会,并宣布红十五军团成立,同时纪念九一八事变4周年。陕甘晋省委的领导和红十五军团全体指战员及上万名根据地群众参加了大会。

## 第三节　劳山战役、榆林桥战斗

1935 年 7 月中旬，蒋介石为消灭陕甘红军，摧毁陕甘根据地，使北上红军无法立足，部署了对陕甘革命根据地的第三次“围剿”。以武昌行营主任张学良为西北“剿匪”副总司令（10 月，蒋介石在西安成立了“西北剿共总司令部”，并自任总司令），指挥东北军之于学忠第五十一军、董英斌第五十七军、王以哲第六十七军及何柱国骑兵军等 4 个军 11 个师，晋绥军孙楚部 5 个旅以及陕北军阀高桂滋、高双成的第八十四师、第八十六师等部，采取南进北堵，东西配合，逐步向北压缩的战法，妄图将红军主力围歼于保安、安塞地区，彻底摧毁我陕甘革命根据地。

八九月间，东北军各部由鄂豫皖、陕南和河北省相继进入陕、甘两省，并向陕北分路推进。9 月中旬，敌第六十七军由中部（黄陵）县向北进犯。军部及刘翰东第一〇七师进驻洛川，派第一〇七师六一九团一个营抢占羊泉塬。何立中第一一〇师、周福成第一二九师（第六八五团）沿洛延（洛川至延安）公路推进至延安。以第六八五团驻甘泉，维护南北交通。

红十五军团组成时，敌第六十七军已完成了战役展开，敌第五十一军、第五十七军尚在甘肃兰州、庆阳；孙楚部尚未入陕。为了粉碎敌人的进攻，红十五军团召开军事会议，讨论决定先打东北军。方式是围城打援，围攻甘泉，调动延安敌人出来增援，运动中打埋伏歼敌。为了打击南线孤立冒进之敌，粉碎敌人的进攻，以战斗胜利迎接党中央、中央红军的到来，军团采取的作战方针是：包围甘泉，调动延安之敌前来增援，以便我在运动中歼灭敌人。遂决定第一仗指向劳山。劳山南距甘泉 15 公里，北距延安 30 公里，东西群山耸立，延（安）甘（泉）公路夹在东西群山之中，树林茂密，地势险要，为延安至甘泉必经之地。

9 月下旬，红十五军团进至甘泉附近之下寺湾、王家坪一带集结。徐海东、刘志丹率团以上干部勘察地形，徐海东、刘志丹研究决定在劳山巧设口袋阵，决心包围并佯攻甘泉，调动延安之敌回援，置主力于劳山东西山区设伏歼敌。前堵后赶，左右夹击，把敌人消灭在口袋里。

9 月 28 日，红八十一师二四三团包围甘泉县城。翌日拂晓，我伏击部队进入阵地。埋伏两天两夜，直到第三天，10 月 1 日拂晓，敌第一一〇师师长何立中

率部从延安出发，沿公路向甘泉增援，途中留第六三〇团于四十里铺以为策应。第六二八团、第六二九团沿公路两侧山头向南搜索前进。敌通过九沿山后，何立中以为已经过了龙潭虎穴，令其部队在劳山稍事休息后，成四路纵队向甘泉开进。当日下午2时，敌先头部队进至甘泉北6公里白土坡时，埋伏于该地的红八十一师二四一团突然开火，堵住敌前进道路。同时，位于阳台（劳山北3公里）之七十八师骑兵团，适时出击，断敌退路。敌首尾受挫，遂自动向中间靠拢。我军设伏的七十五师和七十八师从公路两侧山上同时向敌军发起猛烈冲击，将敌分割在榆树沟口和小劳山，激战5个多小时，敌第一一〇师六二八团、六二九团及师直属队被我全歼。敌师长何立中负重伤，逃入甘泉后毙命。这次战斗，我军七十五师和兄弟部队一道，共毙伤敌师长何立中、师参谋长范驭州、团长杨德新及以下千余人，俘敌团长裴焕彩及以下3700余人，缴获战马300余匹、七五山炮4门、八二迫击炮8门、重机枪24挺、轻机枪162挺、长短枪3000余支、无线电台1部。

劳山战役是红十五军团成立后的第一仗，它成功运用了围城打援战法，取得了极大的胜利，沉重打击了敌人“围剿”部队的嚣张气焰，给陕甘根据地人民极大的鼓舞，同时也大大改善了我军的武器装备。

敌遭我沉重打击后，采取步步为营的堡垒政策，对我根据地实行严密封锁，企图逐步缩小我根据地，最后消灭我军。10月中旬，东北军第一〇七师六一九团并加强六二〇团一个营进驻榆林桥。军团决定乘敌构筑工事未成，立足未稳之际消灭该敌。遂仍以八十一师二四三团围困甘泉，主力自王家坪一带向道佐铺开进，逼近榆林桥。

1935年10月19日，党中央和毛泽东、周恩来、彭德怀同志率领（又称陕甘支队）中央红军长征到达陕北吴起镇，他们给了红二十五军、西北红军很高的评价。至此，作为长征先期到达陕北的红二十五军，完成了光荣的历史使命，为中国革命历史写下了光辉的一页。

10月25日拂晓，第七十五师协同七十八师，趁晨雾同时由东、西两面向榆林桥守敌发起攻击。我七十五师迅速突破外围防御，占领制高点，歼敌大部，残敌向镇内溃退。此时，七十八师经过激战，已将洛河西坮子山之敌消灭，其二三二团（此时团长为韩先楚）由西向东涉洛水向榆林桥据点发起冲击。敌凭借房屋和窑洞顽抗。12时许，我七十五师在机枪火力掩护下，与敌展开逐窑逐屋的争夺，我军以集束手榴弹从烟囱口投入窑洞里，将敌赶出窑洞外。激战至下午，

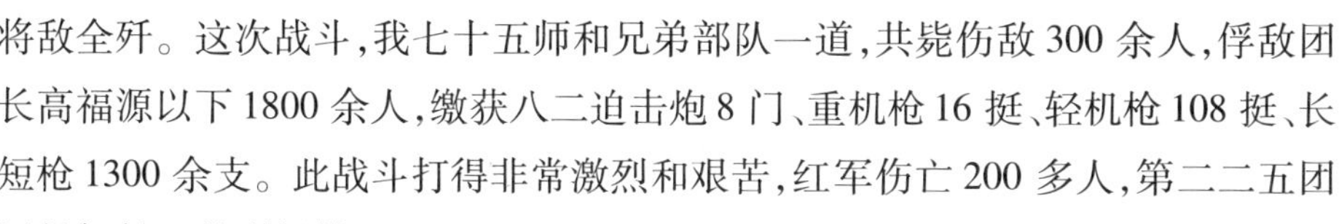

将敌全歼。这次战斗，我七十五师和兄弟部队一道，共毙伤敌300余人，俘敌团长高福源以下1800余人，缴获八二迫击炮8门、重机枪16挺、轻机枪108挺、长短枪1300余支。此战斗打得非常激烈和艰苦，红军伤亡200多人，第二二五团团长郎献民壮烈牺牲。

高福源系日本士官学校毕业，与张学良、王以哲关系密切。被俘后，经过教育，留在我军事学校工作。党中央到达陕北后，经中央领导同志做工作，深受我党抗日民族统一战线政策的感召，被派回东北军，对促进张学良停止内战，一致抗日的思想转变，起了较大的作用。

劳山、榆林桥两战，共歼敌第六十七军1个师部、3个整团、1个整营，甘泉城内守敌又陷入我八十一师和地方武装的严密围困之中，行动不得，使北到延安，南至富县、洛川之敌第六十七军残部处于首尾不能相顾的状态。至此，敌王以哲发起的南线战役进攻行动，以损兵折将而告失败。

劳山战役的胜利，巩固和扩大了陕甘革命根据地，为迎接党中央和中央红军的到来创造了有利条件。战役中缴获的大量武器、服装等，使我军的武器装备得到改善，服装给养得到补充，使经过二万五千里长征到达陕北的中央红军得到物资上的补充，为而后彻底粉碎敌人对陕甘根据地的第三次“围剿”做出了重要贡献。

## 第四节　直罗镇围歼战

中央红军长征胜利到达陕北，宣告了蒋介石消灭红军计划的破产，预示着中国革命新高潮的到来。为奠定陕北的局面，把中国革命的大本营安放在大西北，毛主席一到陕北，即首先拟订了一个大的歼灭战计划，这就是直罗镇战役。

1935年10月底，中央派人送来《陕甘支队告红二十五、二十六军全体指战员书》，带来了党中央的热情慰问和鼓励，表达了对胜利会师的祝贺。告指战员书指出："我们久已听到了二十六军同志们在陕甘边长期斗争的历史，二十五军同志们在鄂豫皖英勇斗争和在河南……陕西、甘肃的远征，听到群众对你们优良纪律和英勇战斗的称赞。最近，更听到你们……会合的消息……消灭白军地主武装的胜利，这些使我们非常喜欢。""我们的会合是中华苏维埃运动的一个伟大胜利，是西北革命运动大开展的导炮！"同时送来电台一部。

11月初，红七十八师包围了张村驿、羊泉塬，东村、套通（今北道德）等民团据点。此时，毛泽东、周恩来、彭德怀来到红十五军团指挥所，察看地形，给予宝贵的指示。这个消息鼓舞了全体指战员，为直罗镇战役做好了战场准备。

陕北的战局当时是这样的：陕北红军取得劳山、榆林桥胜利后，敌人以5个师组织新的进攻，东边一个师沿洛川、鄜县大道北上；西边4个师由甘肃的庆阳、合水沿葫芦河向陕北鄜县方面前进。为粉碎敌人的进攻，毛主席决定集中会师陕北的各路红军，在直罗镇一带，给敌人一个迎头痛击。

11月19日，按照主席的指示，这一天红一方面军和红十五军团团以上干部，在张村驿以西会合后，前往直罗镇去看地形。

从出发地到直罗镇，约30里，一个小时不到，就赶到了。大家下马后，首先登上了直罗镇西南面的一座高山。直罗镇就在脚下。它是个不过百户人家的小镇，三面环山，一条从西而来的大道，像一条白色的带子铺向镇子的中央，穿镇而过。镇子东头，有座古老的小寨，里面的房屋虽然倒塌，石头砌的寨墙却大部完好；镇的北半面，是一条流速缓慢而平静的小河。红军几十架望远镜从左到右、从东到西，细心地观察着道路、山头、村庄和河流。一个小山包、一棵小树、一条小沟、一家独立房屋，都是指挥员们观察研究的对象。大家都深深了解，在战前观察时疏忽一条小沟，漏掉一个山头，说不定在战斗中会增加意想不

到的困难。同志们一面观察，一面小声地交谈着：

“这一带的地形，对我们太有利了！”

“敌人进到直罗镇，真如同钻进了口袋。”

边走边观察，边观察边研究，从一个山头转移到另一个山头，得出结论：把敌人放进直罗镇，再消灭它。为了防止敌人利用镇东头的寨子做固守的据点，大家商讨后，决定把它预先拆掉。部署确定后，当天晚上，红十五军团派出一个营，连夜去拆那个小寨子。这时战斗命令虽然还没有下达，但战士们凭着自己的经验猜测到，将会在这里打仗。战士们深深懂得平时多流汗、战时少流血的道理。因此不分昼夜，不顾疲劳，一口气把寨墙拆完。有些新来的战士，悄悄问老战士：“敌人真的会来吗？”老战士回答说：“会来的，这是毛主席算好了的。”

为了迎接这个大胜利，打好会师第一仗，红十五军团除留一个排在直罗镇警戒外，主力集结在张村驿一带，养精蓄锐，积极地投入战前准备工作。各级干部层层深入，具体进行战斗组织。红十五军团提出口号：“打胜仗庆祝会师！”“以战斗的胜利欢迎毛主席！”“在战斗中向中央红军学习！”

11 月 20 日，敌一〇九师师长牛元峰带着部队在 6 架飞机的掩护下，果然来到了直罗镇。

11 月 20 日晚，毛主席下达了作战命令。两路红军按照作战命令，趁着夜色急速隐蔽行军。进入直罗镇地区后，红一军团沿北面山岭，红十五军团沿南面山岭，于拂晓前神不知鬼不觉地进入预定位置，包围了直罗镇。英勇的红军战士穿着单薄的衣服，趴在冰天雪地的山岭中，等待战斗打响。毛主席的指挥所，设在距直罗镇不远的一个山坡上，战斗打响前，毛主席特别指示各部队负责同志，一定要打歼灭战。战斗发起后，他又嘱咐：“要的是歼灭战！”

11 月 21 日拂晓，红军总攻的时刻到了，埋伏在南北两边山岭的红军以锐不可当的攻势，像两只铁拳从两面高山上砸了下来。敌人虽有些戒备，却没料到红军如神兵天降般来得如此迅速，当他们发觉被包围时，直罗镇两边山岭上已全是红军部队。

战斗不到两个小时，红军两路会攻，占领了敌人的师部所在地直罗镇。最后牛元峰逃到镇东头的小寨里，指挥着一个多营负隅顽抗，死不投降。

这个小寨虽被我军事先拆毁，但敌人昨天下午到达后又连夜改修，加上地形复杂，易守不易攻。我军派了一支小部队攻了一次，没能打上去。当日下午，毛主席、周恩来、彭德怀来到红十五军团指挥所，他们都拿着望远镜，边走边向敌人固

守的小寨子观察。最后周副主席指示：敌人已经成了瓮中之鳖，不好攻暂且围着算了。寨子里既没粮，又没水，他们总是要逃跑的，争取在运动中消灭它。

枪声渐渐地平息下来。两边的山坡上、镇子里，到处堆积着缴获的枪支弹药，到处聚集着俘虏兵。胜利的喜悦，洋溢在每个红军战士心里。经过二万五千里长征的战士，在讲述着爬雪山过草地的故事。来自鄂豫皖苏区的战士和陕北的战士，都倾吐着渴望会见老大哥的心情。欢乐和友情，笼罩着战场。

敌一〇九师师长牛元峰，蹲在寨子里，一个电报接一个电报，要求董英斌解围。他哪里知道，董英斌派的一〇六师还没到直罗镇，就被红军击溃了，并且在黑水寺被红军歼灭了一个整团。

晚上，牛元峰待援无望，趁黑夜率领残部突围向西逃跑，我七十五师的战士，随即跟踪追击。战士们说："一定要把这条'牛'追回来。"

一气追了 25 里，追到直罗镇西南的一个山上，牛元峰和他率领的残部一个多营最后覆灭了。牛元峰被击毙。

直罗镇战役，从 1935 年 11 月 21 日正式开始到 24 日全面胜利结束，歼灭敌人一个师又一个团，共计俘虏敌人 5300 多人，击毙击伤敌人 1000 多人，阻击溃退敌人 3 个半师的兵力，缴获枪支 3500 多支、轻机枪 176 挺、迫击炮 8 门、刺刀 1359 把、子弹 22 万发、无线电台 2 部、战马 300 匹，以及其他军用物资。

直罗镇战役胜利结束后，部队携带着战利品，押解着俘虏，撤离了战场。

部队移驻到杨泉源一带，举行了祝捷大会。中央红军和红十五军团，都相互派了参观访问团，进行参观和访问。张云逸、刘亚楼等同志，带着一个剧团，到十五军团来慰问演出；十五军团也派了许多同志到中央红军学习和参观。

11 月 30 日，在东村举行了干部大会。毛主席在会上作了《直罗镇战役同目前形势与任务》的报告。主席讲到直罗镇战役的意义时说：这次胜利，彻底粉碎了敌人对陕北的三次围攻。为党中央和红军在西北建立广大的根据地，推动全国抗战，举行了奠基礼。主席讲到胜利的原因，指出：一、两个军团的会合与团结（这是基本的）；二、抓住了战略与战役的枢纽（葫芦河与直罗镇）；三、战斗准备得充足；四、群众与我们一致。而指战员心中更加明白：其胜利的重要原因就是毛主席正确军事思想和英明指挥。

直罗镇战役是自红军长征以来，组织的第一次进攻性战役。毛泽东对于这场战役给予了高度评价，他认为直罗镇战役为党中央把全国革命大本营放在西北的任务，举行了一个"奠基礼"。

## 第五节　参加东征战役

为了适应国内外的新形势，制定正确的策略路线和军事战略方针，中共中央于 1935 年 12 月 17 日在陕北瓦窑堡召开政治局扩大会议。会议通过《中决关于目前政治形势与党的任务决议》，确定了党的抗日民族统一战线的总政策，并相应地调整了各项具体政策，以便团结一切可以团结的人或支持反日斗争。会议还通过了《中央关于军事战略问题的决议》。《决议》明确指出：在以坚决的民族战争反对日本帝国主义进攻的总任务下，必须把国内战争同民族战争结合起来，准备直接对日作战的力量，猛烈扩大红军。《决议》还指出：红一方面军的行动部署，应放在打通抗日路线与巩固扩大现有苏区两个任务的基础之上，并把打通抗日路线作为中心任务，红军行动与苏区发展的主要方向，应放在东边的山西，根据情况的发展，再转向北面的绥远等省。

当时，盘踞山西的军阀阎锡山，不仅不抗日，而且与日军实行“共同防共”政策，把山西沿黄河 20 余县划为“防共区”，并将黄河东岸构成碉堡地带，企图阻拦红军东出抗日的去路。同时，派兵侵占陕北吴堡至清涧一线城镇。

为了打破国民党军队的封锁，实行中共直接对日作战的主张，发展巩固陕甘革命根据地，中央决定红军东征。

1936 年 2 月 20 日，总部正式下达渡河命令，红一军团在中阳县三交镇附近的坪上村登陆。与此同时，红十五军团的渡河地点选在了对岸石楼县的贺家凹渡口。本来黄河已结冰，但到二十日却突然解冻，要从冰上过去已不可能，好在毛泽东同志早已准备了两手，涉冰不成就用船渡。红十五军团渡河突击队由七十五师二二三团各连选拔的四十多名战士组成，本来是偷渡，但被东岸守敌发现，只好由偷渡改为强渡，师参谋长毕士悌同志指挥后续部队继突击队之后登上东岸，向敌发动猛攻时不幸中弹英勇牺牲（毕士悌同志是朝鲜人，一九二五年加入中国共产党，参加过南昌起义和广州暴动，也参加过二万五千里长征，他为中国革命事业献出了生命）。部队歼敌一个连，占领了贺家凹村。拂晓时二二三团全部渡过黄河。

第七十五师渡河后，乘胜猛追逃敌，直捣义牒镇。敌一个营弃守该镇逃往石楼县城。22 日拂晓前，第二二三团跟踪追击至石楼城下，敌凭险据守。

军团首长考虑该城三面临川，背倚大山，地形险要，强攻不利，决定以第二二四团围城，军团主力乘胜向隰县挺进。

东征红军突破黄河天险后，迅速向纵深发展，攻城略地。山西军阀阎锡山大为恐慌，急调由孙楚指挥进攻陕北的晋绥军4个旅返回河东，包抄红军后路。同时，电令中阳、石楼之敌固守待援。又令驻隰县之第四〇五团增援石楼，驻汾阳、孝义之独立第二旅驰援中阳。25日，红十五军团南进途中，第二二五团于石楼以南歼灭从河边溃退之敌两个连。第七十八师在隰县北十公里之蓬门，歼灭增援石楼之敌第四〇五团一营，俘敌200余人，余敌退回隰县城。左翼纵队红一军团渡河后，在中阳之关上村歼敌独立第二旅四团。该旅旅部率第三团由石板上村向汾阳溃逃。红军乘胜追击，将敌基本歼灭。敌以第七十二师二一七旅增援关上。为配合红一军团作战，红十五军团北返至石口、水头(今交口县城)。敌惧怕被歼，不敢冒进。红十五军团从3月1日起，在水头、双池、川口一带开展群众工作，打土豪、分财物，宣传抗日救国主张，扩大红军队伍。

红军左右两个纵队由沟口至河口近百里的宽大正面渡过了黄河，深入晋西，进逼同蒲铁路。阎锡山自知难以抵挡，遂一面要求蒋介石派兵入晋，一面调动晋中之杨效欧第六十六师等部共10多个团，于孝义之阳泉曲(兑九峪西10公里)南北一线展开，企图阻止红军东进。

方面军决定歼灭阳泉曲地区之敌。3月7日，红十五军团进至大麦郊，与红一军团会合。方面军决定红一军团位于阳泉曲以北之眼头村，红十五军团位于阳泉曲以南之仲家山，向敌展开进攻。3月8日、9日，毛泽东、彭德怀亲临大麦郊指挥。10日拂晓，第七十五师协同第七十八师、第八十一师向敌据守之仲家山高地猛攻。战斗十分激烈，双方伤亡均很大。因敌兵力过多(开始误认为该敌只有四五个团)，战至黄昏，红军击退敌之第一线部队，即主动撤出战斗。接着，敌人集中兵力，向郭家掌之红一军团攻击。红十五军团协同红一军团奋起还击，将敌全部击溃。这样，阎锡山阻止红军东进的企图即被粉碎。战后，红十五军团南下至灵石双池(今属交口县)一带休整。

阳泉曲战斗后，敌集中主力10多个团向水头、石楼方向推进，企图压迫红军退回河西。根据这一情况，方面军决定：以第七十五师二二四团和新成立的红三十军及山西游击队为中路军，继续包围石楼，控制黄河渡口，维护后方交通，吸引钳制敌人；红一军团和第八十一师为右路军，南下洪洞、临汾、襄陵(襄汾)，向曲沃、闻喜、运城前进；红十五军团主力为左路军，乘虚北上文水、交城、

威胁太原，尔后挺进晋西北，调动分散敌人。

3月17日，红十五军团进至灵石之文殊塬、周宿、草地，佯攻灵石县城，掩护红一军团南下。次日凌晨2时，由文殊塬出发北上。16时许，第七十五师在义棠歼敌1个连。19日，部队冒着大雪和敌机轰炸行进，第二二三团袭击文水县城，因敌有备，不克。第七十五师随军团部经文水城西进至开栅。25日，军团骑兵连进至距太原仅10多公里之晋祠，威逼太原。阎锡山唯恐太原有失，急忙调集10多个团的兵力尾追红十五军团。军团奉命直插晋西北。26日，第二二三团强袭静乐。27日准备袭击岚县。时追击之敌进至娄烦，军团即放弃攻城计划，转向兴县，并派手枪团单独进至岢岚、保德一带活动。31日，敌第二〇七旅旅长温玉如率领第四一四团残部6个连，由中阳驰援兴县。第二二三团于曹家坡与敌遭遇，歼敌1个步兵营及1个炮兵连，缴获部分战马、军用地图及无线电台1部。温玉如仅率120人逃回临县。4月初，红十五军团在临县白文镇与刘志丹、宋任穷率领的红二十八军会师。两军会合后，继续南进。4月7日，第七十五师进至屹洞镇（今方山县城），歼敌1个连。4月11日，红十五军团及红二十八军进至中阳之金罗镇，第七十五师又歼敌孟宪吉旅1个营。此时，敌集中20多个团的兵力于金罗周围，企图消灭红军。方面军令红十五军团绕道南进；令红二十八军单独行动，相机袭击三交镇。11日晚，红二十八军向三交镇方向开进。红十五军团决定经中阳以西向暖泉方向继续南进。12月1日，前卫第78师已出发，军团首长始接到报告，知敌已在前进之路上构筑工事，防守严密，难以通过。遂即改以第二二三团为前卫，经朱家峪、猫港折向东南，向大麦郊方向前进。第二二三团行至右峪村，从俘虏敌之侦探得知，驻汾阳之敌第六十六师一九六旅奉命开往中阳，迎击红军。12日7时，敌前卫第三九二团到达师庄东之大石头村。这时，第二二五团及第七十八师均在行进中，军团首长当机立断，以第二二三团1个营占领师西之龙天庙高地，防中阳之敌增援；以该团另两个营跑步从大石头村北侧高地向敌发起冲击。敌遭突然袭击，顿时慌乱。敌团长郭登瀛指挥部队仓促应战。由于大石头村处在狭窄的山沟中，敌未及展开战斗即被歼灭一部，余敌向南山逃去。此时，第二二五团进至师庄，迅速插至大石头村南侧之麻子山，猛攻据险顽抗之残敌。战至黄昏，将敌第三九二团全歼，毙伤敌500余人，俘敌团长郭登瀛以下450余人。第二二五团团长徐行德壮烈牺牲。

第七十五师二二四团在随中路军行动中，团部率1个营负责吸引和钳制敌

人5个团的兵力，并担负保卫方面军指挥部安全的任务；另以两个营参加包围石楼县城1个多月，由石楼撤围后，于双池镇及其附近，歼敌1个营及民团100余人。

4月14日，红十五军团进至大麦郊，进行为期一周的休整。按方面军指示，决定以第七十五师二二三团为基础扩编为第七十三师，原3个营依次编为第二一七团、第二一八团、第二一九团，师长张绍东，政治委员赵凌波；第二二五团扩编为新的第七十五师，原3个营依次编为第二二三团、第二二四团、第二二五团，师长陈锦秀，政治委员常玉清；原第七十五师二二四团分别编入第七十三师、第七十五师；第七十八师番号不变，第二三二团、第二三三团各抽一部编为第二三四团，骑兵团直属军团部指挥（后调归方面军指挥），师长田守尧，政治委员崔田民，副师长韩先楚。第八十一师调离红十五军团。

4月，蒋介石已调集的近10个师的兵力先后入晋。同时，蒋介石令东北军、第十七路军等共十几个师向陕甘革命根据地进犯。阎锡山以重兵企图将红军聚歼于晋西地区。

为了避免与有优势的敌人决战，保存抗日力量，巩固和发展根据地，以实际行动促成抗日民族统一战线的实现，中央军委决定东征红军回师陕北。红十五军团根据方面军命令，从大麦郊地区出发，于4月29日是至隰县北之蓬门、路家峪、罗镇堡一线，阻击敌关麟征第二十五师，掩护全军西渡黄河。任务完成后，第七十五师和第七十八师于5月2日在程子华率领下，在铁罗关渡河。第七十三师在徐海东指挥下，继续担任掩护全军西渡的任务，并在抗击关麟征部的战斗中歼敌一个营。完成掩护全军西渡任务后，于5月5日最后渡河，回师陕北。

## 第六节　参加西征战役

一路攻城拔寨，敌军纷纷溃逃。

### (一)西出甘宁，开辟新根据地

为了巩固和扩大陕甘革命根据地，扩大红军，争取西北抗日力量大联合，策应红二、红四方面军北上，实现红军三个方面军会师，中央军委于5月18日决定，红一方面军组成西方野战军，由彭德怀任司令员兼政治委员，出师西征，在陕甘宁三省边境地区扩大根据地。红一军团为左路军，红十五军团为右路军。

1936年5月19日，红十五军团从延川贾家坪地区出发，经安塞、靖边越长城，28日进占绥远边境之宁条梁。第七十三师夜袭小桥畔不克，第二一七团团长壮烈牺牲。小桥畔围寨的民团为外国教堂神父控制，顽抗拒不投降。军团决定采取政治解决办法，由政治部派唐天际、刘华清冒着生命危险进寨，与敌谈判，取得了成功。红军遂撤小桥畔之围，民团打开寨门迎接红军进寨，并送了一些大米和布匹。这一行动受到彭德怀司令员的嘉奖。

接着，红十五军团分两路西进。在北路单独行动的第七十八师，在师长韩先楚、政治委员崔田民指挥下，于6月17日攻克定边县城，歼敌1个营和保安团全部，俘敌350余人，缴获战马180余匹、银圆1万余元及大批布匹、粮食等。敌县长率少数人逃往盐池县城。6月21日，第七十八师又攻克盐池县城，歼敌马鸿逵部1个骑兵营和县政府、民团及定边逃敌全部，俘敌盐池及定边两县县长以下500余人，缴获战马400余匹及大批粮食、食盐等物资，受到方面军总部表扬。战后，在此地区宣传、组织群众，建立革命政权，开辟新的革命根据地。

在南路行动的军团部率领第七十三、第七十五师向南挺进。第七十五师袭击定边县之安边，未克。随后，向西南长驱直下。6月9日，第七十五、第七十三师先后进至豫旺北五公里之红城水及以东5公里之东滩。豫旺县城由马鸿逵部1个骑兵营和1个壮丁总队防守。城内用水全靠北关的泉水。12时许，第七十五师先占领北关，断敌水源，然后将其包围，进行坑道作业，步步进逼城池，同时发动政治攻势。城内无水，守敌惶恐不安，纷纷出城投降。27日，第七十五师攻入城内，歼守敌一部，俘300余人，缴获战马150余匹。

第七十三师在第七十五师围攻豫旺城时，继续向西南发展，6 月 12 日攻克同心城，14 日攻克王家团庄，21 日进占七营，包围杨郎镇，威逼固原县城。

红军这一系列战斗行动，震撼了陕甘宁之敌，马鸿逵急忙调整部署，改变作战方针：各县城寨由民团担任守备，所属部队按建制集中，担负出击、救援任务。

6 月 28 日，第七十五师和第七十三师二一八团挥师北上，分别向韦州、红城水发起攻击。韦州在战略上具有重要地位，为敌重要守备据点。第七十五师连续猛攻数日，7 月 3 日夜，架云梯攻上北门城楼，韦州危在旦夕。这时，马鸿逵急调骑兵 4 个团共 7 个营约 1400 人，由骑兵第二团团长马光宗统一指挥，驰援韦州，从侧后向红军发起攻击。第七十五师在腹背受敌的情况下，于 4 日 14 时撤围，向红城水方向第七十三师靠拢。此次战斗，红军伤亡近百人。两师会合后，再次西进同心城，尔后向金鸡、海原方向活动，打击小股进犯之敌，广泛发动群众，开展统一战线工作，创建新的根据地。

此时，转战在盐池地区的第七十八师奉命进至红城水、豫旺堡地区休整。

两个月的西征作战，给敌马鸿宾、马鸿逵等部以沉重打击，在盐池、豫旺、同心、海原开辟了纵横数百里的新根据地，扩大了部队，发展了地方武装，征集了大量资财。同时，积极宣传党的抗日主张，发动群众抗日，争取国民党军队停止内战，联合抗日，推动了抗日民族统一战线的发展。

西征战役结束后，红十五军团在豫旺地区进行整训。8 月 26 日，美国著名记者埃德加·斯诺到豫旺县城采访红十五军团，受到团首长和机关部队的热烈欢迎。

### （二）攻占会宁，与红四方面军先头部队会师

1936 年 8 月底，红二、红四方面军胜利进入甘南之渭源、陇西地区。为接应红二、红四方面军北上，红十五军团奉命南进会宁地区。9 月下旬，第七十三师、第七十五师、第七十八师从黑城镇地区出发，经海原进占打拉池、郭城驿。在南进途中，第七十三师在红堡子歼敌第三十五师马鸿宾部 1 个团。10 月 2 日，军团骑兵团首先袭占会宁县城，歼守敌保安团 1 个营和 1 个保安队，俘敌 300 余人。

至此，红十五军团控制了豫旺、同心城、海原、打拉池、郭城驿、会宁等地区，策应了红二、红四方面军的北上行动。10 月 7 日，第七十三师和骑兵团在会宁县城与红四方面军先头部队会合。

## （三）参加山城堡战役

1936年10月，红一、红二、红四方面军在甘肃境内胜利会师，完成了伟大的长征，中国革命将要进入抗日民族革命战争的新阶段。但是，蒋介石在红军三大主力会师之后，不顾全国人民的反对，不顾中共一再提出“停止内战，一致抗日”的正确主张，继续推行其反共政策，再次集中优势兵力，企图乘红二、红四方面军刚到陕甘宁边区、十分疲劳之际，一举歼灭之。敌仅在静宁、会宁地区就集中了胡宗南第一军、王均第三军、毛炳文第三十七师、王以哲第六十七军及何柱国骑兵军共5个军的兵力，分四路向红军追击。10月22日，蒋介石亲临西安督战。

为了制止敌人的进攻，红军根据中央军委指示，采取的作战方针是：逐次转移，诱敌深入，集中优势兵力给蒋介石嫡系第一军以歼灭性打击；对第三、第三十七军予以钳制，择机予以打击，以利于争取其参加抗日；对不愿继续打内战而有抗日要求的第六十七军和骑兵军则积极进行统战争取工作。

10月31日，红军主力向豫旺、同心城转移。进至海原之敌马鸿宾第三十五师和何柱国骑兵第六师，为配合胡宗南部的进攻，由海原向古西安州方向截击红军。第七十三师及骑兵团奉命配合红一军团一师向敌反击，于海原以北之何家堡地区消灭敌两个团，俘敌1000余人，缴获马匹1000余匹、枪支1000余支。残敌逃回海原。为了争取东北军，红军对所俘骑兵第六师的官兵以礼相待，经宣传教育后，全部予以释放，并归还缴获该师的马匹、武器。战后，第七十三师转移至红古城地区，与军团主力会合。

红十五军团11月12日从红古城地区出发，于16日进至豫旺城东北之陈家堡子、朱家大湾地区。此时，胡宗南部恃强骄纵，孤军冒进，分三路向豫旺地区进攻。中央军委指示，红军主力“应即在豫旺县城以东向山城堡迅速靠近，集结全力、准备一仗”。于是，红军各部队从11月16日开始向山城堡南北地区集中。这时，胡宗南按照蒋介石的命令，于11月17日将所部分三路向定边、盐池前进。左路第一师一旅由惠安堡东进；中路第二旅向萌城、甜水堡前进；右路第七十八师由田家园向山城堡前进。为求歼敌第七十八师，红军前敌总指挥部（总指挥彭德怀，政治委员任弼时，参谋长刘伯承）于11月19日进行了战役部署，以红一、红十五军团和红四、红三十一军在山城堡之东、南、北地区隐蔽，待机出击；红二方面军集结于洪德城、环县地区，担任策应各方和迟滞东北军的任

务;红二十八军在红井子一带钳制敌左路第一旅。

11 月 20 日,敌第七十八师进占山城堡。企图由山城堡继续向东攻击。21 日,预伏在山城堡附近之红一、红十五军团及红四、红三十一军,在彭德怀总指挥等指挥下,突然向敌展开猛烈攻击,将敌四面包围。敌人凭借围寨顽抗。经过一昼夜激烈战斗,将敌第七十八师二三二旅和第二三四旅两个团全部歼灭。与此同时,向盐池方向进攻之敌也被红二十八军击溃。敌人在红军的沉重打击下,向西撤退,整个进攻被粉碎。

山城堡战役是红军三大主力会师后一次历史性的胜利。这次战役对巩固和扩大陕甘革命根据地,促进抗日民族统一战线的建立,起了重要作用。

## 第七节　红二十五军在整编中的主要沿革

1935 年 9 月，红二十五军到达陕北后，与红二十六军、红二十七军合编为红十五军团。

参加了劳山战役和榆林桥战斗，用战斗的胜利迎接党中央红军的到来。

11 月 3 日，中华苏维埃中央政府发布命令：任命徐海东同志为西北革命军事委员会委员。同时决定，红十五军团编入红一方面军。1937 年 8 月 25 日，根据中共中央同国民党达成的协议，中央军委发布改编命令，正式宣布将中国工农红军第一、第二、第四方面军和陕甘红军等部改编为国民革命军第八路军（简称八路军）。

红十五军团改编为八路军一一五师三四四旅。旅长徐海东，副旅长黄克诚（到职时改为旅政治委员），参谋长陈漫远（后为韩振纪）。下辖第六八七团（原第七十三师编成），团长张绍东，副团长田守尧，参谋长蓝国清，政治处主任崔田民、副主任谭甫仁；第六八八团（原第七十五师编成），团长陈锦秀，副团长韩先楚，参谋长卢绍武，政治处主任刘震，副主任吴信泉。原第七十八师分别编入上述两个团（平型关战役后，原第七十八师编成第六八九团，团长韩先楚，政治委员崔田民，参谋长胡继成，政治处主任康志强、副主任黄惠良），军团警卫团缩编为旅部警卫营（后调为第六八七团二营）。军团骑兵团调归第一二九师建制，全旅共 6200 余人。

在日本帝国主义不断增兵、华北战局危急的情况下，第三四四旅奉命于 8 月下旬由三原驻地出发，在韩城芝川镇东渡黄河，挺进华北抗日前线，投入伟大的抗日民族解放战争之中。

1940 年 2 月 6 日，八路军三四四旅编入八路军第二纵队，杨德志任旅长，黄克诚任政委。

下辖：第六八七团，团长何振亚，政委吴信泉

第六八八团，团长韦杰，政委何柱成

第六八九团，团长韩先楚，政委康志强

1940 年 6 月 27 日，奉中央军委命令，八路军第二纵队南下部队与新四军第六支队合编为八路军第四纵队，三四四旅改称第四纵队第四旅。

其后，以第四旅为基础，发展为新四军第三师，黄克诚任师长兼政委。

1945 年 9 月以后，先后改称东北人民自治军第三师、东北民主联军第三师，东北民主联军第二纵队、东北人民解放军第二纵队。

1948 年 9 月，改称东北野战军第二纵队

1948 年 11 月，改称中国工农解放军第三十九军，刘震任军长，吴法宪任政委。

1985 年，改称为中国人民解放军第三十九集团军。

2017 年起，改称为第七十九集团军。

另外，中国人民解放军原三十八军某部、空降兵十五军原四十四师的“红三连”等多个部队也来源于红二十五军。

# 第八章　红二十五军的贡献

## 第一节　红二十五军长征的独特之处

第一,红二十五军是几支长征队伍中最先到达陕北的一支队伍。红二十五军及中共鄂豫皖省委根据中共中央和中革军委副主席周恩来的指示,于1934年11月16日从罗山县何家冲出发长征,1935年9月到达延川县永坪镇与红二十六军、红二十七军会合,历时不到一年,以不足3000人的兵力打破了敌人30多个团的围追堵截,转战桐柏山、豫西平原、伏牛山,进入陕南,经过独树镇、庾家河两次生死存亡的恶战,在鄂豫陕边区站稳了脚跟,创建鄂豫陕革命根据地。红二十五军为配合中央红军北上行动,出秦岭、过渭河、翻越六盘山、驰骋陇南陇东,打破敌人围堵,胜利到达陕北,成为长征到达陕甘革命根据地的第一支红军队伍,被誉为"北上先锋"。

第二,红二十五军是长征中唯一一支增员的红军队伍。红二十五军在长征途中,曾多次全歼敌军整建制营、团,俘虏敌军旅长、团长,抗击了数倍于己的敌军和地方反动武装,不仅没有减员,反而发展壮大。到达陕北时,增加到3400多人。

第三,红二十五军是长征中唯一一支创建了根据地的队伍。在全国各革命根据地大部分损失的情况下,红二十五军在鄂豫陕(豫陕、鄂陕边区十几个县)播下了红色的种子,创建了鄂豫陕革命根据地。

第四,红二十五军是长征中唯一一支发展地方游击师的队伍。1935年7月,红二十五军继续西征北上,留下鄂陕、豫陕两特委和部分武装,组成中共鄂豫陕特委和红七十四师,继续坚持鄂豫陕革命根据地的游击战争,为中国工农红军增加了新鲜血液。

第五,红二十五军是长征中装备好、战斗力强的部队。红二十五军出发长征前,在罗山长岭岗一战,打败了张学良东北王牌军,缴获了60余挺轻机枪、800多支长短枪等一批王牌军的先进武器;每个步兵团配一个重机枪连,每个营

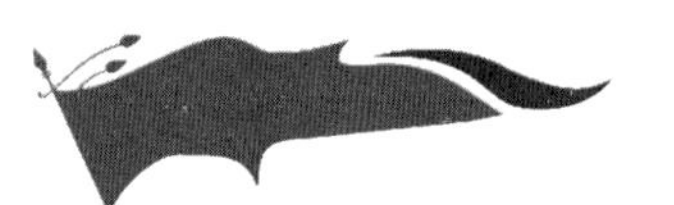



配6挺重机枪，其余每个连配9挺轻机枪，战士配马步枪。在长征途中，又多次与西北军杨虎城和有名的马家军交火，不仅大量消灭了敌军的有生力量，也缴获了敌军大量的先进武器装备，有效增强了红二十五军的战斗力。同时，红二十五军也在长期的战斗中锻炼出机智灵活、顽强勇敢的战斗作风，攻无不克，勇往直前，让敌军闻风丧胆。

第六，红二十五军是长征中一支最年轻的红军部队。红二十五军指战员大部分是红军烈士的后代，多半是十三四岁到十七八岁的青少年，被称为“娃娃军”或“童子军”。他们从小跟自己的父兄一起转战，经历了不平凡的战斗历程，具有坚定的革命信仰和英勇顽强的战斗精神。长征出发时，副军长徐海东是部队中年龄最长的，也只有34岁。被称为红二十五军“军魂”人物的吴焕先，牺牲时只有27岁，军长程子华29岁。

## 第二节　红二十五军与大别山精神

大别山精神是由战斗在大别山区的红四方面军、红二十五军、红二十八军、千里跃进大别山的刘邓大军等革命先辈们在浴血奋战中形成的，而作为曾战斗在大别山老区的红二十五军的光辉历史正是构成大别山精神的重要部分。同时，红二十五军在长征途中和中国革命的伟大历史进程中，更充分表现出了“坚守信念，胸怀全局，团结奋进，勇当先锋”的大别山精神；也诠释了“乐于吃苦、勇于战斗、重于求实、善于团结、一不怕苦二不怕死”的长征精神。

坚守信念是大别山精神的灵魂。1934 年 11 月 26 日，红二十五军向伏牛山进军，这天恰遇寒流，雨雪交加。指战员们衣服单薄，又被雨雪浸透，许多同志的草鞋被烂泥粘掉，赤脚行军。当二二四团进至方城县独树镇附近，敌军突然向行军队伍猛烈攻击。战士们手指被冻僵，拉不开枪栓，情况十分危急。军政委吴焕先猛冲向前，向战士们大声疾呼：“同志们，就地卧倒，坚决顶住敌人，决不后退！”同时，从通信员身上抽出一把大刀，高呼：“同志们，现在是生死存亡的关头，决不能后退，共产党员跟我来！”带着部队，冒着敌人密集的火力，与敌人展开搏斗。紧接着副军长徐海东带领二二三团赶来，经过一场恶战，终于打退了敌人的进攻。独树镇之战说明，中国共产党领导下的红二十五军，信念坚定，在任何强大的敌人面前，都是打不烂、摧不垮的。坚守为人民打江山、革命必胜的信念，正是他们藐视一切困难、战胜一切强敌的强大精神力量。

胸怀全局是大别山精神的核心。1935 年 10 月 19 日，经过万里转战，中央红军到达陕甘革命根据地。入冬临近，陕北天寒地冻，部队吃饭穿衣的问题迫在眉睫，毛泽东想到了几天前才第一次见面的徐海东，就挥笔写下借条：“海东同志，你好！因部队过冬吃穿出现困难，特向你借款两千五百元。”徐海东二话不说，马上叫来军团供给部部长查国桢，询问家底。得知部队也仅剩 7000 元，他对查国桢说：“毛主席开口向我们借钱，说明党中央、中央红军比咱们还要困难。我们就是不吃、不穿、挨冻受饿，也要支援党中央！”他即刻派查国桢把 5000 块大洋送给了中央红军，并从人员、物资上全面支援中央红军。这让毛主席记了一辈子，他曾多次说：“那时候，多亏了那 5000 块大洋啊！”红二十五军以高度的责任自觉，深刻诠释了什么是顾全大局、勇于担当的崇高精神。

团结奋进、军民鱼水情是红二十五军扎根大别山、长征一路凯歌的法宝。红军打胜仗，人民是靠山。红二十五军在何家冲休整期间，处处为群众着想，群众也把红二十五军将士当亲人。

何大妈是罗山县铁铺镇何家冲村人，她的两个儿子参加红军后先后牺牲，丈夫何胜群为给红军挑送粮食受伤后去世。孤身一人的她仍然提着竹篮，四处为红军搜集情报，转送物资。1934 年秋的一天，一位名叫余占海的伤员被反动民团发现，为了不让他暴露身份，何大妈谎称余占海是自己的儿子。为了打消敌人的疑虑，何大妈用敌人的枪托，狠狠砸向自己的右眼，一时鲜血迸流，昏厥在地。红军战士余占海得救了，何大妈的右眼却永远失去了光明。

在长期艰苦的斗争中，党和军队始终充分依靠群众、紧密团结群众，大别山人民始终坚信党的领导、坚定信念跟党走。党和人民血肉相连，生死相依，革命的红旗始终高高飘扬在大别山上。

勇当前锋是大别山精神的可贵品质。在中国革命的重要关头，大别山革命军民始终牢记使命，敢为人先，敢打敢拼，勇当先锋。1934 年 11 月 16 日，在罗山县何家冲的大银杏树下，政治委员吴焕先宣读了《中国工农红军北上抗日第二先遣队出发宣言》，红二十五军冒着寒风冷雨，踏上西征北上的征程。长征中，红二十五军勇做开路先锋，以不足 3000 人的兵力孤军北上，冲破国民党军队的围追堵截，历经无数次恶战血战，终于在 1935 年 9 月率先到达陕北，为党中央把中国革命的大本营建立在陕北立下了特殊的功勋。毛主席称赞红二十五军为“中央红军之向导”。

今天，大别山精神已被纳入中国共产党人的精神谱系的一部分，弘扬大别山精神，可以使人们在对历史的回望和对先烈的缅怀中，汲取精神力量，赓续红色基因，不忘初心、牢记使命，也激励我们在为实现“两个一百年”奋斗目标和中华民族伟大复兴的中国梦书写新的历史篇章！

## 第三节　红二十五军在斗争中积累的宝贵经验

### 一、在中国共产党的绝对领导之下，有一个坚强的领导核心，既勇于斗争，又善于斗争

中国革命的胜利，离不开中国共产党的领导。红二十五军的斗争胜利，也离不开中国共产党的领导。红二十五军从初建到重建，先后在中共鄂豫皖中央分局、鄂豫皖省委、鄂豫陕省委的直接领导下，进行英勇斗争，直到长征结束，与红二十六军、红二十七军合编为红十五军团，都没有单独成立军党委。重建后的红二十五军的领导人，大多数是省委的成员，或者是省委的主要领导者。省委对部队实行直接领导，一切重大问题都是由省委决策，军领导执行。在当时以武装斗争为主的情况下，这种组织形式减少了领导层次。省委和军领导的成员，基本上是黄（安）麻（城）起义和鄂豫皖革命根据地初创时期的领导人或骨干，多数是本地生长的，也有中共中央派来的。他们都是二三十岁的青壮年，充满革命的热情和朝气，在重建红二十五军之前，都已经过多年的武装斗争和建立农村革命根据地斗争的锻炼，担任过根据地党政军的一些领导职务，有着丰富的经验。由他们组成省委和军的领导集团，这就从政治上、思想上、组织上把红二十五军紧紧置于党的绝对领导之下。

省委和军的领导，在斗争中形成了一个坚强的领导核心。这个领导核心有较高的领导才能和斗争艺术，既敢于斗争，又善于斗争，这对于红二十五军的成长发展，对于鄂豫皖革命根据地的坚持，对于鄂豫陕革命根据地的创建以及长征的胜利，是一个决定性的因素。

第一，省委和军领导独立坚持斗争的思想十分明确坚定，有敢于斗争的精神。红四方面军撤离鄂豫皖革命根据地之后，面对根据地的混乱局面和严重敌情，省委毫不动摇，确立了继续坚持斗争的信心和决心，挑起全面领导根据地斗争的重担，毅然决定重建红二十五军。这种不畏强敌、不避艰险、敢于斗争、敢于胜利的精神，使党自 1927 年领导黄（安）麻（城）起义以来在鄂豫皖革命根据地进行的武装斗争得以继续和发展。这是一个具有历史意义的决策。七里坪战役和中心区保卫战遭受失败之后，红二十五军兵力损失过半，根据地遭受严重摧残，濒临绝境。省委和军领导没有灰心丧气，而是自觉地纠正错误，转变斗

争方针，恢复局面。这种坚定明确的决心和意志，带动了根据地的全体军民，把武装斗争顽强地坚持下来。省委独立坚持斗争的思想和敢于斗争的精神还表现在：接到中共中央关于实行战略转移的指示后，毅然率部离开根据地，孤军远征，战胜了敌人的围追堵截，完成了创建新根据地的任务；根据全国革命形势的发展，决定挺进甘肃，北上陕北，迎接中共中央和中央红军北上。这种无产阶级的革命勇气是红二十五军从胜利走向胜利的重要条件。

第二，省委和军领导善于吸取经验教训，不断提高领导水平，提高斗争艺术。在频繁的作战行动中，能抓紧空隙，及时总结斗争经验，检讨得失原因，分析当时形势，提出新的任务，迅速调整自己的力量，改变斗争方法。敌人进攻兵力密集时，能避开锋芒，分散游击，保存力量；敌人部署出现空隙和弱点时，则集中兵力，抓住战机，打歼灭战；根据地遭敌分割时，立即分编红二十八军，形成鄂东北、皖西北的武装斗争的主力，以利于分片统一领导和指挥，互相策应；根据地斗争形势需要时，又很快合编为红二十五军，形成拳头，以利进一步打开局面。在作战上，选择有利的时机和阵地，扬长避短，避实击虚。这些都运用得比较自如，因而屡获胜利。省委和军领导在王明"左"倾冒险主义路线影响下，也曾实行错误的军事方针，遭到严重失败。但碰了"钉子"能及早回头，认识错误，决心转变，采取积极到外线游击的新对策，使斗争获得转机，做到吃一堑长一智。这种精神在当时是十分难得的。由于他们在鄂豫皖时期积累了正反面的经验，所以，在长征和创建鄂豫陕革命根据地时，无论政治领导、军事指挥、政策掌握等各方面，都达到比较成熟的程度。例如，实行抗日民族统一战线政策，采取中立白区地主围寨武装、保护正当工商业、不侵犯富农和民族资本家、尊重团结少数民族等政策和措施，不仅大大减少了长征沿途的阻力，而且受到新区人民群众的热烈拥护，迅速打开了局面。省委和军领导政治上的成熟和斗争艺术的提高，使红二十五军在中国工农红军的历史上写下了光辉的一页。

第三，省委和军领导具有坚强的组织纪律性和全局观念。他们对党中央的指示非常重视，认真讨论，坚决贯彻执行。对党中央派来的干部十分尊重，委以重任。在鄂豫皖时期，多次派人或写报告，向中共中央汇报和请示工作。长征以后，千方百计寻求中共中央的信息和指示，力图策应中共中央和主力红军的行动。省委和军领导一向胸怀全局，具有远见。吴焕先政委曾多次说："消灭敌人一个团，不如缴获一部电台，能得到中央的指示。"正因为领导者每每考虑本部队、本地区当时斗争的问题时，总是想到党中央、想到全国、想到未来，所以，

在鄂豫皖革命根据地时，得到中共中央关于战略转移和创建新根据地的指示后，经过一再报告和反复讨论，能够从实际出发，正确决定红二十五军长征的时机和方向，正确选择创建新根据地的地区。在鄂豫陕革命根据地时，得到中共中央和中央红军的信息之后，毅然做出了西征的决定，否则，红二十五军也就不会对三大主力红军的长征起到战略性的配合作用。

第四，省委和军领导遵守党的民主集中制原则，有良好的批评和自我批评的精神，始终保持了领导核心的团结和统一。领导者之间在重大问题上常存有不同意见，甚至发生争论，但都能按照少数服从多数、个人服从组织的原则，集体做出决定，共同遵守执行。领导成员之间，坦率诚恳，不抱成见，识大体、顾大局，团结一致，共同对敌。七里坪战役和中心区保卫战失败之后，沈泽民代表省委承认错误，抱病向中共中央写检讨报告。豹子岩会师时，吴焕先向部队讲话，公开承认前一时期领导上的错误，并主动找徐海东做自我批评，检讨鄂东北地区失利的教训，推心置腹，竟夜长谈，消除了误会，加强了团结。这种勇于自我批评的精神，充分体现了共产党人的崇高品质，保证了集体领导的坚强团结。

第五，省委和军领导有忘我的革命牺牲精神和与群众同甘共苦的作风。领导者能够做到和群众打成一片，同度艰苦岁月；工作勤勤恳恳，作战奋不顾身；危局除险境，身先士卒；紧急关头，沉着坚定，当机立断；在混乱和十分不利的战局中振奋士气，转败为胜。也正因为如此，从红二十五军成立到长征结束的 4 年间，历任省委书记、军长、军政治委员的 9 人中，有两人积劳成疾早逝，3 人壮烈牺牲，3 人负过重伤。

红二十五军的斗争实践证明，省委和军领导是一个勇敢坚定，为崇高理想而献身，有独立斗争的胆略，有探索创新的精神，犯了错误能自觉纠正，受到严重挫折不悲观失望，由经验不足到比较成熟的领导集体。这个领导集体的代表者是吴焕先和徐海东，他们也因此得到全军的信任和拥护。

**二、认识和掌握围攻与反围攻长期反复的规律，采取积极防御的战略方针**

“围剿”和反“围剿”是土地革命战争时期作战的主要形式。敌人一次又一次地向红军和根据地发动“围剿”，红军要打破敌人的“围剿”，就必须认识和掌握“围剿”与反“围剿”的内在规律，正确处理进攻和防御的关系、歼灭敌人有生力量和夺取或保卫土地的关系，采取积极防御的战略方针，实行战略的持久战和战役、战斗的速决战，不断地歼灭敌人的有生力量，为最后战胜敌人创造条件。红二十五军对这一战争规律的认识，是经历了一个曲折过程的。

红二十五军重建时，正处于红四方面军主力转移、敌我力量对比更为悬殊的情况下，虽然只有5个主力团约7000人，但是，由于作战指导方针符合实际，选择打击孤立或薄弱之敌，集中兵力打歼灭战，因而取得了郭家河、潘家河等战斗的胜利，歼敌正规军3个多团，打破了敌人的大规模划区“清剿”，部分恢复了根据地，并使主力部队发展到1万余人。

但是，由于对敌强我弱的根本形势估计不足，不懂得“围剿”与反“围剿”的长期性和反复性，加之王明“左”倾冒险主义路线的影响，因而在取得初步胜利以后，就急躁冒进，为夺回被敌人占领的根据地中心城镇实行力不胜任的进攻，把夺取土地放在第一位，抛弃了行之有效的游击战、运动战，而以阵地战为作战主要形式，企图在战略上速战，结果，招致七里坪战役的失败，不但没有夺回中心城镇，反而丧失了一些地区，又消耗了自己的力量。

七里坪战役以后，敌人对鄂豫皖革命根据地发动第五次“围剿”。红二十五军又由冒险进攻转为单纯防御。在初期作战中，要求守住根据地中心区，在内线正面抵御敌人，“为保卫每一寸土地而战斗”。于是，就形成“处处设防，节节抵御，不敢进行本来有利的向敌人后方打去的进攻，也不敢大胆放手诱敌深入，聚而歼之”。在这种消极防御的方针指导下，根据地中心区几乎全部丧失，红二十五军的力量遭到严重削弱。

红二十五军从错误和挫折中汲取了教训。自1933年10月以后，逐步摆脱死守内线的束缚，不再以“夺地”和“守土”为主要目标，而是展开内外线结合的、主动灵活的游击战、运动战，“采取游击方式来牵制敌人，消灭敌人”。初步形成积极防御的作战指导方针。这样，曾先后取得高山寨、罗田、长岭岗、太湖、斛山寨等战斗的胜利，歼灭敌正规军和地方武装共1万余人，恢复和开辟了天台山、西高山、朱堂店、陶家河等几个小块根据地，从而扭转了局势。在第五次反“围剿”后期的作战中，红二十五军一时在鄂东北，一时到皖西北，忽而在内线，忽而远出外线到敌人后方，屡屡出敌不意，给予打击，终于打破了东北军的3个月“围剿”计划，并改善了自己的武器装备和物资补充。但是，由于敌我力量悬殊，鄂豫皖革命根据地已遭受严重摧残，一时难以恢复。因此，根据中共中央和周恩来副主席指示的精神，于1934年11月退出鄂豫皖革命根据地，进行长征，摆脱了困境。同时，吸引了敌人的主力，减轻了老根据地的压力，为红二十八军坚持斗争创造了有利条件。

红二十五军长征入陕后，总结了反“围剿”斗争的经验教训，作战指导思想

进一步明确，驰骋于鄂豫陕边广大地区，始终掌握主动，屡战屡胜。在第二次反“围剿”斗争中，红二十五军先以大回旋的行动，将密集的敌人从内线拖到外线；继而大踏步前进，突然奔袭荆紫关，打乱敌人的全盘部署，分散疲惫了敌人；然后又大踏步后退，长距离地诱敌深入，将警备第一旅全歼；接着，又果断地进到敌人后方，威逼西安，使敌人企图在3个月内消灭红军的计划破产。

上述正反两方面的经验说明，在敌强我弱的军事斗争中，必须充分认识“围剿”与反“围剿”的长期性和反复性，采取积极防御的战略方针；必须明确以歼灭敌人有生力量为主的作战指导思想，进攻时反对冒险主义，防御时反对保守主义，退却时反对逃跑主义，才能粉碎敌人的“围剿”和围追堵截，保存与发展革命力量。红二十五军的作战实践，完全证明毛泽东关于人民战争的作战方针是非常正确的。

**三、以游击战和运动战为作战的主要形式，采取机动灵活的战术，发扬勇猛顽强的战斗作风**

红二十五军重建后，敌人始终以绝对优势兵力对其实行不断的“清剿”“围剿”。敌强我弱、敌大我小的客观事实，决定红二十五军必须以游击战和运动战为主要作战形式。

要在游击战和运动战中取得胜利，首先，必须正确处理打与走的关系，使红军在敌强我弱的条件下，摆脱被动，争取主动，捕捉和创造战机，消灭敌人。毛泽东说：“一切的‘走’都是为着‘打’，我们的一切战略战役方针都是建立在‘打’的一个基点上。”红二十五军一时内线，一时外线，经常实行大踏步进退，使敌人捉摸不到红军的意图，不得不以绝对优势兵力随其之后，疲于奔命。这样，红军才能够在运动中捕捉和创造战机，歼灭敌人的有生力量。当有孤立突出之敌好打时，就坚决歼灭之；当敌人兵力集中难打时，就设法分散和疲惫敌人；当敌人分散和疲惫之后，就集中优势兵力各个歼灭敌人。如在鄂豫陕革命根据地第二次反“围剿”中，敌人以30多个团进行合击，红二十五军采用“诱敌深入”“先拖后打”的方针，先在根据地内外广大地区大踏步进退，牵着敌人的鼻子走。经过一个月的周旋，分散和疲惫了敌人，创造了战机，终于在袁家沟口全歼敌警备第一旅。

其次，必须在战役战斗中集中优势兵力，各个歼灭敌人。在红二十五军战史上，双方兵力的对比，红军始终处于绝对劣势，敌人超过红军10余倍之多。因而，在战役战斗上集中优势兵力，就成为红军作战的一个极为重要的问题。

在实战中，红二十五军集中兵力歼灭敌人，基本上有三种情况。第一种是在战役战斗上有条件集中优势兵力。如郭家河战斗，红二十五军以四个团、一个特务营及地方武装，打敌立足未稳的两个团，获得了全歼敌人的胜利。第二种是红军兵力在战役上处于劣势，则集中兵力打敌一路，造成战斗上的优势。如潘家河战斗，敌人使用十几个团分路合击红军，在战役上占优势。红军以地方武装钳制其他各路敌人，以主力六个团和地方一个独立师集中打敌冒进的一路三个团。先用两个团的绝对优势兵力，歼灭敌人突出的一个营，而后利用敌人逐次增兵的错误，始终保持兵力优势，连续予敌以重大杀伤，获得歼敌一个多团的胜利。第三种是红军兵力在战斗上也处于劣势。这就必须在地形、气候、群众对红军特别有利和敌人十分麻痹松懈的条件下，“以我之长，击敌之短”，在战斗过程中不断巧妙地转移兵力，造成局部优势，并高度发扬勇猛顽强的战斗作风。如长岭岗战斗，红二十五军以五个营打敌东北军两个团，在兵力、装备上均处于劣势。但针对敌人警戒疏忽和地形不利等弱点，发扬红军猛打猛冲的作风和善打山地战的特长，突然发起攻击，先以一个营歼灭敌一个排，继以两个营歼敌一个连，又以三个营歼敌反击部队两个营，最后以全部五个营兵力打垮敌增援的两个营，给敌以歼灭性的打击。

红二十五军集中兵力的主要方法是：在次要方向上使用少数部队或地方武装，利用良好的地形，积极地钳制、引诱、迷惑、分散敌人，在主要方向上集中主要兵力，形成拳头，并且适时地使用预备队，使主要方向的兵力始终保持优势。

毛泽东说：“歼灭战和集中优势兵力、采取包围迂回战术，同一意义。没有后者，就没有前者。”红二十五军之所以能屡次大量歼灭敌人，正是由于在集中优势兵力作战的同时，采取了包围迂回战术。进攻时，集中力量在主要方向上实施突击；同时，从一面或两面包围敌人，断敌退路，造成合围。防御时，用少数兵力控制要点，坚决抗击、钳制和消耗敌人，稳住阵地；同时，以主要兵力迂回攻击敌人侧后，由被动转入主动，造成前后夹击的态势。

最后，必须采取灵活机动的战术，发扬勇猛顽强的战斗作风。红二十五军根据游击战、运动战的特点和具体情况，采取的战术手段是灵活多样的。运用最多、成功率最高的是袭击和伏击。当发现孤立、薄弱或疏于戒备之敌时，立即以袭击手段发起突然猛烈的进攻，歼敌后迅速转移。如长岭岗、杨家店等战斗。有时为了打乱敌人的部署和调动敌人，或者为了筹集粮食、物资，采用远程奔袭战术，出其不意地进攻敌人兵力少、防守薄弱的后方。如奔袭罗田、太湖、荆紫

关等战斗。红二十五军的伏击战术，在鄂豫陕时期有所发展。其特点是：对紧随尾追之敌，趁其孤立突出之时，以少数兵力引诱其继续前进，红军主力突然回兵，在预定的地区设伏，待敌进入伏击圈后，突然出击，打敌一个措手不及。当时，指战员把这种打法叫作“杀回马枪”。红二十五军打垮、消灭陕军三个警备旅，都是使用这种战术。此外，红二十五军还成功地运用佯攻、佯动战术和围点打援战术，声东击西，迷惑敌人，造成敌人错觉，调动敌人进入预设之伏击地域。葛藤山战斗就是运用佯动战术，诱使敌人改变主攻方向，使其陷入被动局面后，红军以主力袭击敌人侧背而取胜的。劳山战役是运用围点打援战术，吸引敌人进入伏击圈加以歼灭的。

实行灵活机动的战术，必须有优良的战斗作风。优良的战斗作风，是一种无形的巨大力量，能保证指挥员的作战意图和战术思想正常实施，能使正确的战术发挥更大的威力。红二十五军不仅继承了鄂豫皖红军的优良传统，而且在实战中形成了自己的一套战斗作风，这就是：不怕流血牺牲，不怕艰难困苦，前仆后继，英勇顽强，服从命令听指挥。进攻时，动作迅速、突然、勇猛，使敌人措手不及，举而歼灭之；防御时，不畏强敌，不怕敌人的连续冲击，敢于和敌人白刃格斗，并伺机转守为攻；转移时，能吃大苦，耐大劳，克服自然险阻，且战且走，迅速持久，使敌人追不上、堵不住。总之，这种战斗作风，使红二十五军进攻时有强大的突击力，防御时有坚韧的抗击力，转移时有坚强的行军力，在艰难困苦面前有惊人的忍耐力。指战员求战心强，能孤胆作战，在任何艰难险恶的情况下都拖不垮、打不散。这种优良的战斗作风，是红二十五军能够使敌人闻风丧胆，并能在危急的情况下转危为安、转败为胜的一个极为重要的条件。

**四、建立和发展农村革命根据地，是红二十五军坚持长期革命战争，不断壮大自己和战胜敌人的有力依托**

红二十五军从成立时起，建立和发展根据地的思想就很明确，部队的作战行动始终服务于保卫和建设根据地。他们深深地懂得，根据地和红军是不可分离的两个实体，没有根据地，红军就难以生存和发展；没有红军，根据地就无法建立和巩固。

在独立坚持鄂豫皖革命根据地斗争的两年中，红二十五军积累了关于建立和保卫根据地的经验，其中最根本的是，必须有符合当时当地实际斗争和群众切身利益的方针政策，将广大人民群众争取到革命方面来。这是根据地斗争成败的关键所在。

依据这样的经验，红二十五军在长征到达鄂豫陕边界地区后，在没有地方党组织基础和遭到敌人连续进攻等困难条件下，仅用半年多的时间就创建了鄂豫陕革命根据地。主要是由于：

第一，正确地选择了创建新根据地的区域。省委和红二十五军领导对建立新根据地的地区选择，一直十分审慎。长征开始后，他们每到一个地区，都及时研究该地区的敌情、社情和自然地理状况，看其是否具备创建新根据地的条件。初到桐柏山区发现不行，就转向伏牛山区；到伏牛山区后也认为不适宜，又继续前进到鄂豫陕边界地区。到了鄂豫陕边界地区，了解到此地人民穷苦，要求革命；山峦连绵，便于部队隐蔽回旋；陕西军阀和蒋介石的中央政府有矛盾；有红四方面军、红三军两次过境和红二十六军南下时的革命影响，这些都有利于发动群众和开展游击战争，为建立革命根据地提供了可能。省委和军领导认真分析了这些有利条件，及时做出了正确的选择。

第二，以胜利的战斗消灭敌人，扫清地方反动势力，为开辟和发展根据地创造条件。红二十五军一到陕南，首先取得三要司、庾家河两战的胜利，并攻克镇安县城。接着就抓紧敌人“围剿”尚未到来的时机，开辟了郧西、洵阳、镇安、山阳四个县边区，初步奠定了创建根据地的基础。第一次反“围剿”开始后，随着蔡玉窑、文公岭战斗的胜利，又开辟了镇安、柞水、山阳、商县、蓝田五县边区；随着石塔寺战斗打垮敌警备第二旅，又开辟了华阳地区，继而攻克洛南县城，随之开辟了洛南、商县以东地区，为建立鄂豫陕革命根据地打开了局面，创造了条件。这一系列战斗的胜利，使新根据地得以迅速创建。

第三，广泛宣传群众，组织群众，帮助群众建立革命政权。红二十五军在执行战斗任务的同时，组织全体指战员，积极广泛宣传和发动群众，每到一地，都以模范执行政策纪律的实际行动，宣传红军是人民的军队，并先后多次派出部队和干部，由富有群众工作经验的郭述申、郑位三等率领，到地方开展群众工作，建立革命政权。他们组织群众，开展“抗捐、抗债、抗粮、抗夫、抗丁”的斗争，组织抗捐军，镇压豪绅恶霸，摧毁保甲组织，打击反动势力。在群众工作、党的工作普遍展开和建立政权条件已经成熟的基础上，先后组建了中共鄂陕、豫陕两个特委、五个县工委和鄂陕边区苏维埃政府、两个县政权及一批区、乡基层苏维埃政权。

第四，积极建立和发展地方武装，把主力红军的作战和人民群众的游击战争结合起来。红二十五军在坚持鄂豫皖革命根据地斗争时，就注意发展地方武

装，在各道、县、区分别建立了独立（游击）师、团、营、连等武装组织。到1933年冬，还发展了群众性的便衣队组织。省委积极倡导举办便衣队训练班，使便衣队成为坚持鄂豫皖革命根据地斗争的一种较好的武装斗争形式和重要的力量。在创建鄂豫陕革命根据地的过程中，省委充分运用鄂豫皖时期的经验，大力发动群众和武装群众，改造刀会武装，在鄂陕边界地区建立了游击总司令部和六个游击师，在豫陕边界地区建立了豫陕游击师和四个游击大队，在华阳地区建立了两个游击队，共发展地方武装2000人以上。这些地方武装广泛开展游击战争，对于保卫老根据地，开辟新根据地，起了重大作用。他们分布在广大地区，积极打击、袭扰和钳制敌人的正规军，迫使敌人分散兵力，从而有力地支援了主力红军的行动；他们经常配合主力红军作战，使主力红军能更好地集中优势兵力歼灭敌人；他们熟悉本地区情况，目标小，便于隐蔽，对打击民团和地方反动势力可以起到特殊的作用；地方武装还可及时地补充主力红军。红二十五军在鄂豫陕革命根据地斗争期间，在地方武装的积极支援下，不仅打破了敌人两次重兵“围剿”，而且本身由入陕之初的2500多人发展到4000余人。红二十五军实行战略转移时，地方武装又建成新的主力部队，继续坚持原地区的斗争。红二十五军两次战略转移时，所留下的部分武装力量，后来分别组成高敬亭领导的红二十八军和郑位三、陈先瑞领导的红七十四师。他们分别在鄂豫皖、鄂豫陕边界地区继续坚持游击战争。

至抗日战争全面爆发后，红二十八军发展到2000余人，红七十四师发展到2100人。

第五，制定和执行正确的政策和策略，团结一切可以团结的力量。在创建鄂豫陕革命根据地的斗争中，红二十五军从斗争实际出发，制定和实行了一系列符合党的统一战线思想的政策与策略。主要是：依靠贫雇农，团结中农，保护中小商人，团结知识阶层，尊重少数民族，争取、改造刀会武装，严格执行俘虏政策，等等。因而，发展了进步势力，争取了中间势力，孤立和打击了反动势力。后来，红七十四师还成功地团结了何振亚部和改造了宋登贤“神团”这两支部队共1000余人。政策和策略是引导革命事业走向胜利的根本保证。没有这一条，鄂豫陕革命根据地是不可能迅速建立和巩固的。

**五、紧紧依靠广大人民群众，密切同群众的联系，是红军获得无穷力量的伟大源泉**

红二十五军在敌人疯狂“清剿”“围剿”之下能够克服重重困难，站住脚跟，

并且不断发展壮大，战胜敌人，一个重要原因，是红军和群众建立了鱼水关系，得到了广大人民群众的支援。

省委和军领导把群众工作放在十分重要的地位，每一个阶段，都基本上能够根据斗争形势和群众的要求提出相应的政策和口号。在七里坪战役和中心区保卫战失败后，省委总结教训，在向中共中央报告中首先沉痛指出的就是“生死存亡只有从一个问题上来决断，即是对群众的关系”，“今后工作，如转变到真正面向群众、团结群众，敌人再狠些……亦包不住我们”。对于转变斗争方针后积极发展的便衣队，强调其在活动中要做好群众工作，使其发展成为党政军三位一体的武装工作队。因此，便衣队被群众称为没有挂牌子的苏维埃政府。1934 年 4 月，在讨论第五次反“围剿”时，做出了《关于粉碎五次“围剿”中鄂豫皖党的紧急任务决议案》，提出“要向广大群众解释敌人五次‘围剿’的残酷阴谋与形势，及我们有把握粉碎敌人五次‘围剿’的条件与任务”，提出“赤白区群众联合起来”总的策略口号。1934 年 12 月，庾家河会议研究在鄂豫陕边界地区创建新根据地问题时，做出决议，要加强争取群众的工作，要求红军每到一地，“就要进行群众大会和没收分配工作，组织群众，武装群众……建立苏维埃政府”。后来，又根据群众反抗捐税的迫切要求，提出抗捐、抗债、抗粮、抗夫、抗丁的“五抗”口号。1935 年 2 月在郧西地区时，针对春荒严重，提出要“扩大斗争的区域”，“打到富足地方去”，以求发展部队、补充物资和减轻人民群众的负担。同时，因部队到达兴隆镇回民地区后，又根据回族的风俗习惯，制定了“三大禁令、四项注意”。1936 年 4 月，中共鄂豫陕特委和红七十四师，根据中央文件的精神，制定了执行抗日民族统一战线的若干具体规定，确定“保护学校、邮政、商店”，对豪绅、保甲长、团总、侦探、军官等，除罪大恶极者外，对其他人都分别采取进行教育和争取利用的政策，使其为红军服务。这些政策和措施扩大了党和红军的影响，密切了军民关系，唤起了群众的觉悟，得到了群众的大力支援。

红二十五军善于做群众工作。从军领导到每个战士，人人都是宣传员。部队每到一地，都要调查了解社会情况，从实际出发，及时提出适合斗争形势的口号，具体帮助解决群众的困难。召开群众大会，宣传党的政治主张、红军的宗旨，贴标语、散传单，发动和帮助群众起来斗争，建立苏维埃政权。军队有宣传队，连队有宣传组，负责宣传群众、检查群众纪律工作。在开辟新区和恢复老根据地时，都派出有经验的干部和得力部队去做群众工作。对地方政权和地方武装，不仅送给武器弹药，有时还予以经济上的支援。因此，红二十五军不但是战

斗队，而且是宣传队、工作队，是播种机。凡是红二十五军走过的地方，都播下了革命的种子，点燃起革命的火焰。

红二十五军是人民的子弟兵，在指战员中，为穷人翻身而奋斗的思想是牢牢扎了根的。他们把人民看作父母，把人民的疾苦当作自己的疾苦，铭记人民的血泪仇，不忘人民对自己的嘱托，因而能产生高度的阶级觉悟，在作战中发扬一往无前的精神。

红二十五军每开辟一个地区，就给群众分配从地主或反动分子那里没收的土地、房屋、粮食、财物。有时还把战场上缴获的粮食、物资分给群众。1933 年 8 月 17 日，红二十五军在皖西打敌运粮毛排，将缴获的大量粮食分一半给群众。有的群众怕地主报复，不敢公开接受斗争果实，部队就派人在夜间送去。冬天，看到群众没有衣服，战士自己虽然穿得很单薄，还是把衣服脱下来送给赤贫群众。这些实实在在的行动使群众认识到，红军真正是自己的队伍，共产党是穷人的大救星。陕南一带群众曾传说红军是“活神兵”。鄂陕游击师特务队指导员高中宽，热心为群众办事，深受当地群众的爱戴。后来，当他在九龙山的佛爷庙作战牺牲后，当地群众为他立了墓碑，后来又为他塑了像。逢年过节，方圆数十里的群众都到这位烈士墓前祭奠。

红二十五军认真保护群众利益，严格执行“三大纪律八项注意”，爱护群众的一草一木、一针一线。到新区时，为了不惊扰居民，部队常常露宿街头野外。在豫西伏牛山中行军，口渴难忍，有的战士拔了群众的萝卜吃，来不及找主人付钱，他们就在每个坑里放一块铜板。在陕南活动时，那里山路崎岖，贫苦群众在羊肠小道上背笆篓行走困难，部队每当在行军中遇到他们，总是让开道路，让群众先行。群众深为感动，到处流传着红军爱护群众、为老百姓让路的美谈。

红二十五军全心全意为人民服务，为人民战斗，赢得群众的衷心爱戴。在根据地被敌人占领的地方，敌人逼迫群众插“白旗”。事后，群众对红军说：“不要看我插了‘白旗’，我的心是向着红军的。”广大人民群众和红军同生死、共患难，他们竭力支援红军的事迹是可歌可泣的。当部队在鄂东北坚持斗争时，群众没饭吃，宁愿吃树皮、观音土，甚至快要饿死了，也不向敌人屈服，坚持和红军站在一起。人民群众在生活极度困难和白色恐怖非常严重的情况下，忍饥挨饿，拿出仅有的粮食、鞋袜来慰劳红军，给红军送情报，当向导，抬担架，掩护和照料伤病员。红军伤病员大部分是安置在群众家里养病养伤的。袁家沟口一位姓丛的老大娘，不顾敌人抄家和吊打，冒着生命危险，把在她家休养的 4 名红

军伤病员转移到安全地带,被红军战士称为“干妈”。人民群众还把自己的亲人送到部队当兵。人民群众的爱护和支援,是红二十五军克服一切困难、战胜一切敌人的强大力量。

**六、按照人民军队的建军原则,不断地加强部队建设**

红二十五军在艰苦的斗争中,始终按照党的要求,加强部队建设。红二十五军从建立开始就强调在部队中建立健全党委、党的总支和支部、政治委员制度,加强政治机关和政治工作,使这支部队成为党领导下的执行革命政治任务的武装集团。红二十五军在省委的直接领导下,既打仗,又做地方工作。在远离党中央时,红二十五军的领导坚决拥护党中央,坚决执行省委的决定,他们的言传身教,对全军的影响很大。全军指战员绝大多数来自劳动人民,对共产党有深厚的感情。因此,党的利益高于一切,个人无条件服从组织,坚决为实现党的任务而奋斗,这种坚强的党的观念,在全军上下深深扎根。长征中,同党中央会合是指战员的心愿。一旦得知党中央和中央红军的动向信息,全军一致,下定决心,离开新创建的根据地,不惜一切代价,辗转奋战,策应、迎接党中央和中央红军。“为了迎接党中央”而歼灭敌人,是当时有力的战斗动员口号。同中央会合后,看到中央红军因长征大量消耗而出现物资困难,便主动支援武器、物资等。党中央从中央红军抽调一批干部加强红十五军团各级领导时,军团领导多次教育部队尊重和支持他们。在鄂豫陕革命根据地独立坚持斗争的七十四师对党中央派去联系的同志十分尊重,并执行其传达的指示,接受其领导。

红二十五军在紧张的战争环境中,形成了一套适应战时的政治思想工作方法,随时随地用敌人压迫残害人民的血淋淋事实,对部队进行教育,以激发指战员对敌人的仇恨,提高他们的阶级觉悟。当面临复杂情况和艰巨任务时,军领导亲自对全军作简短、扼要、生动、有力的讲话。干部战士都说,一听到吴焕先政委讲话,劲头就来了。

政治机关的小型宣传队、连队的战士宣传组,运用各种简单易行的方式,宣传时事政策和胜利消息,表彰英雄模范事迹。干部不分军政,人人做思想工作,并带动战士,开展思想、体力互助。政治机关根据形势任务,编发讨论大纲和标语口号,组织部队学习。这样的政治思想工作,虽然形式简单,但是很经常、很及时、很实际,富有战斗力,使指战员时时保持清醒的头脑、高昂的情绪、坚强的斗志。

红二十五军很重视发挥党支部的作用和党员的先锋模范作用。党的组织

生活严格，党员坚决贯彻党支部的决议，定期汇报执行任务的情况和群众的思想动态，及时开展批评和自我批评，战时冲锋在前，平时联系群众，事事带头。连队还普遍建立共青团支部和红色战士委员会。团员发挥突击作用，成为党的有力助手。红色战士委员会协助连队干部开展群众工作，进行群众性的自我教育，发扬政治、经济、军事三大民主。

红二十五军官兵关系密切，尊干爱兵蔚然成风。干部以身作则，凡是要求战士和下级做到的，自己首先做到。外出筹集粮食回来时，背得最多的是干部。战斗中，干部冲锋在前，更是普遍现象。哪里情况危急，哪里就有领导干部。他们沉着指挥部队作战，带领部队冲锋。军领导和各级干部爱护部属。在行军中，他们经常把乘马让给伤病员和体弱的同志骑，帮助战士背枪、背背包。到了宿营地，他们烧水给战士洗脚，督促和帮助战士打草鞋，为战士理发，关心照顾伤病员。部队在独树镇战斗突围时，徐海东副军长亲自抬担架运伤员。战士们也十分尊敬和热爱干部。全军同志之间阶级友爱十分深厚，越是困难，越是同甘共苦，患难相助。战斗再激烈也不丢下伤员，对烈士的遗体尽力掩埋好。全军上下，风雨同舟，生死与共，情同手足。

红二十五军的纪律十分严格，赏罚严明。对作战勇敢、表现突出的，大胆提拔，甚至越级提拔。对犯了错误的，不管是哪一级干部，都要坚决执行纪律。受处分后改正了错误表现好的，还可再提升为干部或官复原职。这对干部是有力的鞭策，也养成了部队坚决执行命令、认真负责的良好作风。对个别违反群众纪律、损害群众利益的，一定追究责任，要向群众道歉，赔偿损失。这样，既扩大了党和红军的政治影响，团结了广大群众，又提高了部队的阶级觉悟和遵守纪律的自觉性。

红二十五军非常重视瓦解敌军工作。在 1934 年 4 月中共鄂豫皖省委会议后更有加强。尤其对东北军，除在军事上予以打击外，还大力进行政治争取和瓦解工作，对被俘者不杀不辱，愿留者欢迎，愿走者发给路费。东北军有不少人多次当过红二十五军的俘虏。他们被俘就说："我的枪是朝天放的。"还有许多人投诚，或被俘后自愿参加红军，很快提高了觉悟，其中很多人后来入了党，当了干部。如在鄂豫皖被解放入伍的郎献民，到达陕北后，升为红军的团长。

红二十五军注重加强军事工作。根据自己力量的增长与消耗，及时整编部队。编制装备，力求精干轻便，使部队能迅速做好战斗行动的准备，说走就走，说打就打。机关人员虽少，但工作效率较高。下达号令文书，组织行军宿营，保

障作战指挥，都有一套简明、扼要、迅速、准确的方法。军首长实施指挥一般都靠号音和口头传递命令。部队行进中传递口头命令，又快又准，极少错误。军直属分队有一个不到200人的手枪团和一个100多人的交通队，人员精干，经常单独行动，独立完成任务，既是领导的耳目、部队的尖刀，又是培养干部的教导队。由于行军作战频繁，部队战斗力的提高主要依靠实战锻炼。每次战斗后，各级都认真总结经验教训，进行讲评，以求打一仗进一步。此外，还尽可能地利用作战间隙或根据实战需要和武器装备的情况，进行射击、投弹、刺杀等技术训练和单兵到连的攻防战术训练。大量缴获东北军的武器后，还选用俘虏的东北军当教官，训练红军的机枪射手。因此，部队技术、战术水平和干部的指挥能力不断得到提高。长征开始以后，领导干部注意总结和应用以往粉碎敌人"围剿"的经验，丰富和提高了军事思想，对鄂豫陕边界地区的反"围剿"斗争起了重要的作用。

红二十五军的后勤保障单位经理处和军医院都很战斗化。他们紧随部队行动，就地筹集军需物资，随时接收伤病员，千方百计地进行医疗救护，任劳任怨，全心全意地为部队服务。在艰苦残酷的战争中，红军没有固定的后方，甚至没有后方。因此，粮食、弹药、服装的补给和伤病员的治疗、安置是很大的问题。武器装备完全靠从敌人手中夺取，被服物资补给的来源也主要靠打胜仗，从战场缴获。如上磊子打毛排，罗田、太湖、荆紫关等战斗，都缴获到大量物资，解决了衣食经费等困难。高山寨、长岭岗、斛山寨等战斗，缴获东北军大批新式武器，使红二十五军的装备大为改善。特别是劳山战役、榆林桥战斗之后，红军的武器装备更有很大加强，枪支弹药充足，仅轻机枪每连就装备了9挺。紧紧地依靠群众，也是解决供应的一个重要方面。许多艰难险阻都是靠人民群众的支援度过、克服的。特别是伤病员，主要依靠群众照料、掩护。此外，还靠动员全体指战员发扬艰苦奋斗、自力更生的精神，以克服困难解决问题。如自己打草鞋，缝军装，背粮食，挖野菜，搭茅棚，甚至忍饥作战，赤脚行军。在极为艰难的后勤保障工作中，司务长和炊事员起着重要作用。他们十分辛苦，行军作战时没有多少休息时间，到达宿营地后，不顾疲劳，不怕困难，想方设法筹备粮秣，烧水做饭，力求使指战员吃饱。医护人员（少数是女同志）以高度救死扶伤的阶级友爱精神，克服医疗器械、药品奇缺等重重困难，自采中草药，用盐水消毒，甚至用野草、树皮、南瓜敷伤口，尽一切努力救治负伤、患病的阶级兄弟，使他们恢复健康，继续战斗。

省委和军领导在斗争中也有不少错误和教训。主要是:在军事上曾执行过急躁冒进和单纯防御的作战指导方针,造成了不应有的损失;曾进行过“肃反”,错杀了一些好同志,挫伤了群众的革命积极性。这是不应该忘记的教训。

红二十五军的历史,是全军指战员在党的领导和群众支援下,为中国人民的革命事业不屈不挠、前仆后继、英勇作战、艰苦奋斗的历史;是在长时间远离党中央领导和十分艰难困苦的环境下,独立坚持斗争,摸索前进,从错误和挫折中走上正确和发展道路的历史。红二十五军的斗争实践充分说明:只有毛泽东思想才是指导中国革命唯一正确的思想,只有毛泽东指引的道路才是胜利的道路。

红二十五军在近6年的英勇斗争中,先后有蔡申熙、王平章、沈泽民、徐宝珊、吴焕先和被“肃反”处理的刘士奇、廖荣坤等几千名同志,为党的事业献出了宝贵的生命,他们的英名永垂史册,永远铭刻在人民心中。

## 第四节　红二十五军长征胜利的历史意义

1934年11月16日，继中央红军长征之后，位于鄂豫皖革命根据地的红二十五军开始长征，于1935年9月16日在延川县永坪镇与陕北红军胜利会师。

**一、红二十五军是宣传队和播种机，传播宣传了革命道理，播下了革命种子。**

红二十五军作为中国共产党领导下的具有光荣传统的革命武装，在长征途中，非常重视宣传党的方针政策，努力做好群众工作，不断扩大党和红军的影响，为长征的胜利和创建新的根据地创造了有利条件。1934年11月下旬，当红二十五军长征经过河南泌阳时，当地有许多地主豪强盘踞围寨，且配有大量武器，不时地对红军进行骚扰阻拦。针对当时前有堵敌、后有追兵的紧迫形势，红二十五军召开紧急会议，政委吴焕先反复强调要严格遵守群众纪律，不打土豪、不进围寨，沿途所需粮食一律购买。郑位三还根据《中国工农红军北上抗日第二先遣队出发宣言》的精神，亲自给围寨组织写信，宣传党的抗日救国主张，晓以民族大义，促其保持中立。他还将当时党规定的不进围寨、不打土豪、公买公卖等有关纪律，编成通俗易懂的宣传口号或顺口溜，让宣传队一路宣传或喊口号。红二十五军正确地执行了党的路线政策，出色地做好了宣传工作，因此，不仅扩大了党和红军的影响，而且避免了地方武装的纠缠，使部队赢得了时间，摆脱了敌人的围追堵截。上述传单、布告，实际上就是中共鄂豫皖省委在创建鄂豫陕革命根据地时的施政纲领。它对宣传党和红军的性质、宗旨、任务，动员和组织广大民众参加根据地斗争起了积极的作用。

1935年8月，红二十五军进入兴隆镇回民区，省委明确提出做好回民工作。军政委吴焕先宣传“三大禁令、四项注意”，禁止部队驻扎清真寺，禁止在回民家吃大荤等，要求全体指战员严格遵守，秋毫无犯。红军尊重和爱护回族人民习俗的实际行动，让回汉群众深受感动。当时就有马青年、李铁民等五六名回族青年踊跃参加了红军。一个月后，中央红军经过兴隆镇，回汉群众列队欢迎！中央红军将领感到奇怪，一问才知道，红二十五军曾经经过这里，其优良作风和良好的军纪在回汉人民中已播下了革命的种子，宣传了红军是一支什么样的队伍。后来，毛泽东同志多次称赞，红二十五军民族政策执行得好！

至今，红二十五军军长程子华手写的“回汉兄弟亲如一家”的锦旗，还挂在兴隆镇清真寺。

**二、红二十五军长征中，西征北上的战略方针，有力地配合了党中央和主力红军的长征。**

红二十五军制定了西征北上迎接党中央的正确决策，有力地配合了党中央和中央红军北上。1935 年 7 月，当红二十五军从《大公报》上获悉“朱、毛部已越过六千公尺的巴朗山，向北行进”的消息以及敌人云集于川西边、甘南边、渭河沿线和西兰公路上，企图堵截主力红军北上情况后，立即按照省委的既定政策，挥师挺进甘肃境内，攻天水、占秦安，进而切断横贯陕甘两省的交通大动脉西兰公路，坚持 18 天之久。这一行动，使敌人大为震动。蒋介石慌了手脚，从 7 月 26 日至 8 月 10 日，接连从成都发出五道电令，最初要求加强宝鸡、汉中至西安的碉堡封锁，防止红二十五军向甘肃进发；继而督饬陕西各部“不分省界，跟踪追击”。这样，红二十五军的军事行动开始起到了吸引敌军的作用，在一定时期内减轻了敌人对中央红军的压力。切断西兰公路后，又迫使担负堵截中央红军北上的敌军不得不一再调兵向东北线回援，从而进一步起到了牵制敌军的作用，有力地配合了党中央和中央红军的北上。

在红二十五军长征的同时，原根据地的革命力量和斗争形式较好地保存了下来，发展壮大了革命队伍、牵制了敌人的部分力量，有力地支援了主力红军的长征。红二十五军长征后，留在鄂豫皖根据地坚持斗争的革命力量陷入极其困难的境地。当时敌人虽协调部分兵力西去追击红二十五军，但是，集中在根据地的各类敌人，仍有 11 万之众，他们对根据地实行“清剿”和惨无人道的“三光”政策，妄图一举消灭鄂豫皖边区的党组织和地方武装。为了集中力量打击敌人，鄂豫皖省委以留在根据地的地方武装为基础，重建了二十八军，继续坚持鄂豫皖边区的武装斗争。他们继续发扬光荣的革命传统和大无畏的斗争精神，转战千里大别山、运动在平汉铁路东西和江淮之间，扩大了党和红军的影响，保存了革命火种，发展壮大了革命力量。

红二十五军先后实行两次战略转移，都是有准备、有计划、有步骤的，不仅在最初离开鄂豫皖革命根据地时，留下部分武装力量，继续坚持鄂豫皖边区的武装斗争，而且在后来撤离鄂豫陕革命根据地时，又留下鄂陕、豫陕两个特委和部分武装，组成了鄂豫陕特委和红七十四师，继续发展鄂豫陕边的游击战争，使革命旗帜不倒、烈火不熄，有力地牵制了敌人的部分力量，减轻了敌军对我主力

红军的压力。

**三、红二十五军第一个到达陕北，与陕北红军胜利会师，为党中央和中央红军的长征，准备了可靠的落脚地点，也为党中央最终把革命大本营放在陕北奠定了坚实的基础。**

1935 年 9 月 16 日，红二十五军在经过几个月的艰苦转战之后，终于在陕北延川县永坪镇与刘志丹率领的红二十六军、红二十七军会合，胜利完成了长征。作为红军长征中先期到达陕北的第一支队伍，红二十五军对于粉碎敌人的“围剿”、巩固和发展陕甘根据地，都有着重要的意义。“会师后，召开了红二十五军和陕北红军领导人会议，宣布了由中共鄂豫陕省委和西北工委合并组成陕甘晋省委的决定，将红二十五军和陕北红军合编为十五军团，任命徐海东为军团长、程子华为政治委员、刘志丹为副军团长兼参谋长、高岗为政治部主任，全军团共7000 余人。”红十五军团成立后，立即投入到第三次反“围剿”斗争中。红十五军团在徐海东、程子华和刘志丹的指挥下，采取围点打援的战法，粉碎了敌人对陕甘革命根据地的又一次“围剿”，陕甘革命根据地得到初步巩固和壮大，既加强了陕甘地区的革命力量，又为党中央和中央红军到达陕北扫清了道路。

1935 年 10 月 19 日，党中央和中央红军到达陕北吴起镇。不久，即同红二十五军胜利会师。中央红军经过长途跋涉，物资匮乏，非常困难。红二十五军千方百计地进行支援，红二十五军从仅有的 7000 块银圆中拿出 5000 块送给中央红军。从每个连队抽出机枪 3 挺和部分枪支、弹药，从经济部、卫生部抽出部分衣物、医药用品，送给中央红军，还将劳山、榆林桥战役中新入伍的战士，全部补充给中央红军。随后，红二十五军在党中央和中央军委的直接领导下，与兄弟红军一起参加了著名的直罗镇战役，彻底粉碎了敌人对陕甘根据地的“围剿”，为党中央把全国革命的大本营放在西北打下了坚实的基础。

**四、红二十五军是四支长征部队中创建了革命根据地，队伍得到发展壮大的长征部队。**

红二十五军是唯一一支在长征途中成功创建了鄂豫陕革命根据地的队伍。中央红军在长征途中曾 4 次试图建立新的革命根据地，都未能实现。最后才决定将陕甘边革命根据地作为红军长征的落脚点。红二方面军在长征途中曾试图 3 次建立新的根据地，也未能成功。张国焘在强令红四方面军南下途中，曾经提出建立川西根据地的计划，由于刘湘纠集四川军阀全力反扑，亦未成功。只有红二十五军在长征途中，创建了新的革命根据地并获得了成功。红二十五

军进入陕南后，充分利用蒋军与陕军之间的矛盾，着手创建根据地。1935 年 4 月中旬，鄂豫陕省委在陕西葛牌镇召开会议，总结入陕几个月来创建根据地的经验，并把鄂豫皖省委改名为鄂豫陕省委。经过半年斗争，“成立了 10 个区，46 个乡，314 个村的苏维埃政权，苏区人口近 50 万，耕地面积 90 多万亩，初步建成了鄂豫陕革命根据地”。鄂豫陕根据地的建立，为红二十五军反“围剿”的战斗胜利提供了保障，促进了红二十五军的发展壮大。

长征途中，红二十五军上下一心，有效地保存和发展了自己，兵力不减反增，从出发时的 2980 余人，到继续西征北上时 4000 余人，到达陕北时还有 3400 余人，留在鄂豫陕根据地的红七十四师也发展到 2100 多人。

红二十五军的长征以其特有的历史地位和功绩，在红军长征史上留下了浓墨重彩的一笔。红二十五军长征的胜利，充分说明了在党中央和中央军委的正确领导下，一支仅有 2000 多人的队伍也可以取得辉煌的成绩。红二十五军在长征途中，作为唯一一支没有减员且发展壮大了的队伍，为中国共产党保存了一支强有力的革命武装，且有力地配合了中央红军长征的胜利进行，并为后来的陕甘宁革命根据地的建立和发展做出了重大贡献，对整个中国革命都产生了深远影响。

# 第九章　红二十五军著名人物

红二十五军是一支英雄的部队，从1931年10月正式成立至1935年9月与陕北红二十六军、红二十七军合编为红十五军团，走过了4年的光辉历程，转战于湖北、河南、安徽、陕西、山西、甘肃、宁夏等省区。经历大小战斗数百次，歼灭敌人正规军8万余人及大量地方反动武装。艰难曲折的斗争、失败和挫折的教训、胜利和成功的鼓舞，使红二十五军由一支弱小的红军队伍，发展锻炼成为一支英勇善战、拖不垮、打不烂，具有坚强战斗力的革命武装，成为中国工农红军重要的组成部分。由此，也历练出一大批信仰坚定、英勇善战的将士，其中仅1932年11月重建的红二十五军将士中，被授予将军军衔的就有97名。

## 第一节　红二十五军著名英雄传

### 一、吴焕先

吴焕先（1907—1935），生于1907年8月，出生于湖北黄安四角曹门村（今河南省新县箭厂河乡），是黄麻起义主要领导人、鄂豫皖革命根据地创始人之一、鄂豫陕苏区创建人，中国工农红军杰出指挥员、红二十五军主要创建者。2009年被中宣部、中组部等11部门评为100位为中华人民共和国成立做出杰出贡献的英雄模范人物之一。1923年，就读于湖北省麻城蚕业学校，开始接触马列主义，走上革命的道路。1925年加入中国共产主义青年团，1925年加入中国共产党。后回家乡组织农民协会，建立农民武装。他一家6口惨遭国民党地方民团杀害。1927年11月率紫云区农民武装参加黄（安）麻（城）起义。参加了鄂豫皖苏区历次反“围剿”。后带领部分武装在黄麻地区和光山南部坚持武装斗争，为开辟以柴山保为中心的鄂豫边苏区创造了条件。后任鄂豫边革命委员会土地委员会主席、中共鄂豫皖特委委员、黄安县委书记，历任红四军十二师

政治部主任、红二十五军七十三师政治委员、红四军政治部主任、鄂东北游击总司令、红二十五军军长、政治委员和中共鄂豫皖省委常委、鄂豫陕省委副书记、代理书记等职。他在重建红二十五军和领导红二十五军坚持鄂豫皖革命根据地的斗争中，在长征入陕、开辟鄂豫陕革命根据地时期，在为迎接党中央和中央红军西征北上中，都建立了不可磨灭的功绩。1932 年 10 月红四方面军主力离开苏区后，任鄂东北游击总司令部总司令，参与领导重建第二十五军，任军长。在国民党军重兵划区"清剿"、苏区战力大部丧失的严峻形势下，指挥部队连续取得郭家河、潘家河、杨泗寨等战斗的胜利。1934 年 4 月，第二十五军、二十八军合编为第二十五军后，任政治委员。11 月奉中共中央指示，率部进行长征，战胜敌人的围追堵截，进入陕西南部秦岭山区，广泛发动群众，建立民主政权，组织地方武装和发展红军主力，开展游击战争，领导开辟了鄂豫陕苏区，先后任中共鄂豫陕省委副书记、代理书记。1935 年 7 月率部西进，接应中共中央和红军北上。特别是在省委书记徐宝珊病重，军长、副军长均负重伤时，他勇挑重担，指挥作战，奋不顾身，建军建政，充分表现出他的智慧和才能。他是经过严峻斗争考验的无产阶级革命家、政治家、军事家，尤其是决定红二十五军西进甘肃，迎接中央红军，与陕甘红军会合的战略行动，表现了他的远见卓识。同年 8 月 21 日在甘肃泾川四坡村战斗中英勇牺牲，年仅 28 岁。

## 二、旷继勋

旷继勋（1895—1933），号集成，贵州思南县人。1925 年任川军江防军第七混成旅第二团团长。1926 年底加入中国共产党。1928 年冬任第七混成旅代旅长。1929 年 6 月，旷继勋率全旅官兵于蓬溪起义，任中国工农红军四川第一路总指挥。1930 年春任红六军军长，参与开辟洪湖苏区。后到上海任中共中央军委参谋科科长。1930 年 12 月，旷继勋调赴鄂豫皖苏区，任红四军军长。1931 年 5 月后，旷继勋任鄂豫皖革命军事委员会副主席、第十三师师长。10 月，在皖西组建红二十五军，任军长。11 月，红四方面军成立，下辖第四军、第二十五军，旷继勋继续担任红二十五军军长。1932 年 9 月，旷继勋调任红四方面军第十二师师长，12 月，任红十师代理师长。后调红四方面军总部工作，率部参加了开辟川陕苏区和反三路围攻等战役。后任川陕省临时革命委员会主席、通江县军事指挥长等职，领导和主持川陕省的各项工作。他反对张国焘错误的军事指导方针,严厉批评张国焘的家长制作风等问题。1933 年 6 月,旷继勋在“肃反”中被诬陷杀害于四川通江洪口场。

## 三、蔡申熙

蔡申熙(1906—1932),原名蔡升熙,1906 年生于湖南醴陵一个贫苦农民家庭。1920 年入县立中学读书,积极参加进步学生运动。1924 年春入孙中山陆军讲武学校,后转入黄埔军校第 1 期学习。同年秋加入中国共产党。毕业后留校教导团工作。曾参加平定广州商团叛乱和讨伐军阀陈炯明的两次东征。1926 年参加北伐战争,先后任国民革命军第四军营长、第二十军团长。1927 年 8 月参加南昌起义。后任起义部队第十一军二十四师参谋长。同年 12 月参加广州起义,任广州市公安局局长。后到上海,在中共中央军事部工作。1928 年起,蔡申熙任中共江西省委军委书记、吉安东固地区游击队第 1 路总指挥。曾率部攻克峡江县城,配合湘赣边区的革命武装斗争。1930 年初任中共中央长江局军委书记,不久被派赴鄂东南阳新、大冶和蕲(春)黄(梅)广(济)地区领导游击斗争。同年 10 月参与组建中国工农红军第十五军,任军长,率部东进皖西,攻克太湖县城。于 12 月到达鄂豫皖苏区,参加第一次反“围剿”。1931 年 1 月,第十五军与第一军合编为第四军后,蔡申熙任第十师师长、中共鄂豫皖特委委员兼军委副主席,率部参加磨角楼、新集、双桥镇等战斗。他指挥机智、作战勇敢、身先士卒,在一次战斗中负伤致残。同年 5 月,鄂豫皖中央分局成立,他为分局委员,并任彭杨军事政治学校校长。他言传身教,贯彻教育训练与实战要求相结合的教育方针,主持办学 4 期,为鄂豫皖苏区培养大批军政干部。1932 年 7 月,正值国民党军对鄂豫皖苏区发动第四次“围剿”时,蔡申熙被调任第二十五军军长,率部在英山、麻埠地区与各路进犯敌军展开激战,予敌以重大杀伤。10 月 9 日,在湖北黄安(今红安)河口镇战斗中,他腹部中弹,躺在担架上坚持指挥战斗,直至壮烈牺牲,年仅 26 岁。

徐向前曾这样评价他:“蔡申熙同志是红十五军的主要创始人之一,对鄂豫皖红军的建设和发展作出了重大贡献。他不仅具有战略家的胆识和气度,而且在历次战役战斗中机智果断,勇猛顽强,因而在红四方面军中有很高的威望。”

## 四、王平章

王平章(1901—1933),又名王远清,湖北省汉川县人。1901 年生,1924 年秋加入中国共产党。1920 年考入湖北省立第一师范学校,开始接触马列主义。后参加陈潭秋创办的进步团体“湖北人民通讯社”,并在“启明工读学校”和“汉江印刷社”从事印刷工作。1923 年加入中国社会主义青年团,同年加入中国共产党。1927 年 3 月被选为湖北省农民协会执行委员。后到毛泽东在武昌创办的第一期湘鄂赣农民运动讲习所学习农运理论,接受军事训练。毕业后,奔赴鄂中领导农民运动。大革命失败后,根据党的指示,去九江加入叶挺、贺龙的部队,参加了南昌起义。起义部队相继南下后,王平章奉命重返湖北,任中共鄂中特委书记兼汉川、天门、京山、应县四县暴动总指挥,发动鄂中地区秋收暴动。1929 年 9 月被派到鄂豫边区工作,是中共鄂豫皖省委的领导成员之一。他在领导组建红二十五军和参加第三、第四次反“围剿”斗争中,先后担任中共鄂豫边特委常委、组织部长,鄂豫皖特委常委、宣传部部长,皖西北特委常委、军事委员会主席,鄂豫皖中央分局常委,鄂豫皖苏维埃政府人民委员会委员长,皖西北特委书记,鄂豫皖省委委员,红二十五军政治委员,红二十八军政治委员等职。1933 年 1 月参与组建红二十八军,曾和军长廖荣坤指挥双河山等战斗。在艰难困苦的形势下,王平章与红二十五军秘书长程坦合作写了一首《红军三大任务歌》,在红军和边区群众中广泛传唱。歌中唱道:“红军三大任务:打倒帝国主义,铲除封建势力,实行土地革命。要建立起工农政权,坚决斗争,革命到底……”极大地鼓舞了部队的士气。1933 年 3 月中旬,红二十八军奉命向鄂东北转移,与那里的红二十五军会合,以集中兵力与敌作战。28 日,部队进至河南商城门坎山(今属安徽金寨)时,与敌一个旅遭遇。激战中,王平章壮烈牺牲,时年 32 岁。

## 五、沈泽民

沈泽民（1900—1933），浙江省桐乡县乌镇人。1921 年 4 月，由兄长茅盾介绍参加了中国共产党上海早期组织，成为中国共产党正式成立前的第一批党员之一。1924 年 1 月 13 日，在上海全体党员大会上，被选为中共上海地方兼区委员执行委员。1925 年参加五卅运动，任中共创办的第一张报纸《热血日报》编辑，10 月赴苏联留学，1930 年 10 月回国。1931 年 1 月 7 日，在党的六届四中全会上，补选为中央委员，被任命为中央宣传部部长。4 月，受党派遣和夫人张琴秋共赴鄂豫皖革命根据地。5 月 6 日，被任命为鄂豫皖省委书记。7 月，代理中央分局书记。11 月，在中华苏维埃共和国第一次全国代表大会上，当选为中华苏维埃共和国临时中央政府中央执行委员。1932 年 11 月 20 日，主持召开省委最高军事会议，做出一系列保卫鄂豫皖革命根据地的重大决策。12 月 29 日召开最高军事干部会议，决定重建红二十五军。30 日，主持召开省委紧急会议，谴责张国焘的严重错误，决定分散游击，打击入侵根据地的敌人。1933 年 11 月 20 日，在黄安县（今红安县）的天台山病逝，时年 33 岁。沈泽民逝世后，遗体安葬在了天台山附近的新县卡房乡枣林山。1963 年，沈泽民的遗骨被迁葬至红安烈士陵园。董必武副主席亲自为墓碑题写了“沈泽民同志之墓”几个字。1997 年，沈泽民同志的家乡浙江文艺出版社出版了《沈泽民文集》，陈云同志生前为文集题了书名。

## 六、徐宝珊

徐宝珊（1903—1935），湖北汉川人。1925 年加入共青团，次年加入中国共产党。1927 年参加南昌起义。1932 年 10 月，中共鄂豫皖中央分局和红四方面军主力西移川陕，徐宝珊和沈泽民、吴焕先等重建红二十五军，仍坚持战斗在鄂豫皖地区。次年 11 月，中共鄂豫皖省委书记沈泽民病逝，由徐宝珊代理省委书记。在鄂豫皖的艰苦斗争中，徐宝珊身患疾病，长征后日益加重，但他对自己的病置之不顾。1934 年 11 月率红二十五军长征北上，经桐柏山进入伏牛山，沿途经过数十次战斗，粉碎了 20 倍于己之敌的围追堵截，于 12 月 8 日进入陕西商洛地区。10 日，徐宝珊在庾家河（今属丹凤）主持召开省委第十八次常委会议，讨

论建立鄂豫陕根据地的方针、政策等问题，决定将中共鄂豫皖省委改为中共鄂豫陕省委。并与红二十五军投入创建鄂豫陕苏区的艰苦斗争。12 月 20 日，鄂豫陕省委首先颁布关于商业政策问题的布告，宣布“苏维埃商业政策的原则是保证贸易自由，反对奸商，取消一切苛捐杂税厘金关卡，实行统一的累进税”。翌年初占领镇安县城后，又颁布《中国工农红二十五军为占领镇安县告群众书》，号召工人农民团结起来，“分土豪劣绅的田地种，创造穷人的世界”。先后重创国民党军一二六旅，开辟了蓝田、山阳、镇安、柞水、郧西五县的工作，建立了后方基地。1935 年 4 月中旬，徐宝珊在蓝田县葛牌镇主持召开省委扩大会议，总结了自 1933 年 9 月鄂豫皖省委第二次扩大会议以来的工作，选举了中共鄂豫陕省委组成人员，徐宝珊任省委书记，吴焕先为省委副书记。会后，又领导军民开辟了洛南、商县、商南、卢氏四县边区。入陕五个月，在他主持的省委领导下，军民团结一致、英勇作战，创建了东至河南卢氏、西抵陕西佛坪、南到湖北两郧、北抵关中平原的 18 个县境的根据地，策应了中央红军北上。就在这时，徐宝珊的病情恶化，于 1935 年 5 月 9 日病逝于陕西商县龙驹寨（今丹凤县），时年 32 岁。

## 七、高敬亭

高敬亭（1907—1939），原名高志员，出生于新县城郊董店。1927 年参加革命，1929 年 3 月加入中国共产党，同年 9 月，当选为光山县弦东区第一乡苏维埃武装委员，不久，任乡苏维埃主席。同年秋，弦东区苏维埃成立，高敬亭调任区苏维埃武装委员。1930 年底，任鄂豫皖特区苏维埃粮食委员、特区主席。1931 年 5 月，任中共中央鄂豫皖分局委员、省委组织部部长，同时兼任光山县委书记。1931 年 7 月，当选为鄂豫皖特区苏维埃政府主席，兼任光山县委书记。1932 年秋，鄂豫皖苏区第四次反“围剿”斗争失利，红四方面军主力西征后，高敬亭奉命调往赤城（商城），任豫东南道委书记。同年 11 月，省委在黄安檀树岗重建红二十五军，高敬亭任红二十五军七十五师政治委员。1934 年 4 月，红八十二师在皖西重建，高敬亭任师长。同年 11 月，红二十五军长征，高敬亭兼任皖西北道委书记，率部分红军留在鄂豫皖根据地坚持斗争。1935 年 1 月，高敬亭在太湖县凉亭坳金家大屋主持召开了干部会议，第三次重建红二十八军，任军政治委员。进一步加强了便衣队建设，成立了四路游击师。他领导红二十八

军和苏区人民在鄂豫皖坚持三年游击战争,成为根据地人民心目中的一面坚持战斗的红旗。抗日战争爆发后,高敬亭坚决响应党中央合作抗日号召,亲自出面与国民党鄂豫皖地方当局进行谈判,达成了停止内战、合作抗日的协议。1938 年 2 月,红二十八军和豫南红军游击队奉党中央命令,改编为新四军第四支队,高敬亭任支队司令员,率部开赴抗日前线。他领导新四军四支队在皖中、皖东地区打击日本侵略军,开辟江北敌后抗日根据地,为开辟华东抗日战场,打下了基础。1939 年 6 月,高敬亭被错杀于安徽省肥东县青龙场。1975 年 11 月,毛泽东主席亲自批示,重审高案。1977 年 4 月,中国人民解放军总政治部对其进行平反,追认为革命烈士。

## 第二节　红二十五军将军（将领）传略

从 1955 年到 1965 年，在被授衔的 1614 名开国将帅中，据初步统计，出自 1932 年重建的红二十五军中就有 97 名。加之随红四方面军西撤，初建的红二十五军足有百人之多。其中，重建后的红二十五军中被授衔的大将 1 名、上将 2 名、中将 6 名、少将 88 名。根据能收集到的资料，整理了部分将军传略。未查到资料的暂未收录，敬请见谅。

### 大将、上将、中将、少将共 97 名将军名录

**开国大将（1 名）**

徐海东

**开国上将（2 名）**

刘　震　韩先楚

**开国中将（6 名）**

李　耀　张天云　张池明　陈先瑞　林维先　梁从学

**开国少将（88 名）**

| | | | | | | | |
|---|---|---|---|---|---|---|---|
| 王诚汉 | 王奎先 | 王德贵 | 李世炎 | 胡继成 | 查国桢 | 方升普 | 钱信忠 |
| 杨焕民 | 徐体山 | 邓少东 | 吴华夺 | 吴林焕 | 叶建民 | 席舒民 | 曹思明 |
| 成少甫 | 吴宗先 | 何光宇 | 黄仁廷 | 闵鸿友 | 常玉清 | 伍瑞卿 | 余　明 |
| 余克勤 | 刘振国 | 刘健挺 | 刘德海 | 汪少川 | 汪家道 | 宋维栻 | 程世清 |
| 傅春早 | 傅家选 | 关盛志 | 江腾蛟 | 孙　光 | 严　光 | 谢正荣 | 詹大南 |
| 李　发 | 张震东 | 李书全 | 李庆柳 | 李国厚 | 金绍山 | 张希才 | 张竭诚 |
| 苏焕清 | 詹化雨 | 蔡炳臣 | 李少元 | 陈鹤桥 | 熊　挺 | 颜东山 | 周世忠 |
| 李世安 | 徐光友 | 罗厚福 | 程　明 | 张宜爱 | 赵遵康 | 叶道友 | 吕　清 |
| 吴振挺 | 邬兰亭 | 刘华清 | 程启文 | 鲍启祥 | 陈　祥 | 詹少联 | 李长如 |
| 董志常 | 胡立声 | 李士怀 | 杨　森 | 杨克武 | 方明胜 | 方毅华 | 肖志贤 |
| 毛和发 | 肖选进 | 高　林 | 戚先初 | 宋治民 | 扶廷修 | 陈炎清 | 郑本炎 |

**徐海东**（1900—1970），1900 年 6 月 17 日出生，湖北省大悟县新城镇江冲村徐家窑人。1925 年 4 月加入中国共产党，1926 年参加北伐战争并任排长。大革命失败后，被派回家乡组织武装斗争，在窑工中建立党支部。土地革命战争时期，历任黄陂县赤卫大队大队长、黄陂县补充第六师师长、鄂东警卫二团团长、红九军二十七师师长。1932 年秋，红四方面军主力离开鄂豫皖后，带领红二十七师来到金家铺与皖西道委书记郭述申领导的英山独立团、六安、霍邱、霍山独立营会合，组成东路游击师，任副司令兼师长。后改编为红二十七军，任七十九师师长。同年 11 月，鄂豫皖省委决定重建红二十五军，徐海东任七十四师师长，之后兼任红二十五军副军长。1933 年 10 月，徐海东改任组建后的红二十八军军长，率部在鄂东北、皖西坚持游击战争，先后取得郭家河、潘家河、石门口、藤山、长岭岗、太湖、斛山寨等战斗的胜利。1934 年 4 月，重组红二十五军，任军长，同年 11 月改任红二十五军副军长。到达陕北后，任红十五军团军团长。他指挥劳山战役，率部参加直罗镇、东征、西征和山城堡等战役。1936 年 12 月，任中革军委委员，红军南路总指挥。抗日战争时期，徐海东任八路军一一五师三四四旅旅长，率部参加了平型关战役和晋察冀边区反“八路围攻”、晋东南反“九路围攻”，指挥了温塘、张店、町店等战斗。1939 年，随刘少奇赴华中，任新四军江北指挥部副总指挥兼第四支队司令员。1941 年 5 月，徐海东任中共中央华中局委员。指挥周家岗等战斗。在革命战争中，他先后 9 次负伤，积劳成疾。1940 年后虽身患重病，但仍随军指挥作战。中华人民共和国成立后，任中央人民政府人民革命军事委员会委员，第一、二、三届中华人民共和国国防委员会委员，中国共产党第八届、第九届中央委员会委员。1955 年，被授予大将军衔，荣获一级八一勋章、一级独立自由勋章、一级解放勋章。毛泽东曾高度赞扬他是“工人阶级的一面旗帜”“对中国革命有大功的人”。

**程子华**（1905—1991），1905 年 6 月 20 日出生，山西省运城市盐湖区解州镇人。1922 年考入太原国民师范。1926 年 6 月加入中国共产党，12 月，考取黄埔军校武汉分校。1927 年 12 月参加广州起义。1929 年后，到国民党军队中做兵运工作，成功地发动了大冶兵暴，壮大了鄂东南革命根据地的力量。1931 年 4 月到中央苏区工作，先后任红军团长、师长，粤赣军区代参谋长，参加了第二次到第五次反“围剿”斗争。1934 年 11 月，任红二十五军军长，率部进行长征。1935 年任鄂豫陕省委代理书记，红二十五军政治委员，红十五军团政治委员。

西安事变后，到第二战区民族革命战争战地总动员委员会工作，任党团书记兼人民武装部长，中共中央北方局委员。1939 年 1 月任冀中军区政治委员，后兼任冀中军区党委书记。1943 年 8 月，任晋察冀中央分局副书记兼军区副政治委员，后代理分局书记、代理军区司令员和政治委员。1945 年 10 月，任中共中央东北局委员、冀察热辽中央分局书记、军区司令员兼政治委员。1948 年 9 月，参加辽沈战役，组织指挥了著名的塔山阻击战。1948 年 10 月，任东北军区第二兵团司令员。北平解放后，任北平警备司令员兼政治委员。1949 年 4 月后，任第四野战军第十三兵团司令员，率部南下，先后解放了安阳、新乡、襄樊、沙市、宜昌等地。胜利渡江后，参加了衡宝战役，配合兄弟部队解放了湖南全境。

中华人民共和国成立后，任中共山西省委书记、省人民政府主席、省军区司令员兼政治委员。1950 年 10 月后，调任全国合作社联合总社主任、党组书记。1958 年任商业部长、党组书记。1960 年任国家建委副主任、党组副书记。1961 年任国家计委常务副主任、党组副书记。1978 年 3 月，任民政部部长、党组书记。1980 年 8 月至 1988 年 3 月任政协全国委员会副主席。程子华是中共七届中央候补委员、八届和十一届中央委员，第一届全国人大常委会委员，第三、四、五届全国人大代表，第三届国防委员会委员，第五、六届全国政协副主席，在党的第十二次、十三次全国代表大会上当选为中央顾问委员会委员、常委。

**刘震**（1915—1992），原名刘幼安。湖北省孝感孝昌县人。中国人民解放军高级将领，中国人民解放军空军的奠基人之一。1930 年参加赤卫军。1932 年 8 月，在河南光山柳林河光荣地加入中国共产党。1933 年 6 月，中共鄂东北道委特务四大队改编为红二十五军手枪团，在一分队一班当战士。1934 年 11 月，参加长征，先后被任命为连指导员、营政委。1935 年 9 月，红二十五军抵达陕甘革命根据地。整编后，任红十五军团第七十五师二二五团政治委员，带领部队先后参加了陕北劳山、榆林桥战役。1935 年 11 月初东渡黄河，任团政治委员。1936 年 4 月，二二三团扩编为七十三师，任该师政治委员。东征战役结束后，奉命到红军大学第一期学习。1936 年 12 月西安事变发生后，重返红十五军团担任七十五师政委。抗日战争爆发后，七十五师被改编为国民革命军第八路军第一一五师第三四四旅六八八团，任政治委员。

1937 年 12 月，率部赴冀西平（山）、井（陉）获（鹿）三角地区，伺机打击正太、平汉铁路之日军。1938 年六、七月间，为了配合国民党军队粉碎日军对中条

山的进攻，奉命率领六八八团三营600多人开进中条山。1940年初，被任命为新组建的八路军第二纵队第三四四旅旅长。1941年1月“皖南事变”后，第四旅奉命改编为新四军第四师第十旅。1944年春，苏北新四军部队开始对日军反攻，刘震指挥部队先后进行了高沟战役、杨口战役、林公渡战斗、叶圩子战斗、阜宁战役，1948年10月3日奉命参加攻克锦州的战斗。1949年4月被任命为新组建的十四兵团副司令员兼三十九军军长。1950年10月被任命为中南军区空军司令员。11月调任东北军区空军司令兼志愿军空军司令。1951年9月，指挥空四师，大战美空军，三天击落美机26架，击伤8架，首创击落美最先进F-86飞机战绩。1954年3月，任中国人民解放军空军副司令员兼东北军区空军司令员。10月入军事学院战役系学习，1958年9月兼任空军学院院长、政治委员。1973年起，先后历任沈阳军区副司令员、新疆军区司令员、军事科学院副院长等职务。1955年被授予上将军衔，荣获一级八一勋章、一级独立自由勋章、一级解放勋章。1988年7月被授予一级红星功勋荣誉章。1992年8月20日在北京逝世，享年78岁。

**韩先楚**(1913—1986)，男，湖北省黄安县(今红安县)人。1927年11月，黄麻起义爆发时，加入农民协会。1930年10月，参加孝感地方游击队，并加入中国共产党。1931年起，历任独立营、团长，在黄陂、孝感、罗山地区进行游击斗争。1933年4月，为加强留守鄂豫皖斗争的红二十五军，所在独立团接受整编，历任二二四团副连长、连长、营长。1934年11月，红二十五军从河南罗山县何家冲出发西进，他多次担负冲锋突击、破阵歼敌、夺关开路、堵截追兵的战斗任务。1935年9月，编入红十五军团，参加了陕甘苏区第三次反“围剿”的劳山、榆林桥战斗，他率队承担主要突击任务。10月，中央红军到达时，受命指挥部队连续打下了东村、张村驿等地主武装长期固守的围寨碉堡据点，缴获了大批红军急需的粮食物资。11月，直罗镇战役中，率部首先堵住了敌人的去路，协同兄弟部队歼灭了据守南山的敌人。战斗结束后，他被提升为红十五军团七十五师二二四团团长。1936年春，红军东征山西，率部随中路军作战，以2个营配合山西游击队包围石楼，控制黄河渡口，以一个营牵制了敌5个团的兵力，并掩护了毛泽东、彭德怀的指挥部，被任命为中路军副司令。1937年初，进入延安抗日军政大学第二期学习。8月，红军改编为八路军，担任八路军一一五师三四四旅六八八团副团长、六八九团团长。1938年4月，率六八九团与晋东南兄弟部队组

成“路东纵队”向冀南挺进，先后攻克威县、广宗等地区，歼灭伪军1个军又1个师。8月下旬，奉命率部参加漳南战役、平型关战役。1939年起，历任一一五师三四四旅副旅长、代旅长，1940年4月兼任冀鲁豫军区第三军分区司令员。1949年4月，出任十二兵团副司令员，率部解放武汉、长沙。1950年4月16日，亲率四十军、四十三军4个师3万人乘坐400多艘风帆船跨海解放海南岛。1950年秋，任中国人民志愿军副司令员，荣获朝鲜民主主义人民共和国一级国旗勋章一枚、一级自由独立勋章两枚。1952年7月—1953年4月，任志愿军副司令员兼志愿军第十九兵团司令员、兵团党委书记。1953年4月—1954年2月，任中南军区参谋长。韩先楚同志是第一届全国政协代表和第四届全国人大代表，担任过第一、二、三届国防委员会委员。1958年在党的八大二次会议上被增选为中央候补委员，1968年增补为中央委员，是党的第九、十、十一、十二届中央委员、党的七大代表。1973—1980年，任兰州军区司令员，1983年6月，当选第六届全国人大常委会副委员长。1955年被授予上将军衔，荣获一级八一勋章、一级独立自由勋章、一级解放勋章。1986年10月3日，在北京病逝，享年73岁。

**李耀**(1911—2003)，原名李克新，河南省商城县汤家汇区桃岭乡(现属金寨县)人。1928年加入中国共产主义青年团，1929年11月加入中国共产党，1930年10月参加中国工农红军。土地革命战争时期，任少年先锋队中队长，红一军第一师三团班长，皖西北道区苏维埃政府通信排排长，六安县政治保卫局保卫连连长兼政治指导员，红二十七军一团连长、营长兼政治委员，红二十八军军部手枪队队长兼指导员，红二十五军二二三团连政治指导员，陕北军政干部学校政治大队政治委员，中国工农红军前敌指挥部第一兵站医院政治委员，援西军政治部组织科科长等职。参加了鄂豫皖苏区第一至第五次反“围剿”斗争和红二十五军长征。抗日战争时期，任第五总队政治委员，率部转战于豫皖苏边区，参加了开辟抗日根据地的斗争和开展游击战争。

1941年1月，入延安军政学院学习。其间，他响应毛主席“自力更生、丰衣足食”的伟大号召，积极投身到大生产运动中。1944年12月，受命参加开辟豫西抗日根据地的斗争，任中原军区豫西分区政治部主任兼中共豫西地委组织部部长。解放战争时期，任太岳军区第八纵队二十四旅政治委员，晋冀鲁豫野战军第四纵队十二旅政治委员，豫陕鄂军区第四军分区政治委员，陕南军区副政

治委员兼十九军副政治委员。参与指挥了汉中战役，完成了党中央赋予开辟陕南根据地的战略任务。中华人民共和国成立后，任中国人民解放军第一步兵学校政治委员，总后勤部干部部部长、总后勤部政治部主任、总后勤部副政治委员。曾当选为党的七大代表，第十二届中纪委委员，第三、四、五届全国政协委员。1955 年被授予中将军衔，荣获二级八一勋章、二级独立自由勋章、一级解放勋章，1988 年获一级红星功勋荣誉章。2003 年 4 月 9 日在北京逝世。

**张池明**（1917—1997），河南省新县泗店乡傅山村人，1929 年加入中国共产主义青年团。1932 年参加中国工农红军。1935 年加入中国共产党。土地革命战争时期，任中共光山县委儿童团总队长，中共鄂豫皖中央分局儿童委员，中共国际师第二四六团团委书记，红二十五军军部秘书，红十五军团司令部作战科代科长，参加了长征。抗日战争时期，任八路军一一五师三四四旅作战科科长，六八八团参谋长，特务团政治处主任，冀鲁豫支队第二大队政治处主任，三四四旅六八七团政治委员，新四军第三师八旅兼盐阜军分区政治部主任。解放战争时期，任松江军区政治部主任，哈尔滨卫戍区副政治委员，中共松江第一地委书记兼军分区政治委员，北满军区独立第二师政治委员，东北野战军第六纵队十六师政治委员、纵队政治部主任，第四野战军四十三军政治委员。中华人民共和国成立后，任中南军区后勤部政治委员、部长兼政治委员，中国人民解放军总后勤部参谋长，后勤学院副院长、院长，总后勤部副部长、政治委员，中国人民解放军炮兵政治委员。1955 年被授予中将军衔。是中国共产党第七次全国代表大会代表，第九、十届中央委员。荣获二级八一勋章、二级独立自由勋章、一级解放勋章。

**陈先瑞**（1914—1996），河南省商城县汤家汇区桃岭乡（现属金寨县）人。1929 年 8 月参加中国工农红军，1931 年 6 月加入中国共产党。土地革命战争时期，任红十一军三十二师、红一军第二师战士，皖西北道委指挥部特务队班长，红四方面军手枪团班长，红二十五军手枪团中队长，红二十五军第二二四团营政治委员、第二二三团政治处主任，参加了鄂豫皖革命根据地历次反“围剿”斗争和红二十五军长征。到达陕南后，任鄂陕游击师司令员，红七十四师师长，率部打破了敌人三次大规模围攻，坚持了鄂豫陕边区游击根据地的斗争，被毛泽东称誉为“红军的陕南王”。抗日战争时期，任八路军第一一五师留守处主任，

西北留守兵团警备第四团团长，鹿甘警备司令部副司令员，警备第一旅副旅长，河南人民抗日军第三支队司令员兼政治委员，河南军区第三军分区司令员、政治委员兼地委书记，豫中军分区副司令员。参加了反顽、反“扫荡”斗争。解放战争时期，任河南军区副司令员兼独立第三旅旅长，中原军区第二纵队第十五旅政治委员，豫鄂陕军区副司令员兼参谋长，豫鄂陕第二纵队司令员，西北民主联军第三十八军副军长，豫西军区副司令员，陕南军区副司令员，第二野战军第十九军副军长。参加了中原突围和重建陕南革命根据地的斗争。中华人民共和国成立后，任陕西军区副司令员兼参谋长，第十九兵团政治部主任。参加了抗美援朝，任中国人民志愿军第十九兵团副政治委员，协助司令员杨得志组织指挥了第五次战役和开城保卫战。荣获朝鲜民主主义人民共和国一级国旗勋章、一级自由独立勋章。回国后，任北京军区副政治委员、政治委员，成都军区政治委员，兰州军区顾问。是第三、四届全国政协常委，第四、六届全国人大代表，中共第九、十届中央委员，第十一届候补中央委员，中共第十二届全国代表大会代表，第十、十一届中央军委委员。1955 年被授予中将军衔，荣获一级八一勋章、一级独立自由勋章、一级解放勋章。1988 年荣获一级红星功勋荣誉章。1996 年 1 月 10 日，在北京逝世。

**林维先**（1912—1985），又名林新，河南省商城县丁家埠区南溪乡（现属金寨县）人。1929 年参加商城起义，同年参加中国工农红军，1930 年加入中国共产主义青年团，1932 年加入中国共产党。土地革命战争时期，任儿童团分队长，鄂东北道委游击司令部特务营班长，红二十五军第七十四师特务连政治指导员，第二二二团营政治委员、团政治委员，皖西北红八十二师师长，红二十八军参谋，第八十二师二四四团营长、副团长。参加了鄂豫皖苏区历次反“围剿”斗争和三年游击战争，被毛泽东主席称赞为“游击专家”。抗日战争时期，任新四军第四支队参谋长、副司令员。参加指挥蒋家河口战斗。后任新四军教导总队第九队队长，第一大队大队长兼军部特务营营长，新四军第三支队参谋长兼挺进团团长。皖南事变后，任新四军第七师十九旅参谋长，十九旅挺进团团长，沿江支队支队长兼政治委员，中共沿江地委书记，新四军第七师副参谋长兼十九旅旅长，第七师兼皖江军区副参谋长，参加了西泊湖战斗、1943 年春季皖中反“扫荡”和周家大山战斗。解放战争时期，任新四军第七师参谋长，华东野战军第七纵队副司令员，华东军区后备兵团司令员。上海刚解放，任淞沪警备司令部副

司令员，为维护社会治安，保卫城市安全，他在团以上单位专门设立反特组织，先后侦破破坏案件 160 多起、特务组织 50 多个，捕获敌特分子 7000 多人，缴获电台 4 部和大量武器，稳定了上海市社会秩序，受到陈毅市长的好评。中华人民共和国成立后，任华东军区公安部队副司令员，浙江军区司令员，南京军区副司令员兼参谋长，武汉军区副司令员。是第二、三届国防委员会委员，第五届全国人大代表，第十二届中央纪律检查委员会委员。1955 年被授予中将军衔，荣获一级八一勋章、一级独立自由勋章、一级解放勋章。1985 年 7 月 28 日在武汉逝世。

**张天云**（1913—1980），湖北黄安（今红安）人，1928 年回乡投身革命，被选为乡苏维埃委员，次年参加红军，1931 年加入中国共产党。1933 年任红二十五军七十三师连政治指导员，参加了鄂豫皖苏区反“围剿”。长征到陕北，参加了劳山、榆林桥、直罗镇等战斗。1936 年参加东征，在施庄战斗中负伤，同年 12 月任红十五军团七十八师团政委。1937 年，任八路军一一五师三四四旅六八八团二营教导员，参加了平型关战役。抗日战争时期，参加了平型关战役和晋东南反“九路围攻”。1938 年任六八七团三营营长，参加张店、町店等战斗。1939 年 10 月任六八七团团长，率部多次参加反“扫荡”战斗，并争取阎锡山骑兵十四旅保持中立。1940 年进入冀鲁豫边区，配合当地抗日武装，歼击顽固派石友山部。1941 年编入新四军三师，在反“扫荡”战斗中负重伤，愈后任八旅副旅长兼盐阜军分区副司令员，后任八旅旅长。1947 年 3 月，任东北野战军第六师师长，率部解放承德、昌图、彰武等城镇。1948 年任东北野战军师长、第八纵队副司令员，率部参加辽沈战役，担负锦州主攻任务，在合围廖耀湘兵团时，插入敌后，断其退路。1950 年任第十二兵团军长，率部肃清广西南部土匪。同年入南京军事学院学习。1952 年，任四十七军军长，率部赴朝鲜作战，组织指挥攻克老秃山等战斗，后任中国人民志愿军军长、十九兵团副司令员。回国后任福州军区副司令员、总后勤部副部长兼后勤学院院长。1955 年，被授予中将军衔。曾获二级八一勋章、一级独立自由勋章、一级解放勋章。先后被选为中国人民政治协商会议第四、五届全国委员会委员，中国共产党第九届中央委员会委员。1980 年 7 月 8 日，因病在北京逝世，终年 67 岁。

**梁从学**(1903—1973),安徽省六安县人,1903 年出生在六安县淠联乡,家境贫寒,世代务农。1929 年秋,加入苏维埃农民协会、参加赤卫队,先后任班长、排长,11 月加入中国共产党。1930 年参加中国工农红军。1931 年 6 月,六安独立团编入红二十五军第七十四师第二二二团,梁从学任该团第一营第二连政治指导员。1934 年 2 月,在金寨县桃树岭战斗中负伤,伤愈后担任第二营营长。3 月,他率部参加了著名的葛藤山反击战。6 月,任红八十二师师长。不久,红八十二师编入红二十五军第七十四师,梁从学任师长。1934 年 11 月,红二十五军长征,他被留下坚持大别山斗争,先后任红二十八军团长,新四军第四支队游击纵队纵队长。1940 年 6 月,其调至新四军江北指挥部军政干部学校学习,9 月,受命担任新四军第二师津浦路西联防司令部司令员,为淮南津浦路西抗日根据地的建设和地方人民武装力量的发展,做出了贡献。解放战争时期,任新四军新二师副师长兼参谋长,淮南军区副司令员兼参谋长,华东野战军伤员归队处处长,江淮军区副司令员,皖北军区副司令员。淮海战役开始后,江淮军区部队主力担任阻击黄伯韬兵团西进的任务。1949 年 4 月,任皖北军区第一副司令员,指挥部队、组织民兵积极支援渡江战役,为保障解放大军打过长江去、解放全中国起了重大作用。中华人民共和国成立后,1950 年 10 月,升任皖北军区司令员,参与并指挥了皖北地区的剿匪、反霸、镇压反革命、土地改革、支援抗美援朝等各项工作。1957 年调任江苏军区后为省军区副司令员。1955 年被授予中将军衔。荣获一级八一勋章、一级独立自由勋章、一级解放勋章。中国人民政治协商会议第二届全国委员会委员。1964 年离职休养,1973 年 4 月 7 日于南京病逝。

**王诚汉**(1917—2009),湖北省黄安县(今红安县)人。1930 年 7 月加入中国共产主义青年团。1930 年 12 月参加红军,为湖北省黄陂县河口镇工人纠察队勤务员、独立营勤务员。红军长征时,任红二十五军七十五师二二四团二营四连副连长、连长,1933 年 12 月加入中国共产党。1936 年任红三十军八八师二六四团团长。抗日战争时期,任八路军第一二九师留守炮兵营副营长,陕甘宁边区警卫三营营长。1938 年在延安抗日军政大学四大队学习,任队长兼军事教员,四团三营教导员、六分校民运科科长、总校三大队大队长。1943 年任太行军区新编第一旅一团团长。1944 年任河南军区豫西支队三十五团团长,中原军

区一纵队一旅一团团长，华东野战军一纵队独立师一团团长兼政委。1948 年—1949 年，任晋冀鲁豫野战军第十三纵队三十七旅旅长，华北野战军第十三纵队三十七旅旅长。1951 年后，任志愿军第六十军一八一师师长。1955 年在军事学院速成系学习。1957 年任陆军六十军第一副军长兼参谋长。1960 年任陆军六十军军长。1964—1968 年 12 月任西藏军区副司令员、党委常委。1969 年 3 月任成都军区副司令员、党委常委。1982 年 10 月—1985 年 6 月任成都军区司令员、党委副书记(1982 年 12 月起)。1982 年 12 月—1986 年 3 月任四川省委常委。1985 年 11 月—1990 年 4 月任军事科学院政委、党委书记。第五届全国人大代表。中共十二届中央委员，十三大代表、中顾委委员。1955 年 9 月被授予少将军衔。获二级八一勋章、二级独立自由勋章、一级解放勋章。1988 年 9 月被授予上将军衔。1998 年 7 月被授予一级红星功勋荣誉章。2009 年 11 月 20 日 20 时 54 分王诚汉同志因病医治无效在北京逝世，终年 92 岁。

**钱信忠**(1911—2009)，生于江苏宝山县(今上海市宝山区)，1928 年学医于同济大学附属宝隆医院，1935 年加入中国共产党，1955 年被授予少将军衔，中华人民共和国成立后历任卫生部部长、国家计划生育委员会主任、中国红十字总会会长等职。1932 年，钱信忠毅然脱离国民党军队，参加红军，被分配到陂孝北红军医院工作。10 月，钱信忠从陂孝北红军医院调到鄂豫皖苏区总医院，负责重伤治疗组的工作。1933 年，钱信忠被调到鄂东苏区重伤医院工作。12 月，红二十五军医院成立，钱信忠任院长。钱信忠对红二十五军下属的七十四师和七十五师的医护人员进行调整、补充，组建了师医院，团、营也建立了卫生队、医务所。1934 年，红二十五军实施战略转移，开始长征。在陕西洛南县与敌军恶战中，副军长徐海东受伤，钱信忠就指挥战士抬着军首长行军。徐海东头部负伤，钱信忠采取保持静养、防止感染的办法，使徐海东用了两个月恢复健康。钱信忠经常和徐海东前往阵地去看地形，一旦确定战斗部署，钱信忠就按作战要求设置医护点。长征中，钱信忠和徐海东的默契配合使部队突破重重艰险，顺利到达陕北。

**邓少东**(1910—1993)，原名邓绍泮，河南省罗山县宣化店王家河(现属湖北省大悟县)人。1929 年加入中国工农红军，同年加入中国共产主义青年团，1930 年加入中国共产党。土地革命战争时期，历任黄安独立第七师连长、营长，鄂东

北红军便衣队队长，红二十八军连政治指导员、手枪团团长。参加了鄂豫皖革命根据地反“围剿”，坚持了南方三年游击战争。抗日战争时期，历任新四军第四支队第四团副营长、营政治教导员、团政治处主任，江北游击纵队十六团政治委员，新四军第二师六旅十六团政治委员，第五旅、第六旅政治部主任。参加了淮南地区的抗日和反击国民党顽固派斗争。解放战争时期，历任新四军第二师五旅政治委员，华东野战军山东兵团第七纵队二十师政治委员，第三野战军二十五军副政治委员兼政治部主任。参加了苏中、淮阴、莱阳、济南、淮海、渡江、上海等重要战役和战斗。中华人民共和国成立后，邓少东历任中央人民政府公安部边防保卫局局长，公安军副司令员，西藏军区副司令员，成都军区副司令员。参加了拉萨平叛、中印之战。1955 年，邓少东被授予少将军衔。荣立二级八一勋章、二级独立自由勋章、一级解放勋章。是第五届全国政协委员。1988 年 7 月，荣获一级红星功勋荣誉章。1993 年 9 月 18 日在南京逝世，享年 83 岁。

**叶建民**（1918—1998），曾用名叶达初，河南省新县卡房乡老叶湾村人。1931 年参加中国工农红军，1936 年加入中国共产党。土地革命战争时期，叶建民任红二十五军七十五师二二三团司令部测绘员、见习参谋，红十五军团七十五师二二四团司令部参谋。他参加过鄂豫皖第三、四、五次反“围剿”和长征。抗日战争时期，叶建民任八路军一一五师三四四旅六八八团司令部通信参谋，三四四旅晋南支队侦察参谋、代理参谋长，冀鲁豫支队第二大队参谋长，八路军第五纵队二支队团参谋长，新四军第三师八旅二十三团参谋长、副团长，山东军区第二师五团团长。他参加了平型关战役，参加并指挥了河北平山洪子店、山西町店、攻克赣榆城等战役战斗。解放战争时期，叶建民任东北民主联军第一纵队二师五团团长，第十纵队三十师副师长，第四野战军四十七军一四一师副师长、代师长。他参加了“三下江南，四保平江”、三战四平和辽沈、平津、渡江等战役战斗。中华人民共和国成立后，叶建民任中国人民志愿军第四十七军一四一师师长、军参谋长，参加了抗美援朝，荣获朝鲜民主主义人民共和国二级国旗勋章、二级自由独立勋章。回国后，任广州军区装甲兵司令员，广州军区副参谋长、副司令员。1955 年，叶建民被授予少将军衔，并获三级八一勋章、二级独立自由勋章、二级解放勋章。1988 年 7 月，荣获“一级红星功勋荣誉章”。是第四、五届全国人民代表大会代表。1998 年 9 月 18 日在广州病逝，享年 80 岁。

**田厚义**（1906—1987），湖北省大悟县新城镇民主村王家田人。1929 年加入中国共产党，1930 年参加中国工农红军。土地革命战争时期，历任黄安县（今红安县）独立第一师第三团连长、营长，红二十五军第七十三师二一八团副营长，红三十一军司令部作战科参谋，第九十一师司令部通信科科长，第二七一团参谋长。参加了鄂豫皖革命根据地第一、二、三、四次反“围剿”斗争、西征转战、川陕革命根据地反“三路围攻”和反“六路围攻”。1935 年 3 月，为迎接党中央和中央红军，强渡嘉陵江，参加了红四方面军长征。抗日战争时期，历任八路军第一二九师三八六旅七七二团司令部作战参谋，三八六旅司令部作战科科长，补充团参谋长，第一二九师新编第八旅二十二团团长。参加了百团大战和反“扫荡”斗争。解放战争时期，历任冀南军区独立第四旅副旅长，第二军分区副司令员，湖南省军区常德军分区司令员。参加了渡江、长沙等战役。中华人民共和国成立后，历任湖南省公安总队副司令员，湖南省军区益阳军分区司令员，湖南省军区副参谋长、副司令员。参加指挥了湘江地区的剿匪战斗。1955 年被授予少将军衔，荣获二级八一勋章、二级独立自由勋章、二级解放勋章。是第三至第五届全国政协委员。1987 年 11 月 12 日在武汉逝世，享年 81 岁。

**伍瑞卿**（1911—2004），湖北省黄安（今红安）县吕王城小河村人。1927 年加入中国共产党，1931 年参加中国工农红军。土地革命战争时期，伍瑞卿历任黄安（今红安）县苏维埃执行委员、县反帝大同盟主席，红二十五军第七十五师二二四团军需科科长，红十五军团第七十三师供给部军需科科长，参加了鄂豫皖、鄂豫陕革命根据地反“围剿”斗争和红二十五军长征。抗日战争时期，伍瑞卿历任八路军第一一五师三四四旅六八七团供给处处长，新四军第三师第八旅供给部部长。解放战争时期，伍瑞卿历任东北民主联军第二纵队第四师后勤部部长、纵队供给部部长、后勤部部长，第四野战军第三十九军后勤部部长。参加了辽沈、平津、渡江等许多重大战役战斗。中华人民共和国成立后，伍瑞卿任中国人民志愿军三十九军后勤部部长，参加抗美援朝战争。回国后，历任东北军区后勤部营房部部长、军区后勤部副部长，解放军政治学院物资保障部部长、院务部部长（副兵团级）等职。1955 年，伍瑞卿被授予少将军衔，荣获二级八一勋章、二级独立自由勋章、一级解放勋章。1988 年 7 月获中国人民解放军一级红星功勋荣誉章。2004 年 7 月 7 日，在北京逝世，享年 93 岁。

**孙光**(1914—1967),1914 年 12 月出生,原名孙寿山,河南省罗山县宣化店孙家湾(现属大悟县)人。1930 年参加中国工农红军,1934 年加入中国共产党。土地革命战争时期,孙光历任红二十五军第七十四师连长、营长,第五团团长、师部参谋。参加了鄂豫皖苏区第二至第五次反"围剿"斗争,参加了长征,坚持了豫陕边区游击战争。抗日战争时期,孙光历任八路军一一五师留守处教导队队长,西北留守兵团警备第四团营长、警备第一旅第三团副团长,八路军南下第三支队第九团团长,河南军区伊洛支队支队长,伊洛军分区副司令员等职。参加了保卫陕甘宁边区的多次战斗,坚持了豫西敌后抗日斗争。解放战争时期,孙光历任中原军区第五师十五旅四十三团团长,豫鄂陕军区第五军分区副司令员,西北民主联军第三十八军第五十五师副师长,陕南军区第二军分区司令员,商洛军分区司令员等职。参加了中原突围战役和中原部队创建豫鄂陕根据地的斗争及豫西战役,参加了创建陕南根据地和解放陕南的战役、战斗。中华人民共和国成立后,孙光历任宁夏军区副司令员,青海省军区副司令员、代司令员,陕西省军区副司令员等职。参加青藏平叛作战(1958 年至 1961 年组织指挥青海平叛作战,任青南前线指挥部司令员、兰州军区玉树指挥部司令员兼政治委员等职)。1955 年,孙光被授予少将军衔,荣获二级八一勋章、二级独立自由勋章、一级解放勋章。1967 年 9 月 15 日病逝,1978 年 11 月 6 日被追认为革命烈士。

**严光**(1915—2002),河南省罗山县宣化店镇关口村法王寺(现属大悟县)人。1929 年加入中国共产主义青年团,1930 年加入中国共产党,1931 年参加中国工农红军。土地革命战争时期,任罗山独立团排长,红二十五军第七十五师第二二三团连政治指导员、连长,红军大学区队长、教员,红军大学步兵学校队长兼教员。参加了鄂豫皖三年游击战争和革命根据地历次反"围剿"斗争。抗日战争时期,严光历任中国人民抗日军政大学第一分校营长兼主任教员、副大队长,八路军山东纵队陇海支队大队长,第五纵队第三支队第八团参谋长,新四军第三师九旅二十六团副团长兼参谋长,第四师九旅二十六团团长。参加了反"扫荡"斗争,1945 年冬,在兴隆庄战斗中英勇负伤,右腿膝盖以下 10 厘米左右被截肢。解放战争时期,严光历任华东野战军第二纵队后方办事处处长,江淮军区第二军分区司令员,皖北军区副参谋长,参加了薛山阻击战和淮海、渡江等战役。中华人民共和国成立后,严光历任皖北军区参谋长,南京军区副参谋长

兼军区法院院长,安徽省军区司令员,南京军区后勤部部长,南京军区顾问。1955 年,严光被授予少将军衔,荣获二级八一勋章、二级独立自由勋章、二级解放勋章。1988 年 7 月,获一级红星功勋荣誉章。2002 年 6 月 2 日,因病在南京逝世,享年 87 岁。

**李长如**(1918—2002),河南省罗山县宣化店新店村李家洼(现属湖北省大悟县)人。1930 年参加中国工农红军,1934 年加入中国共产主义青年团,1935 年加入中国共产党。土地革命战争时期,李长如历任红二十八军交通队通信员、警卫员、红二十七军第一团政治处宣传队队长,参加了鄂豫皖苏区第四次反“围剿”斗争和三年游击战争。抗日战争时期,李长如历任新四军第四支队九团连指导员、营教导员、团党总支部书记等职,参加过延安中心党校学习和整风运动。解放战争时期,李长如历任东北嫩江军区一四六团政委,辽西军区第四军分区政治部主任,第四野战军四十四军一三一师政治部主任。中华人民共和国成立后,李长如历任师政治部主任、师副政治委员,中南军区海军政治部副主任,华东军区海军第六舰队政治委员,东海舰队政治部主任,国家海洋局政治委员,北海舰队副政治委员、政治委员、顾问。是中国共产党第九届、第十一届全国人大代表。1986 年离休。1955 年,李长如荣获二级八一勋章、二级独立自由勋章和二级解放勋章,1961 年被授予少将军衔。1988 年荣获一级红星功勋荣誉章。2002 年 10 月 9 日病逝于上海,享年 84 岁。

**吴林焕**(1915—1979),原名吴基荣,亦写作吴济云,湖北省大悟县四姑镇龚家边人。1928 年加入中国共产主义青年团,1929 年参加中国工农红军,同年 5 月加入中国共产党。土地革命战争时期,吴林焕历任红二十五军第七十五师二二五团副连长、连长、连政治指导员,第七十四师二二三营营长、手枪团团长、警卫第四团团长兼政治委员。抗日战争时期,吴林焕历任新四军豫鄂独立游击支队五大队参谋长,豫鄂挺进纵队团参谋长、独立团团长,新四军第五师十四旅副旅长、旅长,鄂皖兵团副指挥长兼第四军分区司令员,新四军第五师十五旅旅长,豫鄂军区第五军分区司令员。解放战争时期,吴林焕历任华中军区铁道运输司令部副司令,京汉铁路汉口分局军事代表。中华人民共和国成立后,吴林焕历任二十一兵团五十二军副军长,后兼柳州市警备区司令员,第一战车学校副校长,空五师第一副军长兼党委书记,湖北省军区副司令员、顾问。1955 年,

吴林焕被授予少将军衔，荣获二级八一勋章、一级独立自由勋章、一级解放勋章，是中国人民政治协商会议第五届全国委员会委员。1979 年 4 月 4 日病逝于武汉，享年 64 岁。

**何光宇**（1910—2008），1910 年 3 月 2 日出生，河南省罗山县宣化店墨斗关（现属湖北省大悟县）人。1929 年参加中国工农红军，同年加入中国共产主义青年团，并加入中国共产党。土地革命战争时期，历任红四军第十三师三十九团连长，鄂豫皖游击第六支队便衣队队长，参加了鄂豫皖、豫鄂陕革命根据地反"围剿"斗争和红二十五军长征。到达陕北后，任红十五军团司令部管理科科长，第七十八师三十四团团长，参加了劳山、直罗镇、东征、西征等战役。抗日战争时期，历任冀鲁豫泰西抗日自卫团副团长，山东纵队第六支队支队长，第一一五师运河支队四团团长，教导第三旅九团团长，晋鲁豫军区第二、第八军分区副司令员，参加了反"扫荡"斗争。解放战争时期，历任冀鲁豫军区第二、第七军分区司令员，晋鲁豫军区副参谋长，第二野战军第五兵团司令部军政处处长，参加了淮海、渡江等战役。中华人民共和国成立后，任贵州省军区参谋长、副司令员、司令员，甘肃省军区司令员，兰州军区副司令员兼后勤部部长。1955 年，何光宇被授予少将军衔，曾荣获二级八一勋章、二级独立自由勋章、一级解放勋章。1988 年 7 月获一级红星功勋荣誉章。2008 年 6 月 11 日，病逝于西安，享年 98 岁。

**金绍山**（1915—1957），河南省罗山县宣化店河西村（现属湖北省大悟县）人。1930 年参加中国工农红军，1933 年加入中国共产主义青年团，同年加入中国共产党。土地革命战争时期，任红二十五军第七十五师第二二五团连政治指导员，参加了鄂豫皖革命根据地历次反"围剿"斗争及红二十五军长征。抗日战争时期，历任八路军第一一五师第三四四旅第六八八团连政治指导员、第六八七团营政治教导员、营长、副团长，冀鲁豫军区新编第二旅第四团副团长，第四军分区政治部主任，特务团政治委员，水东军分区政治部主任。参加了反"扫荡"、反顽斗争。解放战争时期，历任冀鲁豫军区水东军分区司令员，豫皖苏军区独立旅旅长，第二野战军第十八军第五十三师师长。参加了淮海、进军西南等战役。中华人民共和国成立后，历任中国人民解放军十八军五十三师师长，西藏军区后方部队司令员，西藏军区副政治委员，其间荣立一等功两次。1955

年，金绍山被授予少将军衔，荣获二级八一勋章、二级独立自由勋章、二级解放勋章。1957 年 6 月 2 日在北京病逝，时年 42 岁。

**郑本炎**（1918—1997），1918 年 5 月出生，河南省罗山县宣化店郑家楼（现属大悟县）人。1930 年 5 月参加中国工农红军。1935 年 10 月，加入中国共产主义青年团，同年 12 月加入中国共产党。土地革命战争时期，历任大别山红军赤卫游击队通信员、湖北罗山县独立十六团战士、红二十五军七十五师特务营特派员、测绘员、测绘股股长。参加了鄂豫皖、鄂豫陕革命根据地反“围剿”斗争、红二十五军长征。抗日战争时期，历任八路军第一一五师三四四旅六七八团一营二连政治指导员、团参谋，新四军第三师三旅二十二团三营营长，苏北公学军事教员，新四军第三师八旅二十三团副团长。参加了平型关战役、反九路围攻、岔河、黄集、蒋家坝、甸湖镇等战斗。1941 年初，在新四军第三师八旅二十二团三营任营长时，亲率部队，作为攻坚主力，一举拔掉号称“模范工事”的江苏涟水县郑潭口据点，歼灭伪军孙礼陶部 600 余人。解放战争时期，历任东北民主联军第二纵队第四师十一团团长、四师副师长，第四野战军南下工作团秘书处主任，中南军政大学湖南分校第一纵队队长。参加了保康、辽阳、鞍山、锦州、沈阳、平津等战役和战斗。中华人民共和国成立后，历任汉口中南军政大学直属纵队队长，第十二步兵学校（1952 年改称第四政治学校）、长沙第一政治学校副校长，广州军区后勤部副部长，成都军区副司令员、顾问。1955 年，郑本炎荣获二级八一勋章、二级独立自由勋章、二级解放勋章。1964 年被授予少将军衔。1988 年 7 月荣获一级红星功勋荣誉章。是第四、第五届全国人大代表。1997 年 7 月 30 日在西安逝世，享年 79 岁。

**高林**（1917—1999），字鸿礼，湖北省大悟县新城镇烂泥套湾人。1931 年参加中国工农红军，同年加入中国共产主义青年团，1936 年加入中国共产党。土地革命战争时期，任红二十五军第七十五师二二五团文印员。参加了鄂豫皖革命根据地第二至第四次反“围剿”斗争和红二十五军长征。抗日战争时期，历任八路军第一一五师二四四旅政治部青年干事、青年股股长、宣传队队长，八路军第二纵队新编三旅八团营政治教导员，冀鲁豫军区独立团政治处组织股股长、团政治委员。参加了平型关大战、沙河运动战、板山伏击战、“四一二”和“七二九”反“扫荡”等战斗战役。解放战争时期，历任晋冀鲁豫野战军第一纵队三旅

二十团政治委员，冀鲁豫军区独立第一旅二团政治委员，鲁中南军区第七军分区第二团政治委员，华东军区警备第二旅五团政治委员。参加了黄土梁子阻击战、张家口保卫战、太西分区游击战、济南攻坚战、淮海战役、渡江战役等。中华人民共和国成立后，任徐州警备旅政治部副主任，师政治部主任，华东军政大学第一总队一科主任，军事学院高级系政治处主任、院务部政治处主任、物资保障部政治委员，高等军事学院院务部副部长、部长，兰州军区后勤部政治委员，高级后勤学校政治委员。1955 年，高林荣获三级八一勋章、二级独立自由勋章、二级解放勋章。1964 年被授予少将军衔，1988 年 7 月获一级红星功勋荣誉章。1999 年 7 月 7 日在北京逝世，享年 82 岁。

**席舒民**（1913—1970），原名席汝竹，曾用名席庶民，河南省罗山县宣化店席家湾（现属湖北省大悟县）人。1929 年 1 月参加中国工农红军，1936 年加入中国共产党。

土地革命战争时期，历任红二十五军战士、排长，红二十五军第七十三师政治部宣传队分队长，红十五军团第七十三师政治部主任。参加了鄂豫皖苏区历次反“围剿”和红二十五军长征。抗日战争时期，历任八路军第一一五师第三四四旅司令部参谋，冀鲁豫支队司令部作战科科长，第五大队代大队长，新四军第三师司令部作战科科长，参加了平型关战役、反“扫荡”、反顽斗争。解放战争时期，历任东北人民自治军独立旅副参谋长，东北民主联军第二纵队第六师参谋长，东北野战军第十二纵队第三十六师参谋长，第四野战军第四十九军第一四七师参谋长。参加了三下江南、辽沈、平津、渡江、广西等战役。中华人民共和国成立后，历任广西军区桂林军分区副司令员，广西宜山军分区副司令员，中共广西桂林地委委员，桂林市警备司令部司令员，空军伞兵副师长，空军干部学校参谋长，第四航空学校参谋长，工程兵军事建筑部办公室副主任、器材部部长，工程兵后勤部副部长等职务。1955 年，席舒民荣获二级八一勋章、二级独立自由勋章、二级解放勋章。1961 年晋升为少将军衔。是中共第七次全国代表大会代表。1970 年 1 月 29 日在北京逝世。

**董志常**（1915—1984），河南省罗山县宣化店董家巷子（现属湖北省大悟县）人。1929 年加入中国共产主义青年团，同年参加中国工农红军，并加入中国共产党。土地革命战争时期，历任红二十五军第七十三师二十九团共青团委员会

书记。参加了鄂豫皖革命根据地历次反“围剿”斗争、西征转移、川陕革命根据地反“三路围攻”和反“六路围攻”、强渡嘉陵江战斗、红四方面军长征。抗日战争时期，历任八路军一一五师三四四旅供给部军需股股长，八路军第二纵队供给部军需科副科长、科长，冀鲁豫军区后勤处处长，参加了反“扫荡”斗争。解放战争时期，历任晋冀鲁豫军区第七纵队供给部部长，第一纵队供给部部长，第二野战军五团供给部部长，参加淮海、渡江等战役。中华人民共和国成立后，历任贵州军区后勤部副部长、部长，中国人民解放军总后勤部营房管理部副部长、总后勤部司令部副参谋长兼特种部队计划供应局局长，白城办事处主任，总后勤部物资部部长、营房部部长、司令部顾问。1955 年，董志常荣获二级八一勋章、二级独立自由勋章、二级解放勋章。1961 年晋升为少将军衔。

1984 年 4 月 7 日逝世，享年 69 岁。

**谢甫生**（1902—1985），原名谢祥应，湖北省大悟县夏店镇谢家湾人。1922 年参加革命，1927 年加入中国共产党。土地革命战争时期，长期从事党的秘密工作，曾先后在豫、陕、鄂、沪、津等地开展兵运、情报联络工作，对鄂豫皖苏区第四、第五次反“围剿”和红二十五军突围长征起了重要作用。参加了冀东暴动。抗日战争时期，在天津做秘密工作时，曾把红军重要情报电传李宗仁将军，为台儿庄大捷和中国共产党统一战线工作做出了积极贡献。历任八路军第四纵队参谋长，挺进军参谋部主任，晋察冀分局社会部派遣科科长，本溪地区与南满军区参谋长兼第三纵队参谋长。解放战争时期，历任北平军调处执行部第二十九执行小组组长，辽东军区副参谋长，第三纵队参谋长，东北军区政治部保卫部部长，参加了辽沈、平津等战役。中华人民共和国成立后，历任海军政治部保卫部部长、海军检察院检察长，驻蒙古国大使。1955 年，谢甫生被授予少将军衔，荣获二级独立自由勋章、一级解放勋章。是湖北省第三、四届政协副主席。1985 年 9 月 3 日在北京逝世，享年 83 岁。

**颜东山**（1909—1991），原名颜东魁，河南省罗山县宣化店严家畈（现属湖北省大悟县）人。1927 年 9 月加入农民协会参加革命，1928 年 2 月加入中国共产党，1929 年 2 月参加中国工农红军。土地革命战争时期，历任河南省罗山县赤卫大队第二中队中队长，县独立团手枪队排长，红二十五军第七十五师二二三团连长，红二十六军第三团营长，红十五军团第七十八师二三四团营长、二三二

团团长。参加了鄂豫皖苏区第一至第四次反“围剿”斗争和红二十五军长征。到达陕北后，参加了陕北苏区三次反“围剿”、劳山战斗、直罗镇战役、榆林桥、横山战斗、东征、西征、山城堡战斗等。在榆林桥战斗中，全歼东北军高福源团并活捉团长高福源。1937 年 1 月进入红军大学（后更名为抗日军政大学）二期学习。抗日战争时期，由抗大毕业后返回部队，担任八路军第一一五师第三四四旅六八七团二营营长，后任六八九团二营营长，其间参加了平型关战役和晋东南反日寇“九路围攻”等战役。1938 年 4 月调八路军总部，分配到山西青年抗敌决死队军官学校任中队长，晋南地方干部学校任大队长，豫西地方干部学校任大队长。1939 年 1 月调回三四四旅旅部任作战科科长，1940 年 3 月带部队到冀鲁豫军区，任晋鲁豫军区新二旅副参谋长，同年任冀鲁豫军区第一军分区副司令员。1940 年 8 月第一军分区与华北民军一旅司令部合并，改为第五军分区，颜东山任副司令员。其间，先后参加了多次反“扫荡”，著名的有“五五大扫荡”和“四一二大扫荡”等。1943 年 3 月，经组织安排赴延安党校学习。解放战争时期，历任河南伊洛军分区政治部主任，江汉军区洪山军分区司令员，江汉军区独立一旅政治委员，江汉军区副政治委员，房郧军分区政委兼地委书记，江汉军区洪山军分区副政治委员，湖北军区孝感军分区副政治委员等。参加了挺进中原开辟根据地和中原突围、淮海、渡江等战役。中华人民共和国成立后，随湖北省军区组织的湖北师北上参加抗美援朝，任该师政治委员，到达东北后该师改编为炮兵第二十师，继续担任政治委员。1958 年 1 月，颜东山到北京军区炮兵任副政治委员。1955 年，颜东山被授予少将军衔，荣获二级八一勋章、二级独立自由勋章、二级解放勋章。1988 年 7 月获一级红星功勋荣誉章。1991 年 2 月 25 日，因病在北京逝世，享年 82 岁。

**张祖谅**（1911—1961），河南省商城县白塔集乡大塘湾村人，1931 年 6 月加入中国共产主义青年团，同年 9 月参加中国工农红军，1932 年 2 月加入中国共产党。土地革命战争时期，历任红四军第十一师三十一团特务连战士，红二十五军七十三师特务连班长、排长，二一七团经理处给养科科长，红三十一军九十三师政治部干事，二七九团连政治指导员，军政治部保卫科科长。参加了鄂豫皖革命根据地反“围剿”作战和开辟川陕革命根据地的斗争。1935 年参加了长征。抗日战争时期，任八路军一二九师三八六旅七七二团政治处组织股副股长，旅政治部锄奸科科长，七七二团代理政治委员，旅政治部主任，太岳军区第

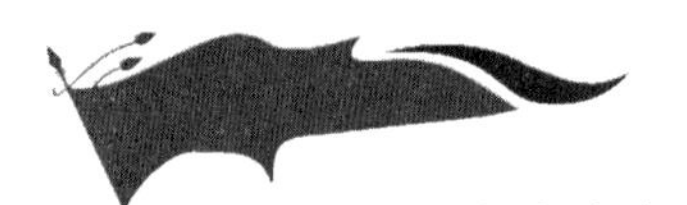



二军分区政治部主任，第三军分区副政治委员。参加了七亘村、神头岭战斗和百团大战。解放战争时期，任晋冀鲁豫军区第十九军分区司令员、晋冀鲁豫野战军第八纵队参谋长，华北军区一兵团第八纵队副司令员兼参谋长、第一野战军第十八兵团第六十军副军长兼参谋长、军长。参加了上党、运城、临汾、晋中、太原等战役和进军西北、西南的扶眉、兰州、成都等战役。中华人民共和国成立后，任第十八兵团六十军军长兼成都警备司令部司令员，川西军区副司令员、司令员。1952 年 10 月，任中国人民志愿军第三兵团六十军军长，参加指挥了金城战役，荣获朝鲜民主主义人民共和国一级自由独立勋章。1955 年被授予中将军衔，荣获二级八一勋章、一级独立自由勋章、一级解放勋章。1959 年，进军事学院学习，毕业后任南京军区参谋长。

**叶道友**（1914—1961），河南省新县郭家河土门村人，1929 年加入中国工农红军，同年加入中国共产主义青年团，1931 年加入中国共产党。土地革命战争时期，任红二十五军第七十三师二二三团排长、副连长、副营长。参加了长征。抗日战争时期，任八路军山东纵队第一大队大队长、团长，新四军南进支队第二团营长，新四军第三师九旅二十六团营长，第四师九旅二十五团副团长，淮北军区独立团团长。解放战争时期，任华中军区第九纵队七十七团团长，淮北军区独立旅副旅长，第三野战军三十四军一〇一师师长。中华人民共和国成立后，任华东军区海军第四舰队副司令员，江阴要塞司令员，淞沪基地副司令员，海军淞沪水警区司令员，舟山基地副司令员。1961 年晋升为少将军衔。荣获二级八一勋章、二级独立自由勋章、二级解放勋章。

**扶廷修**（1912—1966），河南省新县吴陈河乡小河边村人。1930 年参加中国工农红军，同年加入中国共产党。土地革命战争时期，任河南光山县独立师第四团连长，红二十五军第七十三师二二三团营部副官，河南游击支队司令部参谋，红二十五军军部电台管理科科长，红军总供给部总务处处长，中华苏维埃共和国中央政府外交部管理科科长。参加了长征。抗日战争时期，任八路军交通局交通科科长，新四军第六纵队司令部副官处处长，第四师二十二团参谋长，第四师司令部副官处处长，第四师十二旅三十三团团长。解放战争时期，任新四军第四师十二旅三十六团团长，豫皖苏军区参谋处副处长兼管理科科长，军区军政处处长，第二野战军十八军后勤部副部长。中华人民共和国成立后，任

进藏部队后方司令部参谋长，西藏军区后勤部副部长，军区副参谋长，1964 年晋升为少将军衔。荣获二级八一勋章、二级独立自由勋章、二级解放勋章。

**吴华夺**（1917—1997），河南省新县陈店乡细吴村人，1929 年参加中国工农红军，1930 年加入中国共产主义青年团，1935 年加入中国共产党。土地革命战争时期，任鄂东北游击总指挥部特务大队队长，红二十五军交通队班长、手枪团分队长，第七十五师二二三团三营连长，后参加了长征。抗日战争时期，任新四军第四支队八团营长，第九团团长，第二师四旅十团团长。解放战争时期，任第三野战军二纵队四师参谋长，纵队副参谋长兼第六师师长，华东军政大学校务部部长。中华人民共和国成立后，任军事学院院务部行政管理部部长，队列部副部长、部长，院高级系主任兼函授系主任、速成系主任、参谋系主任，军事学院教育长，陕西省军区副司令员兼省国防工办主任，兰州军区副司令员、顾问。1955 年被授予少将军衔。荣获三级八一勋章、二级独立自由勋章、一级解放勋章和一级红星功勋荣誉章。

**程世清**（1918—2008），河南省新县陈店乡程七村人。1929 年参加光山县独立团。1931 年加入中国共产主义青年团，1935 年加入中国共产党。土地革命战争时期，任光山县独立团宣传员，红七十三师宣传队分队长，红二十五军七十八师宣传队队长。参加了长征。抗日战争时期，任八路军一一五师六八七团宣传干事、青年股股长，冀鲁豫支队政治处副主任，团政治处主任，团长兼政治委员，黑龙江军区庆安第二军分区政治部主任。解放战争时期，任西满独立师政治部主任，第四野战军一三二师政治部主任、副政治委员。中华人民共和国成立后，任解放军师副政治委员，装甲兵政治部干部部副部长、部长，装甲兵政治部主任，解放军二十六军政治委员，江西省委第一书记，福州军区副政治委员兼江西省军区第一政治委员。1955 年被授予少将军衔，是中国共产党第九次全国代表大会代表、第九届中央委员。荣获三级八一勋章、二级独立自由勋章和二级解放勋章。

**鲁加汉**（1916—1991），河南省新县陈店乡山背湾村人，1930 年参加中国工农红军，同年加入中国共产主义青年团，1934 年加入中国共产党。土地革命战争时期，任红二十五军第七十三师二一八团通信员，红三十一军政治部敌工部

干事、科长、部长，军供给部政治委员，军政治部总务处处长。参加了长征。抗日战争时期，任八路军一二九师卫生部政治委员，三八六旅政治部敌工科科长，师政治部总务处处长，太岳军区供给部政治协理员，军区后勤部政治部副主任。解放战争时期，任太岳军区后勤部政治部主任，第十八兵团办事处政治委员。中华人民共和国成立后，任川西军区政治部民运部部长，茂县军分区副政治委员、政治委员，成都军区干部部部长，成都军区政治部副主任，成都军区后勤部部长，四川省军区政治委员，成都军区政治部副主任、副政治委员。1955 年被授予少将军衔。荣获二级八一勋章、二级独立自由勋章、二级解放勋章和一级红星功勋荣誉章。

**成少甫**（1917—1979），又名成肇坤，1917 年 10 月出生于商城县吴河乡清塘坳村（现鲇鱼山水库淹没区）。1929 年 10 月参加商城县农民暴动，1930 年 3 月参加中国工农红军，同年 8 月加入中国共产主义青年团。1934 年 9 月任红二十五军七十五师二二五团三连排长。1935 年 10 月加入中国共产党，任二二五团政治处组织科科长。1936 年 4 月，任红十五军团七十五师二二五团三连政治指导员、教导营一连政治教导员。抗日战争时期，任八路军一一五师教导大队第六队政治指导员。1937 年 11 月以后，历任晋察冀军区军政学校二队队长、第三军分区十一团代理团长、教导大队大队长兼政治委员、第二支队支队长兼政治委员、第四十二团团长等职。1946 年，任晋察冀军区第三军分区副司令员、司令员、晋察冀军区野战军第一纵队二旅旅长、第二十兵团六十六军一九七师师长。1951 年 4 月，任六十六军副军长。1952 年 1 月，入中国人民解放军军事学院高级速成系学习，1954 年毕业后任六十五军军长。1964 年 5 月，任北京军区副参谋长。1969 年 10 月，任济南军区副司令员。1975 年 8 月，任济南军区顾问。

1955 年 9 月，被授予少将军衔。1979 年逝世。

**刘德海**（1907—2000），商城县河凤桥乡赵棚村中湾组人。1928 年参加革命，1929 年 5 月，参加了商城起义。翌年 4 月加入中国共产党并担任五区三乡赤卫队队长兼土地委员。1931 年参加中国工农红军。土地革命战争时期，先后在红二十五军二二二团、二二四团、七十四师，历任班长、排长、连长、营长、团特派员等职。抗日战争时期，历任八路军一一五师三四四旅保卫科科长，冀鲁豫军区保卫部部长，鲁西北军分区副政治委员。参加了平型关战役和冀鲁豫根据

地的抗日武装斗争。解放战争时期，历任冀鲁豫军区鲁西南军分区司令员，冀鲁豫军区后勤部政治委员、平原军区参谋长等职。参加了定陶战役、开封战役和淮海战役，并参与了平原省的筹建、发展，及撤销后的善后工作。中华人民共和国成立后，历任平原军区参谋长、天津解放军五十速成中学校长、北京军区文化学校校长、国防部第十研究院副院长兼院直党委书记、驻第四机械工业部中央监察组组长、国防科委第十四研究院院长、电子工业部第十四研究院院长等职。1955 年 9 月，被授予少将军衔，1982 年离休。曾先后荣获二级八一勋章、二级独立自由勋章、一级解放勋章，是中国人民政治协商会议第五届全国委员会委员，中国共产党第七次全国代表大会代表。2000 年 11 月 14 日病逝于北京。

**常玉清**（1905—1991），又名常启发，商城县汪岗乡古井村人，1929 年参加中国工农红军，同年加入中国共产党。土地革命战争时期，历任商城县游击队分队长，红九军八十团连长兼政治指导员，红四方面军第二十五军七十五师二二三团营政治委员，第七十三师二三〇团政治委员，红十五军团第七十五师副师长、政治委员。参加了长征。抗日战争时期，入延安红军大学高干班学习。历任八路军一一五师三四四旅六八七团副团长，三四四旅政治部副主任，八路军第二纵队新二旅副旅长，淮北保安司令，新四军第三师八旅副旅长，三四四旅政治部副主任，新四军第三师八旅副旅长，苏北民兵指挥部总指挥，盐阜军分区副司令员。参加了平型关战役。解放战争时期，历任华中野战军第十纵队副司令员、华东野战军第十二纵队副司令员、华中军区副参谋长兼后勤司令员，苏北军区副司令员。参加了淮海战役和渡江战役。中华人民共和国成立后，任江苏军区第二副司令员，江苏省军区副司令员。1955 年 9 月，被授予少将军衔。先后荣获一级八一勋章、一级独立自由勋章、一级解放勋章和一级红星功勋荣誉章。1991 年逝世。

**鲍启祥**（1913—1967），河南省商城县人。1931 年参加中国工农红军，1934 年加入中国共产主义青年团，1934 年加入中国共产党。土地革命战争时期，任红二十五军七十五师二二五团二营党支部书记，红二十五军政治部干事，红十五军团七十八师总支书记，红十五军团七十五师二二三团政委，红军大学一期二科学员。参加了长征。抗日战争时期，任八路军一一五师三四四旅六八八团

一营教导员，冀鲁豫游击二支队中队长，冀鲁豫游击三大队大队长，冀鲁豫游击三大队政委，冀鲁豫新编二旅六团政委，新四军三师八旅二十三团团长，中央党校学员。解放战争时期，任热河军区三十九团团长，冀东军区独立十三旅三十七团政委，冀东军区十八团政委，冀察热辽军区独立十三旅副政委，东北野战军第八纵队二十二师政委，第四野战军十二兵团四十五军一三三师政委，第四野战军十二兵团四十九军留守处主任兼政委。中华人民共和国成立后，任解放军一五八师副师长，公安十师政委，第四公安部队学校政委，公安军高级预备学校政委，广西军区副政委，广东省军区副政委。1955 年被授予大校军衔，1961 年晋升为少将军衔。获二级八一勋章、二级独立自由勋章、二级解放勋章。1967 年 4 月 20 日在广州逝世。

**方升普**（1915—1981），河南省商城县吴家店区斑竹园乡（现属安徽省金寨县）人，1929 年加入中国共产主义青年团，同年参加中国工农红军，1930 年加入中国共产党。土地革命战争时期，任红四军班长、排长，红二十五军第七十五师二二五团副连长、副营长，豫陕游击师师长，第七十四师副师长兼参谋长。参加了长征。抗日战争时期，任晋豫游击支队副司令员兼参谋长、政治委员，八路军第一二九师新编一旅二团、一团团长，太行军区第七军分区副司令员，豫西抗日游击第一支队副司令员，豫西军区第一军分区副司令员。解放战争时期，任中原军区第一纵队一旅副旅长，华东野战军第一纵队独立师师长，太岳军区副司令员，华北军区第十五纵队副司令员兼第四十三旅旅长，第二野战军六十二军副军长。中华人民共和国成立后，任西康军区副司令员、代司令员，总高级步兵学校第一副教育长，防空军第一军军长，福州军区空军、兰州军区空军副司令员。中国共产党第九次全国代表大会代表。1955 年被授予少将军衔。荣获二级八一勋章、二级独立自由勋章、一级解放勋章。1981 年 12 月 21 日在北京逝世。

**邬兰亭**（1917—2000），原名邬荣耀，河南省商城县汤家汇区桃岭乡（现属安徽省金寨县）人。1930 年参加中国工农红军，1931 年加入中国共产主义青年团，1933 年加入中国共产党。土地革命战争时期，任红三十二师政治部宣传队队员，红十二师政治部宣传队少共书记，红二十五军手枪团班长，红第八十二师二四四团连长，手枪团班长。参加了三年游击战争。抗日战争时期，任新四军

怀宁游击大队一中队队长，第四支队十四团连长、团部侦察参谋、特务团连长，新四军第二师六旅十七团连长，十六团营长、团参谋长。解放战争时期，任华东野战军第七纵队十九师五十五团团长，胶东军区新编第六师副师长，山东军区第三十二军九十四师副师长。中华人民共和国成立后，任第三十二军九十四师师长，志愿军第三十二军九十四师师长，第二十七军、第二十军副军长，安徽省军区副司令员，第二十军军长，武汉军区副司令员、顾问。中国共产党第十一次全国代表大会代表。1961 年晋升为少将军衔。荣获三级八一勋章、二级独立自由勋章、二级解放勋章，1988 年获一级红星功勋荣誉章。2000 年 5 月 22 日在武汉逝世。

**严家安**（1916—2000），河南省商城县汤家汇区双河乡（现属安徽省金寨县）人，1929 年参加中国工农红军，同年加入中国共产主义青年团，1935 年加入中国共产党。土地革命战争时期，任皖西北特委军事委员会电话队班长，红二十五军军部电话队排长，第七十三师电话队副队长，第三十一军交通总站站长。参加了长征。抗日战争时期，任八路军第一二九师电话队副指导员、师司令部作战参谋，冀南军区司令部通信科科长、侦察科科长，冀南军区新八旅二十二团参谋长，新四军第五师十三旅作战科科长。解放战争时期，任中原军区侦察科科长，第二纵队刑侦察科科长，豫陕鄂军区第二十四支队支队长，鄂豫皖军区第一军分区参谋长。中华人民共和国成立后，任中央军委公安部队司令部军务处处长，公安部武装警察局副局长，人民武装警察部队副参谋长，公安部队副参谋长、参谋长，第二炮兵参谋长、副司令员，第四、五届全国人大代表，1962 年晋升为少将军衔。荣获三级八一勋章、二级独立自由勋章、二级解放勋章，1988 年获一级红星功勋荣誉章。2000 年 12 月 3 日在北京逝世。

**杨克武**（1914—2001），原名杨瑞祯，河南省商城县丁家埠区南溪乡（现属安徽省金寨县）人。1929 年参加商城起义，同年参加中国工农红军，并加入中国共产主义青年团，1931 年加入中国共产党。土地革命战争时期，任红一军第二师宣传队队长、军宣传队队长，红二十五军第七十五师二二三团司令部参谋，红十五军团政治部组织干事。参加了长征。抗日战争时期，任八路军第一一五师六八八团宣传股股长，第一军分区团政委，平西挺进军军教科科长，抗大第三分校政治部组织科副科长，延安军事学院组织科副科长，抗大总校组织科科长，抗大

第四大队政治处主任，冀东军区第十五军分区政治部主任。解放战争时期，任东北野战军第八纵队政治部秘书长兼宣传科科长，第四野战军四十五军司令部作战科科长。中华人民共和国成立后，任玉林军分区参谋长，中国人民解放军后勤学院战役法教授系主任，军事科学院战理部战略研究室主任，湖北省军区副司令员，1964 年晋升为少将军衔。荣获二级八一勋章、二级独立自由勋章、二级解放勋章，1988 年获一级红星功勋荣誉章。2001 年 1 月 30 日在武汉逝世。

**肖选进**（1920—2011），原名肖显敬，河南省商城县吴家店区斑竹园乡（现属安徽省金寨县）人，1931 年参加中国工农红军，1938 年加入中国共产党。土地革命战争时期，任红二十五军班长，红二十八军班长、警卫员，参加了三年游击战争。抗日战争时期，任新四军第四支队特务营排长、副连长，江北游击纵队连长，新四军第二师副营长、第七师营长。解放战争时期，任山东野战军第七纵队团长，第三野战军二十五军师参谋长。中华人民共和国成立后，任第三野战军二十五军副师长、师长，中国人民志愿军第二十四军师长，中国人民解放军第六十六军师长、军参谋长、副军长，第六十九军军长，北京军区副司令员，第六届全国人大代表，第七届全国政协委员，中共中央纪律检查委员会委员。1964 年晋升为少将军衔。荣获三级八一勋章、三级独立自由勋章、二级解放勋章，1988 年获一级红星功勋荣誉章。

**佘积德**（1916—1981），河南省商城县白沙河区沙河乡（现属安徽省金寨县）人，1930 年参加中国工农红军，同年加入中国共产主义青年团，1933 年加入中国共产党。土地革命战争时期，任红二十五军团宣传队队长、组织科科长，第三十一军师政治部组织干事、地方工作科科长、团政治处书记、师政治部特派员。参加了长征。抗日战争时期，任八路军团政治处干事、旅政治部保卫干事、团特派员，太行军区第一军分区政治部保卫科科长，第四军分区政治部主任。解放战争时期，任太行军区政治部保卫部部长，太行军区第五军分区政治部主任，安阳军分区副政治委员，安阳警备司令部政治委员。中华人民共和国成立后，任华北军区炮兵政治部主任，志愿军炮兵政治部主任，福州军区炮兵政治委员，福州军区副政治委员兼政治部主任，中共江西省委书记，成都军区顾问。第五届全国政协委员，中共第十届候补中央委员。1955 年被授予少将军衔。荣获二级八一勋章、二级独立自由勋章、二级解放勋章。1981 年 1 月在成都逝世。

**余明**（1914—1990），原名余嗣明，河南省商城县汤家汇区桃岭乡（现属安徽省金寨县）人。1929 年参加商城起义，同年加入中国共产主义青年团，1930 年加中国工农红军，1933 年加入中国共产党。土地革命战争时期，任红二十七军师交通队通信员，红二十五军特务队队员，光山县便衣队政治指导员，鄂东北独立团手枪队政治指导员，参加了三年游击战争。抗日战争时期，任新四军第四支队连政治指导员、团政治处主任，新四军四旅团政治委员，第六旅团政治委员，第七师团政治委员、旅政治部主任。解放战争时期，任山东野战军第七师旅政治部主任，华东野战军第七纵队师副政治委员，第十三纵队师政治委员，第三野战军三十一军师政治委员。中华人民共和国成立后，任第三十一军九十三师政治委员兼漳州地区剿匪委员会书记，第二十五军政治部主任，空军第四军副政治委员。1955 年被授予少将军衔。荣获三级八一勋章、二级独立自由勋章、一级解放勋章，1988 年获一级红星功勋荣誉章。1990 年 2 月在合肥逝世。

**赵遵康**（1913—1983），又名赵永健，河南省商城县汤家汇区桃岭乡（现属安徽省金寨县）人。1929 年加入中国共产主义青年团，同年参加商城起义，1930 年参加中国工农红军，1931 年加入中国共产党。土地革命战争时期，任商城县游击队班长、排长、连长，红四军第十二师三十六团排长，红二十五军第七十五师二二三团连政治指导员、团政治处民运股股长，红十五军团第七十五师政治部民运科科长。参加了长征。抗日战争时期，任八路军第一一五师三四四旅六八八团政治处民运股股长，晋南游击支队政治部主任，冀鲁豫军区南乐县独立团副团长、团长，第五军分区副司令员。解放战争时期，任冀鲁豫军区第四军分区副司令员，晋冀鲁豫野战军第十一纵队三十三旅副旅长，第三十一旅副旅长，第二野战军十七军补训师师长，第十七军后勤部部长。中华人民共和国成立后，任贵州军区后勤部副部长、部长，海南军区副司令员，广州军区后勤部副部长、生产建设兵团副司令员，广州军区后勤部部长、顾问。1961 年晋升为少将军衔。荣获二级八一勋章、二级独立自由勋章、二级解放勋章。1983 年 7 月在广州逝世。

**徐其海**（1913—1984），河南省商城县白沙河区沙河乡（现属安徽省金寨县）人。1929 年加入中国共产主义青年团，同年参加中国工农红军，1932 年加入中

国共产党。土地革命战争时期,任红军游击队队长,红二十五军七十三师二一八团连长兼政治指导员、副营长,第三十一军九十一师司令部作战科科长、团参谋长、师参谋长。参加了长征。抗日战争时期,任八路军第一二九师三八六旅七七一团一营营长,八路军留守兵团绥德警备司令部科长,三五九旅七一八团参谋长,关中警备司令部特务营营长。解放战争时期,任冀察热辽军区炮兵第三团团长,热河军区教导团团长,东北民主联军第八纵队二十四师参谋长,第四野战军四十五军一五八师副师长,四十五军参谋处长。中华人民共和国成立后,任中国人民解放军第一三三师副师长、师长,第四十六军副军长,解放军体育学院院长,广西军区副司令员、顾问,广西壮族自治区革委会副主任兼体委主任,广西壮族自治区人民政府副主席。1955 年被授予少将军衔。荣获二级八一勋章、二级独立自由勋章、二级解放勋章。曾获中华人民共和国体育开拓者荣誉章。1984 年 8 月在北京逝世。

**熊挺**(1905—1981),原名熊光勋,河南省商城县白沙河区沙河乡(现属安徽省金寨县)人,1928 年加入中国共产主义青年团,1929 年参加商城起义,1930 年参加中国工农红军,同年加入中国共产党。土地革命战争时期,任红二十八军第二四六团政治处秘书。坚持了三年游击战争。抗日战争时期,任新四军第四支队七团政治处民运股股长、组织股股长,第九团政治处副主任,第四支队政治部组织科科长,第二师四旅政治部组织科科长,淮南军区路东军分区天高支队政治处主任。解放战争时期,任淮南军区路东军分区政治部副主任,第二师独立旅政治部副主任,华东野战军政治部巡视团副团长,山东野战军第二纵队政治部组织部部长,华中军区军工部政治委员,华东军区苏北军区政治部组织部部长。中华人民共和国成立后,任苏北军区政治部副主任,江苏省军区政治部副主任,南京军区直属政治部主任、军事检察院检察长、第一文化学校政治委员、工程兵副政治委员。1955 年被授予少将军衔。荣获三级八一勋章、二级独立自由勋章、二级解放勋章。1981 年 3 月在合肥逝世。

**吕清**(1915—2010),河南省光山县蔡桥乡胡店村人,1930 年 8 月参加中国工农红军,1935 年 12 月加入中国共产党。土地革命战争时期,历任光山独立团通讯员、红二十五军七十四师交通员,麻城独立团通信排排长、特务队副队长、连长,中央军委工兵连政治指导员、驻西安办事处副官。参加了鄂豫皖苏区历

次反“围剿”斗争和长征。抗日战争时期，历任八路军西安办事处副官，西安办事处运输科副科长，延安赴华中干部队政治指导员，新四军第四支队九团政治处主任，抗大八分校高干队队长兼政治指导员，淮南军区津浦路西军分区政治部主任。参加了巩固淮南抗日根据地的反“扫荡”斗争。解放战争时期，历任延安赴东北干部团二大队队长兼四队队长和政治指导员，合江军区副政委兼政治部主任，合江军区副政委兼第一军分区政委、第五支队政委，第四军分区第一副政委，东北军区炮兵学校政治部主任，朱瑞炮校副政委兼政治部主任。参加了巩固东北解放区和剿匪反霸斗争。中华人民共和国成立后，任高级炮兵学校副政委兼军委防空学校副政委，松江军区副政委，黑龙江军区副政委，沈阳军区工程兵副政委、政委，中华人民共和国林业部政治部主任，农垦部副部长，1955 年荣获三级八一勋章、二级独立自由勋章、一级解放勋章。1961 年晋升少将军衔。是第六、第七届全国政协委员，第三届全国人民代表大会代表。

**傅家选**（1909—1995），河南省光山县白雀镇鸡冠村人。1929 年参加革命，1930 年加入中国共产党，1932 年参加中国工农红军。土地革命战争时期，历任乡苏维埃政府主席、少年模范营营长、红二十八军第二五〇团供给科科长、红二十五军经理处会计科副科长，红十五军团供给部会计科代理科长，参加了鄂豫皖革命根据地的创建、反“围剿”作战和开辟鄂豫陕革命根据地的斗争，并参加了长征。抗日战争时期，历任八路军一一五师三四四旅供给处处长、供给部部长，八路军第二纵队后勤部部长，冀鲁豫军区供给部部长、后勤部部长兼政治委员。参加了平型关战役和反“扫荡”斗争。解放战争时期，历任冀鲁豫军区副参谋长、参谋长，第二野战军南下干部支队司令员，华北局南下干部支队司令员，赣东北军区第一副司令员，贵州省人民政府委员，财经委主任，建设接管部部长。参加了淮海、渡江战役、解放江西、贵州等地的战斗。中华人民共和国成立后，历任西南军政委员会交通部第一副部长，中国人民解放军总后勤部军需部部长、生产部部长，赴苏联技术装备考察团团长，总后技术装备研究院院长兼党委书记，济南军区后勤部部长，济南军区参谋长、副司令员、顾问，1955 年被授予少将军衔。荣获二级八一勋章、二级独立自由勋章、二级解放勋章。是第五届全国政协委员。1988 年获一级红星功勋荣誉章。

**方毅华**（1917—1981），原名方福柏，河南省罗山县丰店姚树畈（现属湖北省大悟县）人。1931 年 7 月参加中国工农红军，1935 年 10 月加入中国共产党。土地革命战争时期，历任红二十五军第七十五师二二五团副排长，红十五军团政治部保卫局二科科员，参加了鄂豫皖反“围剿”作战、开辟鄂豫陕根据地和参加长征。抗日战争时期，历任八路军第一一五师政治部锄奸科科员、师卫生部特派员，东进抗日挺进纵队津浦支队特派员，山东纵队第二旅政治部锄奸科科长。参加了平型关战役和反“扫荡”斗争。解放战争时期，历任长春市卫戍司令部保卫科科长，辽吉军区政治部保卫科科长，东北野战军第十纵队第二十八师八十二团政治委员，第四野战军第四十七军一三九师政治部副主任、主任，参加了辽沈、平津、宜沙等战役战斗。中华人民共和国成立后，参加了抗美援朝作战，历任中国人民志愿军第四十七军一三九师政治部主任、师副政委、政委，获朝鲜民主主义人民共和国自由独立二级勋章、国旗二级勋章。1954 年 9 月回国后，方毅华进入解放军政治学院学习。毕业后，历任师政委、广州军区政治部干部部部长、广州军区后勤部政委。1955 年，方毅华获三级八一勋章、二级独立自由勋章、二级解放勋章。1964 年被授予少将军衔。是中国共产党第七次全国代表大会代表。1981 年 5 月 11 日，在广州逝世，享年 64 岁。

**卜万科**（1910—1969），河南省固始县陈淋镇（现属安徽省金寨县）人，1930 年参加中国工农红军，1931 年加入中国共产党。土地革命战争时期，参加了鄂豫皖革命根据地反“围剿”斗争，任红二十五军第七十三师战士、班长。1932 年 10 月随红四方面军主力转战川陕，投入创建川陕革命根据地的斗争，历任红四方面军第三十一军九十三师二七九团排长、副连长、连长、营长，第九十一师二七一团副团长，第四军十二师参谋长，第十一师三十四团团长，1935 年参加长征。抗日战争时期，任八路军一二九师三八五旅七七〇团营长、副团长，1945 年 2 月率部挺进豫西，任豫西第四支队第十四团团长，后任河南军区独立第三旅副旅长，参加了神头岭、响堂铺、香城固战斗、百团大战和创建豫西抗日民主根据地的斗争。解放战争时期，任中原军区第二纵队十三旅副旅长、豫皖苏军区汝南军分区副司令员。参加了中原突围和淮海战役。中华人民共和国成立后，1950 年 12 月至 1952 年 11 月，任信阳军分区司令员。1955 年被授予少将军衔。

**余克勤**(1913—1988),河南省固始县方集乡人,1929 年参加中国工农红军,1930 年加入中国共产主义青年团,1933 年加入中国共产党。土地革命战争时期,任红二十五军第七十三师排长、红军大学区队长、连长,参加了鄂豫皖革命根据地反“围剿”作战和开辟川陕革命根据地的斗争,参加了长征。抗日战争时期,任陕北公学支队长,中国人民抗日军政大学第一分校营长,冀鲁豫军区独立游击支队参谋长,新编第三旅七团团长,教导第七旅副旅长,水东军分区司令员,参加了反“扫荡”斗争。解放战争时期,任冀鲁豫军区第五军分区司令员,第三军分区参谋长、副司令员,华北军区独立第二旅旅长,参加了平津、淮海战役。中华人民共和国成立后,任平原省湖西军分区司令员,副军长,第八步兵学校校长。1955 年被授予少将军衔。荣获三级八一勋章、二级独立自由勋章、二级解放勋章。1988 年荣获一级红星功勋荣誉章。

**毛和发**(1919—1999),河南省固始县城郊乡人,1931 年参加中国工农红军,1934 年加入中国共产主义青年团,1935 年加入中国共产党。土地革命战争时期,在鄂豫皖红二十五军任战士、警卫班长、连队文书,参加了鄂豫皖革命根据地反“围剿”作战和开辟鄂豫陕革命根据地的斗争,参加了长征。抗日战争时期,任八路军一一五师三四四旅六八七团连政治指导员、副营长。1940 年 2 月以后,随团先后编入八路军第二纵队三四四旅、第五纵队第三支队,南下华中,挺进淮海地区,任新四军第三师八旅二十四团营长、第三师特务团副团长,参加巩固和发展苏北抗日民主根据地的斗争。解放战争时期,任东北民主联军第七纵队二十一师六十一团团长,第四野战军第十五兵团四十四军一三二师副师长,参加了四平保卫战、辽沈、平津、渡江战役和向中南进军的湘赣战役、广东战役。中华人民共和国成立后,任中国人民解放军第四十三军一三二师师长、海南军区副司令员、广东省军区副司令员、顾问。1955 年荣获三级八一勋章、二级独立自由勋章、二级解放勋章。1964 年晋升少将军衔,1988 年获一级红星功勋荣誉章。1999 年 10 月 2 日,在广州逝世。

**杨森**(1916—2004),河南省固始县武庙乡人,1930 年参加中国工农红军,同年加入中国共产主义青年团,1936 年加入中国共产党。土地革命战争时期,任红二十五军第七十五师二二五团通信排排长、特务连连长、通信参谋,参加了鄂豫皖革命根据地反“围剿”作战和开辟鄂豫陕革命根据地的斗争,参加了长

征。抗日战争时期，任八路军一一五师三四四旅六八八团通信参谋，抗日军政大学第二分校区队长，中共中央北方分局警卫大队副大队长、大队长，晋察冀军区第十二军分区游击大队长，军分区司令部通信股股长，第四十团参谋长、团长。参加了反“扫荡”、反顽斗争。解放战争时期，任晋察冀军区第十二军分区十二团团长，第十九兵团六十五军一九三师副师长。参加了平津、太原战役。中华人民共和国成立后，任中国人民解放军第六十五军一九三师师长。参加抗美援朝，任中国人民志愿军师长，荣获朝鲜民主主义人民共和国二级自由独立勋章。回国后，任中国人民解放军第六十五军副军长、军长，北京卫戍区副司令员、顾问。1955 年荣获三级八一勋章、二级独立自由勋章、二级解放勋章。

1964 年晋升少将军衔，1988 年获一级红星功勋荣誉章。2004 年 10 月在北京病逝。

**宋治民**（1912—1988），河南省固始县马岗乡人，1930 年参加中国工农红军，1932 年加入中国共产党。土地革命战争时期，任县独立团特务连司务长，红二十五军第七十五师二二五团营党支部书记、红十五军团直属队政治处总支书记，参加了鄂豫皖革命根据地反“围剿”作战和开辟鄂豫陕革命根据地的斗争，参加了长征。抗日战争时期，任八路军一一五师通信营政治教导员兼通信队政治指导员，师直属队政治处组织干事，中国人民抗日军政大学三大队政治指导员，新四军第六支队三团政治处主任，新四军第四师特务团政治处主任，特务营政治委员、师卫生队政治委员，师政治部干部科科长，第十一旅三十一团政治委员。参加了开辟淮北抗日根据地和反“扫荡”、反顽斗争。解放战争时期，任华东野战军第二纵队五师政治部副主任、主任，第三野战军二十一军六十二师政治部主任。中华人民共和国成立后，任华东军区公安部队师政治委员，军分区政治委员，浙江省军区政治部副主任、主任，江苏生产建设兵团副政治委员，浙江省军区顾问。1955 年荣获二级八一勋章、二级独立自由勋章、二级解放勋章。1964 年晋升少将军衔。

**宋维栻**（1917—2010），安徽省金寨县古碑人，1932 年参加红军，1933 年入党。土地革命战争时期，1932 年，刚满 15 岁的宋维栻加入了县苏维埃政府独立团，同年 8 月，县独立团编入红二十五军，宋维栻在七十四师二二〇团政治处当宣传员。1934 年 11 月，担任红二十五军军长程子华的特务员，跟随首长一起开

始了艰苦的长征。胜利到达陕北后，进入红军大学学习。抗日战争时期，先后任八路军一一五师组织干事、股长、苏鲁豫支队一大队一营教导员、一大队政治处副主任，新四军第三师七旅二十团政治处主任、政委等职。参加了平型关、晋西汾（阳）离（石）、永城等战役。解放战争时期，历任新四军第三师七旅二十团团长兼政委，东北民主联军第六纵队十六师四十七团团长兼政委、第四野战军四十三军一二七师副政委兼政治部主任、一二八师政委等职。1946 年，国共两党和平谈判破裂后，拉开了解放战争的大幕。在东北战场，刚到此处的新四军三师七旅参加了四平保卫战、辽沈、平津、渡江等重大战役。当时，宋维栻是七旅二十团政委兼团长。1948 年 10 月，全军整编，任四十三军一二七师副政委兼政治部主任。1949 年 4 月，一二七师在湖北黄冈消灭了长江北岸守敌，乘胜打过长江。5 月，调任一二八师政委，继续向华南挺进。1949 年底，任一二七师政委，受命解放海南岛，率部与敌激战 20 余日，终将海南岛全境解放。后任海口市警备司令部政委、第四十三军副政委、广东省军区政委、中国人民解放军政治学院副院长、铁道兵政委、福州军区副政委、顾问等职。1987 年退休后，致力于整理军史，多年来不辞秉笔忆关河。十余年来，他组织和支持老同志，一起忆史著书，先后编纂出版《战争史上的奇迹》《苏北抗日烽火》《军旅足痕》，以及《铁道兵不了情》等文史集，还著有个人回忆录《征战回眸》，共百余万字。是中共八大代表。1955 年被授予少将军衔，获二级独立自由勋章、一级解放勋章。1988 年，中央军委授予一级红星功勋荣誉章。2010 年 12 月 22 日，在广州病逝，享年 94 岁。

**吴宗先**（1916—1994），安徽省六安市人，1929 年参加了少年先锋队，1932 年 3 月参加红军，后编入红二十五军，在皖西北地区参加反敌第四次“围剿”的斗争，先后参加七里坪战役和鄂东北中心区保卫战、皖西北中心区保卫战。1934 年 11 月，他随红二十五军西越平汉线，穿越桐柏山、伏牛山区，恶战独树镇、三要司，长征到达陕南，参加创建鄂豫陕革命根据地的斗争。1935 年 8 月，他随军再次踏上长征之路，西征北上，到达陕北，参加了劳山战役、榆林桥战斗和直罗镇战役，两次身负重伤，11 月光荣加入中国共产党。抗日战争时期，任八路军一二九师三八六旅七七一团营长，一二九师新编第四旅十团、十一团政治委员。1937 年 8 月下旬，任营长，随部开赴山西抗日前线，先后在七亘村、黄崖底、长生口和响堂铺等地伏击日军。1940 年 5 月，任第十团政委，后任十一团政

委，同年8月起参加著名的百团大战和冬季平汉破击战役。1947年春，参加了延安保卫战的一系列的战斗。中华人民共和国成立后，1950年5月，他兼任哈密军分区司令员，以四十六团驻巴里坤、伊吾，四十七团驻鄯、吐鲁番，师部和四十八团驻哈密。他领导部队一面抓紧改造起义部队，剿匪肃特；一面抽调大批干部开展群众工作，在戈壁滩上大兴水利、修建公路、开垦荒滩荒地，将东疆建成第一块大绿洲和粮食生产基地。1952年，奉命组建空军第二十五师并任师长，同年随军事代表团赴朝鲜战场参观学习，回国后进入南京军事学院空军指挥系学习。先后任第六军十六师师长兼新疆军区哈密军分区司令员，中国人民解放军空军第二十五师师长，空军第六军军长，济南军区空军司令员、中共山东省委委员，中国共产党第九次全国代表大会代表。1955年被授予少将军衔。荣获二级八一勋章、二级独立自由勋章、一级解放勋章。1988年荣获一级红星功勋荣誉章。1994年6月，病逝于济南，享年78岁。

**陈鹤桥**（1914—2008），安徽省霍邱县人。1931年加入中国共产主义青年团，1932年参加中国工农红军。1934年加入中国共产党。土地革命战争时期，任少共霍邱县委秘书，红二十七军第十三团政治处，红二十八军第八十二师政治部宣传队队长，红二十五军政治部文印科科长，红十五军团政治部文印科科长。先后参加了鄂豫皖革命根据地第四、五次反“围剿”和著名的长征。长征到达陕北后，参加了劳山、直罗镇、东征、西征等重要战役。抗日战争时期，陈鹤桥同志历任抗日军政大学第三期学员、校部秘书、政治部党务副科长，抗大总校政治部秘书处副处长、政治部党务科科长、组织科科长、上级干部科政治处主任，太行陆军中学政治委员兼政治处主任，中共中央北方局秘书处处长，冀鲁豫军区政治部组织部部长等职，两次参加太行区反“扫荡”斗争，为巩固扩大抗日根据地和赢得抗日战争胜利贡献了力量。解放战争时期，他历任晋冀鲁豫野战军政治部组织部副部长、部长，中原军区政治部组织部部长，第二野战军政治部组织部部长等职，参加了鲁西南战役、进军大别山、淮海战役、渡江战役、西南战役，为中国人民的解放事业做出了重要贡献。中华人民共和国成立后，任西南军区政治部组织部部长，军政治委员，昆明军区副政治委员，中国人民解放军通信兵政治委员，第二炮兵政治委员。1955年被授予少将军衔。曾荣获二级八一勋章、二级独立自由勋章、一级解放勋章。1988年荣获中国人民解放军一级红星功勋荣誉章。是中国共产党第十一次、第十二次全国代表大会代表，第六届

全国人民代表大会常务委员会委员，第七届全国人民代表大会华侨委员会委员。2008年12月21日在北京逝世，享年94岁。

**曹思明**（1917—2003），河南商城观庙乡姚榜村晋湾组人，1930年任本村儿童团团长，1931年2月加入中国共产主义青年团，7月参加革命工作，1936年5月加入中国共产党。土地革命战争时期，他历任班长、管理员等职，参加了鄂豫皖根据地第二、三、四、五次反“围剿”斗争和红二十五军长征。抗日战争时期，1937年8月起任八路军第一一五师教导大队三队学员，一一五师教导大队管理员、区队长、区队政治指导员、大队政治部组织股干事、股长，参加了平型关战役，沂蒙、鲁南抗日根据地反“扫荡”斗争和天宝山、临朐、莒县、十字路、蛟龙汪等战役战斗。1940年10月起任一一五师政治部直工科科长，师后勤部政治处主任。1943年8月起任山东滨海军区后勤部政治处主任。解放战争时期，1945年11月起任滨海军区滨北军分区政治部主任，1948年7月至1949年2月任胶东军区北海军分区副政治委员兼政治部主任。6月起任苏南军区苏州军分区副政治委员。先后参与组织指挥了解放高密、胶县、诸城和潍县阵地攻坚战等战役战斗。中华人民共和国成立后，1950年3月至1952年11月任胶东军区政治部副主任、主任。1952年11月至1953年6月任山东国防建设委员会副秘书长。1953年6月至1954年7月任山东军区国防建筑工程指挥部政治部主任。1954年7月至1955年9月任华东军区后勤部政治部副主任。1955年9月至1957年7月任南京军区后勤部政治部主任。1960年7月至1963年9月任六十军政治委员。1963年9月至1969年10月任舟嵊要塞区政治委员、要塞区党委第一书记。1968年9月至1971年2月任新疆军区第二政治委员，1971年2月至1972年7月任新疆军区政治委员，1972年7月至1973年6月任新疆军区代司令员，1973年6月至1975年8月任新疆军区政治委员、新疆维吾尔自治区委常委、革委会副主任。1975年8月至1981年3月任解放军总后勤部副政治委员，1981年3月至1985年11月任解放军后勤学院政治委员，历任院临时党委第二书记，院党委副书记、书记。1988年3月当选为第七届全国人大常委会委员，1955年9月被授予少将军衔。曾获三级八一勋章、二级独立自由勋章、一级解放勋章。1988年7月被授予中国人民解放军一级红星功勋荣誉章。中共第十一届中央候补委员，1985年9月被增选为中央纪律检查委员会委员。2003年1月3日在北京逝世，享年86岁。

**蔡炳臣**(1915—1978),河南省商城县人,1932年参加中国工农红军,同年加入中国共产党。土地革命战争时期,任红二十五军七十三师二一七团排长、商城县区游击队指导员、黄广麻英太边区便衣队队长、参加了鄂豫皖苏区反“围剿”和三年游击战争。抗日战争时期,任新四军第四支队七团政治处主任、二师四旅十一团政委。1941年在大桥战斗中,与团长吴华夺率团攻歼守敌,所部获“铁锤子团”称号。解放战争时期,任松江军区第二军分区副政委、东北野战军三纵政治部组织部部长、第四野战军四十军一五三师政委。参加了辽沈、平津、衡宝、广西等战役。中华人民共和国成立后,历任吉林省军区政治部主任、副政委,广东公安总队政委,湖北省军区独立师政委。“文化大革命”期间,湖北省军区独立师卷入“七二〇”事件,林彪以中央的名义要陈再道、钟汉华、独立师师长牛怀龙和蔡炳臣到北京开会,接受批判。湖北省军区独立师被打成“叛军”,林彪亲自下达命令,撤销独立师番号、代号、撤离武汉整训改编。1976年任河南省军区政治部主任。1978年调任中国人民解放军铁道兵政治部副主任。1955年被授予少将军衔。获三级八一勋章、二级独立自由勋章、二级解放勋章。1978年,因病在北京逝世。

**周世忠**(1918—1992),湖北省黄安县(今红安县)二程区周家院子人。原名周诗忠。少年家里无田少房,父亲只得离家远走武汉到火柴厂做勤杂工。周世忠10岁那年,也随父亲到武汉做童工。大革命时期,周世忠参加童子团,1930年10月他刚满12岁,他的三叔把他送到队伍中,并改名为“世忠”,期望他对党对革命,一生一世要忠贞不贰。周世忠当红军后,参加了鄂豫皖革命根据地第二至第五次反“围剿”,曾任红二十五军军部交通队通信班班长。1934年11月,他跟随红二十五军开始了长征,参加了开创鄂豫陕革命根据地的斗争。1935年8月,在甘肃泾川县汭河边四坡村,冒雨南渡汭河。部队渡过了大半,不料,尾追的敌骑兵团冲杀过来,交通队跟随军政委吴焕先冲上河坡高地,阻击敌人,不幸,全军最尊敬的政委吴焕先中弹牺牲,全体战士怒不可遏,将敌人全压在河沟里尽数消灭,亲手击毙了敌团长,为吴焕先同志报了仇。9月,长征到达陕北,任红十五军团第七十三师二一八团连指导员,加入中国共产党。历任八路军一一五师三四四旅六八七团连指导员、副营长、营长,六八九团副团长,新四军第四师十一旅三十二团副团长、旅副参谋长,淮北军区第二军分区参谋长、

第三军分区参谋长兼第二团团长、旅副参谋长。参加了平型关战役,淮北反“扫荡”等战役战斗。解放战争中,先后任华中野战军第九纵队七十三团团长,华东野战军第二纵队教导团政委、第四师副师长,第三野战军七兵团二十一军六十二师政委。参加了莱芜、淮海、渡江等战役。中华人民共和国成立后,任中国人民解放军第二十一军参谋长,参加跨海作战解放舟山群岛的组织指挥。1954 年 12 月以后,任军事学院高级兵团战术教授会副主任、主任,高等军事学院合同战术教授会主任。1955 年,被授予少将军衔。荣获三级八一勋章、二级独立自由勋章、一级解放勋章。1959 年以后,任福州军区参谋长、副司令员,1982 年任武汉军区司令员。1988 年获一级红星功勋荣誉章,是中国共产党第十二届中央委员,第四届全国人大代表,中央顾问委员会委员。1992 年 10 月 9 日,因病在北京逝世。

**胡继成**(1915—2016),安徽省金寨县古南乡人。1927 年 11 月,加入儿童团,当中队长。1931 年参加六安县游击大队,同年加入中国共产主义青年团,后编入中国工农红军,1933 年加入中国共产党。1934 年 11 月,部队在离开鄂豫皖根据地之前,在斛山寨与进攻的敌人展开了一场恶战。战斗中,敌人的一颗子弹洞穿了他的右肩,鲜血顺着肩部直往下淌,一直流到腰际。他顾不上包扎,见机枪手牺牲,马上过去端起枪来继续向敌人开火。在他的鼓舞和带领之下,战士们面对数倍的敌人毫无惧色,顽强地打退了敌人的进攻。土地革命战争时期,任红二十五军第七十五师二二三团副连长、连长,红十五军团第七十五师司令部一科科长。参加了长征。1935 年 10 月,红十五军团攻打驻榆林桥之敌。由于敌人碉堡火力密集封锁,几次进攻受挫,他带领团机枪连一鼓作气冲进村子。就在接近街口的时候,窑洞里的敌人组织了密集的火力反击,带领战士压住了敌人的火力,他一脚踹开木门,俘虏了里面的敌人。就在这时,一个躲在门后的敌人向胡继成开了一枪,子弹从他左锁骨进左肩胛骨处,鲜血直往外冒。他尽力保持身体平衡,端起枪还击,击毙了那个顽抗的敌人。左臂受伤后,他坚持不下火线,继续参战。抗日战争时期,任八路军一一五师三四四旅六八八团副营长、团参谋长,冀鲁豫支队第五大队大队长,冀鲁豫军区第五纵队六旅二团团长,新四军第三师八旅二十三团团长、旅参谋长,山东滨海军区司令部参谋处处长。解放战争时期,任新四军第三师八旅副旅长,东北民主联军第二纵队四师副师长,第四野战军四十二军一二六师师长。中华人民共和国成立后,任中

国人民志愿军副军长，中国人民解放军军长，广州军区参谋长，成都军区副司令员兼四川省军区司令员，成都军区副政治委员、顾问。1950 年，入朝作战，任志愿军四十二军副军长。荣获朝鲜民主主义人民共和国二级国旗勋章、二级自由独立勋章。1955 年被授予少将军衔。是第五届全国人民代表大会代表。

**查国桢**（1905—1980），湖北省蕲春县人，贫苦农民家庭出身。1913 年开始上私塾。1925 年从英山县高等小学毕业，入英山县师范讲习所学习。1926 年在城南完全小学当教员，开始从事革命活动。1930 年 5 月参加中国工农红军，任红一军政治部书记。7 月加入中国共产党。1931 年调任鄂豫皖彭杨学校书记。1932 年 11 月任红二十五军军司令部秘书。1933 年任红二十五军司令部参谋。参加鄂豫皖苏区历次反“围剿”作战和红二十五军长征。1934 年 12 月至 1935 年 9 月任红二十五军第七十五师司令部参谋主任。1935 年 9 月到达陕北后，任红十五军团司令部侦察科科长。1936 年，任红十五军团供给部部长。参加劳山、直罗镇、东征和西征战役。1937 年 11 月，任八路军晋察冀军区供给部部长。1942 年 8 月任晋察冀边区审计委员会委员。1944 年 5 月到延安休养。1945 年 4 月至 6 月作为晋察冀代表团成员出席中共七大。1946 年 5 月，任晋察冀军区后勤部部长。1948 年 1 月任晋察冀军区后勤司令部副政治委员。同年 5 月任华北军区供给部政治委员，1949 年 5 月任华北军区军需部政治委员。1950 年 9 月，任中国人民解放军公安部队后勤部部长、党委书记。1957 年 12 月，任总参谋部行政部部长、解放军直属队机关党委常务委员（至 1963 年 3 月）、党委书记（至 1960 年 11 月）。1961 年 12 月，任中国人民解放军武装警察部队副司令员兼后勤部部长。1966 年 7 月，任中国人民解放军第二炮兵党委常务委员。1955 年被授予少将军衔。荣获二级八一勋章、一级独立自由勋章、一级解放勋章。是中国人民政治协商会议第五届全国委员会委员，中国共产党第七次全国代表大会代表。1980 年 7 月 29 日因病在北京逝世。

**吴振挺**（1916—1994），出生于湖北省黄安县（今红安县）新建乡李家冲村，1929 年加入中国共产主义青年团，1930 年参加中国工农红军，1931 年加入中国共产党。土地革命时期，吴振挺在鄂豫皖革命根据地，任河口县独立营排长，独立团连长、副营长，红二十五军第七十四师二二三团连政治指导员，陕南游击第四师政治部主任，红二十五军第七十四师政治部组织科科长，手枪团政治委员。

参加了鄂豫皖苏区五次反“围剿”，开创了鄂豫陕苏区的历次战役战斗，参加了长征。抗日战争时期，吴振挺任八路军陕甘宁留守兵团第二团政治教导员，第四团营长。解放战争时期，任中原军区第二野战军军政大学第一总队政治部主任。中华人民共和国成立后，吴振挺任第二高级步兵学校第三大队政治委员，军事工程学院工程兵工程系政治部主任，洛阳工程兵学校政治委员，中国人民解放军工程兵工程部政治委员。1961 年，吴振挺晋升为少将。荣获二级八一勋章、一级独立自由勋章、二级解放勋章。1988 年获一级红星功勋荣誉章。1994 年 5 月 28 日，吴振挺同志于洛阳去世。

**陈祥**（1915—1997），原名邸银国、安徽省金寨县人，1915 年 12 月出生于安徽省金寨县一个贫困家庭。自幼受革命思想和农民运动的影响，向往革命，追求正义，于 1930 年参加儿童团和少先队。1932 年 5 月参加中国工农红军。土地革命战争时期，在红二十七、红二十五、红二十八军先后任战士、通信班班长，参加了鄂豫皖革命根据地第三、第四、第五次反“围剿”斗争，作战勇敢，不怕牺牲，两次负伤不下火线，以坚定的信念和毅力参加战斗。红军长征后，他留在潜山、太湖、英山边区武工队工作，在极其恶劣的条件下，坚持了三年艰苦的游击战争。抗日战争时期，任新四军四支队排长、组织干事、巡视员、政治教导员，参加了创建皖中、淮南抗日民主根据地的斗争。1941 年 4 月，在新四军抗日军政大学毕业后，留任八分校政治部组织科科长兼总支书记；11 月任新四军第二师第五旅第十五团政治委员兼中共泗（县）、五（河）、灵（璧）、凤（阳）等县党政军委员会书记。1942 年 3 月任新四军第六旅第十七团政治委员，率部参加了津浦路东天长至仪征公路破击战、津浦路西反顽作战、攻占青家岗伪据点等战斗。1943 年 12 月入延安中央党校学习，参加了延安整风运动。1945 年 3 月当选为党的“七大”候补代表，参加了党的第七次全国代表大会。解放战争时期，历任东满军区朝鲜支队政治委员，吉林军区独立一师第四团政治委员，吉林军区吉北军分区政治部副主任，吉林军区警卫团政治委员，第四野战军第四十三军一二八师政治部主任。在东北战场上，他参加了解放长春和冬季战役、夏季战役。解放战争进入战略反攻后，他还参加了辽沈、渡江和解放广州等重大战役，为中国人民的解放事业做出了突出贡献。中华人民共和国成立后，1949 年 12 月任广东军区珠江军分区副政委，1952 年 9 月任粤中军区副政委，1954 年 12 月任中南军区装甲兵副政委，1957 年 10 月入解放军政治学院学习，1959 年 6 月至

1960年7月任陆军第二十四军政治部主任、副政委，1961年晋升少将军衔。荣获三级八一勋章、二级独立自由勋章和二级解放勋章，1964年10月任北京军区政治部副主任，1970年12月任北京军区副政委，1977年12月任军委工程兵副政委。1988年获一级红星功勋荣誉奖章。1997年6月23日，因病医治无效，在北京逝世，享年82岁。

**罗厚福**（1909—1975），湖北省黄安县（今红安县）人，1929年参加本地赤卫队。1930年参加中国工农红军，同年加入中国共产党。土地革命战争时期，任鄂东北道委第三路游击师连长、特务营政治委员，中国工农红军第二十八军营政治委员，中共河南光山县区委书记、县委书记，鄂东北道委第三路游击师师长。坚持了南方三年游击战争。抗日战争时期，任中共黄安县区委书记，新四军第六游击大队大队长，豫鄂挺进纵队第一团团长，新四军第五师十四旅旅长，特务旅旅长，第一军分区司令员，第三军分区副司令员。解放战争时期，任江汉军区副司令员，鄂西北军区副司令员，中原军区独立旅副旅长，湖北军区孝感军分区司令员。中华人民共和国成立后，任湖北军区副参谋长，军区干部部部长，湖北省军区政治部副主任。1955年授衔大校。荣获一级八一勋章、一级独立自由勋章、一级解放勋章，是唯一一位以大校军衔获得三枚一级勋章的功臣。1961年晋升为少将军衔。

**胡立声**（1917—2010），又名胡立升，湖北省麻城市乘马九乡（现属河南新县）人，1917年出生于新县泗店乡余畈村一户贫苦农民家庭，8岁放牛，11岁参加儿童团任分队长。1929年加入中国共产主义青年团，次年参加中国工农红军，1937年加入中国共产党。土地革命战争时期，曾任光山独立团战士、红二十五军交通队通信员，西北保卫局警卫员。参加了鄂豫皖革命根据地反“围剿”斗争和红二十五军长征。抗日战争时期，任八路军第一一五师三四四旅政治部政治指导员，第六八八团特派员，第一二九师新一旅政治部保卫科科长，豫西专署公安处处长，太岳军区第二十四旅七十一团政治委员。参加了百团大战和反“扫荡”斗争。解放战争时期，任太岳军区第二军分区警备团政治委员、军分区政治部主任，华北野战军第六十二军一八五师副师长，第十八兵团六十二军一八六师政治委员。参加了临汾、晋中、太原、进军西北战役。中华人民共和国成立后，参加抗美援朝，任中国人民志愿军师长，参加了金城反击作战。荣获朝鲜

民主主义人民共和国二级国旗勋章。回国后，任旅大警备区守备第一师政治委员，外长山要塞区政治委员，冶金工业部政治部主任，基建工程兵冶金部办公室主任、北京指挥部第二政治委员。1961 年晋升少将军衔。1955 年荣获三级八一勋章、二级独立自由勋章、二级解放勋章。1988 年获一级红星功勋荣誉章。2010 年 8 月 9 日在北京逝世，享年 93 岁。

**徐光友**（1917—2003），安徽省六安市人，1929 年加入中国共产主义青年团，同年参加中国工农红军，1935 年加入中国共产党。土地革命战争时期，他历任红二十五军第七十三师师部通信排排长、宣传队队长、连长、营政治指导员等职，参加了第四次、第五次反“围剿”战斗和长征。到达陕北后，参加了劳山、榆林桥、张村驿、直罗镇战斗和东征、西征。抗日战争时期，他历任营教导员、团政治处组织股长、团政治处副主任、新四军淮北泗南总队队长、副团长、团长等职，参加了平型关战役、百团大战、粉碎华北侵华日军九路围攻以及华中双沟、大破津浦路、后马家等战役战斗。解放战争时期，他历任旅参谋长、副师长等职，参加了七战七捷，苏中守备战，盐城、李堡、通榆攻坚战，以及淮海战役、渡江战役、淞沪战役、福厦战役，为中国人民的解放事业做出了贡献。中华人民共和国成立后，他历任师长、副军长、南昌步兵学校校长、军政委、北京军区政治部主任、北京军区副政治委员、军委工程兵副政治委员等职，为我军的革命化、现代化、正规化建设做出了贡献。1961 年由大校军衔晋升为少将军衔。2003 年 4 月 24 日，因病医治无效，在北京逝世，享年 86 岁。

**程明**（1918—2014），安徽省金寨县人，1931 年参加革命，1935 年加入中国共产党。土地革命战争时期，历任红二十五军七十四师宣传队队长、科长等职，参加了长征。抗日战争时期，历任抗日军政大学中队政治指导员，军委总卫生部政治部组织科科长，新四军第四支队政治部政治处主任，南段便衣大队政治委员等职，参加了浦口反敌、伪、顽匪等战役战斗。解放战争时期，历任支队政治委员、淮南军区政治部组织部部长、华野留守处副政治委员、军分区副政治委员、旅政治委员等职，参加了涟水保卫战、伏牛山剿匪等战役战斗。中华人民共和国成立后，历任中国人民解放军特种兵高炮一师政治委员、华南军区防空军司令部副政治委员、中南军区防空军副政治委员、沈阳军区防空军副政治委员、兰州军区空军副政治委员、军政治委员、沈阳军区空军副政治委员等职，为部队

革命化、现代化、正规化建设做出了贡献。1955 年 9 月，被授予大校军衔。1961 年 8 月，晋升为少将军衔。荣获二级八一勋章、二级独立自由勋章、二级解放勋章，一级红星功勋荣誉章。2014 年 3 月 26 日，因病在辽宁沈阳逝世，享年 96 岁。

**程启文**（1915—1994），湖北省黄安县（今红安县）人，1929 年参加中国工农红军，1930 年加入中国共产主义青年团，1932 年加入中国共产党。土地革命战争时期，任红四方面军第二十五军政治部宣传员、巡视员，第七十三师二一七团总支书记，参加了长征。抗日战争时期，任新四军第四支队政治部总务科科长，江北指挥部独立第四团副团长，第二师四旅十团副团长、团长，淮南军区路东军分区来（安）六（合）支队司令员，第二师四旅十二团团长。解放战争时期，任东北松江军区哈东军分区参谋长，哈北军分区副司令员，东北民主联军独立第七师副师长，第四野战军三十九军一五二师副师长。中华人民共和国成立后，任广西军区玉林军分区副司令员，中国人民解放军师长、副军长，解放军体育学院副院长，湖南省军区副司令员、顾问。1961 年晋升为少将军衔。1994 年 4 月 11 日，因病在广州逝世，享年 80 岁。

**詹少联**（1917—2003），湖北省黄安县（今红安县）人，1921 年加入中国共产主义青年团，1930 年参加中国工农红军，1935 年加入中国共产党。土地革命战争时期，任红二十五军第二二四团卫生队看护长，红二十六军第七十八师三十二团卫生队队长，红十五军团第七十八师卫生部部长。参加了长征。抗日战争时期，任八路军一二九师卫生部医生、医务科科长，模范医院、白求恩医院院长，太行军区第三军分区卫生处处长。参加了百团大战和反“扫荡”斗争。解放战争时期，任晋冀鲁豫军区第六纵队卫生部部长兼政治委员，第二野战军三兵团卫生部副部长兼十二军卫生部部长。参加了襄樊、淮海、渡江战役。中华人民共和国成立后，任军委卫生部干部处处长，总后勤部卫生部医疗局局长、兽医局局长兼党委书记，中国人民解放军海军后勤部卫生部部长，海军后勤部顾问。1955 年荣获二级八一勋章、二级独立自由勋章、二级解放勋章。1962 年晋升为少将军衔。1988 年获一级红星功勋荣誉章。2003 年 10 月 15 日在北京逝世。

**李士怀**（1912—1983），河南省商城县人。1912 年出生于商城县上石桥镇高棚村瓦仓组，1929 年 5 月参加商城起义，同年参加中国工农红军，翌年 5 月加入中国共产党。土地革命战争时期，任鄂豫皖独立第四师排长，红二十八军第八十二师二二四团一营排长、连政治指导员，1937 年 3 月任鄂东北独立团政治委员。坚持了南方三年游击战争。抗日战争时期，任新四军第四支队九团副营长，第十四团营长、副团长，新四军第二师六旅十七团副团长，第五旅十五团团长。解放战争时期，任山东野战军第二纵队五旅十五团团长，华东野战军第二纵队五师参谋长，苏区兵团二纵四师副师长，江淮军区第三军分区司令员。中华人民共和国成立后，任皖北军区宿县军分区司令员，安徽省武装警察总队总队长，安徽省公安厅厅长。1962 年晋升为少将军衔。1969 年 8 月，任安徽生产建设兵团副司令员。

**方明胜**（1906—2004），湖北省黄陂县人，1930 年参加中国工农红军，1932 年加入中国共产党。土地革命战争时期，任湖北黄陂游击师排长，红四方面军第二十五军七十二师二二三团连长，红二十五军供给部管理科科长，政治指导员。参加了长征。抗日战争时期，任八路军一一五师三四四旅六八九团连政治指导员，山东纵队第四旅十二团营长，鲁中军区第十团营长。解放战争时期，任鲁中军区第四师十团副团长、团长，华东野战军鲁中南纵队第四十六师副师长，第三野战军三十五军一〇四师师长。中华人民共和国成立后，任中国人民解放军师长兼军分区司令员，华东军区公安部队师长，浙江军区宁波军分区司令员。1964 年晋升为少将军衔。曾荣获三级八一勋章、二级独立自由勋章、二级解放勋章。1988 年 7 月被授予一级红星功勋荣誉章。2004 年 6 月 17 日在杭州逝世，享年 99 岁。

**肖志贤**（1913—2000），生于河南省新县箭厂河乡油榨村肖家湾一户农民家庭，5 岁丧父，上过三年小学。后因家贫辍学到麻城陡坡山拜学裁缝。1928 年回乡参加农民协会和少年先锋队。同年秋到傅家湾红军留守处被服厂做工。1929 年 2 月参加中国工农红军，同年 9 月加入中国共产主义青年团，1932 年 4 月加入中国共产党。土地革命战争时期，任商城县红军被服厂管理员、工会委员长、豫南独立第四师经理处总务科科长、第十二团经理处处长、红二十五军第

七十五师经理处军需科科长。参加了鄂豫皖苏区第一、二、三、四、五次反“围剿”斗争和七里坪、郭家河、杨泗寨、潘家河等战斗。1934 年 11 月随红二十五军长征，参加了独树镇、庾家河、葛牌镇、华阳镇等战斗。1935 年 9 月到达陕北后，任十五军团供给部军需科科长、兵站站长、后勤部部长。参加了劳山、榆林桥、直罗镇等战役及东征汾阳、孝义、灵石和西征陕甘宁边区作战的后方供应和收治伤病员工作。1937 年 2 月，入延安抗日军政大学学习。抗日战争爆发后，同年 10 月调任八路军一一五师三四四旅六八八团供给处处长、旅供给部副部长，随部转战于晋冀鲁豫根据地的长治、武乡、高平、南宫、威县、东阳、定陶、内黄、滑县、濮阳等地。1940 年后，历任八路军第二纵队第四旅供给部部长。淮海军区供给部部长兼行政公署财经处处长。率部在鄂豫皖边区反击国民党顽军石友三、韩德勤部。抗日战争胜利后，中共中央为了加强东北根据地的工作，调大批干部进驻东北，肖志贤奉命率旅属后勤工厂和卫生队千余人经山东临沂、泰安、济南、德州、天津、廊坊等地，绕道玉田、遵化，越长城到达辽宁建昌、义县。不久，由于国民党大举进攻，部队转移到阜新地区。奉命参加四平保卫战和三下江南作战。1947 年 2 月调任西满军区兵站部部长，参加了锦州战役和辽沈战役。1948 年 11 月后，历任东北野战军后勤部第二分部副部长、第四野战军后勤部第五分部兼第十五兵团后勤部部长。参加了天津战役、渡江战役和解放海南岛战役。中华人民共和国成立后，任中国人民解放军第十五兵团兼广东军区后勤部第二部长。1952 年调任中国人民解放军总后勤部检查局第一副局长，后任总后勤部重庆办事处副主任、兰州军区空军后勤部副部长。他撰写有《回忆鄂豫皖根据地被服厂发展史》《军需生产史》等回忆录。1964 年晋升为少将军衔。荣获二级八一勋章、二级独立自由勋章、二级解放勋章。1988 年荣获一级红星功勋荣誉章。2000 年 9 月 23 日，因病在西安逝世，享年 87 岁。

**陈炎清**（1910—1996），湖北省黄安县（今红安县）人，1929 年加入中国共产主义青年团，1930 年参加中国工农红军，1932 年加入中国共产党。土地革命战争时期，任红二十五军第七十四师二二〇团排长，红二十八军第五十团连政治指导员，红十五军团第七十五师二三〇团连政治指导员。参加了长征。抗日战争时期，任八路军一一五师三四四旅六八八团连政治指导员，晋察冀军区第四军分区七大队营政治教导员，第九大队政治委员，第二军分区十九团营政治教导员，第三十四团政治委员、团长。解放战争时期，任冀察热辽军区第二十一军

分区副司令员，独立第八师副师长。中华人民共和国成立后，任湖南军区永顺军分区副司令员、司令员，湖南省兵役局副局长、局长，邵阳军分区司令员，湖南省军区副司令员，1964 年晋升为少将军衔。

**戚先初**(1918—1991)，河南省商城县余集镇前湾村人，原名漆先初，1931 年参加安徽独立团，后编入红二十五军七十三师，任二二三团副排长。先后参加了鄂豫皖苏区第二至第五次反“围剿”和长征。1934 年 12 月加入中国共产党。1936 年任红十五军团保卫局干事、七十三师直属队特派员。抗日战争任八路军一一五师三四四旅六八七团三营特派员、团政治处保卫股股长。1940 年任十八集团军巡视团巡视员。1942 年任冀鲁豫军区第八军分区政治部保卫科科长，1945 年任八分区七团政委。参加了平型关战役和百团大战。解放战争时期，所部改编为冀鲁豫野战军一纵一旅一团。1946 年参加张家口战斗后，改属晋冀鲁豫军区，南下濮阳阻击国民党新五军，1947 年参加豫北战役和运城、六营集、羊山战斗。挺进大别山后，在桐柏山与敌周旋。1948 年参加郑州、开封、淮海战役。1949 年任十六军四十八师副政委、军随营学校副政委，参加渡江战役。1951 年后任十六军干部部部长、一八六师政委、高炮一〇一师政委，参加了抗美援朝战争。1959 年后任空二军政治部主任、沈阳军区空军政治部副主任、后勤部政委。1964 年晋升为少将。获二级八一勋章、二级独立自由勋章、二级解放勋章、一级红星功勋荣誉章。1966 年任空军后勤部副政委兼修建部政委。

**王奎先**(1916—2003)，1916 年，出生于安徽省霍邱县孙岗乡汪岭村，祖籍河南省固始县，幼年随父寄居安徽省霍邱县叶家集。1930 年加入中国共产主义青年团，同年参加中国工农红军，任红二十五军第七十五师二二四团排长。1933 年加入中国共产党，任第七十四师独立团营政治教导员，参加了长征。先后参加了鄂豫皖根据地反“围剿”斗争、胶东反“扫荡”战斗、三下江南、四保临江、解放哈尔滨、围困长春、平津战役、宜沙战役、湘赣战役、衡宝战役等。解放战争时期，任安东市警备司令部副司令员，松江军区哈南支队支队长，哈南军分区司令员，哈尔滨市警备司令部副司令员，江北军分区司令员，独立第四师师长，东北野战军第十二纵队三十五师师长，第四野战军四十九军一四六师师长。1945 年 11 月 5 日，任安东市卫戍司令，率部队先后进行了宾县、拉林保卫战和周家站、八家子、小山子围剿等大小三十多次战斗，先后解放了宾县、双城、五

常、木兰、巴彦等十几座县城，新开辟了哈南解放区。1946 年 4 月，任哈尔滨卫戍司令部副司令员，率部队在大搜捕行动中歼灭哈市伪“铁石部队”匪军 5000 余人，捕获“中央先遣军”第五战区总指挥鲁兴武。1947 年 1 月至 3 月，参加了三下(松花)江南、四保临江的战役，1948 年 9 至 11 月参加辽沈战役，配合其他部队先后歼灭大兴屯、苏家屯、宝石寨、三间房的国民党守军 5800 余人。中华人民共和国成立后，先后任广西公安总队司令员，中国人民解放军副军长，广西军区副司令员。1949 年 12 月 11 日，任一四六师师长兼柳州军分区司令员。1949 年 12 月至 1951 年 4 月，指挥柳州军分区部队，全部肃清了整个桂中及柳北地区的股匪，使瑶山及柳州地区获得了彻底解放，取得了剿匪的重大胜利，共歼匪 53978 人次(其中毙伤 5074 名，俘虏 26991 人次，投降自新 21913 人次)，缴获各种炮 98 门、各种枪支 34868 支、子弹 774791 发、手榴弹 6235 枚、炮弹 1403 发等。桂中剿匪后，任广西公安总队司令员。1954 年，任中国人民解放军四十一军副军长。1955 年，任广西军区副司令员。1955 年被授予少将军衔。荣获二级八一勋章、二级独立自由勋章、二级解放勋章、一级红星功勋荣誉章。2003 年 4 月 17 日逝世，享年 87 岁。

**王德贵**(1914—2000)，曾用名王略，安徽省六安市王家庄人，1929 年参加中国工农红军，同年加入中国共产主义青年团，1930 年加入中国共产党。土地革命战争时期，任红二十五军第七十三师二二三团一营排长、连政治指导员、营政治委员，参加了历次反“围剿”和红二十五军长征。1932 年在一次战斗中负重伤。到达陕北后，任红十五军团少共营政治委员、第七十五师二二四团三营政治委员、红十五军团教导营总支书记、第七十八师二三二团总支书记。抗日战争时期，任八路军一一五师三四四旅六八九团营政治教导员，六八八团政治处组织股股长，六八九团政治处主任，六八九团政治委员，新四军第三师八旅二十三团政治委员，滨海军区第三军分区副政治委员。解放战争时期，任滨海军区第三军分区司令员，华中野战军第十纵队二十八师副师长、师长。徐东阻击战中，十纵二十八师全师防区方圆 10 公里。为了保证兄弟部队有足够的时间构筑主阵地工事，指挥该师八十四团一个营趁敌立足未稳，用夜战、近战将敌逐出安子村、寺山口。第二天敌以两个团攻击寺山口，八十四团二营坚守一天后主动撤出，赢得了时间。二十八师很好地完成了阻击任务。在开封战役中他率部顽强阻击敌胡琏兵团，在睢杞战役中于杞县东南桃林岗阻击敌王牌部队第五

军，激战五昼夜，重创敌五军，保证野战军主力歼灭敌区寿年兵团。在济南战役中，指挥所部奋战八昼夜，攻占敌军飞机场。淮海战役，率部先在徐州以东阻援，保证主力围歼敌黄伯韬兵团，继又参加合围和聚歼杜聿明集团的战斗。中华人民共和国成立后，任南京警备区政治部主任，华东航空处政治部主任，华东军区空军政治部副主任，东北军区空军（兼空联司）副政治委员。1952 年，入朝作战，任志愿军空军第二军军长，后兼中朝空军联合司令部辅助指挥所司令员，率部参加了 1953 年春季反登陆战役准备。获朝鲜民主主义人民共和国一级自由独立勋章。回国后，历任空二军军长、武汉军区空军副司令员兼军训部部长，武汉军区空军顾问。1955 年被授予少将军衔。荣获二级八一勋章、二级独立自由勋章、一级解放勋章。1988 年获一级红星功勋荣誉章。2000 年在广州病逝，享年 86 岁。

**刘健挺**（1909—1983），出生于安徽省霍山县下符桥乡圣人山村一个贫苦农民家庭，7 岁放牛，读了两年私塾，两年学堂，后因家境艰难辍学，回家做农活。土地革命战争时期，任红二十五军第七十三师二二三团一连政治指导员，陕南游击总司令部营政治委员，第七十四师独立一团副团长、师政治部主任、师教导团政治委员、师政治部副主任兼组织科科长，参加了鄂豫皖革命根据地的反“围剿”斗争，坚持了鄂豫陕边游击战争。1927 年参加革命活动，加入农民协会，组织发动农民抗捐、抗租、抗债。1928 年 10 月，参加秘密的赤卫队。1930 年 3 月，中共组织领导的圣人山农民暴动成功，乡农会正式成立，刘健挺被选为支委常委。同年 6 月，霍山县苏维埃政府派他到七区六乡搞农运工作。1931 年 6 月，加入中国共产党。年底，在七区区委扩大会议上被选为中共区委委员，任中共区委秘书。1934 年 11 月，奉中共中央指示，红二十五军组成“北上抗日第二先遣队”，离开鄂豫皖苏区，进行长征。抗日战争时期，任八路军留守兵团警备第四团参谋长、团政治处主任，第一二九师三八五旅七七〇团副政治委员兼政治处主任，河南军区第四支队政治部主任，豫西支队政治委员。参加了反“扫荡”、反顽斗争。解放战争时期，任中原军区第一纵队二旅政治委员，鄂西北军区第二军分区政治委员，华东军区警备第十四旅政治委员。参加了中原突围和淮海战役。1949 年 3 月，被任命为皖北军区警备第一旅政治委员，参加了渡江作战。中华人民共和国成立后，任皖北军区政治部副主任，安徽军区政治部主任，南京军区司令部动员处处长，安徽省军区副政治委员，福建省军区第二政治委员、顾

问。是中国共产党第九、十次全国代表大会代表。1955 年被授予少将军衔。荣获二级八一勋章、二级独立自由勋章、二级解放勋章。1983 年 11 月 15 日在福州病逝,享年 74 岁。

**关盛志**(1916—2011),出生于安徽省六安市,1932 年关盛志参加了中国工农红军,同年加入中国共产主义青年团。1936 年加入中国共产党。土地革命战争时期,任红二十五军第七十三师政治部宣传队队长。参加了长征。抗日战争时期,任八路军一一五师三四四旅六八七团政治处青年干事、宣传股副股长,营政治教导员,团政治处组织股股长,冀鲁豫军区直属政治处主任,独立团政治委员,第二军分区政治委员,陕甘宁晋绥联防军教导第一旅一团政治委员。解放战争时期,任陕甘宁晋绥联防军教导旅第一团政治委员,第二团政治委员,西北野战军第六纵队教导旅政治委员,第一野战军六军十六师政治委员。在解放战争中西府屯子镇一战,六纵司令员罗元发、政委徐立清、教导旅旅长陈海涵被敌军困在镇里,情况十分危急。彭德怀来电指示突围,大家情绪不够稳定,徐立清召开会议要求实现突围,不要犹豫。关盛志在会上发言,支持突围。凌晨 1 时,关盛志带领轻伤员和机关后勤人员突围。在突围中,关盛志负伤。中华人民共和国成立后,任中国人民解放军师政治委员,东北军区空军干部部部长,兰州军区空军政治委员。1968 年任济南军区空军政委。后又担任济南军区空军顾问。是第四、五届全国人民代表大会代表。1955 年,被授予少将军衔。获三级八一勋章、二级独立自由勋章、一级解放勋章。1988 年,获一级红星功勋荣誉章。

**李发**(1913—1957),生于安徽省六安市洪集区经家湾子村,1929 年 11 月参加六(安)霍(山)农民起义,加入中国工农红军,同年加入中国共产主义青年团,1931 年加入中国共产党。1931 年 4 月,红四军主力东征皖西,部分地方武装编入主力红军,李发先在十师二十八团九连当班长,不久调十一师三十二团机枪连任排长,被选为连党支部委员,参加了鄂豫皖边区第二次反“围剿”斗争的一系列战斗和红四军南下作战。1932 年参加了六安独山战斗、苏家埠战役,因战斗负伤留在皖西养伤,伤愈后编入重新组建的红二十五军。1933 年 5 月,他担任红二十五军特务营四连连长兼党支部委员,先后参加七里坪战役、鄂东北中心区、皖西北中心区等保卫战。1934 年 3 月,他调任红二十五军七十五师二二四团重机枪连连长兼党支部委员;同年 11 月起参加红二十五军的长征,西

越平汉线，北穿桐柏山，血战独树镇，恶斗三要司，拼夺庾家河，于年底到达陕南，投入创建鄂豫陕革命根据地的斗争。1935 年 10 月，先后参加劳山战役和榆林桥战斗，挫败了南线敌人的进攻。1936 年 2 月，红一方面军东征山西，七十五师作为红十五军团主力，率先突破敌军黄河防线，掩护全军渡河东进，攻歼晋西石楼、隰县、交口等地敌人，并协同兄弟部队歼击孝义兑九峪及其附近之敌第二、三两个纵队，威逼太原。1937 年 11 月，他插班进入抗日军政大学第三期学习。1938 年 4 月，担任第四期五大队三中队队长兼教员，8 月任苏鲁人民抗日义勇军第二总队副总队长，在丰县、沛县、砀山、单县、金乡、鱼台一带创建了平原抗日游击根据地。12 月，第二总队改编为山东纵队挺进支队，李发先后任支队副司令员、司令员。1940 年 9 月，调任山东纵队特务第一团团长，负责保卫中共山东分局、山东纵队指挥部的安全，并参加沂蒙山地区的反"扫荡"、反伪化、反摩擦斗争。1944 年 4 月进入中央党校学习，10 月结业后被派回山东接受新的战斗任务。1946 年 2 月起，先后担任渤海军区第一、第二军分区司令员兼地委常委，在沧南、泺北一带进行自卫反击作战，阻止国民党军北犯。1948 年 8 月，调任渤海军区参谋长，协助军区首长动员军民参加和支援济南战役。1950 年 11 月，他升任渤海军区司令员。1951 年 9 月，到华东军区高级干部训练班学习，后到南京军事学院深造，1954 年调任中国人民解放军第三十一军副军长。1955 年 9 月，被授予少将军衔。荣获二级八一勋章、二级独立自由勋章、一级解放勋章。1957 年，厦门前线战事频发，战备工作高度紧张。3 月 25 日，李发在基层检查军政训练工作和军事设施时，不幸被敌特暗杀，年仅 44 岁，被追认为革命烈士。

**李书全**（1917—1986），今安徽省六安市金安区横塘岗乡凤凰台村人。1929 年参加少年先锋队，同年参加六霍农民起义。1930 年参加中国工农红军，同年加入中国共青团。1934 年加入中国共产党。土地革命战争时期，历任红四方面军第二十五军七十五师政治部青年干事、青年科科长，红二十五军七十四师政治部青年科科长、组织科科长、师教导大队政治委员，第六团政治委员，中共鄂豫陕特委常委。参加了长征。抗日战争时期，历任八路军留守兵团警备第四团营政治教导员，警备第一旅教导大队政治委员，河南人民抗日军第三支队七团政治委员兼政治处主任，新四军第五师豫中军分区第七团政治委员、中共豫中地委委员。解放战争时期，历任新四军第五师十五旅四十三团政治委员，豫陕

鄂军区第五军分区五十三支队政委、中共豫陕鄂五地委委员、镇安和柞水二县委书记,西北民主联军第三十八军五十五师政治部主任,陕南军区第二军分区副政治委员,商洛军分区副政委、中共商洛地委委员。中华人民共和国成立后,历任西北军区炮兵政治部主任,济南军区炮兵政委,山东省第四届政协常委。1955 年被授予少将军衔。荣获二级八一勋章、二级独立自由勋章、二级解放勋章。

**李庆柳**(1915—2001),湖北省麻城市人。1929 年参加革命工作,1931 年参加中国工农红军,1934 年加入中国共产党。在革命生涯中,历任宣传队队长、干事、科长、政治教导员、团政治处副主任、团政委、分区政治部主任、旅政治部主任、分区副政委、师政委、航空学校副政委、航空学校政委、军副政委、军政委等职。参加了鄂豫皖苏区反"围剿"、围攻七里坪战役、长征、陕西山阳县战役、河南伏牛山战役、中原突围平汉战役、鲁南战役、湖北襄樊战役、宜昌战役、安徽金家岩战役。土地革命战争时期,李庆柳任少共河南省光山县委书记,红二十五军第七十三师政治部宣传队队长,第七十四师政治部宣传干事、宣传科科长、组织科科长、政治教导员。参加了鄂豫皖、鄂豫陕革命根据地反"围剿"斗争和红二十五军长征。1936 年,入陕北红军大学学习。抗日战争时期,任陕甘宁留守兵团警备第四团二营教导员,团政治处副主任,陕甘宁晋绥联防军警备第一旅二团政治处主任,河南军区第三支队九团政治委员。参加了反"扫荡"、反顽斗争。相继参加守卫黄河防线、保卫边区南大门、反击国民党军制造摩擦等斗争。坚持鄂豫陕革命根据地,配合中央行动,完成了保卫党中央、保卫陕甘宁边区的任务。解放战争时期,任中原军区第二纵队十五旅政治部副主任,豫鄂陕军区(陕南军区)第五军分区政治部主任、中原军区第二野战纵队第七支队政治委员。参加了淮海战役、渡江战役。1949 年 9 月,参加了安徽金家岩战役。牵制了国民党军 5 个整编师,切断了国民党西北战场与中原战场的联系,完成了中央赋予的"配合陕甘宁击破胡宗南系统,策应刘邓经略中原"的战略任务,为夺取解放战争的全面胜利,迎接中华人民共和国的成立做出了重大贡献。中华人民共和国成立后,历任空军第七航空学校副政委、空二军、空一军政委、铁道兵学院政委、铁道兵工程学院政委等职,为中国空军和院校的革命化、现代化、正规化建设做出了贡献。1955 年被授予少将军衔。荣获二级八一勋章、二级独立自由勋章、二级解放勋章。1988 年 7 月获一级红星功勋荣誉章。

2001 年 4 月 10 日,在石家庄市病逝,享年 86 岁。

**李国厚**(1915—1998),原名李杰三,安徽六安市新安镇人。1928 年参加农民协会,同年加入中国共青团。1929 年加入中国共产党,同年参加中国工农红军。土地革命战争时期,历任红四军第十一师三十团排长、连政治指导员,红四方面军第二十五军七十五师二二三团营政委,红十五军团总电台政委,红一方面军左路军第七十三师二一九团政委。参加了长征。抗日战争时期,历任山东人民抗日自卫团第一大队大队长兼政委,新四军第二师四旅十二团营长兼政委,津浦路西联防司令部参谋长兼独立第一团团长,淮西总队总队长兼(寿县)独立团团长,第二师六旅十六团团长兼政委,第六旅副旅长兼路西军分区副司令员。解放战争时期,历任华东军区鲁中军区第三军分区副司令员兼参谋长、司令员,豫皖苏军区第二军分区司令员兼专员、代理地委书记,皖北军区警备第二旅旅长、鄂豫皖边区东线剿匪指挥部副司令员。中华人民共和国成立后,历任华东军区第九十师师长兼政治委员,中共六安地委常委,淮上军政委员会书记,公安部第十六师师长兼政委,华东公安部副参谋长,南京军区公安军副司令员兼参谋长,浙江军区副司令员,江苏省军区副司令员、顾问,中共江苏省委第六、七届委员。1955 年被授予少将军衔。荣获二级八一勋章、二级独立自由勋章、二级解放勋章。1988 年荣获一级红星功勋荣誉章。

**李世安**(1915—1996),安徽省六安县人,1929 年加入中国工农红军,同年加入中国共产主义青年团,1932 年加入中国共产党。土地革命战争时期,任红二十五军排长,红二十八军手枪团中队长。坚持了南方三年游击战争。抗日战争时期,任新四军第四支队教导大队大队长,淮南津浦路东联防司令部第三团团长兼政治委员,新四军第二师五旅十四团团长兼政治委员。解放战争时期,任东北民主联军松江军区政治部组织部部长,政治部副主任兼野战政治部主任,东北民主联军第二纵队四师政治委员,第四野战军三十九军一一五师政治委员。中华人民共和国成立后,任空军第二航空学校政治委员,空军混成旅政治委员,中国人民志愿军空军政治部副主任,中南军区空军政治部主任,广州军区空军副政治委员,福州军区空军政治委员,中国民航总局政治委员,中国人民解放军空军顾问。中国人民政治协商会议第五、六届全国委员会委员,第四届全国人民代表大会代表。1955 年被授予少将军衔。荣获三级八一勋章、二级独

立自由勋章、二级解放勋章和一级红星功勋荣誉章。1996 年 1 月 3 日，因病在北京逝世，享年 81 岁。

**李世焱**（1909—1990），湖北省黄安县（今红安县）人，1927 年参加黄麻起义，1929 年参加中国工农红军，同年加入中国共产党。曾任中共黄安县区委组织部部长、第二十五军连指导员、第二十八军连长，参加鄂豫皖苏区反“围剿”和三年游击战争，后任新四军第四支队营团政委、第二师旅政治部主任、淮南军区分区副政委、华东野战军旅政委、江淮军区分区司令员、皖北军区政治部主任，参加盐南、淮海等战役。1944 年 12 月，五旅准备渡江南进，重建六旅并兼路西军分区。1945 年 8 月，形势急剧转折，为迫使日寇投降，接受日伪占领地，路东部队组成淮南独立旅，担任政委。中华人民共和国成立后，任皖北军区副政委、安徽军区政委。1965 年 9 月至 1969 年 10 月任上海警备区第二政委，后任南京军区装甲兵政委、军区政治部顾问。是第四届全国人大代表。1955 年被授予少将军衔。

**杨焕民**（1912—1994），湖北省孝感市人。1929 年加入中国共产主义青年团，同年 8 月在湖北孝感参加赤卫队，任战士、班长、副排长、司务长，孝感县总工会青工会少共委员，鄂东北游击总司令部收发科科长。1932 年 8 月，任红二十五军二二三团营部、团部书记。1934 年 11 月，加入中国共产党。参加了长征，1935 年 9 月，任红二十五军七十三师参谋主任，12 月任红七十三师侦察科科长。1936 年 2 月任红七十三师独立营政委，4 月为陕北瓦窑堡红军大学一期学员，12 月任红二十五军七十四师参谋长，陕甘宁边区警备四团参谋长。1938 年 2 月，任抗日军政大学大队长兼军事教员。1939 年 4 月，任新四军豫鄂挺进纵队一团副团长兼参谋长。1939 年 6 月，任五团政委。1941 年 5 月，任鄂豫边区第一纵队司令员兼政委。11 月，任新四军五师特务旅副旅长兼参谋长。1942 年 5 月，任抗敌自卫军副指挥官。8 月，任中原军区第一军分区参谋长。11 月，任抗日军政大学十分校副校长。1945 年 11 月，任中原军区（新四军五师）第二纵队十四旅、十三旅政委。1947 年 8 月，任晋冀鲁豫军区第十二纵队三十四旅政委。1947 年 11 月，任江汉军区第一军分区司令员。1949 年 5 月，任湖北大冶军分区司令员。1949 年 7 月，任中国人民解放军第四野战军第五十一军副军长。1950 年 11 月，任陆军第二十一兵团参谋长。1952 年 7 月，任中南军区空军

副司令员、军区党委常委。11 月，任华东军区、南京军区空军副司令员、军区党委常委。1956 年 1 月，任南京军区第一副司令员、军区党委常委。1962 年 3 月至 1975 年 8 月，任兰州军区空军司令员、党委副书记。1969 年，任兰州军区党委常委。1973 年，任军区空军党委第一书记。1975 年 8 月，任南京军区空军司令员。1979 年 10 月，任军区党委第一书记。1955 年被授予少将军衔。荣获二级八一勋章、一级独立自由勋章、一级解放勋章。1988 年 7 月获一级红星功勋荣誉章。是第五届全国人大代表。中共第九届中央候补委员，中共十大代表。1994 年 11 月，在南京逝世，享年 82 岁。

**汪少川**（1915—2002），安徽金寨县人，1915 年出生于一个贫苦农民家庭，1929 年参加家乡的土地革命暴动，加入中国共产主义青年团，同年参加皖西北赤卫军。1931 年加入中国共产党。1932 年参加中国工农红军。土地革命战争时期，曾在地方从事少共工作，入伍后任红二十七军班长，红二十五军营部文书、团总支书记、秘书、武工队队长兼政治指导员，中共黄冈中心县委书记，坚持了南方三年游击战争。1934 年 5 月，吴焕先、徐海东派以夏云为队长、汪少川为指导员的一支 12 人的便衣队到霍山活动，组成了中共霍山县六区区委。便衣队发展到 30 多人，一直坚持到 1937 年 4 月。1936 年 5 月，高敬亭从部队中抽出 10 名骨干，组成黄冈便衣队，任命汪少川为队长。汪少川艰苦奋斗 20 个月，创建了以大崎山、杜皮嘴为中心，东到浠水，北抵麻城，南达长江，方圆 200 里的游击根据地，成为红二十八军在鄂豫皖边区坚持游击战争的重要后方之一。抗日战争时期，任新四军第四支队手枪团政治委员，所部攻打无为县襄安镇时，敌保安大队龟缩到该镇东侧的一个预先设防的大庙里。汪少川带了团部的一名参谋和两名警卫员，把生死置之度外，进入大庙劝降，将敌保安大队降服。后任抗日游击纵队政治委员，新四军第二师独立四团政治处主任，高邮独立团团长，天（长）高（邮）支队副司令员，滁县总队副总队长、政治委员兼政治部主任。解放战争时期，任中共嘉山县委书记、县总队政治委员，新四军第二师六旅政治部主任，华东军区后备兵团政治部主任，苏北军区政治部主任。中华人民共和国成立后，历任苏北军区、江苏省军区政治部主任，陆军三十一军政委，建筑工程部第一副部长兼政治部主任，四川三线指挥组副组长，效能部副部长兼政治部主任。1965 年任建筑工程部常务副部长兼政治部主任，1978 年至 1982 年任交通部副部长兼政治部主任。1955 年被授予少将军衔。是中国人民政治协商会

议第六届全国委员会委员。曾获二级八一勋章、二级独立自由勋章、一级解放勋章。2002 年 6 月 27 日在北京逝世。

**汪家道**(1916—1992),安徽省霍邱县人,1930 年入团,1930 年参加中国工农红军,1932 年 9 月入党,任红二十五军七十三师通信排排长、军部手枪队指导员,参加了鄂豫皖革命根据地反“围剿”和长征。任红十五军团骑兵团政治处主任。抗日战争时期,任八路军第一一五师三四四旅六八七团副营长,太行军区独立游击大队大队长,冀鲁豫军区新三旅八团副团长,教导七旅十九团团长。解放战争时期,1945 年 11 月任冀鲁豫军区第七纵队十二旅副旅长。1947 年任第十一纵队三十一旅旅长。1949 年 3 月任二野第十七军四十九师师长。中华人民共和国成立后,任第五兵团师长、副军长,黑龙江省军区副司令员兼黑龙江生产建设兵团司令员。1963 年至 1967 年 1 月任黑龙江省委常委。1967 年 3 月至 1971 年 8 月任黑龙江省革命委员会副主任。1970 年 3 月至 1971 年 8 月任省革委会党的核心小组副组长。1971 年 8 月至 1974 年 12 月任黑龙江省委第 1 书记、省革委会主任。1969 年 8 月至 1974 年 12 月任沈阳军区副司令员兼黑龙江省军区司令员。1975 年 8 月任沈阳军区顾问。1955 年 9 月被授予少将军衔。获二级八一勋章、二级独立自由勋章、二级解放勋章。1988 年 7 月被授予一级红星功勋荣誉章。是第四届全国人大代表,第五届全国政协委员。中共九、十届候补中央委员。1992 年 3 月 27 日在沈阳逝世。

**张希才**(1912—1986),安徽省霍邱县人。1929 年加入中国共产主义青年团。1931 年参加中国工农红军,同年加入中国共产党。土地革命战争时期,任红二十五军排长,连政治指导员,营政治委员,军供给部政治委员,红十五军团供给部政治委员,参加了反“围剿”战斗和长征。抗日战争时期,任八路军一一五师三四四旅直属队总支书记,六八七团营政治教导员,旅供给部政治委员,冀鲁豫军区供给部政治委员、后勤部部长,教导第七旅政治部主任,冀鲁豫军区第三军分区政治委员,冀南军区第七军分区政治部主任,冀鲁豫军区第七军分区政治委员。解放战争时期,任冀南军区参谋长,华北野战军第十四纵队四十二旅政治委员。中华人民共和国成立后,任华北军区第二〇七师政治委员,华北军区炮兵政治部主任,华东军区防空部队政治部主任。1955 年被授予少将军衔。荣获二级八一勋章、二级独立自由勋章、一级解放勋章,是第四届全国人民

代表大会代表。

**张竭诚**（1917—2001），湖北省黄安县（今红安县）人，原名张方春。1931年参加中国工农红军，1932年加入中国共产主义青年团。次年加入中国共产党。土地革命战争时期，张竭诚同志参加了鄂豫皖苏区的历次反“围剿”斗争和长征。任红二十五军军部交通队班长、排长，红十五军团司令部作战科参谋。抗日战争时期，他参加了平型关战役、晋东南反击战、冀鲁豫反“扫荡”、苏北反“扫荡”等战役战斗，先后任八路军一一五师三四四旅司令部参谋，第六八九团代营长、团参谋长，新四军第二支队五团团长，第三师独立三团团长。解放战争时期，他率部参加了四平保卫战和辽沈、平津、衡宝等著名战役。先后任东北民主联军第二纵队六师十八团团长、副师长，东北野战军第二纵队六师师长。中华人民共和国成立后，任中国人民解放军第三十九军一一七师师长、副军长兼参谋长、代军长。在抗美援朝战争中，他先后参加了一至五次战役及其后的防御作战，创造了中国军队在朝鲜战争中一个师在一次战斗中歼敌最多、缴获最多的纪录，曾受到中朝联合总部的通令嘉奖，荣获朝鲜民主主义人民共和国二级国旗勋章、一级自由独立勋章、二级自由独立勋章。抗美援朝胜利后，任三十九军军长，沈阳军区副参谋长，新疆军区副司令员兼新疆生产建设兵团司令员、党委第二书记，乌鲁木齐军区副司令员，沈阳军区副司令员、顾问等职。1960年毕业于军事学院基本系，任沈阳军区副参谋长、兼新疆生产建设兵团副司令员、沈阳军区副司令员等职。第四届全国人民代表大会代表。1955年被授予少将军衔。获三级八一勋章、二级独立自由勋章、一级解放勋章、一级红星功勋荣誉章。于2001年2月24日在沈阳逝世，享年84岁。

**张震东**（1907—1984），安徽省六安市人，1927年参加农民暴动，1928年8月参加中国工农红军，1929年10月加入中国共产党。曾任黄安独立团班长，黄安独立师连长。1932年任红二十五军第七十三师营长。参加创建鄂豫皖革命根据地的斗争和多次反“围剿”作战，红四方面军主力西征后奉命留在原地坚持斗争，任重新成立的红二十五军第七十三师副团长。1933年任红二十八军第八十二师副师长。率部参加坚持鄂豫皖革命根据地的反“围剿”作战。曾任红二十五军第七十五师第二二五团团长。1934年11月随军长征到达陕北。1936年任陕北补充师师长，同年12月入红军大学第二期学习。抗日战争时期历任

新四军第一支队第二团副参谋长、抗日挺进支队参谋长、司令员，江南指挥部苏皖支队参谋长，苏北指挥部第三纵队参谋长，新四军第一师第三旅参谋长，第一师兼苏中军区参谋处处长，苏中军区第四军分区副司令员、司令员。率部参加开辟和巩固发展苏中抗日根据地的斗争和坚持敌后抗日游击战争。解放战争时期先后任苏中军区第一军分区司令员，苏中野战军第一师第一旅旅长，华东野战军第四纵队第十师师长，苏北军区第九军分区司令员。1949 年 2 月任苏北军区司令员。率部参加解放华东的多次重要战役战斗。中华人民共和国成立后，先后任苏北军区司令员、安徽省军区第二副司令员。1955 年被授予少将军衔和一级八一勋章、一级独立自由勋章、一级解放勋章。被选为第五届全国政协委员。1984 年 4 月 15 日因病在南京逝世。

**徐体山**（1914—1968），安徽省霍邱县人，开国少将。1931 年参加中国工农红军。1933 年加入中国共产主义青年团，1935 年加入中国共产党。土地革命战争时期，任红二十五军七十五师二二五团副排长，军保卫队副队长、队长，二二五团连政治指导员，红十五军团教导营连长。参加了长征。抗日战争时期，任八路军一一五师三四四旅六八八团副营长、旅教导队队长，冀鲁豫支队三大队营长。皖南事变后，在淮北、苏北地区开展抗日游击战争，任新四军第三师九旅二十五团团长，第四师九旅二十五团团长。1943 年春，在江苏泗洪归仁集黄八圩、营圩地区指挥伏击进犯日、伪军，毙敌军 20 余人。随后，率部参加山子头战役，巩固了淮北抗日根据地。解放战争时期，任山东野战军第二纵队九旅二十六团团长、副旅长，华东野战军第十三纵队三十九师师长、三十八师师长，第三野战军三十一军九十二师师长。中华人民共和国成立后，任中国人民解放军军参谋长、副军长，闽北指挥部司令员。1955 年被授予少将军衔。1968 年 7 月 18 日在闽北病逝。

**黄仁廷**（1911—1982），安徽省六安市人，1928 年参加农民协会，1929 年参加中国工农红军。1930 年加入中国共产主义青年团，1933 年加入中国共产党。土地革命战争时期，任红二十五军第七十五师二二五团连长，红二十八军特务营营长，鄂东北独立团政治指导员、团政治委员。坚持了南方三年游击战争。1937 年“肃反”曾被撤职、扣押。抗日战争时期，任新四军第四支队九团营长，第十四团营长，新四军第二师津浦路东联防司令部特务营营长，盱眙县独立团

团长,淮南军区路东军分区独立团团长,盱嘉支队副司令员,甘泉支队司令员,淮南军区独立旅第三团团长。解放战争时期,任华中野战军第六师十八旅副参谋长,第六纵队十八师副参谋长,淮北军区第三军分区司令员,江淮军区第二军分区司令员,警备第一旅旅长、第十四旅旅长。中华人民共和国成立后,任中国人民解放军陆军二十四军七十一师师长,空军第二十九师师长,山东省军区昌潍军分区司令员,山东省军区副司令员。1955 年被授予少将军衔。荣获二级八一勋章、二级独立自由勋章、二级解放勋章。1982 年 12 月 3 日因病在北京逝世,终年 71 岁。

**傅春早**(1911—1996),安徽省六安市人,1929 年参加中国工农红军,1934 年加入中国共产党。土地革命战争时期,任六安独立团、独立师、红二十五军手枪队队长、兵站站长、供给部管理科科长,红十五军团供给部粮秣员,参加了一至五次反"围剿"斗争和长征。抗日战争时期,参加了平型关战役、百团大战,历任八路军驻陕办事处副官,一一五师三四四旅副官,一一五师三四四旅六八七团营长、三四四旅六八八团副团长,冀鲁豫军区第二旅四团团长,教导第七旅第十九团团长、(鲁西南)五分区十九团团长。解放战争时期,任冀鲁豫军区独立第一旅副旅长,晋冀鲁豫军区第八纵队十九旅副旅长,鄂豫军区第三军分区副司令员,湖北军区独立第三师师长兼黄冈军分区司令员、中共黄冈地委副书记,鄂豫皖边区南线指挥部司令员,参加了挺进大别山战略行动、淮海战役等。中华人民共和国成立后,任第四野战军五十一军二一一师师长,湖北军区大冶军分区司令员、中共大冶地委常委,黄石军管会主任,第五十一军二一二师师长,广东军区粤西军分区副司令员、中共粤西地委委员,广西军区副司令员、中共广西壮族自治区委员会委员,河南省第四、五届人大常委,河南省第四届政协委员。1955 年被授予少将军衔。荣获二级八一勋章、二级独立自由勋章、二级解放勋章、一级红星功勋章等荣誉。傅春早同志因病于 1996 年 3 月 14 日在河南信阳逝世,享年 85 岁。

**谢正荣**(1918—1977),湖北省黄安县(今红安县)太平桥镇谢家大塆人。1930 年,他 12 岁参加黄安县游击队当勤务员,次年加入中国共产主义青年团,10 月加入中国共产党。先后任黄安县独立营通讯副班长、班长、排长、副连长、连长,参加了鄂豫皖苏区第二、三、四次反"围剿",曾任第二十五军连长。1940

年1月，任晋察冀军区十九团一营营长。8月他率部参加百团大战，击破正太路，会同友邻部队向阳泉附近的敌据点发起进攻，激战3小时，破险隘娘子关，守敌大部被歼。百团大战结束后，所部被评为模范营。1946年1月，谢正荣任晋察冀军区独立旅第一团团长，9月参加张家口保卫战，率部在平汉铁路北段击败敌人，与其他部队一同攻克定兴、徐水、容城等城镇，策应野战军主力在平绥路的作战。11月，参加易（县）满（城）战役。1947年2月，谢正荣调任四纵队十一旅三十一团团长。10月，参加清风店战役，率部随四纵队星夜兼程南下，包围清风店国民党军，激战两昼夜，全歼守军。旋参战石家庄，担任正面主攻。12月，任十一旅副旅长，参加雄县、香河、青龙桥等战斗。1948年5月，谢正荣参加冀热察战役，11月，参加平津战役，谢正荣挥师从东面突入新保安城内，与敌巷战，配合主力全歼守敌。1949年，谢正荣任第十九兵团六十四军一九一师师长。1950年，参加抗美援朝，赴朝鲜作战，任中国人民志愿军师长、副军长，经历骧山阻击战等5次战役。1961年毕业于高等军事学院基本系。后历任军长、成都军区副司令员兼四川省军区司令员。是中共九大代表、第十一届中央候补委员。1955年被授予少将军衔。曾获三级八一勋章、二级独立自由勋章、一级解放勋章。1977年12月4日在北京病逝。

**詹大南**（1915—2020），金寨县人，1931年参加中国工农红军，1932年加入中国共产主义青年团，1936年加入中国共产党。土地革命战争时期，参加了鄂豫皖苏区第二次至第四次反“围剿”作战。1934年11月随红二十五军长征。到陕北后，参加了劳山、直罗镇战役。抗日战争时期，任八路军一二〇师三五八旅七一六团政治处组织干事，第四纵队独立营政治教导员，冀热察挺进军第十二支队三十六大队政治委员、第九团营长，挺进军教导大队大队长，挺进军司令部作战科科长、第八团团长，晋察冀军区第十二军分区参谋长、司令员。解放战争时期，任晋察冀军区冀察纵队第九旅旅长，第八旅旅长，冀热辽军区独立第二师师长，冀热察军区代司令员，察哈尔军区副司令员，华北军区第二〇九师师长，参加了张家口保卫战和平津等战役。中华人民共和国成立后，任中国人民志愿军二十七军副军长，获朝鲜二级国旗勋章两枚、二级自由独立勋章一枚。1954年毕业于军事学院，中国人民解放军二十八军军长。1965年担任兰州军区副司令员兼甘肃省军区司令员。1966年11月10日，詹大南任甘肃省委书记处书记。1968年至1969年8月任兰州军区副司令员兼甘肃省军区司令员，以

后调到南京军区副司令员。1983 年,詹大南从南京军区副司令位置退了下来。1955 年被授予少将军衔。获二级八一勋章、二级独立自由勋章、一级解放勋章。1982 年在中国共产党第十二次全国代表大会上被选为中央纪律检查委员会委员。1988 年被授予一级红星功勋荣誉章。

**詹化雨**(1911—1984),金寨县人,1930 年加入中国共产党,1931 年参加中国工农红军。土地革命时期,1932 年红四方面军离开苏区后,随省委机关于鄂豫皖苏区坚持斗争。1934 年,先后任红二十八军手枪团排长、分队长、团长。1935 年,率部参加桃树岭战斗。抗日战争初期,任新四军第四支队手枪团团长,教导大队队长,第九团团长。皖南事变后,任新四军第二师第四旅参谋长、第五旅副旅长、第二师兼淮南军区副参谋长。参加庐江、襄安、高塘铺、周家岗、古城集、程道口等战役战斗。解放战争时期,1945 年 10 月任山东野战军第二纵队参谋长,参加在胶济线西段和东段的胶县和高密、平度和安丘、鲁南和莱芜、南麻和临朐、兖州、济宁、淮海等战役。1948 年 4 月,调离华野二纵,任华野七纵副司令员。1949 年 2 月,七纵改编为第二十五军,任副军长。1949 年夏,任第三野战军二十五军副军长、政治委员。指挥部队参加渡江作战和解放上海等重大战役。中华人民共和国成立后,任总参谋部作战部军务局局长、总参谋部测绘局政治委员。1957 年毕业于军事学院。后任西藏军区副政治委员,福州军区副政治委员、顾问。1955 年被授予少将军衔。荣获二级八一勋章、一级独立自由勋章、二级解放勋章。1978 年当选为第五届全国政协委员。1984 年 12 月 3 日在福州逝世。

**余述生**(1915—1993),原名余淑慎,河南省新县泗店乡王楼村人,1930 年参加中国工农红军,同年加入中国共产主义青年团,1933 年加入中国共产党。土地革命战争时期,任红二十五军第七十三师政治部宣传队队长,红三十一军政治部组织干事,西康雅安独立团政治委员,红三十一军教导营二连政治指导员,独立师政治委员,军卫生部总支部书记。参加了长征。抗日战争时期,任八路军一二九师三八五旅七六九团政治处组织干事、股长,第十三团政治处副主任,旅直属队总支书记,八路军前方指挥部野战供给部政治处主任、副政治委员。解放战争时期,任晋冀鲁豫军区供给部副政治委员,军区卫生部政治委员。第十八兵团政治部组织部部长。中华人民共和国成立后,任川西军区政

治部主任，四川省军区政治部主任，成都军区政治部主任、副政治委员、顾问。1955 年被授予少将军衔。是第四届全国人民代表大会代表，中国共产党第十一次、第十二次全国代表大会代表。1982 年被选为中共中央纪律检查委员会委员。荣获二级八一勋章、二级独立自由勋章、一级解放勋章和一级红星功勋荣誉章。

**闵鸿友**（1913—1985），河南省商城县丁家埠区南溪乡（现属安徽省金寨县）人。1929 年加入中国共产主义青年团，同年参加中国工农红军，1931 年加入中国共产党。土地革命战争时期，任红二十五军第七十三师副连长、连长、营政治教导员、营长、团特派员。参加了红四方面军长征。抗日战争时期，任抗日军政大学第六大队分队长，八路军总政治部扩兵队队长，冀中军区第一军分区特务营营长，第七军分区团长。中共第七次全国代表大会代表。解放战争时期，任晋绥军区第三旅团长、副旅长，第一野战军三军副师长。中华人民共和国成立后，任中国人民解放军第二兵团师长，中国人民志愿军一军第七师师长，陕西省军区副司令员，陕西省第三届政协副主席。1955 年被授予少将军衔。荣获二级八一勋章、二级独立自由勋章、一级解放勋章。1985 年 12 月在西安逝世。

# 第三节　营以上烈士名录

这份烈士英名录，是在历史资料比较缺乏的条件下，经过多方采访查询，汇集而成。定有许多遗漏和讹误之处，尚待以后再版时补充校正。

| 姓名 | 性别 | 年龄 | 籍贯 | 部别 | 职务 | 牺牲（病故）时间地点 |
|---|---|---|---|---|---|---|
| 吴焕先 | 男 | 28 | 河南新县 | 红二十五军、鄂豫陕省委 | 政委代理书记 | 1935年8月21日在甘肃泾川四坡村战斗中牺牲 |
| 王平章 | 男 | 33 | 湖北汉川 | 红二十五军红二十八军 | 政委 | 1933年3月下旬在河南商城门坎山战斗中牺牲 |
| 沈泽民 | 男 | 33 | 浙江桐乡 | 鄂豫皖省委 | 书记 | 1933年11月20日在湖北黄安天台山刘家湾病逝 |
| 徐宝珊 | 男 | 32 | 湖北汉川 | 鄂豫陕省委 | 书记 | 1935年5月9日在陕西商县龙驹寨病逝 |
| 廖荣坤 | 男 | 27 | 湖北麻城 | 红二十五军 | 副军长兼七十三师师长 | 1933年4月在湖北黄安龙王山“肃反”中被错杀 |
| 刘士奇 | 男 |  | 湖南 | 红二十七军 | 军长 | 1933年春在“肃反”中被错杀 |
| 吴保才 | 男 |  | 安徽凤台 | 皖西北游击总司令部 | 总司令 | 1934年9月在“肃反”中被错杀 |
| 姚家芳 | 男 | 34 | 湖北英山 | 红二十五军七十五师 | 师长 | 1933年9月27日在皖西北大埠口“肃反”中被错杀 |
| 刘德利 | 男 | 22 | 湖北广济 | 红二十八军八十二师 | 师长 | 1934年2月6日在河南商城阴阳山战斗中牺牲 |

续表一

| 姓名 | 性别 | 年龄 | 籍贯 | 部别 | 职务 | 牺牲（病故）时间地点 |
|---|---|---|---|---|---|---|
| 黄绪南 | 男 | 22 | 湖北黄安 | 红二十八军八十四师 | 师长 | 1934 年 3 月 24 日在河南商城杨山战斗中牺牲 |
| 江求顺 | 男 |  | 安徽六安 | 红八十二师 | 政委 | 1934 年 9 月在赤南三区老姜湾“肃反”中被错杀 |
| 姚志修 | 男 | 32 | 河南商城 | 红二十五军七十五师 | 政委 | 1934 年 11 月 8 日在河南光山斛山寨战斗中牺牲 |
| 芦永彬 | 男 | 27 | 河南固始 | 红八十二师 | 师长 | 1933 年春在安徽金寨南关庙筹粮中牺牲 |
| 杨麻子（绰号） | 男 |  |  | 红八十二师 | 政委 | 1933 年春在鄂东北“肃反”中被错杀 |
| 詹大列 | 男 |  |  | 红八十二师 | 政委 | 1933 年在皖西北病逝 |
| 胡光耀 | 男 | 30 | 河南新县 | 红二十五军某师 | 师长 | 1933 年牺牲于湖北 |
| 程启波 | 男 | 19 |  | 红二十五军七十三师政治部 | 主任 | 1933 年在七里坪战役期间“肃反”中被错杀 |
| 夏邦华 | 男 | 28 | 安徽六安 | 红二十五军七十四师政治部 | 主任 | 1933 年 10 月在湖北英山陶家河“肃反”中被错杀 |
| 吴维儒 | 男 |  | 河南新县 | 红二十五军经理处 | 处长 | 1935 年在陕南被错杀 |
| 毕士悌 | 男 | 38 | 朝鲜 | 红十五军团七十五师 | 参谋长 | 1936 年 2 月 21 日在东渡黄河战斗中牺牲 |
| 郑与恒 | 男 |  | 安徽金寨 | 红十五军团七十三师 | 副师长 | 1937 年牺牲 |
| 吴维荣 | 男 | 30 | 河南新县 | 黄安独立师 | 政委 | 1932 年 10 月牺牲于河南新县 |

续表二

| 姓名 | 性别 | 年龄 | 籍贯 | 部别 | 职务 | 牺牲(病故)时间地点 |
|---|---|---|---|---|---|---|
| 叶启文 | 男 | | 湖北大悟 | 独立第六师 | 师长 | 1933 年春在"肃反"中被错杀 |
| 夏如银 | 男 | | | 独立第七师 | 师长 | 1933 年在战斗中被俘牺牲 |
| 汪明国 | 男 | | | 第八路游击师 | 师长 | 1933 年在"肃反"中被错杀 |
| 熊海清 | 男 | | | 红二十七军八十一师二团 | 团长 | 1932 年 10 月 10 日在安徽宿松趾风河战斗中牺牲 |
| 杨余厚 | 男 | 25 | 河南商城 | 红二十七军七十九师一团 | 副团长 | 1932 年 10 月牺牲于安徽太湖清甫街 |
| 汪德海 | 男 | | 安徽金寨 | 红二十七军某团 | 团长 | 1932 年牺牲于安徽潜山 |
| 张四季 | 男 | | | 红二十七军七十九师一团 | 团长 | 1932 年 11 月中旬在安徽金寨包畈战斗中牺牲 |
| 杜本莲 | 男 | 20 | 河南新县 | 红二十七师七十九团 | 政委 | 1932 年 11 月 26 日在河南新县郭家河战斗中牺牲 |
| 李平章 | 男 | | | 红二十五军七十四师二二〇团 | 政委 | 1933 年 3 月 6 日在河南新县郭家河战斗中牺牲 |
| 彭敬轩 | 男 | 33 | 河南固始 | 红二十五军某团 | 副团长 | 1933 年 3 月牺牲于河南固始南山 |
| 刘庆忠 | 男 | | 湖北大悟 | 红二十五军某团 | 团长 | 1933 年 4 月 15 日在湖北黄安潘家河战斗中牺牲 |
| 王正进 | 男 | | | 红二十五军七十三师二一七团 | 政委 | 1933 年在七里坪战役期间"肃反"中被错杀 |
| 胡英荣 | 男 | | | 红二十五军七十三师二一九团 | 团长 | 1933 年在七里坪战役期间"肃反"中被错杀 |

续表三

| 姓名 | 性别 | 年龄 | 籍贯 | 部别 | 职务 | 牺牲(病故)时间地点 |
|---|---|---|---|---|---|---|
| 李和生 | 男 | | | 红二十五军<br>七十五师二二三团 | 团长 | 1933年8月在河南商城汪碾湾“肃反”中被错杀 |
| 冯传宝 | 男 | | 安徽<br>六安 | 红二十五军<br>七十五师二二四团 | 团长 | 1933年秋在湖北大悟一次战斗中牺牲 |
| 汪光元 | 男 | 33 | 河南<br>光山 | 红二十五军<br>七十五师二二三团 | 政委 | 1933年牺牲于湖北孝感 |
| 罗文启 | 男 | | 安徽<br>金寨 | 红二十五军<br>七十五师二二四团 | 团长 | 1933年牺牲 |
| 吴先忠 | 男 | | 河南<br>商城 | 红二十五军<br>七十三师二一七团 | 团长 | 1933年牺牲 |
| 俞少纯 | 男 | | 安徽<br>金寨 | 红二十五军<br>七十四师二二一团 | 政委 | 1933年牺牲 |
| 吴盖瑞 | 男 | | 安徽<br>金寨 | 红二十五军<br>七十四师二二二团 | 政委 | 1933年牺牲 |
| 陈世钧 | 男 | 27 | 河南<br>新县 | 红二十五军<br>七十四师某团 | 团长 | 1933年牺牲于湖北黄安 |
| 曾常仁 | 男 | 26 | 河南<br>新县 | 红二十五军<br>某团 | 团长 | 1933年牺牲于湖北黄安七里坪 |
| 吴先胜 | 男 | 24 | 河南<br>新县 | 红二十五军<br>某团 | 团长 | 1933年牺牲于河南新县泗店 |
| 郭世昌 | 男 | 28 | 河南<br>新县 | 红二十五军<br>某团 | 团长 | 1933年牺牲于河南新县箭厂河 |
| 陈安民 | 男 | 30 | 河南<br>新县 | 红二十五军<br>某团 | 团长 | 1933年牺牲于河南新县千斤大山寨 |
| 潘家万 | 男 | 23 | 河南<br>新县 | 红二十五军<br>某团 | 团长 | 1933年牺牲于河南新县 |

续表四

| 姓名 | 性别 | 年龄 | 籍贯 | 部别 | 职务 | 牺牲(病故)时间地点 |
|---|---|---|---|---|---|---|
| 夏启仁 | 男 | 27 | 河南新县 | 红二十五军某团 | 团长 | 1933 年牺牲于河南新县 |
| 李定忠 | 男 | | 河南新县 | 红二十五军某团 | 政委 | 1933 年牺牲于河南信阳 |
| 肖玉华 | 男 | | 河南新县 | 红二十五军军部 | 科长 | 1933 年牺牲于湖北 |
| 郭启珠 | 男 | 31 | 河南新县 | 黄安独立师 | 师长 | 1933 年牺牲于河南新县郭家河麻布 |
| 方应月 | 男 | 31 | 河南新县 | 黄安独立师 | 师长 | 1933 年牺牲于湖北 |
| 洪善维 | 男 | | 河南商城 | 皖西北第三路游击师 | 政委 | 1933 年 7 月在河南商城病逝 |
| 刘永全 | 男 | | | 独立第六师十八团 | 团长 | 1933 年夏在“肃反”中被错杀 |
| 康永顺 | 男 | | | 黄安县军事指挥部 | 指挥长 | 1933 年在“肃反”中被错杀(曾任红四军 10 师政委) |
| 温玉成 | 男 | | | 地方武装某团 | 团长 | 1933 年在“肃反”中被错杀(曾任共青团中央书记) |
| 鲍长禄 | 男 | | 安徽金寨 | 皖西北第三路游击师 | 参谋长 | 1933 年在河南商城双河与敌第四十五师作战中牺牲 |
| 郭步宜 | 男 | 36 | 河南新县 | 鄂东北道委独立团 | 团长 | 1933 年牺牲于河南光山徐家畈 |
| 黄天汉 | 男 | 27 | 河南新县 | 鄂东北道委独立团 | 团长 | 1933 年 8 月牺牲于河南光山徐家畈 |
| 郑文荣 | 男 | 32 | 河南新县 | 鄂东北道委独立团 | 团长 | 1933 年牺牲于湖北 |

续表五

| 姓名 | 性别 | 年龄 | 籍贯 | 部别 | 职务 | 牺牲（病故）时间地点 |
|---|---|---|---|---|---|---|
| 石理会 | 男 | 25 | 河南新县 | 鄂东北道委独立团 | 政委 | 1933 年牺牲于湖北 |
| 彭清良 | 男 | 26 | 河南新县 | 黄安县独立团 | 团长 | 1933 年 6 月牺牲于河南商城挥旗山 |
| 吴华高 | 男 | 42 | 河南新县 | 光山县独立团 | 副团长 | 1933 年 5 月牺牲于河南光山砖桥 |
| 吴文说 | 男 | 26 | 河南新县 | 光山县独立团 | 团长 | 1933 年 7 月牺牲于河南新县城关 |
| 卢从珠 | 男 | 26 | 河南新县 | 光山县独立团 | 政委 | 1933 年 11 月牺牲于河南新县沙窝 |
| 胡清章 | 男 | 40 | 安徽金寨 | 光山县独立团 | 团长 | 1933 年牺牲于湖北黄安 |
| 陈子周 | 男 | 38 | 河南新县 | 光山县独立团 | 团长 | 1933 年牺牲于河南光山徐畈 |
| 朱忠利 | 男 | 34 | 河南新县 | 光山县独立团 | 团长 | 1933 年牺牲于河南新县城关 |
| 王成寿 | 男 | 29 | 河南新县 | 光山县独立团 | 团长 | 1933 年牺牲于河南潢川 |
| 吴正华 | 男 | 39 | 河南新县 | 光山县独立团 | 政委 | 1933 年牺牲于河南新县 |
| 吴信行 | 男 |  | 河南新县 | 红二十五军特务营 | 营长 | 1933 年 4 月牺牲于河南新县 |
| 袁宝芳 | 男 |  | 河南新县 | 红二十五军特务营 | 营长 | 1933 年牺牲于河南新县油榨河 |
| 熊明仁 | 男 |  | 河南新县 | 红二十五军特务营 | 营长 | 1933 年牺牲于河南新县 |

续表六

| 姓名 | 性别 | 年龄 | 籍贯 | 部别 | 职务 | 牺牲(病故)时间地点 |
| --- | --- | --- | --- | --- | --- | --- |
| 熊有良 | 男 | | 河南新县 | 红二十五军特务营 | 营长 | 1933 年牺牲于河南开封市 |
| 叶志刚 | 男 | | 河南新县 | 红二十五军特务营 | 营长 | 1933 年牺牲于湖北英山 |
| 童德勤 | 男 | | 湖北黄安 | 红二十五军特务营 | 副营长 | 1933 年在湖北孝感青石板战斗中牺牲 |
| 余孝礼 | 男 | | 安徽 | 红二十五军七十五师二二四团二营 | 政委 | 1933 年春在河南罗山与敌第三十二师作战中牺牲 |
| 陈本维 | 男 | | | 红二十五军七十五师二二三团三营 | 政委 | 1933 年夏在湖北黄安打鼓岭战斗中牺牲 |
| 漆承先 | 男 | | 安徽金寨 | 红二十五军七十五师二二五团某营 | 代理营长 | 1933 年 11 月在河南光山打鼓寨战斗中牺牲 |
| 吕绍奇 | 男 | | | 红二十八军二四六团二营 | 营长 | 1933 年在河南商城麻河战斗中牺牲 |
| 李清泉 | 男 | | 安徽 | 红二十五军七十五师二二四团三营 | 营长 | 1933 年在河南光山八里区“肃反”中被错杀 |
| 李定安 | 男 | | 河南新县 | 红二十五军某营 | 营长 | 1933 年 2 月牺牲于河南新县王湾 |
| 吴华定 | 男 | | 河南新县 | 红二十五军某营 | 营长 | 1933 年 5 月牺牲于河南新县八里畈 |
| 龚焕遗 | 男 | | 河南新县 | 红二十五军某营 | 营长 | 1933 年 6 月牺牲于河南光山 |
| 曹官记 | 男 | | 河南光山 | 红二十五军某营 | 营长 | 1933 年 7 月牺牲于湖北麻城宋埠(时任特务三大队队长) |

续表七

| 姓名 | 性别 | 年龄 | 籍贯 | 部别 | 职务 | 牺牲(病故)时间地点 |
|---|---|---|---|---|---|---|
| 汪宗玉 | 男 | | 河南新县 | 红二十五军某营 | 营长 | 1933 年 9 月牺牲于河南新县郭家河 |
| 张宗信 | 男 | | 河南新县 | 红二十五军某营 | 营长 | 1933 年 2 月牺牲于河南新县 |
| 叶绪好 | 男 | | 河南新县 | 红二十五军某营 | 营长 | 1933 年 2 月牺牲于河南新县 |
| 吴德寿 | 男 | | 河南新县 | 红二十五军某营 | 营长 | 1933 年 2 月牺牲于河南新县 |
| 黄传盛 | 男 | | 河南新县 | 红二十五军某营 | 营长 | 1933 年 11 月牺牲于河南新县 |
| 黄敦周 | 男 | | 河南新县 | 红二十五军某营 | 营长 | 1933 年牺牲于湖北黄陂 |
| 黄传应 | 男 | | 河南新县 | 红二十五军某营 | 营长 | 1933 年牺牲于湖北 |
| 戴道明 | 男 | | 河南新县 | 红二十五军某营 | 营长 | 1933 年牺牲于湖北 |
| 崔世祥 | 男 | | 河南新县 | 红二十五军某营 | 营长 | 1933 年 2 月牺牲于安徽六安 |
| 张元厚 | 男 | | 河南新县 | 红二十五军某营 | 营长 | 1933 年 2 月牺牲于安徽金寨 |
| 徐文德 | 男 | | 河南新县 | 红二十五军某营 | 政委 | 1933 年 4 月牺牲于河南新县郭家河 |
| 吴先谷 | 男 | | 河南新县 | 红二十五军某营 | 政委 | 1933 年牺牲于河南新县 |
| 张光冻 | 男 | | 河南新县 | 红二十五军某营 | 营长 | 1933 年牺牲于河南新县 |

续表八

| 姓名 | 性别 | 年龄 | 籍贯 | 部别 | 职务 | 牺牲(病故)时间地点 |
|---|---|---|---|---|---|---|
| 杜本乐 | 男 | | 河南新县 | 红二十五军某营 | 营长 | 1933 年牺牲于河南光山徐家畈 |
| 叶道堂 | 男 | | 河南新县 | 红二十五军某营 | 营长 | 1933 年牺牲于河南光山徐家畈 |
| 陈宏钧 | 男 | | 河南新县 | 红二十五军某营 | 营长 | 1933 年牺牲于河南光山白雀园 |
| 姚启贵 | 男 | | 安徽霍邱 | 霍丘独立团二营 | 政委 | 1933 年 2 月 16 日牺牲 |
| 何发生 | 男 | | 安徽金寨 | 皖西北第三路游击师某营 | 营长 | 1933 年在与敌第四十五师作战中牺牲 |
| 刘文金 | 男 | 35 | 河南新县 | 红二十五军医院 | 院长 | 1933 年牺牲于安徽 |
| 刘思盖 | 男 | | 河南新县 | 红二十五军医院 | 医务主任 | 1933 年 5 月牺牲于湖北麻城 |
| 聂维太 | 男 | 28 | 河南新县 | 鄂豫皖省委 | 委员 | 1934 年牺牲于河南光山徐家畈 |
| 朱世声 | 男 | | 河南商城 | 皖西北第二路游击师 | 师长 | 1934 年在“肃反”中被错杀 |
| 肖新甫 | 男 | | 河南商城 | 皖西北第二路游击师政治部 | 主任 | 1934 年在“肃反”中被错杀 |
| 杜昌甫 | 男 | | 河南商城 | 皖西北第二路游击师 | 师长 | 1934 年病逝 |
| 吴席伢 | 男 | | 河南商城 | 皖西北第一路游击师 | 师长 | 1934 年牺牲 |
| 胡柱先 | 男 | | 湖北大悟 | 红二十五军七十五师二二四团 | 政委 | 1934 年 11 月 8 日在河南光山斛山寨战斗中牺牲 |

续表九

| 姓名 | 性别 | 年龄 | 籍贯 | 部别 | 职务 | 牺牲(病故)时间地点 |
|---|---|---|---|---|---|---|
| 廖家富 | 男 | | 安徽金寨 | 红二十五军七十五师二二四团 | 团长 | 1934 年牺牲 |
| 扶元贤 | 男 | 29 | 河南新县 | 红二十五军某团 | 团长 | 1934 年牺牲于河南新县浒湾斛山寨 |
| 熊敦同 | 男 | 21 | 河南新县 | 红二十五军某团 | 团长 | 1934 年牺牲于安徽六安 |
| 姚寿华 | 男 | | 河南光山 | 红二十五军手枪团 | 团长 | 1934 年在攻打平汉铁路某车站战斗中牺牲 |
| 叶道勋 | 男 | 28 | 河南新县 | 鄂东北道委独立团 | 团长 | 1934 年 5 月牺牲于河南光山徐家畈 |
| 王其全 | 男 | 27 | 河南新县 | 光山县独立团 | 团长 | 1933 年牺牲于河南罗山 |
| 胡明正 | 男 | | | 鄂东北道委机关 | | 1934 年在“肃反”中被错杀 |
| 夏玉华 | 女 | | | 皖西北道委机关 | | 1934 年在“肃反”中被错杀(曾任红二十七军政治部副主任) |
| 万良文 | 男 | | 安徽六安 | 红二十八军八十二师二四六团三营 | 营长 | 1934 年 3 月 12 日在安徽金寨葛藤山战斗中牺牲 |
| 李恩海 | 男 | 26 | 安徽六安 | 红二十五军某师二营 | 营长 | 1933 年 8 月牺牲 |
| 叶道安 | 男 | | 河南新县 | 红二十五军某师二营 | 营长 | 1933 年牺牲于湖北黄安 |
| 李世煌 | 男 | | 河南固始 | 红二十五军七十五师二二五团二营 | 政委 | 1934 年牺牲 |

续表十

| 姓名 | 性别 | 年龄 | 籍贯 | 部别 | 职务 | 牺牲(病故)时间地点 |
|---|---|---|---|---|---|---|
| 叶志朝 | 男 | | 河南新县 | 红二十五军某营 | 营长 | 1934 年 10 月牺牲 |
| 熊奇良 | 男 | | 安徽金寨 | 红二十五军七十五师某团三营 | 营长 | 1934 年 10 月牺牲于湖北英山熊家河 |
| 徐邦太 | 男 | | 河南新县 | 红二十五军某营 | 营长 | 1934 年牺牲于河南光山北河坎 |
| 徐九品 | 男 | | 河南新县 | 红二十五军某营 | 营长 | 1934 年牺牲于河南光山 |
| 庞永俊 | 男 | | | 红二十五军司令部 | 参谋 | 长征中牺牲(曾任红四军十二师政委) |
| 易德高 | 男 | | 河南商城 | 红二十五军某团 | 政委 | 1934 年 12 月 10 日在陕西丹凤县庾家河战斗中牺牲 |
| 张大嘴(绰号) | 男 | | 安徽金寨 | 红二十五军二二五团 | 团长 | 1935 年牺牲于陕西蓝田 |
| 杜本润 | 男 | | 河南新县 | 红二十五军手枪团营 | 团长 | 1935 年在陕南被错杀 |
| 周益华 | 男 | | 安徽金寨 | 红二十五军二二五团 | 团长 | 1935 年牺牲于陕西 |
| 刘廷术 | 男 | 22 | 河南新县 | 红二十五军某团 | 团长 | 1935 年牺牲于陕西 |
| 方庆元 | 男 | | 湖北黄安 | 红二十五军二二三团二营 | 营长 | 1935 年 1 月 24 日在陕西佛云山病逝 |
| 肖光宇 | 男 | | 安徽金寨 | 红二十五军二二五团三营 | 副营长 | 1935 年 2 月 1 日在陕西柞水蔡玉窑战斗中牺牲 |
| 杨傻子(绰号) | 男 | | 安徽六安 | 红二十五军二二五团一营 | 营长 | 1935 年 3 月 10 日在陕西洋县华阳石塔寺战斗中牺牲 |

续表十一

| 姓名 | 性别 | 年龄 | 籍贯 | 部别 | 职务 | 牺牲（病故）时间地点 |
|---|---|---|---|---|---|---|
| 石国柱 | 男 | | 安徽六安 | 红二十五军二二五团二营 | 支部书记 | 1935年4月7日在陕西蓝田九间房战斗中牺牲 |
| 卢祖和 | 男 | | 河南新县 | 红二十五军某营 | 营长 | 1935年牺牲于陕西 |
| 罗文直 | 男 | | 河南新县 | 红二十五军某营 | 副营长 | 1935年牺牲于陕西 |
| 李志英 | 男 | | | 鄂陕第3路游击师 | 政委 | 1935年7月牺牲于陕南柞水曹家坪 |
| 刘传根 | 男 | | 河南商城 | 鄂陕游击师第二大队 | 政委 | 1935年6月中旬在陕南青山街战斗中牺牲 |
| 方炳仁 | 男 | | 湖北英山 | 红二十五军二二五团 | 团长 | 1935年9月4日在甘肃合水板桥战斗中牺牲 |
| 张成毅 | 男 | | | 红二十五军二二五团 | 团长 | 1935年9月牺牲于甘肃合水 |
| 张希锦 | 男 | | 安徽 | 红十五军团八十一师 | 团委书记 | 1935年10月1日在陕北劳山战斗中牺牲 |
| 郎献民 | 男 | | 辽宁 | 红十五军团七十五师二二五团 | 团长 | 1935年10月25日在陕北富县榆林桥战斗中牺牲 |
| 姚先凯 | 男 | | 湖北黄安 | 红十五军团七十五师二二五团 | 团长 | 1935年10月25日在陕北富县榆林桥战斗中牺牲 |
| 韩知池 | 男 | | 安徽霍邱 | 红十五军团七十五师二二三团一营 | 政委 | 1935年10月25日在陕北富县榆林桥战斗中牺牲 |
| 李洪章 | 男 | | | 鄂陕第九路游击师 | 政委 | 1935年牺牲 |
| 郑连顺 | 男 | | | 红七十四师二营 | 政委 | 1935年12月27日在陕南宁陕战斗中牺牲 |

续表十二

| 姓名 | 性别 | 年龄 | 籍贯 | 部别 | 职务 | 牺牲(病故)时间地点 |
|---|---|---|---|---|---|---|
| 肖大喜 | 男 | | | 红七十四师<br>一营 | 营长 | 1936年4月下旬在陕南漫川关战斗中牺牲 |
| 徐行德 | 男 | | | 红十五军团<br>七十五师二二五团 | 团长 | 1936年4月12日在山西中阳师庄大石头战斗中牺牲 |
| 周化德 | 男 | 31 | 河南<br>新县 | 红十五军团<br>七十三师某团 | 团长 | 1936年牺牲于陕北 |
| 汪德寿 | 男 | 29 | 河南<br>新县 | 红二十五军团<br>某团 | 团长 | 1936年牺牲于陕北 |
| 李先甫 | 男 | | 湖北<br>大悟 | 红十五军团<br>骑兵团 | 团长 | 1936年牺牲于陕北 |
| 胡兴傲 | 男 | 31 | 河南<br>新县 | 红十五军团<br>某团 | 团长 | 1936年牺牲 |
| 曹文于 | 男 | | 河南<br>新县 | 红十五军团<br>七十三师某营 | 营长 | 1936年牺牲 |
| 陈明志 | 男 | | 河南<br>新县 | 红二十五军团<br>某营 | 政委 | 1935年牺牲 |
| 张正敏 | 男 | | | 红七十四师<br>某营 | 营长 | 在陕南雪窝战斗中牺牲 |
| 陈西祥 | 男 | | | 红七十四师<br>某营 | 政委 | 牺牲于陕西宁陕 |
| 刘名汉 | 男 | | 河南<br>新县 | 红十五军团<br>七十三师某营 | 营长 | 1937年牺牲于甘肃 |
| 陈家仓 | 男 | | 河南<br>新县 | 红十五军团<br>某团借给处 | 主任 | 1937年牺牲于延安 |

# 第四节　红二十五军罗山籍英烈名录

| 姓名 | 性别 | 入伍时间 | 籍贯 | 部别 | 职务 | 牺牲(病故)时间地点 |
|---|---|---|---|---|---|---|
| 殷绍礼 | 男 | 1930 年 | 彭新 | 红二十五军某团，后调解放军二纵 | 师长 | 1948 年苏北 |
| 袁继行 | 男 | 1930 年 | 定远 | 红二十五军 | 副连长 | 1932 年湖北黄安 |
| 胡近臣 | 男 | 1930 年 | 周党 | 红二十五军 | 排长 | 1932 年湖北大悟 |
| 陈勋高 | 男 | 1931 年 | 潘新 | 第一苏维埃先锋队 | 队长 | 1932 年湖北大悟 |
| 吴长毛 | 男 | 1932 年 | 彭新 | 红二十五军 | 战士 | 1932 年河南罗山 |
| 黄成实 | 男 | 1931 年 | 彭新 | 红二十五军 | 战士 | 1932 年湖北 |
| 陈子模 | 男 | 1931 年 | 彭新 | 罗南游击队 | 队员 | 1932 年河南罗山 |
| 陈有宽 | 男 | 1931 年 | 彭新 | 红二十五军 | 战士 | 1932 年河南新县 |
| 陈期三 | 男 | 1930 年 | 彭新 | 红二十五军 | 班长 | 1932 年湖北 |
| 方传珍 | 女 | 1931 年 | 潘新 | 红二十五军 | 战士 | 1932 年湖北 |
| 沈　秋 | 男 | 1930 年 | 山店 | 万店赤卫队 | 队员 | 1932 年湖北大悟 |
| 沈光扬 | 男 | 1930 年 | 定远 | 红二十五军 | 战士 | 1932 年河南光山 |
| 董家法 | 男 | 1930 年 | 山店 | 红二十五军 | 战士 | 1932 年河南罗山 |
| 汪八毛 | 女 | 1931 年 | 彭新 | 红二十五军 | 战士 | 1932 年河南罗山 |
| 黄先贵 | 男 | 1930 年 | 山店 | 红二十五军 | 战士 | 1932 年湖北大悟 |
| 刘天江 | 男 | 1930 年 | 山店 | 红二十五军 | 战士 | 1932 年湖北黄安 |
| 谢守计 | 男 | 1930 年 | 山店 | 红二十五军 | 战士 | 1932 年河南罗山 |
| 吴瑞安 | 男 | 1931 年 | 山店 | 红二十五军 | 战士 | 1932 年河南罗山 |
| 方新意 | 男 | 1930 年 | 山店 | 宣化区委 | 干部 | 1932 年河南罗山 |

续表一

| 姓名 | 性别 | 入伍时间 | 籍贯 | 部别 | 职务 | 牺牲(病故)时间地点 |
| --- | --- | --- | --- | --- | --- | --- |
| 许杰明 | 男 | 1929 年 | 山店 | 第一苏区 | 干部 | 1932 年湖北大悟 |
| 谢守稳 | 男 | 1927 年 | 山店 | 红二十五军 | 战士 | 1932 年湖北大悟 |
| 黄永财 | 男 | 1930 年 | 山店 | 红二十五军 | 排长 | 1932 年湖北大悟 |
| 高德富 | 男 | 1930 年 | 山店 | 红二十五军 | 排长 | 1932 年河南罗山 |
| 胡玉宽 | 男 | 1930 年 | 铁铺 | 罗南游击队 | 队员 | 1932 年河南罗山 |
| 高　忠 | 男 | 1931 年 | 山店 | 红二十五军 | 战士 | 1932 年河南新县 |
| 高响毛 | 男 | 1931 年 | 山店 | 罗山金城赤卫队 | 队员 | 1932 年湖北大悟 |
| 黄承祖 | 男 | 1927 年 | 山店 | 红二十五军运输队 | 队长 | 1932 年河南新县 |
| 孙大星 | 男 | 1930 年 | 山店 | 红二十五军 | 战士 | 1932 年湖北 |
| 张家秀 | 男 | 1930 年 | 山店 | 红二十五军 | 战士 | 1932 年湖北应山 |
| 雷文梓 | 男 | 1931 年 | 山店 | 罗山独立团 | 战士 | 1932 年河南新县 |
| 苏善仁 | 男 | 1927 年 | 山店 | 红二十五军 | 班长 | 1932 年湖北 |
| 郑如中 | 男 | 1930 年 | 山店 | 红二十五军 | 战士 | 1932 年湖北大悟 |
| 陈友怀 | 男 | 1931 年 | 山店 | 红二十五军 | 队长 | 1932 年河南新县 |
| 董法毛 | 男 | 1930 年 | 山店 | 罗山独立团 | 战士 | 1932 年河南罗山 |
| 黄　六 | 男 | 1931 年 | 山店 | 红二十五军 | 战士 | 1932 年河南罗山 |
| 张家贵 | 男 | 1930 年 | 山店 | 宣化苏维埃 | 委员 | 1932 年湖北 |
| 陈徇儒 | 男 | 1931 年 | 涩港 | 红二十五军 | 营长 | 1932 年河南罗山 |
| 张之秀 | 男 | 1929 年 | 涩港 | 红二十五军 | 战士 | 1932 年河南信阳 |
| 熊慕清 | 男 | 1930 年 | 潘新 | 红二十五军 | 战士 | 1932 年河南光山 |
| 蔡旺毛 | 男 | 1930 年 | 潘新 | 红二十五军 | 战士 | 1932 年湖北 |

续表二

| 姓名 | 性别 | 入伍时间 | 籍贯 | 部别 | 职务 | 牺牲(病故)时间地点 |
|---|---|---|---|---|---|---|
| 刘国润 | 男 | 1930年 | 潘新 | 红二十五军 | 班长 | 1932年河南罗山 |
| 陈召庆 | 男 | 1930年 | 潘新 | 红二十五军 | 战士 | 1932年湖北大悟 |
| 方家运 | 男 | 1930年 | 潘新 | 红二十五军 | 战士 | 1932年河南信阳 |
| 陈德经 | 男 | 1930年 | 潘新 | 红二十五军 | 战士 | 1932年湖北麻城 |
| 陈朴民 | 男 | 1931年 | 潘新 | 罗山独立团二连 | 特务长 | 1932年河南罗山 |
| 陈顺金 | 男 | 1931年 | 潘新 | 红二十五军 | 战士 | 1932年湖北麻城 |
| 陈高伦 | 男 | 1932年 | 潘新 | 罗山游击队 | 队员 | 1932年河南罗山 |
| 陈旺钧 | 男 | 1931年 | 潘新 | 红军便衣队 | 班长 | 1932年河南罗山 |
| 韩贤起 | 男 | 1931年 | 潘新 | 红二十五军 | 战士 | 1932年湖北大悟 |
| 陈开生 | 男 | 1932年 | 潘新 | 潘新区委 | 委员 | 1932年河南罗山 |
| 何良善 | 男 | 1931年 | 潘新 | 红二十五军 | 战士 | 1932年湖北 |
| 陈文山 | 男 | 1930年 | 潘新 | 罗山独立团补充营 | 战士 | 1932年湖北 |
| 王海如 | 男 | 1930年 | 潘新 | 罗南游击队 | 指导员 | 1932年湖北 |
| 郑林山 | 男 | 1930年 | 潘新 | 红二十五军 | 班长 | 1932年湖北 |
| 潘传义 | 男 | 1930年 | 潘新 | 红二十五军 | 战士 | 1932年湖北大悟 |
| 徐光远 | 男 | 1930年 | 潘新 | 罗山陡山赤卫队 | 队员 | 1932年河南潢川 |
| 任良贵 | 男 | 1930年 | 潘新 | 红二十五军 | 战士 | 1932年河南信阳 |
| 刘正汉 | 男 | 1930年 | 潘新 | 红二十五军 | 战士 | 1932年湖北大悟 |
| 毕家成 | 男 | 1929年 | 尤店 | 红二十五军 | 战士 | 1932年湖北麻城 |
| 何玉红 | 男 | 1930年 | 青山 | 红二十五军 | 战士 | 1932年河南信阳 |
| 周开明 | 男 | 1930年 | 莽张 | 罗南游击队 | 大队长 | 1932年湖北黄安 |

续表三

| 姓名 | 性别 | 入伍时间 | 籍贯 | 部别 | 职务 | 牺牲(病故)时间地点 |
| --- | --- | --- | --- | --- | --- | --- |
| 刘金福 | 男 | 1930年 | 莽张 | 红二十五军 | 战士 | 1932年湖北麻城 |
| 王世题 | 男 | 1931年 | 莽张 | 红二十五军 | 战士 | 1932年河南罗山 |
| 胡　成 | 男 | 1930年 | 周党 | 红二十五军 | 战士 | 1932年湖北 |
| 桂龙财 | 男 | 1930年 | 周党 | 红二十五军 | 战士 | 1932年湖北大悟 |
| 孙克清 | 男 | 1930年 | 周党 | 红二十五军 | 战士 | 1932年湖北 |
| 张班需 | 男 | 1930年 | 周党 | 罗山独立团 | 战士 | 1932年河南罗山 |
| 桂本华 | 男 | 1930年 | 周党 | 罗山独立团 | 战士 | 1932年湖北 |
| 桂仲军 | 男 | 1930年 | 周党 | 红二十五军 | 战士 | 1932年湖北 |
| 杨信锡 | 男 | 1930年 | 周党 | 二区苏 | 村长 | 1932年湖北 |
| 桂仲早 | 男 | 1930年 | 周党 | 红二十五军 | 战士 | 1932年湖北大悟 |
| 林正堂 | 男 | 1931年 | 周党 | 红二十五军 | 战士 | 1932年湖北大悟 |
| 熊再根 | 男 | 1928年 | 周党 | 红二十五军 | 战士 | 1932年河南罗山 |
| 张明群 | 女 | 1928年 | 周党 | 红二十五军 | 战士 | 1932年湖北大悟 |
| 林国喜 | 男 | 1930年 | 周党 | 红二十五军 | 战士 | 1932年湖北大悟 |
| 沈道本 | 男 | 1930年 | 周党 | 红二十五军 | 战士 | 1932年湖北 |
| 张祖坤 | 男 | 1930年 | 周党 | 红二十五军 | 宣传员 | 1932年湖北麻城 |
| 陈高伦 | 男 | 1930年 | 周党 | 红二十五军 | 战士 | 1932年河南罗山 |
| 古世仕 | 男 | 1932年 | 周党 | 罗山独立团 | 战士 | 1932年河南罗山 |
| 陈德伦 | 男 | 1930年 | 周党 | 罗山赤卫队运输队 | 队长 | 1932年湖北 |
| 石　柱 | 男 | 1928年 | 周党 | 红二十五军 | 连长 | 1932年湖北大悟 |
| 陈德咏 | 男 | 1930年 | 周党 | 红二十五军 | 班长 | 1932年湖北大悟 |

续表四

| 姓名 | 性别 | 入伍时间 | 籍贯 | 部别 | 职务 | 牺牲(病故)时间地点 |
| --- | --- | --- | --- | --- | --- | --- |
| 胡大阶 | 男 | 1930 年 | 周党 | 红二十五军 | 排长 | 1932 年湖北黄安 |
| 陈正享 | 男 | 1929 年 | 周党 | 罗山独立团 | 战士 | 1932 年湖北大悟 |
| 林大春 | 男 | 1929 年 | 周党 | 红二十五军 | 排长 | 1932 年河南新县 |
| 罗云高 | 男 | 1931 年 | 周党 | 红二十五军 | 营长 | 1932 年河南新县 |
| 王自先 | 男 | 1929 年 | 莽张 | 红二十五军 | 战士 | 1932 年湖北 |
| 桂中校 | 男 | 1928 年 | 周党 | 红二十五军 | 战士 | 1932 年湖北 |
| 喻高德 | 男 | 1930 年 | 铁铺 | 红二十五军 | 战士 | 1932 年河南罗山 |
| 余　周 | 男 | 1930 年 | 山店 | 红二十五军 | 战士 | 1932 年河南罗山 |
| 陈治富 | 男 | 1930 年 | 潘新 | 红二十五军 | 电话员 | 1932 年河南罗山 |
| 谭树宣 | 男 | 1930 年 | 潘新 | 红二十五军 | 战士 | 1932 年湖北 |
| 张元胜 | 男 | 1930 年 | 潘新 | 红二十五军 | 战士 | 1932 年湖北 |
| 陈保林 | 男 | 1930 年 | 潘新 | 红二十五军 | 战士 | 1932 年河南罗山 |
| 蔡高山 | 男 | 1930 年 | 青山 | 红二十五军 | 战士 | 1932 年湖北 |
| 孟传胜 | 男 | 1931 年 | 青山 | 红二十五军 | 战士 | 1932 年湖北 |
| 沈德周 | 男 | 1930 年 | 定远 | 红二十五军 | 排长 | 1932 年湖北孝感 |
| 伍德胜 | 男 | 1930 年 | 定远 | 红二十五军 | 指导员 | 1933 年河南新县 |
| 毕延坤 | 男 | 1930 年 | 定远 | 红二十五军 | 排长 | 1933 年湖北 |
| 董桂德 | 男 | 1931 年 | 定远 | 红二十五军 | 主席 | 1933 年河南罗山 |
| 袁　么 | 男 | 1932 年 | 定远 | 红二十五军 | 战士 | 1933 年河南罗山 |
| 王德芝 | 男 | 1930 年 | 铁铺 | 红二十五军 | 战士 | 1933 年湖北大悟 |
| 李金榜 | 男 | 1933 年 | 铁铺 | 红军赤卫队 | 队员 | 1933 年河南罗山 |

续表五

| 姓名 | 性别 | 入伍时间 | 籍贯 | 部别 | 职务 | 牺牲(病故)时间地点 |
|---|---|---|---|---|---|---|
| 罗文安 | 男 | 1928 年 | 定远 | 红二十五军特务营 | 排长 | 1932 年河南罗山 |
| 彭道和 | 男 | 1930 年 | 铁铺 | 红二十五军 | 连长 | 1932 年湖北 |
| 林广祥 | 男 | 1933 年 | 铁铺 | 红二十五军 | 战士 | 1933 年湖北 |
| 黄先益 | 男 | 1931 年 | 山店 | 红二十五军便衣队 | 队长 | 1933 年河南罗山 |
| 黄先来 | 男 | 1931 年 | 山店 | 红二十五军 | 战士 | 1933 年湖北大悟 |
| 柳响吆 | 男 | 1931 年 | 山店 | 红二十五军童子团 | 战士 | 1933 年河南新县 |
| 许正林 | 男 | 1930 年 | 山店 | 红二十五军 | 战士 | 1933 年河南信阳 |
| 柳长理 | 男 | 1930 年 | 山店 | 红二十五军 | 战士 | 1933 年湖北 |
| 余文凯 | 男 | 1930 年 | 山店 | 红二十五军 | 排长 | 1933 年湖北 |
| 雷子文 | 男 | 1931 年 | 山店 | 红二十五军 | 战士 | 1933 年湖北 |
| 董桂和 | 男 | 1929 年 | 山店 | 红二十五军 | 干部 | 1933 年河南罗山 |
| 沈陈氏 | 女 | 1930 年 | 山店 | 红二十五军 | 战士 | 1933 年湖北 |
| 刘天艳 | 男 | 1930 年 | 山店 | 红二十五军 | 战士 | 1933 年湖北 |
| 黄德珠 | 男 | 1930 年 | 山店 | 红二十五军 | 战士 | 1933 年湖北 |
| 胡茂林 | 男 | 1930 年 | 山店 | 红二十五军 | 排长 | 1933 年河南新县 |
| 李钦发 | 男 | 1931 年 | 涩港 | 红二十五军 | 战士 | 1933 年河南新县 |
| 王甲义 | 男 | 1931 年 | 潘新 | 红二十五军 | 战士 | 1933 年湖北 |
| 陈子明 | 男 | 1931 年 | 潘新 | 红军独立六师 | 班长 | 1933 年湖北 |
| 陈天申 | 男 | 1931 年 | 潘新 | 红二十五军 | 战士 | 1933 年河南新县 |
| 官中义 | 男 | 1931 年 | 潘新 | 红二十五军 | 战士 | 1933 年河南罗山 |
| 杨世荣 | 男 | 1931 年 | 潘新 | 红二十五军 | 战士 | 1933 年湖北 |

续表六

| 姓名 | 性别 | 入伍时间 | 籍贯 | 部别 | 职务 | 牺牲(病故)时间地点 |
|---|---|---|---|---|---|---|
| 罗荣忠 | 男 | 1931 年 | 潘新 | 红二十五军 | 战士 | 1933 年河南罗山 |
| 罗建熬 | 男 | 1931 年 | 潘新 | 红二十五军 | 战士 | 1933 年河南光山 |
| 余福培 | 男 | 1930 年 | 楠杆 | 红二十五军<br>七十五师二二三团 | 战士 | 1933 年湖北大悟 |
| 杨广礼 | 男 | 1930 年 | 龙山 | 红二十五军 | 战士 | 1933 年湖北 |
| 张　坤 | 男 | 1930 年 | 青山 | 红二十五军 | 战士 | 1933 年河南桐柏 |
| 黄玉堂 | 男 | 1930 年 | 青山 | 红二十五军 | 战士 | 1933 年河南罗山 |
| 刘大林 | 男 | 1928 年 | 青山 | 红二十五军 | 排长 | 1933 年湖北 |
| 周秉贵 | 男 | 1931 年 | 莽张 | 罗南游击队 | 队员 | 1933 年湖北 |
| 桂仲池 | 男 | 1931 年 | 周党 | 红二十五军 | 战士 | 1933 年湖北 |
| 桂六毛 | 男 | 1930 年 | 周党 | 红二十五军 | 战士 | 1933 年湖北 |
| 桂四毛 | 男 | 1930 年 | 周党 | 红二十五军 | 队员 | 1933 年湖北 |
| 桂仲勤 | 男 | 1930 年 | 周党 | 红二十五军 | 战士 | 1933 年湖北 |
| 卢德成 | 男 | 1930 年 | 周党 | 红二十五军 | 战士 | 1933 年湖北 |
| 桂二犟 | 男 | 1930 年 | 周党 | 红二十五军 | 战士 | 1933 年河南罗山 |
| 桂喳吧 | 男 | 1930 年 | 周党 | 红二十五军 | 战士 | 1933 年河南罗山 |
| 罗文安 | 男 | 1930 年 | 周党 | 红二十五军 | 排长 | 1933 年河南罗山 |
| 桂姜二 | 男 | 1930 年 | 周党 | 红二十五军 | 战士 | 1933 年河南罗山 |
| 柳中青 | 男 | 1930 年 | 周党 | 红二十五军 | 医生 | 1933 年湖北 |
| 黄池毛 | 男 | 1930 年 | 周党 | 红二十五军 | 战士 | 1933 年湖北 |
| 朱福取 | 男 | 1930 年 | 周党 | 红二十五军 | 干部 | 1933 年河南新县 |
| 朱福林 | 男 | 1930 年 | 周党 | 红二十五军 | 战士 | 1933 年河南新县 |

续表七

| 姓名 | 性别 | 入伍时间 | 籍贯 | 部别 | 职务 | 牺牲(病故)时间地点 |
|---|---|---|---|---|---|---|
| 朱福俭 | 男 | 1930 年 | 周党 | 红二十五军 | 干部 | 1933 年河南新县 |
| 官宗义 | 男 | 1931 年 | 周党 | 红二十五军 | 战士 | 1933 年河南罗山 |
| 张应和 | 男 | 1930 年 | 周党 | 红二十五军 | 战士 | 1933 年河南罗山 |
| 李子明 | 男 | 1930 年 | 山店 | 红二十五军 | 主席 | 1933 年湖北 |
| 郑裕山 | 男 | 1932 年 | 定远 | 红二十五军 | 排长 | 1934 年河南罗山 |
| 沈光荣 | 男 | 1931 年 | 涩港 | 红二十五军 | 连长 | 1934 年湖北 |
| 王聘山 | 男 | 1930 年 | 铁铺 | 红二十五军 | 战士 | 1934 年湖北 |
| 熊兴旺 | 男 | 1931 年 | 彭新 | 红二十五军 | 战士 | 1934 年河南罗山 |
| 曹宏运 | 男 | 1930 年 | 彭新 | 红二十五军 | 主席 | 1934 年河南罗山 |
| 张曾广 | 男 | 1934 年 | 彭新 | 红二十五军 | 战士 | 1934 年河南罗山 |
| 沈光明 | 男 | 1934 年 | 山店 | 红二十五军 | 战士 | 1934 年湖北 |
| 李子群 | 男 | 1932 年 | 山店 | 红二十五军 | 战士 | 1934 年湖北 |
| 雷文千 | 男 | 1931 年 | 山店 | 红二十五军 | 战士 | 1934 年河南新县 |
| 董贵德 | 男 | 1930 年 | 山店 | 红二十五军 | 战士 | 1934 年河南罗山 |
| 陈甫红 | 男 | 1930 年 | 潘新 | 罗山独立团 | 战士 | 1934 年湖北 |
| 陈治德 | 男 | 1932 年 | 潘新 | 红二十五军 | 战士 | 1934 年湖北 |
| 陈能模 | 男 | 1930 年 | 潘新 | 红二十五军 | 战士 | 1934 年河南正阳 |
| 黄德胜 | 男 | 1930 年 | 潘新 | 红二十五军 | 排长 | 1934 年湖北 |
| 潘腊毛 | 男 | 1930 年 | 潘新 | 红二十五军 | 战士 | 1934 年河南罗山 |
| 潘言华 | 男 | 1933 年 | 潘新 | 红二十五军 | 战士 | 1934 年湖北 |
| 陈朝德 | 男 | 1930 年 | 潘新 | 红二十五军 | 班长 | 1934 年湖北 |

续表八

| 姓名 | 性别 | 入伍时间 | 籍贯 | 部别 | 职务 | 牺牲(病故)时间地点 |
|---|---|---|---|---|---|---|
| 杨光礼 | 男 | 1930 年 | 庙仙 | 红二十五军 | 战士 | 1934 年河南新县 |
| 桂仲美 | 男 | 1930 年 | 周党 | 红二十五军 | 战士 | 1934 年河南罗山 |
| 曹仁山 | 男 | 1930 年 | 周党 | 红二十五军 | 秘书 | 1934 年湖北 |
| 曹　召 | 男 | 1930 年 | 周党 | 红二十五军 | 通讯员 | 1934 年湖北 |
| 桂本和 | 男 | 1931 年 | 周党 | 红二十五军 | 战士 | 1934 年湖北 |
| 潘明永 | 男 | 1930 年 | 周党 | 红二十五军 | 战士 | 1934 年湖北 |
| 周　二 | 男 | 1930 年 | 周党 | 红二十五军 | 队员 | 1934 年湖北 |
| 王洪选 | 男 | 1930 年 | 周党 | 红二十五军 | 排长 | 1934 年湖北 |
| 朱福奎 | 男 | 1930 年 | 周党 | 红二十五军 | 排长 | 1934 年湖北 |
| 张凤轩 | 男 | 1931 年 | 周党 | 罗山独立团 | 排长 | 1934 年湖北 |
| 杨信易 | 男 | 1934 年 | 周党 | 罗山独立团 | 战士 | 1934 年河南新县 |
| 丁广运 | 男 | 1929 年 | 周党 | 红二十五军 | 战士 | 1934 年河南信阳 |
| 朱群新 | 男 | 1929 年 | 周党 | 红二十五军 | 连长 | 1934 年河南罗山 |
| 余德从 | 男 | 1931 年 | 莽张 | 红二十五军 | 特务长 | 1934 年河南罗山 |
| 杜双喜 | 男 | 1930 年 | 定远 | 红二十八军 | 战士 | 1935 年湖北 |
| 谌进发 | 男 | 1930 年 | 定远 | 红二十八军 | 战士 | 1935 年河南信阳 |
| 毕家春 | 男 | 1931 年 | 定远 | 红二十八军 | 战士 | 1935 年湖北 |
| 罗　耀 | 男 | 1934 年 | 定远 | 红二十八军 | 战士 | 1935 年湖北 |
| 罗　补 | 男 | 1934 年 | 定远 | 红二十八军 | 战士 | 1935 年湖北 |
| 王瑞其 | 男 | 1933 年 | 铁铺 | 红二十八军 | 战士 | 1935 年湖北 |
| 黎作贤 | 男 | 1933 年 | 铁铺 | 红二十八军 | 战士 | 1935 年湖北 |

续表九

| 姓名 | 性别 | 入伍时间 | 籍贯 | 部别 | 职务 | 牺牲(病故)时间地点 |
|---|---|---|---|---|---|---|
| 刘绍祥 | 男 | 1935 年 | 山店 | 红二十八军 | 战士 | 1935 年湖北 |
| 胡茂田 | 男 | 1930 年 | 山店 | 红二十八军便衣队 | 队员 | 1935 年湖北 |
| 张自虎 | 男 | 1934 年 | 山店 | 红二十八军便衣队 | 队员 | 1935 年湖北 |
| 潘　勇 | 男 | 1934 年 | 尤店 | 红二十八军便衣队 | 队员 | 1935 年河南罗山 |
| 钱士余 | 男 | 1934 年 | 子路 | 红二十八军 | 战士 | 1935 年信罗边 |
| 周明弟 | 男 | 1930 年 | 莽张 | 红二十五军 | 战士 | 1935 年河南罗山 |
| 张先春 | 男 | 1931 年 | 周党 | 红二十八军 | 排长 | 1935 年湖北 |
| 明文旺 | 男 | 1930 年 | 周党 | 罗山独立团 | 战士 | 1935 年湖北 |
| 黄金玉 | 男 | 1932 年 | 周党 | 红二十八军 | 排长 | 1935 年湖北 |
| 徐长元 | 男 | 1930 年 | 青山 | 红二十八军 | 战士 | 1935 年湖北 |
| 胡信初 | 男 | 1931 年 | 东铺 | 红二十八军 | 战士 | 1935 年湖北 |
| 殷绍昌 | 男 | 1930 年 | 山店 | 红军游击队 | 指导员 | 1935 年河南新县 |
| 陈培元 | 男 | 1936 年 | 定远 | 红军游击队 | 队员 | 1936 年湖北 |
| 刘春枝 | 男 | 1935 年 | 铁铺 | 红二十八军 | 战士 | 1935 年河南罗山 |
| 黄新盾 | 男 | 1929 年 | 铁铺 | 红二十八军 | 战士 | 1936 年湖北 |
| 顾庆皆 | 男 | 1934 年 | 彭新 | 红二十八军 | 战士 | 1936 年河南罗山 |
| 杨大宽 | 男 | 1930 年 | 彭新 | 红二十五军 | 战士 | 1936 年河南罗山 |
| 沈启明 | 男 | 1929 年 | 山店 | 红二十五军 | 营长 | 1936 年河南罗山 |
| 胡进成 | 男 | 1927 年 | 山店 | 红二十五军 | 战士 | 1936 年湖北 |
| 孙保才 | 男 | 1930 年 | 山店 | 红二十八军 | 班长 | 1936 年湖北 |
| 陈大清 | 男 | 1930 年 | 涩港 | 红二十八军 | 班长 | 1936 年河南罗山 |

续表十

| 姓名 | 性别 | 入伍时间 | 籍贯 | 部别 | 职务 | 牺牲（病故）时间地点 |
|---|---|---|---|---|---|---|
| 胡大成 | 男 | 1932 年 | 周党 | 红二十八军 | 班长 | 1936 年河南罗山 |
| 钱福明 | 男 | 1930 年 | 周党 | 红二十五军 | 战士 | 1936 年河南罗山 |
| 何为友 | 男 | 1933 年 | 铁铺 | 红二十五军 | 战士 | 1937 年河南罗山 |
| 胡维新 | 男 | 1932 年 | 铁铺 | 红二十五军 | 战士 | 1937 年湖北 |
| 桂本怀 | 男 | 1929 年 | 周党 | 红二十五军<br>红二十八军 | 宣传员 | 1939 湖北 |

# 第十章　永远的丰碑

红二十五军从何家冲出发长征，为何家冲留下了一批宝贵的精神财富和物质财富，为何家冲铸造了一座永远闪烁光辉的丰碑。

## 第一节　红色何家冲

何家冲，豫南大别山怀抱中的一个小山村。然而，它却是一块红色的土地；它将载入中国革命的伟大史册；它连接着中国革命的伟大征程。

何家冲，是河南省信阳市罗山县铁铺镇的一个行政村，她位于大别山西端鸡笼山西北坡，是一条隐匿在大别山腹地中长约 4 公里的山沟。就是这么一个小山村，80 多年前，英雄的红二十五军在此整装出发长征，写下了中国革命史上辉煌壮丽的一页。

走进何家冲，饱经风霜的何氏祠堂和何家冲大院、静静伫立的红军碾、古老而苍翠的银杏树、时而飘荡山间的《红军歌谣》，仿佛在诉说着当年那场震天的惊雷……

1934 年初秋，红枫和青松把巍峨险峻的大别山装扮得更加美丽。可是由于 10 多万国民党军队在这里“围剿”红军，破坏人民政权，实行烧光、杀光、抢光的“三光”政策，因而很多地方成了废墟，成了田园荒芜的无人区。坚持大别山武装斗争的红二十五军，在中共鄂豫皖省委领导下，虽然不断打击敌人，终因人员不足 3000 人，武器弹药缺乏，供给困难，无法从根本上改变苏区形势。入秋以来，敌人又根据蒋介石“限三个月内全部剿清大别山红军”的命令，实行碉堡封锁政策，在交通要道和重要隘口建立碉堡，派重兵把守，以防红军游击队，并扣押一切运往苏区的军需物品，使红军衣食无着。已下过几场大霜了，很多红军还穿着单薄的衣服，食粮更是困难，一日三餐，大部分靠野菜充饥。

党中央十分关心鄂豫皖苏区红军的艰难处境。1934 年 9 月初，中央军委副

主席周恩来派程子华来到大别山殷家湾，会见了红二十五军军长徐海东及其他负责同志，并带来了中央指示，内容大意是：经过敌人一、二、三、四、五次“围剿”后的鄂豫皖根据地日益缩小，人力物力已空，红二十五军应离开老根据地，另找地区发展新根据地，老根据地留独立团游击队坚持。红二十五军在何处开辟新根据地，中央因不了解实际情况，不做决定，由鄂豫皖负责同志根据三个条件去自行选择。

中共鄂豫皖省委根据周副主席指示，在花山寨、何家冲召开会议，讨论中央指示，一致同意决定立即率领红二十五军做战略转移，开创新的根据地。为了出师有名，宣传抗日救亡，红二十五军对外番号为“中国工农红军北上抗日第二先遣队”，并发表了《中国工农红军北上抗日第二先遣队宣言》。

何家冲会议上，为了使部队更加精干，便于指挥，省委对红二十五军进行了整编，撤去了师级建制，军部下设二二三团、二二四团、二二五团和手枪团。全军2980余人。省委决定由程子华任军长，徐海东任副军长，吴焕先任政委，戴季英任政治部主任，郭述申任副主任。

为了坚持鄂豫皖苏区斗争，省委给尚在舒城、潜山活动的省委常委、皖西道委书记高敬亭留下了指示信，责成其重新组建鄂豫皖边区党的领导机构，以其道委领导的红八十二师为基础，重新组建红二十八军，坚持鄂豫皖苏区斗争。

为加强红二十五军的领导，充实战斗力量，对军队进行整编。军长程子华，政委吴焕先，副军长徐海东，政治部主任戴季英。军直有：司令部、政治部、经理处、军医院、交通队、手枪团等单位。下辖：二二三团（原七十四师改编），并以原郑位三同志率领之鄂东游击师改编为第三营。二二四团、二二五团（原七十五师的两个团）未动。将七十四、七十五两师番号撤销，师直人员补入各团，并将各部队之老弱残幼进行精简，留在皖西之七十四师三营及手枪团一个分队，归皖西道委指挥，坚持斗争（后编成红二十八军）。整编后，全军2980余人。

在何家冲休整三天，做行动准备，筹集粮秣做干粮，减轻行装，同时对部队进行思想动员，说明为什么要离开老苏区到另一地区打游击和建立新苏区的重要意义（未明确说明中央指示和省委意图），并提出沿途严格遵守群众纪律，尊重各地风俗习惯等。

何家冲是一块红色的土地，有着光辉的革命历史。在整个新民主主义革命时期，这里浸透了无数革命前辈的鲜血，留下了他们战斗的足迹。土地革命时期，何家冲先后是罗南革命根据地和鄂豫皖革命根据地的组成部分。1929年，

何家冲建立了赤卫队。1930 年，罗山县苏维埃政府成立，这里属于三区苏杨、万店区。红四方面军离开大别山后，何家冲一带又是红二十五军的根据地和游击区。1934 年夏，中共鄂豫皖省委领导红二十五军在“朱堂店至铁铺一带，恢复和开辟了一块南北长 30 余公里、东西宽 20 余公里的根据地，并建立了朱堂店和几个乡镇政权”。同年 11 月 16 日，红二十五军决定由何家冲集结出发长征。红二十五军长征后，红二十八军又在何家冲一带坚持了三年的游击战争。抗日战争和解放战争时期，何家冲属于罗礼应抗日根据地，是鄂豫边区抗日根据地的重要组成部分。新四军第五师、中原解放军都在这里成长战斗过。在这里，红二十五军、红二十八军都留下了战斗的足迹；李先念、吴焕先、程子华、徐海东、高敬亭等一批革命家，均踏遍了何家冲一带的山山水水。

在何家冲，不时听到村民讲述红军政委吴焕先、副军长徐海东和他们的大片刀、枣红马及“何大妈”冒死救红军伤员的故事……

远去了鼓角争鸣，留下的是用鲜血和不屈铸就的长征精神。当年的军部—何氏祠、医院——何家大院、出发集结地标志——银杏树已被国务院批准为国家级重点文物保护单位。同时何家冲还被列入全国重点开发建设的 30 条红色旅游精品线路，是重点建设的 100 个红色旅游精品景点之一。如今，何家冲已经走上了小康路，这个耕地面积 924 亩、山场面积 2.7 万亩的深山区村，近年在村支两委的带领下，以“抓山场、办工厂、面向市场”的发展思路，立足山场资源和林业资源优势，积极调整产业结构，把发展林、栗、茶、食用菌、养殖作为五大支柱产业。村里对 2.7 万亩山场统一规划，封山育林 1.3 万亩，发展板栗面积 8000 亩，用材林改造 2000 亩，茶叶、银杏、中药材等经济林 4000 亩。村里每年还组织群众利用农闲开挖荒山，平均造林 600 亩以上。同时，大力发展养殖种植业和林产品加工业，经济收入翻番，走在全县脱贫攻坚前列，成为飘扬在罗山县南部山区的一面旗帜。

何家冲已是旧貌换新颜，如今村里已经走上了小康路。该村先后被授予罗山县“红旗村”“治安模范村”、市“五好村党支部”等称号。1997 年被省委宣传部等 6 家单位联合授予“省级爱国主义教育基地”称号。2012 年又接连荣获“全国文明村”“全国乡村旅游重点村”“全国首批传统村落保护单位”“国家森林乡村”“中国摄影艺术乡村”“河南省历史文化名村”“省级乡村旅游特色村”“河南省乡村康养旅游示范村”“河南省文化产业特色乡村”荣誉称号。

何家村西临信阳市 35 公里，南距武汉市 130 公里，北距郑州市 340 公里，有

旅游公路与鸡公山相连,已经开通的京港澳高速公路从何家冲周边穿过。何家冲村距离何家冲收费站 8 公里左右,北距罗山县城 40 公里,与铁铺镇政府所在地相距 2 公里,与省级风景名胜区灵山寺、信阳国家级鸡公山风景名胜区、鄂豫皖革命首府所在地——新县县城处在同一条旅游带。

何家冲与周边乡镇类似,地势四周高中间低,四周山峦起伏,中部有小片平原,地形变化较大,地貌类型复杂,低山、岗丘为其特色。何家冲处于热带湿润区的北部边缘,属亚热带向温暖带过渡地带,具有典型的过渡性气候特点。何家冲拥有丰富的历史积淀和丰富的历史资源;加之区域交通日益便利,村庄农业发展迅速,第三产业基础较好,以旅游服务业为龙头的第三产业发展势头良好。

近年来,何家冲村利用红二十五军长征出发地这个优势,加大宣传力度,以扩大何家冲的对外影响力,积极争取上级支持,着力打造以红色旅游为主要支撑,集"红、绿、民俗"旅游资源于一体,兼爱国主义教育、野营观光、登山探险、休闲度假、民俗体验等多种旅游活动功能于一体的旅游景区,并加大了对革命历史文物的整修和保护工作,从而带动了村红色旅游开发和经济发展。

## 第二节　殷家湾与何家冲相连

殷家湾与何家冲属两个乡镇，但山路相连，走山间小路约4公里。自从红二十五军从何家冲出发长征，让两个村庄的名字联系得更加紧密。据红二十五军将士的回忆录表述，殷家湾也是红二十五军长征出发的重要组成部分。

殷家湾（也称殷家冲）是罗山县彭新镇前锋村的一个自然村，与何家冲相邻。这个湾分为上、中、下三个小村落，所处位置是一块面向东方开口的喇叭状的宽阔谷地。殷家湾西、北、南三面环山，坐落在半山坡上，全为起架夯土墙的老屋。远远望去，石头的墙基格外古朴，老湾过去的石头围墙还剩下半部分，曾经的石门下尚余十二级台阶。

这是一个古老而宁静的豫南山区古村落，又有丰富的红色革命历史。土地革命时期，这里是红二十五军的游击区，也是根据地，红二十五军经常在这里战斗和休整。大量史料证明，殷家湾和何家冲，同属于红二十五军长征出发地，是一个整体，不可分割。

1934年11月13日至16日，红二十五军3000多人（包括整编后留下的人员）都驻扎在殷家湾和何家冲一带。据徐海东、程子华、刘华清、陈先瑞、张池明、张竭诚等红二十五军老战士回忆，光山花山寨会议（1934年11月11日）之后，于11月13日转移到殷家湾、何家冲一带，进行战略转移前的准备。张池明在《在红军长征中》说，光山花山寨会议之后，“全军部队转移到殷家湾、何家冲，进行出动前的准备”。

红二十五军驻扎殷家湾时期，程子华的住所就在殷家湾。程子华、刘华清在《审时度势的战略决策——关于红二十五军长征背景的回忆》中说，1934年11月11日，省委在河南光山花山寨召开常委会。会后，省委率领部队转移到殷家湾、何家冲一带，做转移前的准备。

据张竭诚的《挺进鄂东，踏上长征征程》记载“对于省委会议研究战略转移问题，我只是后来才听说的……只记得省委会议后，部队由花山寨开往罗山县的殷家湾、何家冲一带，进行了紧张的准备工作。”陈先瑞在《撤离鄂豫皖根据地》中说“会后（指花山寨会议），红二十五军按照省委的决定，西移罗山县殷家

湾、何家冲一带进行出发前的紧张准备工作。”

据徐海东《生平自述》中《回忆红军第二十五军的长征》一文记载：光山斛山寨战斗之后，“当晚将伤员全部处理后，立即出发西进，进至罗山、宣化店北殷家湾与郑位三等同志会合。当日看了中央派程子华同志送来的指示”。

上述史料充分说明，红二十五军长征出发前，部队就驻扎在殷家湾与何家冲一带，进行整编、动员和长征前的准备工作。

殷家湾是红二十五军常驻的地方。据史料记载，自 1932 年到长征出发的两年时间里，红二十五军曾多次驻扎在殷家湾。据《中国工农红军第二十五军战史》记载：1934 年 6 月 7 日，“红二十五军南下途中，在彭新店又与敌第四十四师一三二旅两个团遭遇。红军迅速展开，抢占有利地形，向敌开火，从东西两面实行夹击。敌人不支，向南溃退。红二十五军乘胜追至彭新店以南的九龙河。此战，毙敌二百余名，俘敌一百余名，缴炮一门、轻重机枪十一挺。次日，部队在殷家湾休息时，发现该敌携伤病回窜宣化店，即抓住战机，在杨家店一带予以截击……”

据罗山县史志研究室编写的《红二十五军与何家冲》记载：“1932 年农历 8 月 20 日，姚家集、李益儒民团百余人来到江家冲、喻家冲、二岭坡一带的红色根据地进行破坏，挑粮牵牛，放火烧房，乱抢东西。晚上，地下交通员喻泽荣到殷家湾找到徐海东，向他报告敌人打掳情况……”

红四方面军战略转移之后，重新组建的红二十五军的活动区域基本在鄂东北和皖西北；豹迹岩会师之后，又开辟了几小块根据地，其中朱堂店根据地就包括了殷家湾和何家冲。

这里山高林密，便于隐蔽，群众基础较好，相距不远的杨店又是罗南县委所在地，县委便衣队和西路军游击师随时可以配合红二十五军行动。

殷家湾是长岭岗战斗所在地。长岭岗战斗是红二十五军的经典战例，也是值得浓墨重彩的一笔，而这次战斗就发生在殷家湾和张洼交界处的山岗。

据徐海东《保卫红色土地》（原载 1962 年《星火燎原》第二期）回忆：“1934 年 6 月底，在白鸭山一带，敌 5 个师又分四路开始了围攻。”“第四天，敌人分三路赶到了。打了半天，计划实现后，即派二二三团在后尾占领隘路阻击，主力连夜转到殷家冲；同时又派一个营占领何家冲后山一个寨，防止敌阻击我军后路。第二天一早，我们正向何家冲转移，走到长岭岗附近，发现敌一一五师三个团摆在一个漫山坡上。”徐海东一看，觉得战机来了，于是当机立断，命令红二十五军

迅速投入战斗。

长岭岗战斗结束之后，“我军在殷家湾休息了七八天，把一部分枪支交给了西路军游击师，妥善安置了伤员之后，又转向皖西……”

这次战斗，缴获机枪200多挺（徐海东回忆的数字，有说缴获60多挺的，亦有说120多挺的）、马步枪800多支。红二十五军的武器装备大大改善。

长岭岗战斗之后，徐海东称“我军在殷家湾休息了七八天”，这说明，殷家湾是红二十五军常驻的据点，能够容纳两三千人休整，同时也说明，军部等所有机关都设在这里。

殷家湾很多中老年人，都听他们的父辈和祖上讲过红二十五军当年在殷家湾的情况，有的还能够具体描述长岭岗战斗前后的一些细节，具备征集口述史的基础。

殷家湾的红色遗址虽然破旧，但基本完好。殷家湾目前保留有当时的房屋六七十间，都是清朝末年的民居，其中一个小院是程子华办公遗址，属市级文物保护单位，旁边有红军的临时医院。邻居家里还存有当年的一些旧家具。当地老百姓称，还有红军医院的医疗废弃品。这些房屋都是红二十五军的遗址，具有很强的开发和利用价值。殷家湾到何家冲有一条当年红军常走的山道，约4公里，把两地连接了起来。

据殷家湾老人回忆，殷家湾始建于清朝初期，殷姓一家十几口从外地迁来此居住。民国时期，上、中、下殷家湾有近百户人家，有500多人。1927年以来，殷家湾成了党领导的革命武装的主要游击地区。1930年，罗山独立团、杨店便衣队等多个武装组织成立，他们把殷家湾作为主要居住地。从1930年到1934年，殷家湾及周边的青年农民，不断参加地方武装组织杨店便衣队，其地方武装组织又多次编入红四方面军和红二十五军。1933年以来，红二十五军经常到殷家湾一带活动，殷家湾上湾成了红二十五军主要领导和伤病员的居住地。吴焕先、郑位三、何耀榜、韩先楚、刘华清等都曾住在支持革命的村民家中，伤病员一部分住在农户家中，还有一部分住在后面山洞和临时搭建的茅棚里。

据罗山革命史介绍，1934年农历九月，程子华绕道千里，到达罗山县殷家湾与鄂东北道委会面，道委立即派人去皖西送信。

殷家湾原居民殷久生回忆，他父亲殷绍基曾经讲过，程子华来殷家湾时，正是农历九月，当时住在他家里，他家房子在村子最西头的最里面，很隐蔽，他父亲还曾给红二十五军送过情报。

殷家湾村民殷久德回忆,红二十五军领导徐海东(老百姓称其徐老虎)经常带部队住在殷家湾,他父亲殷世杰当时10多岁,腿让国民党打断了,红二十五军军医白医生曾经给他父亲治腿伤。长征前夕,程子华曾经住过他家里,红二十五军向何家冲转移时,他爷爷殷绍坤和父亲殷世杰主动为红军挑子弹箱,从山里走给红军带路。

殷久德回忆他父亲生前讲过,他家里有一次给程子华做的炒红苋菜,菜汤是红色的,程子华警卫员见是红色怕有毒,亲口尝尝没有问题后,才送给程子华吃。

据程子华、刘华清《审时度势的战略决策——关于红二十五军长征背景的回忆》记载:程子华在交通员石健民带领下,在信阳柳林下火车后,在一个群众家里住了一个星期,然后步行去中共鄂东北道委驻地,河南罗山县境内的卡房。一路上,两人昼伏夜出,在山区小路上走了好几天。一天夜里,在一个山沟里被一群荷枪埋伏的人包围了,一问才知道是道委派来的便衣队。农历九月下旬,程子华于卡房见到了中共鄂陈北道委书记郑位三。

结合罗山县革命史记载,殷家湾老百姓回忆,程子华从信阳柳林下火车,去鄂东北道委卡房过程中,昼伏夜行,应该在殷家湾住过几天。殷家湾是红二十五军根据地,又是鄂豫皖省委交通联络点,也是去卡房的必经之地。

在殷家湾老百姓中,流传着很多程子华的故事,肯定不是凭空杜撰的。

红二十五军走后,殷家湾仍然是红二十八军和杨店便衣队的主要活动场所。据不完全统计,几年来,殷家湾农民有100多人参加了红军。其中,80多人在战斗中牺牲。殷家湾是一块红色的土地。

相信不久的将来,这里会像何家冲一样得到保护和修整,成为罗山又一著名的红色旅游景点。

## 第三节　何家冲迈上新征程

红色沃土出英雄，红色基因永传承。

青山绿水环抱下的何家冲是红军长征四大出发地之一、中国工农红军第二十五军长征出发地，红色血脉浸润着这里的每一寸土地。走进罗山县何家冲村，如同翻开了一部革命史书，红二十五军军部旧址何氏祠、红军碾、红军井、红军医院……每一处遗址都写满红色故事。

传承是最好的纪念，发展是最好的告慰。近年来，罗山县始终牢记习近平总书记"两个更好"殷殷嘱托，弘扬长征精神和大别山精神，紧握历史的接力棒，加快推进红色旅游与绿色生态等旅游资源协调融合，昔日何家冲，旧貌换新颜，逐步走上了小康路。

1996 年，红二十五军军部旧址一何氏祠、军部医院一何大湾、红二十五军长征出发集结标志——白果树、红二十五军医院旧址被国务院批准为国家级文物保护单位。2005 年，何家冲村入选全国 100 个红色旅游经典景区之一，成为国家长征红色记忆旅游带的核心构成部分。何家冲被纳入全国 12 个重点红色旅游区。党和国家领导人李先念、刘华清等领导同志为纪念碑亲笔题词。

2011 年，中央宣传部将其命名为"全国爱国主义教育示范基地"。2019 年以来，先后获得国家乡村旅游重点村、国家森林乡村、中国摄影艺术乡村、河南省家风家教基地、河南省红色教育基地、省级党建示范村等多项省级以上荣誉称号。

高标准建成了何家冲学院，连续四年成功举办了中国农民丰收节。何家冲学院自开班以来，充分利用何家冲学院、何氏祠、红军医院、烈士陵园、长岭岗战斗遗址等一大批红色教育设施和红色革命文物，大力开展红色教育培训；相继开发了"红二十五军军史""长征精神"等 20 多项课程；何家冲每年接待红色教育人数达 70 万人次，已经成为广大干部群众革命传统教育、爱国主义教育、党性教育和廉政教育的重要基地。

2021 年 12 月 30 日，何家冲景区成功创建国家 4A 级旅游景区。红二十五军长征国家文化公园和乡村未来社区等项目正加速推进。生态农业观光、乡村

休闲度假等多元化旅游产品，积极打造文旅融合品牌，有效带动了周边农产品销售和农民就业，仅 2023 年一年，何家冲游客数量就达到 70 万人次，村民人均年收入 19781 元，同比增长 5.1%。大别山精神、长征精神、红二十五军军魂、豫南民俗文化和全域旅游案例，正成为竞相颂扬、传承的时代灵魂。

从革命战争年代的英雄故里，到如今处处皆景、美丽宜居的灵秀之乡，长征精神在罗山这片红色土地上历久弥新，薪火相传，78 万罗山儿女守正创新，踔厉奋发，在新时代的长征路上共同绘就了一幅红绿相间、交旅融合赋能乡村振兴的新时代画卷！

## 第四节　红二十五军长征国家文化公园

近年来，罗山县认真贯彻落实习近平总书记视察河南深入信阳革命老区重要讲话精神，紧紧抓住长征国家文化公园建设机遇，深入挖掘红色内涵和精神实质，着力打造红色文化传承创新高地。

2021 年 7 月，国家文化公园建设领导小组正式印发《长征国家文化公园建设保护规划》，红二十五军长征出发地——罗山县何家冲在规划中占有相当分量，有 12 处提及。

长征国家文化公园（河南信阳罗山段）不仅是长征国家文化公园的重要组成部分，也是长征国家文化公园中红二十五军长征线路的龙头起点。罗山县主动作为，传承创新抓提升，将长征国家文化公园（罗山段）建设列为省重点项目，建设有独具特色的以长征精神为核心的豫南民居建筑风格的何家冲学院、红二十五军长征纪念广场、新时代讲习所、烈士陵园等设施。扎实推进红星乐园、十里亲水栈道、星光大道、红色景观带、竹栖星空营、北上农耕园、水上音乐平台、星火瞭望台、四点半课堂、托老中心、党群服务中心、社区夜校、露营基地停车场建设和改建等系列工程。

该项目总体按照“一路、一道、三团、六镇”布局进行建设，其中，“一路”为红二十五军长征旅游公路（罗山段），与长征国家文化公园信阳段其他县区联通一体的旅游通勤公路；“一道”为红二十五军长征体验步道（罗山段），该路线从殷家湾经何家冲、九里关、灵山至朱堂乡陈家沟的全线体验步道，全线步道在清水 2 号桥与浉河柳林方向的体验步道联通；“三团”分别为红色动力组团、绿色能力组团和古色定力组团；“六镇”分别为朱堂“红绿融合镇”、灵山“红旅融合镇”、铁铺“红色核心镇”、彭新“红色拓展镇”、山店“红色窗口镇”和定远“红色前哨镇”。大力弘扬大别山精神和长征精神，注重保护和开发并重，彰显地方特色，用红色文化引领新时代的长征路，全力推动红二十五军长征国家文化公园建设，努力将罗山打造成为全国知名的红色文化传承区。

立足当下、放眼未来，长征国家文化公园（罗山段）的建设，让长征精神的光芒愈发闪亮，将以一串串生动鲜明的文化符号赋予新时代“长征”不同寻常的力量，厚积一代又一代人阔步新的长征的底气。

# 一、红二十五军军部旧址——何氏祠

1934年11月，红二十五军长征出发前夕，军部机关设在何氏祠。何氏祠始建于明末清初，平面呈长方形，东西宽19.79米，南北长28.06米，以大门中心线为中轴线，东西对称，由倒座、正房和东西厢房组成一个四合院，共有房屋16间。房屋为砖木结构，建筑风格吸收了南方宗祠建筑的特点，如它的燕尾、防火山墙建筑，是大别山地区其他宗祠建筑所没有的。倒座面阔5间，大门居中，在明间的两道梁上砌两道砖墙，高出两边屋面0.5米，墙上彩绘有花草图案。大门上方有石雕二龙戏珠并施彩，石雕上方为墨书“何氏祠”三字。门楣的木枋上雕刻着卷云纹图案。正面墙檐下彩绘民间故事图画，“文化大革命”期间遭涂抹，现已模糊。屋顶用小灰布瓦，装有三角形的瓦当和滴水，上模印植物花纹图案。山墙上用天蓝、朱红两色在白地砖墙上绘墙头花，为植物花草图案。大门砧为一对石鼓。梁架为七架。明间、次间的后墙为槛窗，门楣上方装有木格扇。后檐为廊，施两根檐柱，卷棚顶，石柱础为宝瓶莲花座形状。穿插枋中部有扇面木雕，内容为“断桥”“刘海砍樵”，“文化大革命”期间被破坏，残迹依稀可见。廊檐的两端各有一拱形门通往庭院外，门头为砖券，正面有半环形的砖雕卷叶花纹带，施彩，宽约0.2米。院为长方形，东西长9.7米，南北宽8.4米，低于倒座地坪0.2米。院的东西各有厢房3间，结构相同。梁架上施陀墩，柱承五架梁，五架梁承瓜柱和三架梁。无廊檐柱，出檐用斜撑支顶，上雕有“回”字形图案。东厢房靠北间的前墙上嵌石碑一通，刻记着何氏家族的变迁及族规内容。花脊，由小青砖灰布瓦砌成，脊正中有一砖制成碑形。正房为5间，堂屋3间通面阔12.19米，进深9.01米，两边耳室各3.6米，进深10.71米。地坪高出庭院0.85米，有五级石台阶，两侧安垂带石。两边耳室对廊开门，拱形，门头上有半环形带状植物花纹。耳室同东西厢房的廊檐有石级相通。施廊檐柱两根，抹角方柱，石柱础为须弥座形状。穿插枋上有扇面木雕图案。堂屋3间的前墙原为格扇门、槛窗，现在仅存木格扇，槛窗为土坯墙代替。七架梁，使用陀墩承托其上梁架。堂屋同耳室之间为砖砌墙体，并突出屋顶，起平台，上铺瓦，即为防火山墙，并彩绘有花纹图案，前坡三台阶，后坡四台阶。花脊，两端装有吻兽，“文

化大革命”期间被砸烂。山墙上彩绘有花纹、太极图等。后墙檐有砖雕花纹。

何氏祠亦布展为红二十五军长征纪念馆。馆内展出有红二十五军用过的枪械和用具，各展厅分布有红二十五军各个时期的活动内容。

红二十五军军部旧址——何氏祠

## 二、红二十五军休整期间用过的石磨盘

1934年整个何家冲全村共340多人，在何家冲这块红色的土地上，到处踏遍了红军的足迹，也染上了革命烈士的鲜血。红二十五军主力驻扎在何家冲时，何家冲男女老少全力以赴为红军服务，何家冲人民在战争年代为革命做出了巨大的牺牲。

1934年夏天，红二十五军在长岭岗与国民党的东北军一一五师进行了一场决战，当时战斗进行了七天七夜，何家冲人民担负着运伤员和武器弹药的重要任务，其中何高禹弟兄三人有两人在这场战斗中牺牲，长岭岗战斗结束后，何家冲340多人就死伤了140多人。原中纪委副书记郭述申在回忆起这段历史的时候，提笔写下了“何家冲精神永放光芒”的字句。

当年红二十五军碾干粮的大石磨盘

石磨盘建于明代，距今已有400多年的历史。在1934年11月，红二十五军到达何家冲后，立即开始休整。为了不打扰百姓，战士们就露宿在这半山腰上，红军的高尚品德深得百姓爱戴。百姓们自发地筹粮筹物，烧茶送水，筹鞋袜，为了能供应战士们需求，帮助红军战士们昼夜不停地碾米，主动将自己家的粮食拿出来送给战士们，在罗山文物库房还珍藏有当年红军给百姓打的借粮条。这座石磨在当地百姓的精心保护下得以完整保存，成为体现红二十五军当时艰难环境中生活状态的重要物证。

## 三、红二十五军长征出发标志——银杏树

这棵千年银杏树是红二十五军集聚出发长征的见证，树高30米，直径1.5米，经林业部门鉴定，距今有880多年的历史。1934年11月16日夜，红二十五军全体将士2980余人在程子华、吴焕先带领下在此树下集合，吴焕先迎风雨宣读《中国工农红军北上抗日第二先遣队出发宣言》，红军战士高呼“打倒日本帝国主义”“收回华北失地”口号，高举“中国工农红军北上抗日第二先遣队”的旗帜出发长征。在后来寻找红二十五军长征出发地时，根据程子华的回忆，他们出发时，电闪雷鸣，出发的地方三面环山，并且雷电将他们集合的银杏树击中，根据这个特点才找到了这里。在红军长征胜利的第二年，从银杏树的树干中又生长出一支新的主干。如今的银杏树枝繁叶茂，而被誉为中原大地上的“绿色纪念塔”。

红二十五军长征出发誓师出发的起点见证物——古银杏树

## 四、红二十五军医院旧址

红二十五军医院旧址属于何氏家族古建筑民居，建于明代，为何氏先人所建，位于军部旧址东约300米的何大湾内。1934年11月，红二十五军由光山花山寨西移至罗山县何家冲，红军医院随之迁到何大湾内。医院旧址为群组建筑。砖木结构，为明代建筑，具有宗族色彩。因这个群组建筑有四个门楼，当地群众称其为“四门楼”。医院旧址总占地面积约2300平方米，有大小房屋85间，现保存完好的有30间。四组建筑的结构规模基本相同。第一组建筑由两进院落构成，房屋19间，占地487.04平方米。现存有房屋13间，砖木结构。第一进院落由倒座、正房及围廊组成，倒座面阔4间，西首为门厅。倒座后檐有卷棚。大门砧上刻有卷曲纹图案。正房面阔3间，梁架结构，明间的后墙正中开门，通向二进院落。二进院西边有厢房一间，后为正房，面阔3间，明间面积大，次间面积较小。屋脊皆施小青砖、灰布瓦组成常见的图案，山墙上彩绘有墙头花，多为花草图案。

1934年，红二十五军医院设在这里。红二十五军出发长征后，医院随之迁移，同年冬，房屋被国民党“清剿”部队放火焚烧，仅存房屋30余间，保存到现在。中华人民共和国成立后，仍为民居，并时有修缮。1934年11月13日，在何家冲成立了红军医院，这里被当地百姓让出作为医院，倒座房作为挂号、值班室；一、二进院正房为医疗室。其余为病房、后勤、院部警卫科等。

红军总医院抽调5名女同志及随军队伍中的2名女同志组成了一个看护班来到何家冲，为红军战士们治病疗伤，战士们亲切地称她们为“七仙女”。这7位女同志随部队西征后，有5位成功到达了陕北，在当时恶劣的环境中创造了一个奇迹。当年这里的医院院长钱信忠后来成为国家卫生部部长。

## 五、红军井

红军井是当年红军挖的水井。水井凿成之后，井水有如泉涌。红二十五军2980余名将士及当地居民取之不尽、用之不竭，是当年红军战斗的生命之水。

2005年，何家冲被纳入全国12个重点红色旅游区——大别山鄂豫皖红色旅游区中的重要组成部分，成为全国100个重点红色旅游经典景区之一。2008年4月16日正式开园并对游客开放。2009年11月，何家冲被评定为国家3A级旅游景区。

## 六、程子华办公旧址

红二十五军军长程子华旧居位于罗山县城南45公里处的彭新乡前锋村殷家湾，旧址系清末建筑。

1934年6月，鄂豫皖革命根据地的反“围剿”斗争一直受到中共中央和中央军委的高度重视，在红二十五军转战鄂东北、鄂皖西北处于艰苦斗争阶段的时候，中共中央和中央军委决定派程子华到鄂豫皖革命根据地传达中央指示并领导工作。此时，程子华同志携带着中共中央文件和周恩来的指示离开瑞金，绕道千里，于9月到达罗山县彭新乡前锋村殷家湾与鄂东北道委会面。

程子华来到殷家湾后，立即召开鄂东北道委会，会后鄂东北道委立即派人去皖西给鄂豫皖省委红二十五军送信。11月4日，省委率红二十五军来到光（山）罗（山）边区。当红二十五军向西前进时，敌第五追剿支队紧紧跟随。同时，敌第一〇七师和一二九师等部则早在麻城、商城、潢川、光山交界地区构成层层封锁线，以阻止红二十五军西进，而红二十五军不畏艰难，艰苦奋战，于11月6日、7日突破敌人四道封锁线。

省委率红二十五军在光山县西南部的花山寨与程子华率鄂东北道委相遇后，程子华传达了中共中央、中央军委副主席周恩来的指示，根据中共中央、中央军委副主席周恩来的指示精神，分析了红军转移的有利方面，于是省委决定率领红二十五军实行战略转移，省委决定由中央派来的程子华担任红二十五军军长，徐海东任副军长，吴焕先任政治委员，戴季英任政治部主任。

1934 年 11 月 12 日，红二十五军根据中共鄂豫皖省委决定，立即西移至殷家湾、何家冲，进行战略转移准备。这时，鄂东北地区的敌人有东北军九个师和鄂豫皖三省追剿支队五个支队，共 40 多个团，为争取迅速突然进行战略转移，省委将罗山西路军补入红二十五军后即西移罗山县彭新乡前锋村殷家湾、何家冲一带，为了争取迅速战略转移，整编了部队，撤销师一级建制，军直辖四个团，共 2980 余人。于 1934 年 11 月 16 日从何家冲出发开始长征。

程子华办公旧址

该旧址现共有房屋 3 间，占地面积 137.1 平方米。保护范围是北以河流向南扩 150 米，南以河流向南扩 240 米，东以河流向东扩 55 米，西以河流向东扩 200 米。建设控制地带自保护范围边线向东、西、南、北各外扩 50 米。

2009 年被批准为信阳市第二批市级文物保护单位。

2021 年 12 月，该文物保护单位与长岭岗战斗地合并为罗山红二十五军长岭岗战役及驻地旧址，被批准为第八批河南省文物保护单位。

## 七、何家冲学院

何家冲学院位于豫鄂交界处、红二十五军长征出发地、4A级旅游景区——河南省信阳市罗山县何家冲村境内，毗邻董寨国家级鸟类自然保护区和信阳市鸡公山风景区，新开通的京港澳高速鸡公山站口距学院仅有十分钟的车程，沿途风景优美，交通便利。

学院成立于2018年10月，规划占地面积560亩，是一座以长征精神为核心的、具有豫南民居建筑风格特色的培训学院。何家冲学院秉持“不忘初心、牢记使命”的宗旨，以红色教育为基础，增强党性意识，传承长征精神，重塑信仰力量，也是罗山县委、县政府落实“传承红色基因，推进绿色发展，实现乡村振兴”的生动实践。

何家冲学院一期于2019年11月16日建成并投入使用。一期占地面积130亩，建筑面积6.34万平方米，建成有初心堂、复兴堂、行政办公楼、教学楼、宿舍楼等配套设施。其中初心堂为学院标志性建筑，建筑面积10500平方米，可同时容纳800人开展论坛、晚会等各类大型活动。教学楼建筑面积13000平方米，包含大中型会议室20余个，多功能教室及讨论室30余个。宿舍楼建筑面积24000平方米，有单人单间独立宿舍和大型自助餐厅，可同时容纳500人住宿和就餐。何家冲学院二期预计占地面积50亩，主要建设有可容纳300人的小礼堂、教室64间、学院宿舍200套等。

何家冲学院下设教研部、教务部、办公室、外联部、宣传部、后勤部等六个部室，现有教职工30余人，学院主要领导由县委书记兼任院党委书记，县委组织部部长兼任学院院长，充分表明了县委、县政府对何家冲学院的支持与厚爱。自开班运营以来已累计接待培训班500余个，累计培训党政企事业单位干部50000人次。师资力量已增加至50余人，同时还聘请了包括省委党校党史研究室主任张深溪在内的30余位客座教授，极大提高了学院的培训能力和水平。

何家冲学院内建有红二十五军军史陈列展、大别山纪念馆、乡村振兴探索案例馆、信阳茶文化馆等六大展馆，具有多个现场教学点和丰富的配套设施，通过对党员干部开展培训教育，增强党性意识，传承长征精神，重塑信仰力量。相继开展专家授课、现场教学、专题党课等各类教学活动，探索创办了涵盖长征精

神、群众路线、军事谋略、生态文明、乡村振兴等“六大主题”的数十门精品课程。学院不仅为党政机关干部提供培训服务，也面向广大企事业单位进行人才培养。

红色教育基地——何家冲学院

# 第五节　何家冲，追寻红色足迹

## 一、徐海东回忆红二十五军的长征

1934年4月，鄂豫皖省委决定红二十五军在安徽的宿松、太湖、潜山、桐城、舒城和湖北的陂、罗、孝建造根据地，成立皖西、鄂东两道委，领导开展根据地工作。红二十五军就在上述两地区继续坚持斗争和打击敌人。

同年农历九月初，在太湖、潜山之间的桃家河，与敌上官云相部的四十七师激战两天一夜，我军伤亡较大。红二十五军转移到六安、霍山之间，接到郑位三同志派陈锦秀同志化装送来的信，“宝珊、海东、焕先同志：中央派人送来重要指示，已到我处，请你们接信后，火速率领红二十五军到鄂东来找我们”。

当时接信后，我们立即布置了皖西的工作，又组织了红二十五军留守处，当日率领二十五军西进。从出发地到鄂东必须通过敌人四道封锁线。第一道封锁线从商城到麻城，我们进至汤池与敌一〇九师激战，将敌四个连全部歼灭，通过了第一道封锁线。同日又继续通过敌人在商城到经扶（新集）的第二道封锁线，在大柳树与敌一〇七师激战，消灭敌两个团全部，缴获很多。在此休息了两小时，准备急行军。接着，通过西余集进至光山、江桥附近，休息半日，准备干粮，以便连夜通过一百三十华里敌人的第三、第四道封锁线。下午五时，由该地出发，十时左右通过了敌人在双柳树至新集的第三道封锁线。在通过第四道封锁线时，天已拂晓，我军与敌人接触，突破敌人的封锁，急行二十五里到了斛山寨（属光山县），休息不足两小时，敌人集中四个师的兵力（刘镇华六十四师、六十五师，东北军一一七、一二〇师），并有飞机配合，包围我军。我军与敌激战，由上午十一时战至黄昏，将敌四个师全部打垮，缴获很多，俘敌近4000人。为急于西进去鄂东，当场将俘虏全部释放。此战斗我军伤亡较大，七十五师政委姚志修同志及二二四团政委均在此战斗中光荣牺牲，七十四师师长负伤。当晚将伤员全部处理后，立即出发西进，进至罗山、宣化店北殷家湾与郑位三等同志会合，当日看了中央派程子华同志送来的指示。指示的内容大意是：经过敌人四、五次“围剿”，鄂豫皖根据地受到暂时的失败，人力、物力、粮食已空，红二十

五军应离开老根据地,另找地区发展新根据地。老根据地应留独立团、游击队、便衣队坚持。红二十五军在哪个地区开辟新根据地,中央不做决定(因中央不了解实际情况),由鄂豫皖负责同志根据以下三个条件自行选择:第一、地形好;第二、敌人力量薄弱;第三、群众条件好。看了指示后,省委立即召开会议讨论中央指示,会议决定留一小部分干部和地方武装坚持鄂豫皖根据地,省委与红二十五军一同长征。我军在何家冲休整两天,即由该地出发,突破敌人在三里城到五里店的封锁线,进至朱塘店,与堵击我军的东北军一二九师激战,将敌全部击溃。在该地,我军做了越过平汉铁路的准备,随后即由东双河附近横越平汉铁路,向湖北随、枣前进。在枣阳七里冲与堵击我军的四十四师萧之楚激战后,我军转进桐柏、唐河之间的平氏,向泌阳、方城前进。在方城北独树镇与庞炳勋部激战九小时之久(上午十一时打到下午八时),我军当晚突破敌人封锁线,进入伏牛山区。敌人亦分两路,沿平行道路追击我军。我军在拐河与敌人激战数小时,冲破敌人阻击,向南召、卢氏之间前进。经栾川、卢氏、黑裕、官铺、兰草,由鸡头关进入陕西,当日打下三要司(黄家村),消灭守军杨虎城四个连全部,活捉营长及四个连长。当我军继续前进到余家河时,敌人第六〇师、六十一师(蔡廷锴旧部)由河南朱阳关追来,在余家河展开激烈的战斗。从上午九时战至黄昏,我军将该敌全部打垮,敌人损失惨重,我军伤亡也很大,徐海东、程子华同志均负伤。这样经过数次战斗后,我军给追击的敌人以严重的打击,敌人堵击我军的计划完全破产,不得不全部退出河南。我军继续前进,经竹林关到湖北郧西的一、二、三天门,又转入陕西余家河、兰草一带,转向西进,经杨家斜、红岩子、凤凰嘴,打下镇安,在镇安休息数日发动群众打土豪、分粮食、抗捐、抗税,扩大我军政治影响。由镇安出发到黑山街,经米粮川又转至凤凰嘴。敌四二师刘彦彪旅所辖三个团,追击我军。我军在蔡玉窑与敌激战,歼敌一个营,随即向曹家坪前进。敌人仍尾追我军,我军在葛牌镇又消灭刘彦彪旅五个营,残敌即逃。

我军在葛牌镇休整一星期,过旧历年。休整后,我军西进,又经大泾川、青花匾毛坪(敌人一排投降)前进,打下宁陕,在此发动群众。

这时杨虎城警备二旅旅长张瑞生所辖三个团赶来,追击我军,我军继续西进,打下佛坪(袁家庄)。敌人继续追击,我军进至华阳,准备消灭该敌。在华阳与敌激战,消灭该旅两个团,旅长张瑞生负重伤,第四团团长被俘。华阳群众条件较好,故在此停留九天,发动群众,组织了华阳游击队,派魏文建同志留在华

阳，任华阳游击队队长（此时是在 1935 年 2 月间）。

二十五军转向东进，经老佛坪翻越天香山，进入柴家关，在此地发动群众斗争。后我军又继续东进，打下柞水。这时杨虎城的独立二旅旅长张汉明所辖两个团追击我军，在蔡玉窑与我军激战。我军又经曹家坪，向葛牌镇前进，在九间房消灭张汉明旅五个营，活捉旅长张汉明。（张汉明是中共地下党员，被误杀。——编者）在葛牌镇停留八天，于 1935 年农历三月间，省委在此召开扩大会议，正式改组鄂豫皖省委为鄂豫陕省委（原省委由徐宝珊［书记］、吴焕先、徐海东、郑位三、程子华等组成；改选后由徐宝珊［书记］、吴焕先［副书记］、徐海东、赵凌波、田守尧、李隆贵、张明先组成）。会议并决定红二十五军今后的任务是："创造鄂豫陕革命根据地。"会后我军即根据会议决定继续东进，打下洛南，占领柏峪寺，发动群众组织了洛南游击队。我军转进龙珠塞，在此停留一星期，进行整训及发动群众。后进至典雅子、大小泾川一带，停留半月之久，主要任务是发动群众组织游击队。共组织三支游击队，同时成立了鄂陕工委和游击司令部，领导该区工作，派郭述申同志任工委书记兼游击司令部政委，陈先瑞同志任游击司令（此时在 1935 年农历四月底）。

5 月初，敌人正式向鄂豫陕游击根据地进行第一次"围剿"。敌人进攻的兵力包括东北军八个师（二十四个团）、萧之楚一个师（六个团）、杨虎城四个旅（十一个团），共计四十一个团的兵力。我军转进九棵树休息五日，省委开会决定对敌人的战略是"先疲后打"。

敌人由四路分进合击、接近我军时，我军为了疲劳敌人，于当晚急行军，经漫川关附近，再经七里狭进峦庄，又经青油河到商南与东北军一一七、一二〇师激战。当时我军为了提高部队的战斗情绪，改善部队物质生活，决定一部分牵制敌人，一部分急行军，打下河南荆紫关，打垮守军别廷芳一个营，活捉萧之楚的军需长，缴获大量物资，补充了我军，提高了我军战斗情绪。当晚由此出发经四天急行军，共走了 560 里，进入陕南的黑山街，将追击我军的敌人，远远摆脱在后面。我军在此等待迎击敌人，提出了"哪个敌人先接近，就消灭哪个敌人"的口号。三天后唐嗣桐与我军接触，我军即采取诱敌深入的战术，将敌杨虎城部警备一旅由旅长唐嗣桐所辖两个团诱入袁家沟口（因为小河口、袁家沟口是我军群众基础最好的地方，该地区有农民领袖袁英臣所组成的独立营，袁任营长，我们派夏云庭同志任政委），将其全部歼灭，活捉旅长唐嗣桐。经过了这一战役，我军最后粉碎了敌人对鄂豫陕根据地的第一次"围剿"。我军在长期行军

作战当中,缺乏物资。鉴于山外人口密集,物资丰富,省委决定出终南山(秦岭),扩大新兵,解决物资困难及扩大我军政治影响。6 月底,我军从杨家斜出发,经石嘴子出山,占领后更子、尹家卫。在后更子、尹家卫(接驾回)、子午镇一带进行扩军,补充物资,威逼西安,扩大我军政治影响。占领尹家卫后,看到了从敌人缴获来的《大公报》,始知我一、四方面军已在川西北会合、先头部队已越过松潘北上的消息。当时西安的敌人于学忠部的一个军,经凤翔、宝鸡西调,毛炳文的部队,也经西南公路西调。当时我们估计:我一、四方面军一定会合北上。因此,红二十五军在子午镇西二十里处,停留一天,省委在此召开紧急会议,讨论了红二十五军的行动。会议决定:“为配合主力,牵制敌人,使主力顺利完成北上任务,红二十五军应即离开陕南西征,陕南留郑位三、陈先瑞等同志坚持鄂豫陕游击根据地。”红二十五军即由该地出发,经周至、户县、新口子(骆峪口)、佛坪、西江口、留坝西进。在双石铺与胡宗南的别动队四个连遭遇,我军将该敌全部歼灭,活捉胡宗南属下一名姓何的高级少将参议,获得很多情报材料。根据俘获的少将参议的口供及其他情报证实:我一、四方面军确实已在川西北会合,先头部队已越过松潘北上,胡宗南部的主力全部西调,堵击我军主力北上,敌人后方留驻天水。得到这个可靠的消息后,红二十五军决定立即西出甘肃,牵制胡宗南的主力,打破敌人堵击我主力北上的计划。此时正是 1935 年 8 月 1 日,我军在双石铺停留一天,纪念八一建军节和补充干粮,准备继续西进。8 月 2 日即从该地出发,打下两当(于学忠先头部队后退 90 里),急向天水挺进,打下天水北关。天水敌人告急,当夜由甘谷急调一个旅增援天水。我军即转向凤凰山、沿河镇,强渡渭水,打下秦安。继续向通渭前进,威逼静宁,牵制毛炳文。

我军在兴隆镇休整三天,主要是为了争取少数民族(回族)的力量。由于执行了少数民族政策及我军良好纪律的影响,少数民族对我们帮助很大(报告消息、当向导等)。休整以后,继续进军,打下隆德,当日黄昏与毛炳文从兰州调来的增援部队激战,红二十五军即转进六盘山,经瓦亭、三官口,威逼平凉,在白水镇打垮马鸿宾一个旅(消灭该部一个营左右)。继向泾川挺进,在泾川消灭马开基全团(团长马开基被当场击毙),红二十五军政委吴焕先同志在此战役中光荣牺牲。红二十五军又向西进,威逼崇信,在西南公路牵制敌人十七天之久。敌人毛炳文、马鸿宾一部尾追我军。因当时不知我一、四方面军行动方向的准确消息,我军决定进陕北与刘志丹等同志会合,即经平凉东四十里铺,强渡泾水,

经镇原西峰镇合水进入陕北根据地，在永坪镇与刘志丹等同志会合，改编为十五军团。当时正是敌人向陕北根据地进行三次“围剿”，红十五军团取得了劳山、榆林桥战役的胜利，直接迎接中央红军的到来，胜利地与中央红军会合。

（选自芦振国、姜为民编：《红二十五军长征纪实》，河南人民出版社，1986年8月第1版，第1—6页。）

## 二、徐小岩中将到何家冲参观

2010年9月10日，徐向前元帅之子、总装备部科技委员会副主任徐小岩中将，在市委常委、统战部部长宋效忠，县委常委、县委办公室主任张金龙等领导陪同下，莅临何家冲红二十五军长征出发地，深切缅怀革命先烈及其丰功伟绩。同时还对灵山风景区、董寨鸟类自然保护区等地进行考察。当看到老区的城乡建设快速发展以及老区人民崭新的精神面貌时，徐小岩倍感欣慰，对各级党委、政府为落实富民政策所做的很多有意义的、富有开创性的工作感到高兴。他说：“大别山这块红色土地上有众多的革命遗址，良好的生态环境，是老区非常宝贵的资源，你们要开发好、保护好，不仅成为下一代的革命传统教育基地，还要使红色旅游成为一个支柱产业，推动老区经济社会发展。”

## 三、徐海东之女徐文慧一行参观何家冲

2011 年 9 月 23 日上午,徐海东之女徐文慧、刘震之子刘卫兵、李金德之子李东平、金绍山之子金朴一行参观了红二十五军长征出发地——何家冲。徐文慧一行踏着父辈的足迹,先后察看了红二十五军军部旧址、红军碾、红军医院旧址、长征出发集结地标志——古银杏树。徐文慧说:“在纪念红二十五军长征出发 77 周年之际,实地参观何家冲,重温革命先烈的光辉历程,感慨万千。罗山县大力发展红色旅游经济,积极开展爱国主义教育工作值得肯定。希望要进一步加大宣传力度,让何家冲成为广大人民群众学习历史、了解革命传统的重要场所。”

# 四、大别高歌永向前

河南省罗山县何家冲，大别山西北部的一个小村落。秋日余晖映照着村中央“红二十五军军部旧址”几个大字。村头一棵高大的古银杏下，是红军出发的集结地。1934 年 11 月 16 日，披着浓浓夜色，2980 余人的队伍冲出遮天蔽日的密林，飞速西进。

## 革命的“过河卒子”勇往直前

红二十五军是一支传奇部队。1932 年 11 月，红四方面军主力撤离鄂豫皖根据地向西做战略转移后，留守的红军战士和红军子弟组成了红二十五军。

这支几乎没有 18 岁以上战斗员的“娃娃军”，粉碎了敌人一次次“围剿”，支撑起这块红色根据地。1934 年 11 月，中央红军开始长征后，红二十五军根据中革军委副主席周恩来的指示，在军长程子华、政委吴焕先、副军长徐海东等率领下，高举起“中国工农红军北上抗日第二先遣队”的旗帜，实行战略转移。他们打破数十倍于己的强敌的围追堵截，血战独树镇，激战庾家河，两个多月后挺进陕南，创建了鄂豫陕革命根据地。这是红军长征中建立并保持下来的唯一一块根据地。

罗山县史志办的同志介绍说，当年红二十五军接到中央指示后，义无反顾地踏上征途。在与中央失去联系后，他们孤军奋战，千方百计策应、配合主力红军的行动。

原红二十五军军部卫生员李天忠回忆，西征路上，军领导最关心的是中央红军的消息，多次说：“消灭敌人一个团，不如缴获一部电台，这样才能得到中央的指示。”1935 年 7 月，红二十五军迫近西安时，从国民党的报纸上得知，陕甘地区是主力红军会师后的行动方向，便立即做出“配合红军主力在西北的行动，迅速创建西北新的伟大的巩固的革命根据地”的决策。徐海东副军长在动员大会上这样表达决心：“我们这次西征北上的行动，就是为了迎接党中央，与中央红军会师，我们这几千人就是牺牲了也要牵制住敌人，保证党中央和中央红军顺利北上，这对全国革命是有重大意义的。”随后，红二十五军再次踏上征途，转战甘肃，进入陕北，胜利完成长征，成为主力红军北上的先导。

“毛主席快到了，再打个胜仗，作为见面礼！”与中央红军会合前夕，徐海东这样激励部队打下敌人一个又一个据点；会合以后，徐海东又从部队仅有的7000元中拿出5000元送给中央，每个连抽出3挺机枪和一些弹药支援中央红军。

徐海东之由陕南经陇东入陕北，乃偶然成为中央红军之向导。宣传部随行人员对红二十五军历史进行深入研究地说：“在20世纪30年代中国革命的大棋盘上，红二十五军像一枚勇往直前的‘过河卒子’，从大别山跃起，孤军西征，驰骋鄂豫，挺进陕南，北出秦岭，威逼西安，直捣陇东，鲜红的轨迹最后落脚在陕北。每一步都走得及时准确，作用不可估量。”

## “红田”埋忠骨，大山护英雄

我们在何家冲村头抚摸红军碾军粮用过的“红军碾”，听村里人讲述着从前辈口口相传的徐海东、吴焕先率领红军将士，身背大片刀、骑着枣红马，来到村里打土豪分田地，帮助村里做农活的故事。

在何家冲红二十五军医院旧址，当年红二十五军支前队员、如今已87岁的何国忠老人动情地说，这里是何氏宗族的发源地，后人一直不舍得居住，但我们却自愿提供给红军做医院。因为红军是为我们穷人打天下的，是我们自己的队伍。老人至今还清晰地记得，当年村里不少年轻人都自愿帮助红军传递消息、购买物资，他也是其中一员。

何家冲村党支部书记何乾龙是红军的后代，他说：“当年红二十五军和老百姓的关系亲如鱼水，情浓于血！”

“说也怪，红军走时，村里鸡不叫，狗不咬，像家人出门一样。”在村头的老银杏树下，何国忠老人沉浸在70多年前的回忆里：“红军刚走，银杏树便被雷电劈成两半，树枝烧得漆黑。人们以为这棵树会死去，谁知一年后红军长征胜利，树干中间又长出了新枝。”

何大妈救红军的故事在大别山流传了70多年。何大妈是何家冲的一位普通农妇，她冒着生命危险，在村后的山洞里救护过13名红军伤员。红二十五军伤员余占海被敌人抓住后，她用亲生儿子换了回来。大别山用自己甘甜的乳汁哺育了红军，用自己的血肉之躯护卫着红军。大别山为红二十五军耗尽了人力、物力、财力。徐海东对美国记者斯诺说：“1933年11月，我们撤离天台山、老君山苏区时，这里是6万人口；两个月后返回时，仅剩300名老人和几名病弱

儿童!”

罗山县史记载,大革命时期,罗山县有10万人参加红军,有3.6万人牺牲。邻近的新县是闻名全国的将军县,也是红二十五军的主要活动区域。这个不足10万人口的小县,竟有5.89万人献出生命。箭厂乡有一块不到半亩地的地方,在白色恐怖的日子里,不到两个月,就有300多名红二十五军家属和同情红军的群众被杀害,鲜血把土地都染成了“红田”。时间过去了70多年,在大别山,有许多地方至今都没有恢复到红军时期的人口。真可谓村村有烈士,山山埋忠骨!

刘华清将军后来回忆道,当年红二十五军西进北上过程中,途经一些少数民族地区。部队每到一地,都要调查了解社会情况,帮助当地百姓解决困难,严格遵守纪律,坚决保护群众利益。8月中旬,部队进入甘肃静宁县以北的单家集和兴隆寺等回民聚居地,军政委吴焕先及时对全体指战员进行纪律和政策教育,并写在街上。他还亲自到清真寺拜访,召开座谈会,宣传党的抗日救国主张和红军纪律。有十多位回族青年参加了红军。

正是有了这种支持,红二十五军才在长征途中,战胜了敌人80多个团的多次“围剿”,并扩大到3400多人,成为长征途中唯一得到壮大的红军队伍。

## 光华灿烂闪出新世界

如今被辟为“红二十五军军部旧址”纪念馆的何氏祠已有400多年的历史。当年红二十五军的警卫室、政治部、参谋部等机关都在这里。红军栽下的4棵柏树如今已长成参天大树。程子华、徐海东、吴焕先等红二十五军首长住过的房间,按原样进行了修复保护。

诞生于鄂豫皖苏区时代的《八月桂花遍地开》,曾唱遍大别山。20世纪80年代,戴季英和成仿吾等回忆,这首歌是1929年为庆祝苏维埃政权建立,借用当地曲调《八段锦》创作的。当年红军的理想是“光华灿烂闪出新世界”,让穷人都过上好日子。

如今的何家冲已是豫南山区的“明星村”。全村1241口人,户户住新房,组组通公路,家家有电视机、电话和自来水,中央军委机关援建的“八一希望小学”,传出孩子们琅琅的读书声。

今天,罗山已发生天翻地覆的变化,综合经济实力在全省的排位中,3年时间就跃升了13个位次。老区人民正以红军长征的精神,进行着改革开放和建

设事业。

“红军长征，为的是中华民族的解放，为的是让人民过上好日子；今天正在进行实现中华民族伟大复兴的新长征，我们要继承红军长征精神，深化改革，扩大开放，实现经济又快又好的发展，无愧于这块红色的土地。”罗山历届县委书记都这样说。

这片英雄和神奇的土地，到处涌动着建设和发展的热浪。旅游就是一个窗口，青山绿水过去养育了英雄的人民，如今正在为子孙后代造福。今年上半年，罗山县仅旅游相关产业收入就达9000万元，接待各地游客达40万人次。在灵山寺旅游区，我们遇上从信阳来的游客李春阳，他动情地说：“红军精神要永远牢记，代代发扬。”

（本文原刊于2006年10月11日《人民日报》头版，作者李忠春、戴鹏）

## 五、大别山惊雷震天地：出发，何家冲做证

### ——写在红二十五军长征出发地河南省罗山县

“青枝绿叶我的房，
青石板上我的床，
杀退敌人回山岗，
一觉睡到大天亮……”

寻着这首传唱至今的《红军歌谣》，我们来到红二十五军长征出发地——何家冲。何家冲，是河南省信阳市罗山县铁铺乡的一个行政村，它位于大别山西端的鸡笼山西北坡，是一条隐匿在大别山腹地中长约4公里的山沟。

放眼看去，村子东、北、南三面环山，山峰相连，层峦叠嶂构成天然障壁，西面冲口对着九龙河，沿河的一条砂石大路是进出山冲的唯一通道。九龙河由东向西顺冲静静地流淌着，碧溪山色，竹影清风；平坦的柏油马路直通何家冲村口，山顶上是移动通信发射塔，一排排粉墙黑瓦的崭新民居透露出豫南建筑的清新和别致。

饱经风霜的何氏祠和何家大院、古朴的房舍、古老而苍翠的银杏树、青砖墙上早已模糊的标语、时而在山谷间飘荡的《红军歌谣》，都不禁勾起人们的历史记忆……

### 红色的村庄

我们走进何家冲，村边的水塘，水牛在尽情地嬉水；村口的大树下，是闲坐的老人，一切是那样悠闲和安宁。

站在具有400多年历史的何氏祠前，吹着鸡笼山脚下带着茶香扑面而来的阵阵山风，青砖瓷瓦，绿苔片片，历史的凝重感油然而生。“这是红二十五军军部旧址。”红军时期参加支前的何国忠老人充满自豪地领着我们走进何氏宗祠。

建于明代的何氏宗祠，是当年红二十五军的警卫室、政治部、参谋部的旧址所在。“当年红军栽下了4棵柏树，寓意着红二十五军隶属于红四方面军。”

何家冲还保留着当年红军医院的旧址——何家大院。这是一座典型的民

居,蝴蝶瓦、马头墙,檐壁上的绘画历经百年依然色泽鲜艳。据说,这里是何家冲祖辈上弟兄4人的院落,何家宗族的发源地,后人舍不得居住,却自愿提供给红军做医院。医院里,从北向南依次是警卫室、医务室和病房。“不要小瞧这么一座简陋的医院,中华人民共和国第一任卫生部部长钱信忠曾是这里的院长。”何国忠老人介绍说。1996年11月,红二十五军军部旧址由县级文物保护单位直接被国务院批准为国家级重点革命文物保护单位。

## 银杏树下,红军打着抗日大旗出发

何家冲村头,一棵800多年的银杏树,挺拔伟岸,枝干虬曲,历尽沧桑。仰望银杏树,何国忠老人向我们描述当年的场景——

1934年11月16日,红军离开的那天,下起了大暴雨。老人们记得那场大雨比平时格外滂沱。银杏树那心一样形状的叶片在雨中闪射着耀眼的金黄色,红二十五军全体将士集中在这棵银杏树旁,站在那面“中国工农红军北上抗日第二先遣队”的大旗下。每个连队前面由掌旗兵举着本连队的旗帜,猎猎战旗后面是威武雄壮的方阵。大雨打湿了红军战士单薄的衣服,红二十五军将士脸上满是坚毅,雨水顺着他们的脸颊流在何家冲村口的土地上。

根据省委的行动意图,军政委吴焕先向指战员传达了当前的斗争形势,提出两个明确而又巧妙、同时不至于泄露军事秘密的动员口号:一是“打远游击”;二是“创建新苏区”。

吴焕先、徐海东站在银杏树下,迎着风雨宣读《中国工农红军北上抗日第二先遣队出发宣言》:“日本帝国主义占领我东北三省已经几年了……中国工农红军虽然处在反对五次“围剿”保卫苏区的严重任务之下,但不能坐视国民党将中国出卖给日本。特别调动一部分队伍组织北上抗日先遣队,领导并组织群众去打日本帝国主义,收回华北失地……”

“反对日本和一切帝国主义!”

“广大群众武装起来去打日本帝国主义,收回华北失地!”

……

红军战士们振臂高呼,头上响彻的惊雷与红军战士的铮铮誓言一同作响。

“出发!”一声命令,浩浩荡荡的队伍顺着山沟向西开去,奔向桐柏山区。“那时,大家都没有想到这是一次远征,是一次对中国革命有着重要影响的战略大转移,是中国工农红军一次震惊世界的万里长征的重要组成部分。”抚摸古老

的银杏树，树干上一道深深的伤痕清晰可见。何国忠老人说："红军出发的当天，这棵银杏树遭受雷击，树干中间裂开一条大缝。可第二年红军长征胜利时，这条裂缝里又长出一条新枝，真是神奇，我们村的人都说是红军感动了天地。"

## 村口那盘"红军碾"

夕阳西下，风从山野间吹来，给何家冲送来一丝清爽，山间小路上的那盘"红军碾"静静矗立，村里人说："这盘碾，就是当时全村300多口人和2000多名红军战士的粮食加工厂，3头毛驴昼夜不停，一整天的米也只够红军战士吃三顿干饭、两顿稀饭，可军民们依然渡过了难关。我们都叫它红军碾。"

## 英雄的人民

70年前，从何家冲走出了一群用鲜血和不屈的精神铸造长征丰碑的热血青年。乡亲们说，是红军的精神感动了祖祖辈辈生活在山中的穷苦百姓，而巍巍大别山，也孕育了这支中国长征史上屡创奇迹的坚强队伍。70年后的今天，何家冲的群众讲起红二十五军的往事，仍然是那样的悠远绵长和情不自禁。

红色何家冲，不止一位村民向我们讲述吴焕先、徐海东和他们的大片刀、枣红马的故事，但更多的是像"何大妈"这样普通百姓的故事。

"何大妈"是一个普通的妇女，她利用微薄的收成在家后面的山洞里先后救活了13名红军伤员。有一次，一名红军伤员被清期队抓获，她用自己的亲生儿子冒险换回这位红军伤员。还有一次，一名叫余占海的红军伤员被敌人抓住，为了证明余占海是自己的亲人，她起了毒誓，用眼睛做担保，当众刺瞎了自己的右眼……中华人民共和国成立后，余占海成为武汉军区的一名将军，因为余占海亲切地叫她"何大妈"，后来人们都叫她"何大妈"。

## 87岁的见证人

"爱护老百姓，买卖要公平，不拿乡亲一针线……"直到今天，87岁的何家冲村民何国忠依然清晰地记得70年前那首每天都要响彻何家大院的《红二十五军军歌》。

花白的长髯垂过苍老的喉结、岁月在脸上刻下深深的皱纹、灰色中式衬衣、蓝色的老军裤、沾满泥点子的黑布鞋……坐在何氏祠堂前的草坪上，年迈的何国忠颤巍巍地向记者讲起了那段红色岁月。这个土生土长的何家冲老人，记录

着87年何家冲的历史，也牢记着70年前何家冲村口银杏树下，红军战士们长征出发时震彻山谷的铿锵誓言。

“红军来了！红军来了！”红军第一次来到何家冲，听过了国民党军队散布红军“杀人如麻”的谣传，还是个小鬼头的何国忠，好奇而惶恐地躲在附近的山头上，偷偷地看着这支打着一面大红旗的部队。红缨枪、大片刀，这些大部分比当时的何国忠大不了多少的“娃娃兵”，英姿飒爽，军纪严明，面对红军战士从他家买粮食时递上的银圆，何国忠明白了：红军是咱老百姓自己的队伍。

从那以后，每天早上，何国忠总要跑到何氏祠附近听红军战士唱军歌。“红色的青年战士志气昂，好比那东方升起的太阳……”70年的风霜，依然没有磨灭何国忠对红军的记忆，“红军吃的用的，都是用钱向村民们买来的，借谁家的东西，都一定会打好借条，红军是咱的亲人。”

“我给红军送过信。”说到那时的这段经历，何国忠老人脸上露出微微的笑容。1932年以后，何家冲作为游击战争的主要地区，不少村中的年轻人都自愿私下帮助红军传递消息和信件，何国忠也是众多年轻人中的一员，大别山下，留下了他怀揣信件在山路上飞奔的身影。

何国忠记忆最深刻的，是一位他始终不知道名字的红军大哥。

一次又一次，他把信送到何氏祠的门口，每次接过信件，那位红军大哥都会鼓励似的拍拍他的脑袋。记者追问他对那位不知道姓名的红军大哥印象最深的是什么，老人想了想：“高个子，枣红马。”“不是吴焕先就是徐海东！”乡亲们说。

“红军和百姓一家亲。”采访中，何国忠不止一次地重复着这句话。在这位87岁的老人记忆中，亲人红军永远像何家冲村边的溪水一样甘甜怡人。

红军踏上了征途，给何家冲的乡亲们留下了深深的思念。红军出发前，没有把消息告诉何家冲的乡亲们。“是那位红军大哥，挨家挨户地把借来的锅碗都还给了我们。”

何国忠回忆说：“红军队伍离开时，村里鸡不叫，狗不咬，他们都是亲人哪！”

和村里许多乡亲一样，何国忠的家也是一个红色的家庭，家中6人有4人参加了共产党。一天晚上，他们冒着生命危险，将一名红军侦察员藏在家中，躲过了国民党部队的搜查。红军走后，国民党部队进入何家冲，为了报复帮助过红军的村民，砍完了村民满山的果树，烧光了村里的草房，也杀害了何国忠的4位亲人。至今，何国忠老人还咬着牙称国民党部队为“匪军”。

## 装点此关山，今朝更好看

“当年鏖战急，弹洞前村壁。装点此关山，今朝更好看。”站在何家冲村口，村支书何乾龙欣喜地告诉记者，如今村里已经走上了小康路，实现了通电话、电视、柏油路等“六通”，中央军委援建的“八一希望学校”更是在哺育着这块红色土地的后代，每天都有老人在校外的大树下望着两幢教学楼，听着孩子们琅琅的读书声，他们说这是一种享受。

战争年代罗山有近 10 万人参加革命，3.6 万优秀儿女献出了宝贵生命。进入新时代，他们发扬红军长征精神，每年有 15 万人出去闯市场，年劳务收入 9 亿元，带动家乡富裕起来，就连何家冲这样的山村也变成了富裕村。

告别何家冲，告别罗山，我们来到宁西铁路罗山站，望着京珠宁西等高速公路从罗山穿行而过，我们不禁联想到，70 年前红二十五军从这里出发开始长征，如今罗山县人民正抓住机遇，开始新的长征。

（本文原刊于 2006 年第 2 期总 704 期《解放军画报》，作者林书全、贾明祖、李玉谦、范东升）

## 六、"我祝这一活动圆满成功"

### ——刘华清为"重走红二十五军长征路"亲笔题词前后

今年是中国工农红军长征胜利70周年、中国人民抗日战争胜利60周年，昨天上午，本报会同陕西《三秦都市报》、甘肃《兰州晨报》举行的"重走红二十五军长征路"大型系列新闻报道活动正式启动，特派记者将沿当年红二十五军行程路线，寻访长征当事人和见证人。

"红二十五军长征精神永存"，出自89岁高龄的老将军刘华清之手！在本报"重走红二十五军长征路"出发仪式上，当本报总编辑将这幅题词徐徐展开时，参加仪式的人们无不为之感动。本报发起、三省媒体联动的"重走红二十五军长征路"活动，得到刘华清等一批功勋卓著的老将军的肯定。

早在7月中旬，本报记者专赴北京采访。诞生在河南、从河南出发开始长征的红二十五军，充满传奇色彩。在红军长征胜利70周年、抗日战争胜利60周年之际，为全面揭秘这支抗日先锋的传奇历程，向读者全面揭示红二十五军长征的历史，我们奔赴北京，寻访历史见证人，查询历史资料。

得知我们"重走红二十五军长征路"的计划，在刘华清首长办公室、在军事科学院军事历史杂志社、在原红二十五军战史办公室，记者得到了热情接访和无私帮助。记者联系到了许多红二十五军老战士，他们纷纷提供宝贵资料。在红二十五军战史办了解到，从1996年开始，其他方面对红军长征的报道开始见诸报端，但从未有人全面报道过红二十五军长征的历程。他们说，这支从河南出发的红军当年高举"中国工农红军北上抗日第二先遣队"的旗帜，割舍故土北上长征，是一段鲜为人知的英雄史实。"孤军北上的红二十五军是红军长征中一支特殊的队伍，是长征的先锋，是中央红军的向导。对此，毛泽东、邓小平、江泽民等领导同志都有过高度评价。"

在中央军委刘华清办公室，工作人员热情接待记者。他们介绍说，刘华清副主席对红二十五军充满了感情。出于历史原因，人们熟知爬雪山、过草地、飞夺泸定桥、四渡赤水的长征故事，而对于诞生于大别山中、从河南开始出发长征、有着艰苦卓绝战史的红二十五军知之甚少。"红二十五军的历史功绩不可

磨灭，它的精神永远不会过时，应当大力宣扬。”

89 岁的红二十五军老战士、原中央军委副主席刘华清得知本报等三家报纸的大型系列新闻报道计划后十分高兴，挥毫泼墨写下 11 个苍劲的大字“红二十五军长征精神永存”，并对本次活动热情寄语：“河南、陕西、甘肃三省报人重走红二十五军长征路，感怀人所罕见的红军长征历史，是一件很有意义的事。我祝这一活动圆满成功。”

（本文原刊于 2005 年 8 月 13 日《大河报》，作者路红、孟冉）

## 七、赓续红色血脉

### ——纪念红二十五军长征出发85周年大会在河南罗山何家冲举行

11月16日，纪念红二十五军长征出发85周年大会在红二十五军长征出发地——河南省罗山县何家冲举行，来共同缅怀革命先烈、追忆峥嵘岁月，弘扬伟大的长征精神和大别山精神，不忘初心、牢记使命，奋力走好新时代长征路，续写革命老区发展新篇章。

全国工商联原副主席、中国红色文化研究院院长王治国，河南省人大常委会副主任、信阳市委书记乔新江，河南省政协副主席谢玉安，中国老促会和河南省老促会负责人，红二十五军将士后代、烈士家属代表，解放军第七十九集团军、驻豫部队代表，专家学者，以及信阳干部群众代表等近千人参加纪念大会。

1934年11月16日，红二十五军高举“中国工农红军北上抗日第二先遣队”的旗帜从何家冲出发开始长征，历时10个月，途经湖北、陕西、甘肃等多个省份，转战近5000公里，于1935年9月到达陕西延川县，与陕甘红军胜利会师。据介绍，红二十五军还是五支长征红军中唯一一支在长征途中建立革命根据地的红军队伍，也是唯一一支在长征途中人数不减反增的红军队伍，同时还是最早到达陕北、被毛泽东同志称赞为“中央红军之向导”“为革命立了大功”的红军队伍，为党中央把中国革命的大本营建在陕北立下了特殊功勋，在红军长征史上留下了浓墨重彩的一笔。

传承是最好的纪念，发展是最好的告慰。“今天我们隆重举行纪念红二十五军长征出发85周年大会，就是为了更好地发扬党和人民军队的优良传统，传承弘扬长征精神、大别山精神等革命精神，为新形势下‘进行伟大斗争、建设伟大工程、推进伟大事业、实现伟大梦想’凝聚强大正能量，这既是我们走好新时代长征路的集结号，也是加快推进革命老区振兴发展的新开端。”乔新江在大会致辞中说，信阳作为大别山精神的发祥地，作为红二十五军北上长征的出发地，我们将坚决担负起用好红色资源、发扬红色传统、传承红色基因的政治责任，将长征精神、大别山精神转化为我们对党绝对忠诚的政治信仰，将此次大会成果转化为推动高质量发展、促进革命老区振兴的务实举措，坚定信心、埋头苦干、

奋勇争先，为造福信阳、添彩中原、实现中华民族伟大复兴做出应有贡献！

精神是一个民族赖以长久生存的灵魂。谢玉安在致辞中介绍，今天的大会既是对红二十五军长征出发 85 周年的纪念，也是为了进一步贯彻落实好习近平总书记的重要讲话精神，了解我们党的光荣传统、宝贵经验和伟大成就，在深入学习和不断领悟中，弄清楚我们从哪里来、往哪里去，从而更好地传承弘扬长征精神和大别山精神，鼓舞和激励中国人民不断攻坚克难、从胜利走向胜利的强大精神动力。

纪念大会之后，还举办了红二十五军军史研究及长征精神主题论坛、首届何家冲乡村振兴论坛、“弘扬大别山精神　助力乡村振兴——‘信阳杯’中国乡村纪事全国摄影展”等系列活动。

（本文原刊于《农民日报》客户端，作者张培奇、范亚旭）

## 八、开国元勋后代合唱团百名团员到何家冲

2011 年 11 月 16 日，举行红二十五军长征出发 77 周年纪念活动。北京开国元勋后代合唱团近百名团员，六安市、孝感市、大悟县、红安县、麻城市、金寨县、新县、商城县、光山县、潢川县等县区的领导及党史专家，中央电视台、《人民日报》《大河报》等媒体代表参加了纪念活动仪式。开国元勋后代合唱团代表徐文慧、万伯翱、刘卫兵和中央党史研究室专家王晓建分别发表了讲话。他们共同追忆红二十五军的光辉革命历程，追忆老一辈革命家在信阳的难忘岁月，为信阳人民弘扬长征精神、艰苦奋斗、建设家乡取得的巨大成就感到自豪。县长许远福在仪式上致辞，县委副书记许震环主持仪式。仪式结束后，信阳市委、罗山县委、大悟县委等领导向红二十五军英烈纪念碑献花圈。

是日，市委副书记、组织部部长乔新江到何家冲参加我县承办，市委、市政府和北京开国元勋后代合唱团举办的红二十五军长征出发 77 周年纪念活动，并发表了热情洋溢的讲话。要求广大党员和干部发扬红军长征精神，坚持实事求是，一切从实际出发，在建设魅力信阳、当好中原经济区建设前锋的征途上，乘胜前进，不畏艰难，为构建和谐社会多做贡献。

（本文摘于《罗山大事记月报》）

## 九、“跟着共产党，一天比一天好”

### ——走进红二十五军长征出发地

巍巍大别山，悠悠淮河水。

早春时节，记者一行来到位于大别山北麓的河南省罗山县何家冲，探访昔日红二十五军长征出发地。

苍松翠柏间，青砖黑瓦、绿苔斑驳的何氏祠古朴而厚重。屋檐下，“红二十五军军部旧址”匾额熠熠生辉。

何氏祠东侧，有一棵历经岁月风霜的古银杏树，粗壮的树干需要3个成年人伸开双臂才能合抱。当地村民亲切地将这棵古银杏树称作“红军树”。

古树无言，见证历史。

1934年，第五次反“围剿”斗争失败。11月11日，鄂豫皖省委在光山县花山寨紧急开会决定：红二十五军主力战略转移，建立新的根据地。5天后，部队在这棵古老的银杏树下集结出发。

就是这样一支与党中央失去联系、势单力薄、孤军奋战的部队，历时10个月，转战近万里，不仅成为第一支到达陕北的红军，还成功创建了鄂豫陕根据地。红二十五军长征出发地纪念馆讲解员李艳琴说，到达陕北时，红二十五军从出发时不足3000人扩充至3400余人，还在鄂豫陕根据地留下2000多人的革命火种。

置身何家冲，目光穿过层峦叠嶂的大别山，我们的思绪也在历史和现实中激荡。

是什么力量，让这支队伍在极其困难条件下前行万里不迷航？

“共产党员跟我来！”血战独树镇，红二十五军政治委员吴焕先冲锋在前，率领部队同国民党军队殊死血战。此役，红二十五军数百名战士献出了年轻的生命。

1935年冬，党中央和中央红军到达陕北，部队缺衣少粮。毛泽东亲自给红二十五军军长徐海东写了张借条，希望他能借2500块大洋，解决中央红军穿衣吃饭问题。

此时的红二十五军，只剩下7000块大洋。徐海东只给自己部队留下2000

块大洋，其余全给中央红军送去。

“信仰的引领，让一切艰险皆成淬炼，一切磨难皆成锻造。”何家冲学院执行副院长李永强说，正是有了对革命事业的忠贞不渝，对共产主义的坚定追随，红二十五军才能战胜一切艰难险阻，创造人间奇迹。

是什么力量，让这支看似弱小的队伍越来越壮大？

“青树叶，秋来黄，叶落林疏无处藏；咱住百姓茅草房，亲热共一堂……”纪念馆播放的这曲《红军谣》中，蕴含着答案。

“那时敌军占据的是大片土地，而红军占据的是民心。”信阳军分区政治工作处主任洪坤星动情地说，土地革命战争时期，罗山有10万人参加革命，3.6万多人为革命献出了生命。每到一地，红军打土豪、分田地，与劳苦大众心心相印。

在何家冲，流传着“何大妈舍己救红军”的故事。红二十五军出发后，有一次敌人进村，抓了一位在村里养病的红军伤员。为救这名伤员，何大妈对敌人谎称这是自己儿子。敌人不信，她就用自己的眼睛作“担保”。残忍的敌人用枪托捣瞎了何大妈的右眼，又在她的腿上捅了一刀。何大妈倒在血泊中，仍紧紧抱着自己的“儿子”。敌人最终相信了，这位红军伤员躲过一劫。

“革命年代，群众中有很多‘何大妈’。”洪坤星说，保护红军的铜墙铁壁是生死与共的民心民意。红军长征的胜利，就是党的群众路线的胜利。百年回眸，更能读懂历史；高峰遥看，才能辨清前路。

以前，何家冲村土地贫瘠、交通不便，发展相对滞后。如今，这里户户住新房、组组通公路，红色旅游项目红红火火，已成为远近闻名的美丽乡村。

“跟着共产党，一天比一天好……”古银杏树不远处，有一座名为“初心堂”的参观见学场所，93岁的老支书王传伟经常在这里向游客讲述红色故事。

“只要跟党走，就会有前途！”“不论我们自己能否到达胜利的彼岸，我们的旗帜一定能达到！”这是当年红军将士的初心，这也是今天广大党员干部和人民群众的初心。

（本文原刊于《解放军报》2021年3月24日第1、3版，记者张磊峰、周远、通讯员孙明江）

## 十、最响亮的"冲锋号"：共产党员跟我来

1934 年的冬天，在河南省南阳市方城县独树镇，中国工农红军第二十五军（以下简称红二十五军）遭遇长征途中第一场血战。生死存亡之际，政委吴焕先高喊"共产党员跟我来"率部冲锋，挽狂澜于既倒。

80 多年来，这句极简战斗动员穿越时空，在每一次重大考验面前，像冲锋号一样在最关键的时刻响起，激励着一代代共产党人奋勇争先。

### 枪林弹雨　"共产党员跟我来"

在独树镇七里岗的方城县烈士陵园，有一把 25.34 米高的"刺刀"直指苍穹。这是红二十五军鏖战独树镇纪念碑，"25.34"寓意红二十五军和 1934 年。

87 年前，红二十五军先头部队与敌军遭遇，政委吴焕先在这次战斗中高喊"共产党员跟我来"。

1934 年 11 月，在鄂豫皖革命根据地坚持斗争的红二十五军，从位于大别山北麓的河南省信阳市罗山县何家冲出发，踏上了艰苦卓绝的长征之路。在军长程子华、政委吴焕先、副军长徐海东等人的率领下，他们采取声东击西的战术，跳出了敌军在桐柏山区的包围圈，计划越过许（昌）南（阳）公路，进入伏牛山区创建新的根据地。

然而，一场巨大危机正在进军的路上埋下。11 月 26 日 13 时，正当红二十五军先头部队准备跨过许南公路时，突然遭到敌人的猛烈袭击。

千钧一发之际，吴焕先从交通员身上抽出一把大刀，高声呼喊："同志们，现在是生死存亡关头，决不能后退！共产党员跟我来！"

话音未落，吴焕先已经挥着大刀冲上前去。

看到政委舍生忘死，战士们个个热血沸腾，从泥泞中一跃而起，与敌人展开肉搏战，刺刀、大刀刀刀见红。经过激战，部队总算暂时摆脱覆亡的危险。

尽管后续梯队及时赶到，但几番激战过后，红军仍未打开突围缺口。为避免腹背受敌，部队连夜冒雨穿过敌军缝隙，在当地群众的引领下，从保安寨沈庄附近越过许南公路，进入伏牛山区，最终跳出敌人包围圈。

"危急关头，吴焕先喊的是'跟我来'而不是'给我上'，这句话对稳定军心

至关重要。”鄂豫皖革命纪念馆馆长吴世儒说，红二十五军战士平均年龄只有十六七岁，在敌我力量悬殊的情况下，他身先士卒的战斗作风鼓舞了士气，进而稳住了战局，为后续支援赢得了时间，避免了部队更大的伤亡。

## 率先垂范　迸发最强号召力

革命战争时期，200 万大别山儿女投身革命，近百万人牺牲。在吴焕先的老家信阳市新县，全县 10 万人口，5.5 万人牺牲。

在国民党反动派血腥镇压的至暗时刻，大别山儿女对革命矢志不渝，这与共产党员以身作则、率先垂范带来的号召力分不开。

1907 年，吴焕先出生于河南省新县箭厂河乡竹林村（原湖北省黄安县紫云区四角曹门村），1923 年考入麻城乙种蚕业学校，开始接受革命思想，1925 年加入中国共产党，后回乡组织农民协会，建立农民武装，1927 年 11 月率紫云区农民武装参加黄麻起义……

年纪轻轻就能拉起一支队伍干革命，吴焕先是如何做到的？他的同村老乡吴国顺给出了答案。

吴国顺今年 83 岁，他的父亲兄弟六人曾跟随吴焕先参加红军，最后四人牺牲，一人至今杳无音信。

“听老人们讲，吴焕先给乡亲们承诺，只要跟他干革命，将来都能分到田，家家户户都能用上电灯电话，很多人不相信他，说这是‘鬼话’，因为吴焕先家也是地主。”吴国顺话锋一转，语气里充满敬佩，“他先一把火烧了地契和借条，附近的老百姓看他这么坚决才相信他，纷纷报名参加农会、红军。”

20 世纪二三十年代的大别山区，贫苦百姓饱受土豪劣绅的剥削压迫，阶级愤怒如厝火积薪。很多像吴焕先一样的共产党员，成为引燃大别山革命激情的星星之火。

“积极投身革命的不仅有穷苦百姓，也有不少人原本家境就很好，比如周维炯、漆德伟等。很多人受到思想启蒙后，像吴焕先一样进行自我革新，为了国家‘走出小家’。”吴世儒说，共产党员率先垂范的作风，就是最强的号召力、最响亮的冲锋号。

吴焕先被誉为红二十五军的军魂，他和其他将领一起为这支长征劲旅注入了勇当前锋的精神，率领这支生力军在长征路上创造了一个又一个奇迹。“红二十五军是长征队伍中最年轻的一支部队，战士平均年龄只有十六七岁；这支

队伍较晚出发，却最早到达，被誉为‘北上先锋’；这是唯一一支经过长征却增员数百人的部队，也是唯一一支在长征途中创建了根据地、发展了游击师的队伍。”吴世儒说，但其也是长征途中主要领导伤亡最大的一支红军队伍，程子华、徐海东受重伤；鄂豫皖省委书记徐宝珊积劳成疾，病逝在长征途中；吴焕先在距离终点只剩 20 多天路程的时候牺牲。

## 穿越时空　“勇当前锋”成为党员标配

长征胜利后，红二十五军奉命改编。番号虽然停用，但这支队伍勇当前锋的精神却像一颗火种流传下来，在一代代共产党人身上发扬光大，在华夏大地上星火燎原。

为铭记红二十五军鏖战独树镇的丰功伟绩，方城县在七里岗战斗遗址上先后建立了鏖战独树镇纪念碑和纪念馆，并以纪念碑为中心，规划建造了烈士陵园，将部分烈士遗骸安葬此处。

“除了革命战争时期的烈士，陵园里还安葬了和平时期的英雄。”方城县委宣传部相关负责人介绍，2018 年 4 月，陵园安葬了三入火海救人牺牲的英雄王锋，截至目前，已有 400 多位英烈在这里安息。

如今，战争的硝烟早已散尽，但“共产党员跟我来”这句战斗口号仍旧振聋发聩，每临重大考验，都激励着共产党员挺身而出。

为打赢脱贫攻坚战，各级党组织和广大共产党员坚决响应党中央号召，以热血赴使命、以行动践诺言，在脱贫攻坚的战场上呕心沥血、建功立业。1800 多名同志将生命定格在了脱贫攻坚的征程上，生动地诠释了共产党人的初心使命。

在疫情防控阻击战中，各地共产党员、医务人员不忘初心、牢记使命，以党组织作为战斗堡垒，不怕牺牲、勇当前锋，以血肉之躯筑起一道疫情“防火墙”。在党组织的感召下，2.5 万多名优秀分子在“火线”上宣誓入党。

数十年来，经过一场场重大考验后，勇当前锋已成为共产党员的“标配”，他们带领群众战洪水、防疫情、抗地震，化危机、应变局，尽显中国共产党人的担当和风骨！

（本文原刊于 2021 年 5 月 16 日新华网，记者牛少杰、郝源）

# 附　录

## 一、红二十五军的传奇故事

### （一）吴焕先的故事

#### 少年“七相公”

在大别山西端，有座地势险峻的黑虎山，处在湖北、河南两省的交界处，也是长江、淮河的分水岭。发源于黑虎山谷的倒水河，像条巨蟒似的咆哮着，从深山峡谷中奔了出来，忽然在山石门南面不远的石峡口拐了个弯儿，直奔西南方向哗哗流去。奔流不息的倒水河，就从这里流向四角曹门……

四角曹门这个依山傍水的山村，背后是一座林木葱郁的起伏山峦，形如一条头大尾扁的鲇鱼，故名鲇鱼山；村前阡陌纵横的稻田边上，就是清水涟涟的倒水河。四五十户山里人家，大都依着山湾而居，当地也叫作湾子。不是嘛，就连村口的清水池塘，也被砌成弯曲形状，像一把窄长的弯刀。

1907 年 8 月，正是立秋之后的一个夜晚，吴焕先就在这里呱呱坠地，伴着初秋之夜的一阵阵蛙鸣，向人世间发出第一声啼哭。

根据吴氏家谱记载，吴焕先的祖父是吴行仁，他有三个立业的儿子：老大吴维干、老二吴维棣、老三吴维祯。吴家三兄弟拥有三四十亩平畈稻田、二十几亩旱地，好几头膘壮的大水牛。就其家产而言，当时在四角曹门这个山湾里，也是首屈一指的大户，最为富有的头户财主。辛亥革命那年，吴焕先才 4 岁，吴家三兄弟分了家，各自另立门户。尽管如此，吴家三兄弟还是以其优厚的家底，如同鹤立鸡群一般，在村里形成三足鼎立之势。这时，吴焕先一家只分得十四亩水地、八亩旱地、一头耕牛和七八间房屋。全家除了经营土地以外，还在倒水河对面不远的竹林巷，开了一所小杂货铺子，经售毛烟、火柴、蜡烛、纸炮、香火等各种日用杂货。虽说够不上“万贯家产”，分家后的日子也不如另外两家富足好过，可在这三足鼎立之下的四角曹门，同样称得上是富户。

父亲吴维棣，字子华，前室戴氏因病去世，后续陈氏为妻。吴维棣有五子：尚先、奉先、焕先、书先、济先。吴焕先为陈氏所生，排行第三。但在叔伯兄弟中间，焕先又排行老七，因此村里人都喊他“七相公”。这个“七相公”，是属羊的，天生的一副相公模样：白白净净的圆脸庞，红红润润的厚嘴唇，一对十分秀气的眼睛，笑起来总是眯成一条缝儿，很是讨人喜欢。母亲为了图个吉利，还在月子里喂奶的时候，就给他取名“安安”。意思嘛，也不必多加解释。谁知这只活泼的“小山羊”，出世来并不那么安分温柔，额头上还不曾露出一对尖尖角儿，就很不安生哩！

吴焕先，这个大地的儿子，他从小就喜欢在倒水河边的沙石滩上，泥鳅似的爬动、刺猬般地滚打！六七岁的时候，老是在倒水河边打扑腾、扎猛子……也怪，就在他家门前，五十步开外的地方，便是一片碧水粼粼的大池塘，可他却很少跳入池塘去玩。即使在烈日炎炎的盛夏，他也不会像那爱好泅水的水牛，连脖子都埋在池水里面，挨着岸边的柳荫处歇会儿阴凉。因为这是一塘死水，表面上十分清幽，底下尽是污泥，稍许扑腾几下，就泛起一团污浊的浑水，招人讨嫌哩！他宁肯头顶烈日，拐弯抹角地绕过池塘，抄着田埂小道，一路上撒着欢儿，也要奔到河边去打上一阵扑腾、扎上几个猛子，玩就玩个痛快！

最为痛快的还是跟村子里的小伙伴搭着帮儿，大家一块抓鱼吃。即使抓得指头大的一条小鲇鱼，他也捡来瓦片当铁锅，就地燃起一堆柴火，把活生生的鱼儿烤得急蹦乱跳。他呢，却在一旁乐得哈哈大笑。他家里并不少吃缺穿，从小也没受过饥饿，但他就喜欢这种恶作剧！

每次烧火烤鱼吃，就他张罗得欢，不是溜回家去从盐罐里抓上几粒食盐，就是偷上一撮花椒面，好为野餐加点儿美味。那烤得半生不熟的鱼肉，闻着倒也鲜美，谁知吃到嘴里又是一种什么滋味！可是，他跟他的小伙伴们总是吃得津津有味，咧着个掉了两颗门牙的小嘴巴，嘿嘿哈哈地笑。

夏天，一场大雨过后，倒水河水涨得满满的，一直漫到村边路口。等到洪水一退，岸边的沟沟洼洼里面，到处都是鱼儿，可以提上竹篮子捕捞。这时候，他才开心呢，拎着一根几尺长的木棒，把裤腿往上一卷，光着膀子钻到河沟里乱打一通。他不像别的孩子那么有心计，会悄悄地爬在岸边上，撒上一点儿诱饵，耐心地期待着，好拿竹篮子捕捞。不！他没那么有耐心，就喜欢打个痛快，被困到

岸边的鱼儿反正无法逃脱，可以任他舞着木棒打捞。被打昏在水里的鱼儿，鼓着白肚皮漂上水面，他才伸手去抓，捡在竹篮子里面。“打鱼”归来时，浑身上下像条泥鳅似的，酱成了稀泥糊糊。门中的两个新嫂子见了，都挤眉弄眼取笑他：

“哟嗬，七相公变成了泥猴猴！”

“哎哟，改日把那小媳妇娶过门来，好好耍一耍这个泥猴猴！……”

“嘻，人家瞄瞄七相公的么子样儿，不把他拧几块青疤才怪？”

“小媳妇打着亲，骂着也爱！七相公，你么子时候成亲呀？”

“我还要上学呢，念书咧！”泥猴儿似的七相公，咧着掉了两颗门牙的小嘴巴，嘿嘿呵呵地笑。

原来，吴焕先幼时就定下一门孩儿亲，当地叫作“摇窝亲”。那个从未见过面的小媳妇，家在麻城市的乘马岗附近，是大地主王老四家的千金闺秀。乳齿还不曾脱去的七相公，早就定下了媳妇！

少年英俊的七相公，就这样在倒水河边欢度着他的童年。7岁时，他开始在六七里以外的朝阳寺私塾念书。五年之后，他又就读于大湾村小学。自从上学读书以后，他的心眼儿开了，说话口气也大了，时常跟同学们在河边夸口：“嘿嘿，我要长大了，等到河水猛涨的时候，就一头扎进水里，游过檀树岗和七里坪，直下黄安县城……”嘻，就凭他那么一种狗爬式的水性！从四角曹门到黄安县城，步行也有八九十里路程，哪是闹着玩的？

“哈哈，你还想游到长江边上去……打个扑腾不成？”同学们都在跟他逗着趣儿。

他不甘示弱地嘿嘿一笑：“好男儿志在四方！你以为长江边有多远咯，也不过两三百里，要去就去得了。我要考入省城中学，非在长江里打个扑腾不可！”

是啊，好男儿志在四方！他的抱负、他的志向，就在少年时代逐步养成。他一心想去武汉中学读书，将来好做一番事业。他那强烈的求知欲望，深受老师和同学们的器重与钦佩。可是，青少年时代的美好愿望，往往又难以实现，因为家庭境况逐渐不佳，父亲所经营的一所杂货小铺，生意也很不景气，拿不出足够的费用供他去武汉求学。气宇不凡的吴焕先，最后还是放弃了去长江边打个扑腾的雄心壮志，而步入一条切实可行的求学之路。1923年，吴焕先刚满16岁，就背上个铺盖卷儿，进入湖北省麻城蚕业学校。从此，便开始了人生哲学的第一课。

吴焕先之所以考入这所蚕业学校，除了家庭方面的因素之外，也是因为一起偶然的小事，经过几年的辛勤尝试，他萌发出那么一种致力于农桑的念头。说来也很可笑，吴焕先十二三岁的时候，有天在放学回家的路上，忽然从半空中飞来一团黑压压的蜂，乱哄哄地飞叫着，旋风似的盘着圈儿，从头顶上空徐徐而过。他十分好奇地观望了一会儿，认定是一窝无处着落的蜜蜂，便跟踪追上前去，看个明白。一直追到一棵刚刚吐出花絮的木梓树下，一群流落在外的小蜜蜂，这才像寻觅到栖身之处似的，被一树白花花的花絮吸引下来，迷恋住了。瞧那嗡嗡乱叫的小生灵，活像一群饥不择食的难民，好容易遇到一棵得以饱腹的木梓花儿，都紧紧盯着一串串花絮，忙忙碌碌地扒动着，吸吮花蜜……

“哈，蜜蜂！一窝没得主家的……蜜蜂！”吴焕先发现了其中的秘密，马上就张罗起来，捕捉这一窝无家可归的蜂。

这一回，可不像在河边打捞鱼儿，拎着木棒乱打一道，就可以见到成效。多少念了几年书，他的心眼儿开了，遇事也自有一套办法。他从家里拿来一只竹篮儿，在里面放了几团蜜糖，作为“诱敌深入”的食饵，然后才使用一根长竹竿，把竹篮儿挑了上去，高高地挂在树上。不多一会儿，一群嗡嗡飞旋的小蜜蜂，就被现成的蜜糖引诱住了，自然而然地盘踞到篮子里面。吴焕先悄悄地在一旁观望着、期待着，直到天黑以后，他才把竹篮子轻轻挑下树来，用一顶草帽捂着，笑嘻嘻地奔回家来。

也巧，这一窝无家可归的小蜜蜂，居然被他给收留住了，动手做了个木板蜂窝，养在自家的后院里。他本来是出于好奇，闹着玩的，没想到还有所收获，当年就酿下几大罐蜂蜜。吴焕先第一次饱尝到蜜糖的滋味，甜在嘴里，也乐在心里。当然，他那白皮嫩肉的小脸蛋，也没少遭受蜜蜂的尾刺，时常被蜇得青一块红一块的，很不好受呢！

父亲似乎也品尝到了甜头，随后也不惜投点资本，从别处买来两箱蜜蜂，交给儿子饲养。当年冬天，吴焕先就在屋后的几块山坡地边，栽满了一株株刺槐，作为养蜂的场地。几块干旱的山坡地，也都种上了油菜。等到油菜花盛开的时候，他就把蜂窝移到地头上，并排儿摆放开来，开始了新的采蜜时节。油菜花儿谢了，刺槐花又盛开起来……

从此以后，父亲吴维棣所经营的杂货小铺，也增添了两个蜂蜜坛子，多了一样足以出售的新鲜货物。偶然做成的一件小事，居然被当作了不起的伟大创举，很快就在村子里张扬开来。尤其是门中的大伯父和三叔父，把个小不点儿的七相公，吹得神乎其神，简直成了创造财富的行家里手！

“安儿嘛，这伢子淘是有点淘气，可也很有出息，务得正事。日后长成大人，定会发家致富，呵呵……”大伯父吴维干赞不绝口。

“有志者事竟成。这伢子气质不凡，念书也灵，日后把书念成了，也会干成一番大事。到时候，兴许能坐上个几品官儿，光宗耀祖啦！嘿嘿，呵呵……”三叔父吴维祯的自信心更足，语气也壮。他把光耀吴氏门庭的宏图志向，似乎也寄托在七相公的身上。

父亲吴维棣忙于他的小本生意，除了从家里拎走几罐蜂蜜之外，平时也很少跟儿子唠叨什么。倒是母亲陈氏心地淳朴，做事也很实在，遇到门中哪个侄媳妇坐了月子，吩咐焕先说：“安儿，你嫂子上了炕了，快把这一茶盅蜜糖端去，给她！”村里哪家的老人病了，她也要张罗一番：“安儿，你大爷的老病犯了，抓了药没得引子，快去送上一盅蜜糖……”这一切，都在吴焕先心里打下很深的烙印。

两三年时间，吴焕先除了上学念书，就是摆弄他的几窝蜜蜂。久而久之，便跟小蜜蜂结下不解之缘。地处倒水河边的四角曹门，也是个“蜂采蜜、蚕吐丝、树结油”的富丽山湾，与山林和土地厮守了多少个世代的山民们，却很少有人想到利用优裕的物产资源，开拓出一条新的致富之路。吴焕先在他难以去武汉求学之际，顿时又多了个心眼，毅然决定报考蚕业学校。是啊，经过“蜂采蜜”的初步尝试，他立志要做一番“蚕吐丝”的实在事业！

“好男儿志在四方！你呀，还是守在家门口打转转……”有次他从麻城回家背粮时，碰到几个在倒水河里打过扑腾的少年伙伴，都挤眉弄眼地戏谑起他来。

吴焕先自知为家境所迫，很不好意思地笑笑，脸上泛起一阵红晕，可他还是那么自信地回答：“为人在世，无论是务农、做工、经商，总得脚踏实地，方能做一番事业。蜂采蜜，蚕吐丝，都是振兴桑梓的事业，有啥不好啊……”自从步入蚕业学校以后，吴焕先似乎已经铁了心了，致力于他所向往的农桑实业！

然而，历史的潮流、时代的洪波，偏又把个殷实农家的七相公，卷入变革时代的旋涡之中。他，居然又成为一个应运而生的弄潮儿。他的人生旅程的分水岭，就在这时逐步形成，开始了新的转折……

这所蚕业学校，当时也是麻城市传播马列主义最为活跃的地方之一。吴焕先在上学期间，积极参加反对帝国主义侵略和北洋军阀反动统治的示威游行，他与新结识的师生们一起奔向街头，张贴标语，散发传单，参加新兴的革命运动。轰轰烈烈的反帝反封建斗争，激发了他的爱国热忱，开始接受马克思列宁主义，走上革命道路。1925年，他就在该校加入了中国共产主义青年团。他那一颗狂热的心呵，对于全世界无产阶级革命导师马克思所产生的浓厚感情，可以说是到了无比信仰、无比虔诚、无比崇拜的地步，确实奉若神明一般，敬爱到了极点！如梦初醒的七相公，完全拜倒在马克思主义的门下……

这里，有必要叙述一段饶有情趣的故事。

1924年腊月，吴焕先寒假回家过年时，也不知怎么得到一幅马克思的头像，高高兴兴地捧回家来。一到家里，也不说个三七二十一，动手就把供了多少年的“天地君亲师”的牌位，“嚓”地给撕了下来，恭恭敬敬地贴上马克思的像。贴好以后，便不由站在供桌的一边，把两手往棉袍兜里一插，满脸笑眯嘻儿的，自我陶醉地欣赏了一番。

母亲以为他从城里请回一尊观世音菩萨，也不由在旁瞅了一眼，笑着问道：

“安儿，这救苦救难的观世音……如今也变得洋里洋气的，都长了胡子咯！”

吴焕先笑而不语，也没对母亲加以解释。谁知父亲吴维棣看到时，当下就火冒三丈，气哼哼地训斥说：“天哪！这是敬祖宗的地方，你把个洋人大胡子……怎敢贴在这搭！你……你快给我拿下来！”说着，就一把将儿子搡到供桌跟前，非叫他撕下来不可。吴焕先一动不动地站着，把他所晓得的一些马克思主义的革命主张，对老父亲讲了一番。父亲似懂非懂地眨着两眼，还是骂个没完：

“你个不成器的东西，我花钱供你上学念书，将来好有出息成人……可你不好好念书，闹腾什么革命？把个满脸大胡子的洋人，也给供到家里来了，当着祖宗敬哩！”

吴焕先晓得父亲在他身上所花费的心血，也不好拗着性子大吵大闹，于是把双手拱在父亲面前，拿出一副“膝下敬禀者”的姿态，恳切地解释说：“父亲大人！你供孩儿到城里上学，不得拜上个很有学问的老师咧！我就认定了这位好老师，拜在他的门下了，做他的一名弟子！而今这个世界上，只有听他的话儿，按照他的主张行事，方能做一番事业。要不，就会吃亏背时……”他指着面前的马克思像，紧接着又说：“这位大胡子老师，虽说是个外国人，可他很有学问，他的革命学说比起孔老夫子的封建礼教，灵应、管用多啦！而今，中国的许多有志人士，都在按照他的革命学说，改变吃人的旧世道……我们今天敬着他，就会得到救国济世的真理，创造出一个新世道来！”

一番语重心长的话儿，说得老父亲闭口无言，把个莫名其妙的洋人大胡子

看了又看、瞧了又瞧。那么一副古怪的神态，似乎也在探索这颗奥秘的星座，观测这个伟大的星象！

“哎哟，这样一位好先生，打上灯笼都找不着呢！安儿他要供就供着，要敬就敬着，逢上初一、十五，我给这位先生烧一炷高香，也就是了。嘻嘻，就当请来个洋菩萨！你爷俩别再磨牙拌嘴的……叫村里人笑话！”母亲也在一旁帮着腔儿。

母亲呵，她对自家儿女总是怀有一种特殊的情感。在这个家庭里所发生的口舌纠纷之中，她总是具有菩萨一般的慈悲心肠，既能忍气吞声，也能息事宁人。

然而，这个一向安居乐业的农家，从此以后就变得不那么安稳了，如同倒水河里的浪头似的，一波未平，一波又起……

## 智“宰”老财

正在恶霸“清乡”之际，吴焕先第二次回了一趟村子，虽说是处决了一个叛逆之徒，及时救出6名受害群众，可他心里还是十五个吊桶打水——七上八下，很不安稳。想起夜晚间路过普济寺的情景，那几个老妈妈蹒跚而去的身影，总是在他眼前晃来晃去的，使他感到难以忍受，如同刀绞一般。

别的不说，吴先恩一家的悲惨遭遇，就够吴焕先揪心的了。背乡乞讨的老妈妈，她的两个年轻力壮的儿子——跟吴焕先从小耍大的好伙伴，也是死的死、别离的别离……老大吴先旺被抓，他不但没有搭救得了，偏又在老妈妈外出逃命之时，惨死于地主恶霸方晓亭之手；老二吴先恩远在天台山上隐蔽养伤，是死是活，也没有一点消息。想到天台山上的几个伤员，大都是“红学”队伍中的战斗骨干，正值数九寒天时节，他们的衣服都很单薄，也没得钱抓药治疗，日子很不好过。敌人要是派兵封山，谁知还有没有吃的粮食？可是，他手头却没有一分一文，苦于无法接济照应。

想到这一连串的事，吴焕先越发感到焦急不安。这时，他忽然又想出个新的招儿，化装成一个“阴阳先生”，戴着一顶瓜皮帽，穿着一件棉长袍，随身带着一个罗盘，一路上摇着串铃，直奔河南边界的罗山方向走去。此一举动，不过是以看阴阳观风水为名，想法筹得几块银圆罢了，以解燃眉之急。他想，越是在革命遭受挫折的时候，越是要多长几个心眼，从困苦境地中找出一条活路……

这天，他来到罗山县叶家湾附近的一座山上，碰到几个衣衫褴褛的放牛娃娃,就坐在一起拉起家常来。恰在这时,吴焕先发现山下的一处山湾里,耸立着一座别样壮观的新瓦房,如同鹤立鸡群一般,便向放牛娃们问道:“那家新盖的屋子,可实在阔气!——是个老财吧?”

“老财是老财,就是今年不发财。”孩子们带着一种幸灾乐祸的口气,叽叽喳喳地告诉他。

吴焕先立即问了问情况。原来,这家地主老财盖起新房以后,接连碰到两起倒霉的事:儿媳妇刚死在月子里,正在耕地的一头黄牛,也死在了山洼里。当地群众都说盖房时动了太岁,要遭罪咧!

放牛娃们又说:“他家喂了一只大黄狗,咬人很凶,也不得好过……”

“嘻嘻,叫人砸了一石头!”

“我看见了,狗头肿起一个大包包!”

吴焕先听了,忽然间灵机一动,立刻决定走下山去,捉弄一下这个地主老财。他大模大样地来到老财门口,东瞅瞅,西看看,不时地摇着串铃。等到招出一个家人,他才念念有词地道:

“新盖的门楼逆水流,耕地的时节死了牛,可怜的儿媳遭灾难,看家的黄狗肿了头。”

“请问先生,你是从哪里来的?怎么晓得这些事……”家人又惊又喜地问道。

吴焕先不由打开罗盘,指了指新盖的门楼,煞有介事地说道:

“太岁当头坐,敬得动不得;府上犯了忌,必然遭灾祸。我乃张天师门下的弟子,贵府的一切灾祸,岂能瞒过我的眼睛?呵呵呵呵,你说是也不是?”

“就是就是,千真万确的事!”家人忙不迭地应道。

老财主听说门外来了一位很神的阴阳先生,便急忙请到屋里,摆上烟茶酒肉,殷勤相待。席间,吴焕先又编造了几句神秘话儿,把个地主老财弄得一愣一愣的。老地主要他留住几日,定看一下风水,以便破灾发财。

吴焕先又拿腔作势地说:“唉唉,府上多灾多难,很不好办。我将回去禀告长老师父,改日一同前来,帮你消除灾祸,保佑平安发财。”

老地主破灾发财心切,临别时居然拿出50块银圆作定礼,邀他再来看风水……

吴焕先得到这一笔银洋,马上派2个赤卫队队员送到天台山,接济了吴先恩等一批伤员。从此以后,他这个智“宰”老财的故事,也在群众中流传开来。

时过不久，吴焕先很快也打听到母亲、二嫂和小侄女荣荣的下落。一家三代寡母孤小，当时都逃往东南方向的吴湾村，虽说离开了四角曹门，相距也不过十来里路程，万一有个什么风吹草动，也难以逃脱敌人的追捕。再说，吴湾那地方无亲无故的，终非久留之地。吴焕先本想把他母亲接到檀树岗附近的陈洼村去住，那是他母亲的娘家，境况比起他家也好得多。随后一想不成，舅父家的日子虽然好过，但又很引人注意，搞不好反倒坏了大事。思来想去，最后还是托了两个赤卫队队员，把母亲、二嫂和小荣荣从吴湾接应出来，转移到百里以外的宣化店，在高庄的一户党员家里居住下来。吴焕先这才解除了后顾之忧，长长地舒了口气儿，省心多了。

这时，吴焕先把他们的活动区域，很快也转移到箭场河以西的柴山堡地区。柴山堡地处河南光山边界，即现在的陈店乡一带，与箭场河只有一岭之隔。两省交界处的边民群众，向来就有着深厚而悠久的历史渊源，相互交往比较密切，攀亲结友的为数不少。吴焕先之所以转入柴山堡地区，一是敌人当时尚未进驻这一区域，他们正好钻了个空子，可以凭借山高林密的有利地形，便于坚持革命斗争；二是利用各种社会关系作为掩护，秘密串联发动群众，建立和发展党的组织，积蓄革命力量，伺机东山再起。他和吴先筹、石生财等共产党员们，转入柴山堡以后，时常深入到陈湾、高湾、王湾等地，积极开展革命活动，很快就站住了脚跟。

王湾这个村子，就在四角曹门的北面，相距不过十几里地，是王志仁烈士的故乡。1927 年春天，王志仁曾以湖北省委特派员身份回乡调查农运情况，向当地共产党员传达毛泽东的《湖南农民运动考察报告》，吴焕先和吴先筹当时都听过两次传达，从而对他们在箭场河地区所领导的农民运动认识更加明确，坚定了必胜的斗争信念。王志仁从事农民运动，也是从他的封建地主家庭闹起来的，深得当地群众的拥护。而今，这位担任过黄安县委书记的一代英烈，已经倒在黄安城下的血泊之中，时年只有 24 岁。吴焕先常以这个出身于地主家庭的共产党员，对党和人民的耿耿丹心及其英勇斗争精神，激励和鞭策自己。他常跟吴先筹在一起推心置腹地交谈："共产党人都姓'共'！我们都出身于地主之家，就得舍得自己的一切，像王志仁同志一样破家革命，义无反顾！"

这一时期，吴焕先通过王志仁的弟弟王志斋，就近从事秘密活动，先在王湾发展了几个党员。随后又在胡湾、陈湾、大吴家等村子建立了党的组织。这一切，都为后来开辟柴山堡地区、建立鄂豫边界的第一块革命根据地，打下了基础。

1928年4月，鄂豫边界形势起了新的变化。盘踞在黄麻起义地区的敌十二军教导师，与桂系十九军发生冲突，该师奉命撤离河南，鄂豫边界暂时成为军阀割据的空白地带。这时，戴克敏率领的工农革命军一个大队，趁机从木兰山转回到老区，于4月7日歼灭了紫云区上戴家“清乡团”，缴枪二十余支。檀树岗团匪也闻风逃窜。接着，工农革命军第七军全部返回黄安北乡，吴光浩和曹学楷也回来了，就地坚持斗争的吴焕先等同志，立即领导农民群众配合工农革命军，向土豪劣绅和“清乡团”发起了新的进攻，革命斗争的烈火很快又燃烧起来。群众兴奋地把这次胜利称之为“二次暴动”，到处都唱起了新歌：

游击转回还，黄陂到黄安，
先打“清乡团”，一心要“共产”！
谁敢来抵抗，叫他狗命完，
只急得土豪劣绅两眼朝上翻。

5月间，吴光浩、曹学楷、戴克敏等领导同志，就近在檀树岗以西的清水塘举行会议，决定在柴山堡地区坚持游击战争，以黄安、麻城、光山边界的摩云山、羚羊山、光宇山为活动中心，创建一个比较稳固的立足点，作为对敌斗争的依托。在当时的情势下，他们自觉或不自觉地找到了一个“边”（鄂豫边界）、几座“山”（摩云山、羚羊山、光宇山），试图立足生存，发展壮大，开创新的斗争局面。这一新的开端，乃是中国革命转入武装斗争时期的共同特点，也是一个伟大的创举！至此，黄麻地区一支弱小的农民革命队伍，便走上“工农武装割据”的道路，把土地革命、武装斗争和政权建设三者紧密地结合起来。这对于后来创建鄂豫皖根据地，起到了极为重大的作用，奠定了基础。

## 破家闹革命

入党后的吴焕先积极投身革命工作，在家乡发展和建立党的基层组织，搞起了轰轰烈烈的农民运动。1926年冬，反动地主豪绅因为恐惧农民运动，勾结土匪杀向箭场河，血洗四角曹门村。吴焕先的父亲、大哥、二哥、五弟、大嫂和小侄等一家六人都惨遭杀害。这一天，吴焕先因外出办事躲过一劫。灭门之痛并没有打垮吴焕先，反而坚定了他的革命信念。

血的教训使吴焕先认识到，农民运动没有武装力量是不行的，于是他组建了鄂豫皖边区最早的一支革命武装——三堂革命红学，组建了箭场河革命英勇

队，这支农民武装，成为鄂豫皖边区早期武装力量的第一支部队，并且成为红四方面军的重要来源，所以说吴焕先是鄂豫皖革命根据地的创始人之一。1927 年 1 月，吴焕先领导农民武装向土豪劣绅发起了“年关借粮”斗争，打掉了鄂豫边界石岗村的“缉私营盐卡”，歼敌一个班。吴焕先在鄂豫边界点燃的星星之火，逐渐成燎原之势，他领导的农民自卫军和农协会会员，达到了数千人。

1927 年 9 月，吴焕先率领当地农民掀起了“九月暴动”。10 月 14 日，他作为黄麻起义的主要领导人，率领三堂革命红学和农民自卫军，担当攻城主力，一举攻克了黄安县城，打响了鄂豫皖地区武装反抗国民党右派的第一枪。建立了鄂豫皖地区第一个革命政权，黄安工农民主政府和鄂豫皖地区第一支人民军队——中国工农革命军鄂东军。

黄麻起义失败后，吴焕先继续从事秘密活动，与吴光浩、戴克敏、曹学楷等人一起，在 1928 年领导创建了鄂豫皖边区第一块革命根据地——柴山堡。1932 年 10 月，红四方面军主力撤离鄂豫皖革命根据地，吴焕先留任鄂东北游击总司令。他根据鄂豫皖省委决定，重新组建红二十五军。

在吴焕先离家闹革命的艰苦岁月里，他的妻子曹干仙挑起生活的重担，跟婆婆陈氏相依为命。在第四次、第五次反“围剿”时期，婆媳俩经常离家逃难乞讨。1933 年 5 月，正值青黄不接之际，曹干仙为支援红二十五军围攻七里坪作战，将婆媳二人挨门乞讨而来的“百家粮”送到红军作战阵地。当战士们打开那半袋粮食时，他愣住了，这是一袋什么粮食呀，有大米、小麦、黄豆、谷糠，这分明就是乞讨而来的百家粮。

由于当时战事吃紧，吴焕先并未与妻子见上一面。曹干仙回家不久后，在饥寒交迫中离开了人世。更令人痛心的是，几天后，吴焕先率领着部队经过时，才发现了倒在路上的妻子，他在妻子死后才知道，原来妻子早已怀有身孕。吴焕先的母亲陈氏，因为不肯屈从敌人，独自一人躲藏在自家杂货店铺的夹墙里面，苦熬苦守了一个冬天，最终活活困死。

一个原本生活富足的大家庭，为了中国革命，八口人先后献出了宝贵的生命。就是在这种情况下，吴焕先仍然带领群众坚持革命斗争，他以坚定的革命信念，写下了“深山密林是我房，河滩石板是我床，尽管敌人逞凶残，坚决斗争不投降”的豪迈诗句。

## 葬妻

这天，吴焕先带着队伍正急急忙忙朝前赶路。刚到达长冲附近时，姚小川骑着一头大黑骡子，飞似的迎着吴焕先直奔而来。到了跟前，忙又把骡子缰绳递到军长手里，结结巴巴地讲："军长，你……快骑上骡子，到甘渣岗去！事情……要紧得很！"

"什么事这样紧急！看你慌里慌张的……"吴焕先莫名其妙地瞪着两眼。

"不知道。老经理告诉我的，他……叫你快去，就去！"

"你见到老经理啰？粮食弄到了没有？总共多少？"吴焕先连珠炮似的发问。他最为关切的就是粮食，全军指战员的生命！

"老经理说，就近买了几十石青稞，还有新麦子，可以吃两天！"姚小川如实地做了回答，可他忍不住又督促起来，"军长，你快去吧，去吧，就在前面那个甘渣岗！我还得弄上一副担架——老经理说的。"

吴焕先隐约感到有要紧的事儿，这才直奔长冲以东的甘渣岗而去。老经理吴维儒的为人做事，他心里也很有数，信任得过。事情不到迫不得已的地步，他是不会惊动军长的，更不会在行军路上派警卫员奔来告急。想必是碰到什么难以处理的麻烦事儿，该不会因为粮食征购问题，与当地群众发生纠纷不成！思前想后，吴焕先怎么也琢磨不出个所以然来，难以预测近在眼前的事！

草木葱茏的甘渣岗，丘陵起伏，梯田环绕。小麦已经成熟，有的地方已在开镰收割。屡遭敌人蹂躏的根据地，火在烧，血在流，人在死……庄稼也在一茬一茬地成熟，麦收在即。甘渣岗的坡坡岭岭，漫山遍野的山花野草，也在腥风血雨中盛开、猛长！簇簇山花，似乎比往年开得更鲜更艳，丛丛野草，仿佛也比往年长得更茂更盛。土地，是根据地军民赖以生存的物质基础，大自然赐予的一切风物景色，也是人们为之英勇奋斗的精神寄托！

半山坡上，聚集着一群男女群众，老经理也在其中。没有红脖子涨脸的争斗吵闹，没有高喉咙大嗓的叫骂哀号，也不闻嘻嘻哈哈的欢声笑语……人群之中，仿佛笼罩着一团阴沉的云，周围的一切都是那么肃穆、寂静而又悲哀。只有两只雪白的小山羊，活蹦乱跳地在绿草丛中撒着欢儿，"咩咩"嚎叫！……

谢天谢地，好在没有发生什么剑拔弩张的事！那么一群阴沉而又苦楚的面孔，看样子好像死了什么人似的。死人的事，无论是红军战士和地方群众，哪天不曾看见过几具尸体，就地予以掩埋？对此，吴焕先也不会感到过分震惊、恐

怖、惶惑不安。尸骨累累的凄惨景象，这么多年见得多了，似乎也习以为常了。可是，他的心情毕竟还是沉重的，老经理如此告急，到底死了谁呢？

“焕先！——”老经理见到吴焕先时，破格地唤着军长的名字，随后才说：“这事非你料理不可！你的媳妇……唉唉，她死在这搭了！”

吴焕先猛不防吃了一惊，两个充满血丝的眼窝，顿时又蒙上一团血和泪的黏液，变成像一对烂枣似的难看而又可怕。可那惊恐不安的眼神，仿佛又在向老经理发问：她，怎么会死在这搭？她那天来到龙王山下，不是说……准备回家吗？

是啊，吴焕先怎么也想象不到，已经打发回家的妻子，却又倒毙在离家30里以外的甘渣岗。

吴维儒告诉他说，部队围攻七里坪之时，驻扎在新集以南的反动民团，也在不断向箭场河一带侵犯，强迫好几个村子插了“白旗”。那天，曹干仙从龙王山回到村里以后，第二天就要收割青稞，偏又遭到敌人的骚扰破坏，婆媳俩一块儿逃出村子，半路上又被敌人冲散开来，各自不知去向。老经理派人送去的五块大洋，因为找不到家里的人，一块也没送到手。根据送钱的同志报告说，已经黄熟了的青稞，大都被敌人放火烧啦！眼下，想必也是青稞没了指望，她才跑反到了这一带……听当地群众说，她是跑来拾麦穗的。唉，有啥麦穗子可拾，还不是为了讨吃几顿饱饭！谁知就在这收割小麦的时候，她又饿死在甘渣岗，多亏被个放羊娃儿发现，老经理也闻讯赶到现场……

年轻而又俊秀、纯洁而又质朴、勤劳而又贤惠的六姑啊，我们红二十五军军长的妻子，两年来与婆婆相依为命，既当儿子又做媳妇的女人，终于倒毙在草木葱茏的甘渣岗。她是饥饿而死，还是疾病所致，或者是因为疲于奔命，耗尽了最后的一口力气？是啊，她一个正在害口的孕妇，为部队送粮的辛苦奔波、惊慌跑反的折磨、哀恳乞讨的劳累……吴焕先当时也难以想象得到。

她，就倒毙在绿草丛中，听说是刚刚咽气不久。身上，还是那么一件已经褪了颜色的阴丹士林衣衫，一条膝盖上缀着补丁的粗布裤子；那么一双奔走过多少山山岭岭的大脚片儿，鞋袜全都被泥水酱过一般，看不出本来的色泽。一块曾经在丈夫面前顶过的印花布头帕，变成了蒙脸的殉葬品，覆盖在她的脸上。身边，还是那个盛过豌豆角、青稞穗和蒲公英的小竹篮儿，里面只是增添了几样野菜，还有几束黄熟的小麦穗子。别的什么衣物，都一无所有。红亮亮的朝霞、绿茫茫的野草、明晃晃的露珠，还有那五彩缤纷的奇异花朵，裹着一具朴实无华的尸体。她,就这样躺在她的"七相公"的面前……

这最后的而又难得的一面,都成为终生的永别。吴焕先以他在战场上所采用的跪姿动作,一只腿就地跪倒在尸体的一边,从头到脚地把妻子看了又看,瞧了又瞧。他们结婚的那一天,他都不曾按照当地的传统习俗,伸手撩起过新娘的盖头——当时也是新式结婚,她就没有顶过盖头!但在此时此地,吴焕先又不得不伸出一双颤抖的手,轻轻撩起妻子脸上的印花布头帕,眨着两只血泪模糊的眼睛,与妻子见了最后的一面。这最后的一面,对吴焕先来说,应当是在七里坪战地的一角——龙王山下!然而,火气很盛的"七相公"偏又是那么执拗而又任性。直到这时,他才意识到自己所犯的过失,感到对不住他的六姑。感情上的伤痕,向来是难以治愈的,即使结了痂儿,也仍留着血的残迹。是啊,他能够体贴自己的部队、关怀自己的战士,当时就是没能多看一下他的妻子,见一面他的六姑!一切都已成为过去,从他的面前一去而不复返,悔之晚矣,晚矣!

就在这最后离别的一眼之间,那么一副黄皮寡瘦的面孔,没有一丝儿血色的容颜,仿佛勾住了他的魂儿似的,他再也抑制不住哀怜、悲痛而又揪心的泪水,把这两年从来都不肯轻弹的泪珠,吧嗒吧嗒地滚落在地。唉唉,谁知妻子那么一张完全冰冷的嘴唇,且紧紧咬着一枝鲜嫩的蒲公英,杆儿已经吞进喉里,嘴角还留下一朵黄花……滴滴点点的绿色唾液,仿佛经过一番反刍之后,随又顺着嘴角溢了出来,凝结在她的下颌……多么令人惊心的一副遗容啊!吴焕先无奈又从腰里抽出一条毛巾,一点一滴地擦着、擦着,为妻子揩去残留在下巴上的几块斑痕……是啊,妻子蕴藏在腹内的苦水,生前从来都没有当着丈夫流过,死后偏又从嘴角渗了出来,而且带着草绿色的黏液……

警卫员姚小川领着一副担架,急急忙忙地随后赶来。他刚才只顾传达命令,老经理也没有讲明真情,根本就不曾想到会是这事!直到这时,他才恍然大悟,一口一个"嫂子"地放声大哭。哭着哭着,却又不自禁地道出不为吴焕先所知的秘密:"她……她还在害口呢,说是有了喜了!嫂子,我对不住你呀……我没把这事告诉军长,呜呜呜呜……"

吴焕先听了以后,似乎也明白了妻子赶到龙王山下的真情实意,不由仰起一张泪痕斑斑的面孔,惊异地瞧着老经理出神。他是表示忏悔,还是感到负疚,或者是别的什么意思?血与火的岁月呵,龙王山的那么一番小小插曲,竟成为人生旅程中难以弥补的过失,"一失足而成千古恨"!

"都怪我这个糊涂长辈……唉唉,我当时也看出点意思,发现她的气色不

对，就是没好开口……”老经理深感愧疚地说着，“早知这事，我就是抬上担架，也要送她一程……”

说着，老经理“哇”的一声哭了起来。周围的男女群众，也忍不住抽泣抹泪，哭个不止。只有那不知人世间还有生死离别的小山羊，仍在绿草丛中撒着欢儿，又蹦又跳地“咩咩”乱叫！……

按照老经理的意见，应当动用一副随军担架，抬上死者的遗体，赶快送回四角曹门，装棺安葬。不管咋说，也不能抛尸于异乡外地。另外，也应当为她立上一块墓碑，以志永念！可是，吴焕先偏又不赞成这种做法，他说敌人在不断地向根据地进犯，又是麦收大忙时节，应当从简料理丧事。并说那些英勇战死的红军指战员，都是就地予以掩埋，从来都没有立过什么墓碑，这事也就免了！谁知老经理偏又不肯遵从军长的命令，气吁吁地说：“你这人……怎么这样任性！就不能接受我的一点点意见？”随后又把他的一番道理陈述在当面：

“她是没有上过战场，也不曾向敌人放过一枪，不能跟那些浴血战斗、出生入死的红军指战员相提并论……可她，在那严重断粮的时候，毕竟还是掂着一口袋乞讨而来的‘百家粮’，奔到龙王山的作战阵地……就凭那一口袋拥护红军的粮食，别说立块墓碑，还应当修上一座英烈牌坊！”

“老经理，好我的爷哩！我从小就很任性，你也是知道的……我娘叫我‘安安’，可我没有安分过一天，任性得很！但在这个事情上，我可不是什么任性……你说的也都是事实，在理！可在眼下，你还是听我一句话吧……”吴焕先心平气和地说。他在这个问题上不便动气，更不能施展军长的权威，最后，还是语重心长地决定：

“甘渣岗，也在根据地以内，本乡本土的好地方，挖上个坑儿埋了，也很难得。对六姑来说，死后能够在半路上遇到丈夫，还有当地的乡里乡亲，也算是交了好运。半年多了，我们所看到的百人井、千人冢、万人坑，难道少吗？够叫人伤心的了！不管是谁，能够由亲人们动土安葬，总比叫敌人抓住枪杀……要好得多！老经理，还是听我的吧……”

“唉唉，我听你的、听你的……”老经理一边抹着眼泪，一边吩咐几个红军战士，就地破土挖墓。

没有棺材，没有寿衣，就那么一身衣服鞋袜，穿戴于人间，埋葬于阴间。吴焕先心里也挺羞愧的，感到过意不去，无奈又把一条铺盖过的军毯拿了出来，紧紧裹住妻子的遗体。军毯虽说是战利品，但就其价值用途而言，也是他当军长时最为珍贵而又唯一能够支配的财产，别的一无所有，想拿也拿不出来！

“军长，你前头走吧，快去十丈山招呼队伍……我按照你的安排，料理好就是！”

老经理督促吴焕先先走一步。

临走时，吴焕先又掐了几束野菜，裹着几朵盛开的蒲公英，放在小竹篮子里面，让老经理就地供在妻子的墓前。这，也是他唯一能够做到的事，借以告慰妻子的英灵——那一颗苦难凄惶的心！

吴焕先走后，老经理吴维儒又找了一块门板，把他吴氏门中的侄媳妇——那具用军毯裹着的尸体，小心翼翼地埋葬于地下……

活在人世，普普通通；死入冥府，默默无闻。因为两年多不曾开怀生育，她很害怕死去，偏又像一束刚刚扬花、受粉、灌浆的麦穗，还没等到麦熟时节，就过早地凋落在地。她很想活着，也是因为没有为丈夫生儿育女，尽到她应尽的一份义务，完成一个女人的终身大事。她很想做个母亲，像妇女委员方志汉一样，生养一大堆儿女，长大都能够当红军，脸面上也很光彩！可是，她从一个芳龄少女，做了红军战士的妻子，即将要成为母亲的时候，还没有来得及生下头胎婴儿，就被死神阻拦在人生命运的坎坷路口，而没能跨入做母亲的台阶。少女、妻子、母亲，女人的青春旋律变化最快、节奏最紧而又急骤升华的三部曲，她都没有完全经历到尽善尽美的地步，听到那么一声美妙的啼哭啊！

从“破家革命”到领导“黄麻起义”，再到建立鄂豫皖革命根据地，吴焕先是当之无愧的中国革命先驱。为了革命，八位亲人抛洒热血。在极端艰苦的环境下，是什么力量让吴焕先依然不忘初心、勇往直前？吴焕先用自己革命的一生给出了答案，诠释了一名无产阶级革命家的使命、责任和担当，为我们后人走好新时期的长征路树立了榜样。

## 离开大别山的思忖

外号叫作“肉芽”的张海文，战斗中就喜欢打冲锋，多抓俘虏多缴枪。为此，他曾跟吴焕先泡过几次蘑菇，闹着要下连队。

等到决定让他下连当连长时，他反倒又三心二意的，不那么乐意下去。现在，他同样也面临着一次新的抉择。

“吴政委决定了的事，可不是闹着玩的。你要当心点儿才是！”

“当个连长，不算啥！嘿嘿，我给吴政委说说，就跟在他的身边……”

“看把你美的！就怕吴政委不肯改口……”

“嘿嘿，没有事儿！……”

郑位三急急忙忙地来到吴焕先的住处，当着两个小家伙的面问道：

“吴政委在哪？”

“就在后院子坐着，跟老乡拉话……”

“快去报告一声，就说我有事找他！”郑位三吩咐说。

张海文转身到了后院，向吴焕先报告说：“位老来了，找你有事……”

“不敢当，不敢当！”郑位三随后紧跟而来，出现在吴焕先的面前。他摸了下八字黑胡，自谦地又说又笑，“在下改名卫劳、卫劳！保卫的卫，疲劳的劳……嘿嘿，呵呵！”

两人聊了几句，郑位三这才郑重其事地讲道：“我们的出发宣言刻印好了！你再仔细看上一遍。嘿嘿，这回可印得不少，沿途可以广泛散发！……”

“印好了不就是了，多此一举！”吴焕先笑了笑说。

郑位三不禁又将八字胡一捋，咳咳两声，神气十足地朗读了几句：“本军在中国共产党领导之下，奉我中央苏维埃政府、中央革命军事委员会的命令，出发抗日！现当出发之时，特向全中国群众发表这个宣言……”

“这话才够来劲、来劲！”张海文不由得在一旁拍手叫好。

谁知这一下反倒“自我暴露”。吴焕先两眼直勾勾地瞅了瞅他的勤务员，劈头问道：

“叫你下连队，怎么还没有去？”

“我……我……”小家伙理屈词穷，道不出个所以然来。

“部队就要出发，你快去连队报到。一定要当好连长！”

“我去，马上就去！”张海文依依不舍地转身走去。这个跟随吴焕先将近一年的勤务员，随即在二二五团二连担任连长。

“呵呵，你对勤务兵也好凶哟。”郑位三笑着说。

吴焕先沉了一会儿才说：“唉唉，临到出发的时候，心里又烦又躁的……不瞒你讲，我这会儿真想背着部队大哭一场，可又哭不出眼泪……”

“咳咳，也是穷家难舍，故土难离啊！”郑位三道破了他们共同的心思，随即又说，“这大别山南北两面的山山水水，谁心里也舍不得哟。现在也是没得别的出路，只有去打远游击……当然啰，我们早晚还是要回来的。但谁又能够断定，这回出去以后，待到什么时候，方能胜利而归？”

“可不是嘛。我们心一狠走了,可又给大别山留下些什么?”吴焕先情不自禁地发出这样一句反问。

郑位三顿时无语。沉默了好大一会儿,吴焕先才说:“整整两个年头了。重建后的红二十五军,这两年胜仗是打了不少,消灭了大量的敌军,少说也有两三万之多。可我们自己所遭受的损失挫折,也是够痛心的,全军一万多人马,目前能够走的还不满三千!四次和五次的反革命‘围剿’,我们熬也熬了过来,挺也挺了出来,可留下的只是一片破破烂烂的根据地,老百姓仍然处于水深火热之中,在敌人的刺刀尖下过日子。实在叫人感到心酸!这次一转回到鄂东北,每路过一个大的围寨,都有反动民团驻守,把老百姓的粮食全部囤积起来,每天实行定量发放,硬是掐老百姓的脖子!那些没有民团驻守的村寨,也没得几户人烟,到处都是残墙断壁,一堆堆废墟……”

“河南这面,民团多据守围寨;湖北那面,民团又多据守碉楼。你只是看到这面的情景,山那边紫云区的状况,说起来更惨……”郑位三告诉吴焕先说,大别山那面的紫云区境内,就驻有四五百民团武装,修筑了二三十处碉楼,强迫群众插上了“白旗”。虽说是插了“白旗”,老百姓的心还是“红”的,时常跟便衣队秘密接头联系。但又不敢公开活动,一旦暴露了秘密,民团知道了是要杀头的。今年以来,仅紫云区又饿死了两三百名群众。眼下,全区也只剩下那么一块纵横十几里地的游击根据地,是罗山县委和游击队的活动区域,人口也很稀少。红军战士的家里,没吃没穿的,日子也实在难过。许多便衣队员,连自己身上穿的破烂衣服,也都脱给了红军战士的家属,当作一份“优待”。那么一幅凄惨景象,这么多年也是不曾有过的,够寒心的了。

吴焕先听了以后,好像被什么东西噎住了似的,半晌都没有作声。他这个紫云区的第一任区委书记,此刻在这大别山以北的何家冲,面对着巍巍耸立的大别山脉,他又能够说些什么呢?八年了,临走时他又能够留下些什么呢?是对死去的父老乡亲的哀悼,还是对活着的父老乡亲的嘱咐,或者是忏悔……

大别山的那面,属于紫云区境内的四角曹门,就是生育他的一方故土。那个完全毁灭了的家,八年前农民运动兴起的时候,他的父亲吴维棣、大哥吴尚先、二哥吴奉先、五弟吴济先和他的大嫂,还有个不满半岁的吃奶侄子,就已经倒毙在血泊之中。最近两年,他的妻子曹干仙也死在荒野地里,而母亲啊,就活活饿死在夹墙缝里,他的二嫂死在了白石庵“难民所”。他唯一的亲侄女吴淑荣,时已十三四岁,就在柴山堡地区的王湾,给人做了童养媳,随后也跟人下了

江南……吴焕先当时不了解这个情况，他也无法关照这个孤苦伶仃的少女。对了，还有他的四弟吴书先，六年前就下了江南，这多年也一直没有音信。他的一家呵，就剩下他这个揭竿而起的“七相公”了。

“你怎么不说话？想的什么心事……还想再留下一支武装不成！”郑位三不由反问了一句。

吴焕先摇了摇头，随后才哭笑不得地说：“我再瞄瞄大别山，过后想瞄也瞄不着了！”

气势雄伟的大别山，横贯于鄂豫皖三省的交界处，雄踞于长江、淮水之间。啊，这英雄的山脉、历史的丰碑！啊，这革命的故土、血红的战地！啊，这一代天骄的母亲、红军战士的摇篮！患难与共的大别山，留给吴焕先的印象太深刻了，终生也难以忘怀。他在大别山这一座摇篮里面，摇来摇去地熬过了八个年头，其间，所品过的酸甜苦辣味儿，确实也够他回味几番的了。红二十五军成立后的两年间，大别山的南北两面，东西两端，他全都跑了个遍。大别山的千山万壑之中，没有一处不曾留下他的脚印。那艰难曲折的脚印，难道就是他留给大别山的信物吗？不！吴焕先从来就没有这样想过。

郑位三语气恳切地在一边讲着：“不管咋说，我们还是留下了一些武装力量。有高敬亭同志领导，也能够坚持斗争。再说，这两年我们也牵制了敌人十几个师的兵力，这对中央苏区和其他苏区，实际上也是个配合……”

“不！我不是这个意思。”

“唔，什么意思？”

“我们留给大别山的只是眼泪、鲜血、尸骨！大别山使我们增长了斗争见识，积累了经验教训，也丰富了我们的头脑。这回出去打远游击，再要弄个一败涂地，可就无面目回见父老乡亲啰！”

“呵呵，你也想得太多。走走，到屋子里面去，好好唠一唠……”

两人打后院里走了出来，却又被老经理吴维儒迎头拦住，指着拴在门外的一匹栗色骡子，乐呵呵地笑道：“政委，这是给你配备的骡子，就拴在这搭好了。”

吴焕先不觉一怔，忙说：“我这两条铁腿，骑的什么骡子嘛！其他领导同志，都有没有牲口？噢噢，得给宝聋子弄上一副担架！”

老经理告诉他说，团以上领导干部，都给配发了牲口；徐宝珊既有牲口，又有担架，两样都已齐全。让他尽管放心就是！

“好我的爷哩！”吴焕先情不自禁地喊了这么一声，随后才当着吴维儒的面发问:“你这大年岁,也要跟着出发吗?”

在吴焕先的心目之中,吴维儒这个年近五十的族中叔父,按说是应当留下来的,好赖还有个“家”嘛!他同门一个村子的吴先元——豹子岩会师后继任七十五师经理处长,因为身边领着个十二三岁的孤儿吴世敏,有碍于作战行动,吴焕先已将他们父子留了下来。在他看来,这次远离根据地“打远游击”,路程将更为艰苦,战斗也更加残酷,除了精简老弱病残者外,凡是身边有所拖累或家中困难重重的,领导都应当尽量予以照顾,妥善安置。这,也是他应尽的一份乡土人情。

“兵马未动,粮草先行。他是全军的老经理,能不随军出发?”郑位三在一旁讲道。其实,郑位三当时也是这样做的:程子华到了卡房不久,他就把跟在身边的女儿郑奇英,交给他的二弟郑植惠,这才摆脱出来。是啊,他是省委领导成员,能不随军出发远征,去领略一下大别山以外的风风雨雨?

吴焕先想了想才说:“也好也好,跟着出发就是啰。这头骡子,我看还是配给钱信忠,他们沿途要收容伤员、病号……”

“军医院的牲口,都给配齐了。你就骑着好了……”吴维儒笑着回答。

郑位三忙说:“既然牵来了,就拉在身边驮个行李,路上骑骑也好。这一回打远游击,可是‘路漫漫其修远兮’……”

吴焕先忽然灵机一动,笑着补充了一句:“好好——‘吾将上下而求索’!”

## 艰难的岁月

鄂豫皖苏区是多灾多难的,革命的力量也是无穷无尽的。从血泊中成长起来的红军队伍,犹似巍然屹立的大别山脉,风吹不倒,地动不摇!

1932 年 6 月,蒋介石灭红军之心不死,与此同时也开始了第四次军事“围剿”。这一次,蒋介石亲自担任“豫鄂皖三省剿匪总司令”,先后调集了 26 个师另 5 个独立旅,总共 30 余万兵力,还有 4 个航空大队,全力压向鄂豫皖革命根据地。敌人的企图是:第一步攻占黄安、七里坪、新集等地,将红四方面军主力驱出鄂豫边境;第二步实行东西夹击、由北而南,将红军主力压迫于英山以南之长江岸边而歼灭之。

吴焕先就在此时刻,被推上游击战争的历史舞台。他一个光杆司令,当时又是怎么样组建他的游击总司令部,独当一面支撑起鄂东北这一块天地?这里,还是引用一位历史见证人的回忆,加以补充说明。原中国人民解放军海军

司令员刘华清在他撰写的《记吴焕先同志二三事》一文中，是这样记叙的：

“……红四方面军主力要离开苏区时，当时担任红四方面军总政治部主任的吴焕先同志，留任鄂东北游击总司令。9月中旬，他回到黄安县紫云区的长冲，就任游击总司令职务，着手组建游击总司令部。将原黄安中心县委指挥部的机构，整编为鄂东北游击总司令部的参谋处、政治部，原中央分局军委的经理处（即后勤部），改为游击司令部经理处，并将黄安中心县委指挥部所属部队，以及黄安县独立团部分部队，整编为游击总司令部的特务营和交通队。这一系列的组建工作，使得鄂东北地区（包括豫南部分县区）形成了统一的领导指挥机构，开始有领导、有组织地对敌人进行反‘围剿’斗争。鄂东北地区的党政组织、地方武装和人民群众，得此消息后精神振奋，群情激昂，斗争信心倍增。特别是听到吴焕先同志担任游击总司令，领导指挥根据地军民坚持斗争，更是顺乎民心，众望所归……”

当时，鄂东北的地方武装大部分都编入主力红军，所留下的只有分散于各县的独立团、独立营、游击队，数量也只有很少一部分。在此基础上，吴焕先首先将黄安、罗山两个不足千人的独立团，扩编为两个独立师，总兵力近3000人，随后又将麻城、光山、河口、陂安南、陂孝北等地的独立团和游击队，编为五个游击师，共4000余人；各区、乡、村普遍都建立了游击队和赤卫军。两个独立师和五个游击师都按照划定的活动区域，就地坚持武装斗争。在红四方面军主力转战豫东南和皖西期间，活跃于鄂豫边各地的地方武装，积极开展群众性的游击战争，经常于夜晚神出鬼没，破坏敌人交通，骚扰敌军据点营地，弄得敌人四下告急。9月29日，敌十三师在由宣化店开赴七里坪的途中，被罗山独立师和仙居区赤卫军阻击在邓家桥之大包山，激战一日，敌死伤累累，不得不绕道前进。禹王城一带之赤卫军战斗连，先后又在翻叉岭和坞子铺等地伏击该敌，缴获机枪6挺、步枪数10支。时隔不久，该敌在杨家冲一带又遭到河口游击师的沉重打击，死伤300余人。敌十三师在其鄂东“剿匪”战斗详报之中，无可奈何地写道：

“鄂东……匪化最深，无论男女老幼，莫不具有匪性。大军进剿过后，地方匪军蜂拥而起，动辄啸众千万人……匪之所谓地方武装，各县各区均有……裹胁民众，维持其原有组织，并扰害我后方交通。连日派队清剿，兵去匪来，兵来匪去，剿抚兼施，未获成功。”

这样，在四次反“围剿”斗争初期，方面军主力东去之后，鄂东北根据地仍然保持了敌占城镇、我占广大乡村的局面。

一个月之后,红四方面军由皖西返回到黄安以西地区。10 月 8 日、9 日,方面军主力在河口一带跟敌人打了两仗,毙伤敌两三千人。吴焕先听得这个消息后,就和徐宝珊一起,赶到河口以北的黄柴畈,向分局和方面军总部报告和请示工作。

到了黄柴畈,吴焕先听说红二十五军军长蔡申熙负了重伤,负伤以后,还躺在担架上指挥战斗,连续打退敌人的几次冲击,坚持到战斗胜利。徐向前总指挥看望他时,他躺在担架上火燎油煎似的翻滚着,疼得难以忍受,口口声声要人“补”他一枪,“革命到底”好了!蔡申熙是在旷继勋死守霍邱负伤以后,接任红二十五军军长的,前后还不到三个月。吴焕先跟蔡申熙相识了一年之久,直到其死在了担架上。就在这时,蔡申熙的妻子忽然抱着女儿,千里迢迢地寻夫来了。远道而来的母女俩,正好赶在蔡军长的灵前……血与火的战地上,多么催人泪下的“夫妻相会”啊!

吴焕先迫不及待地赶到了现场。此时蔡申熙已经入棺,等待埋葬。他,总算见到了千里而来的一对母女,两个活生生的剧中人……

她叫曾广润,江西吉安县人,原是曾山的妹妹。她与蔡申熙的婚事,也是由于哥哥的撮合而成。1928 年,她 18 岁的时候,哥哥曾山领她到了南昌,让她与一位素不相识的湖南人扮成“夫妻”,以假当真作掩护,从事党的地下工作。此人姓甚名谁,是光脸还是麻子,她都不得打听过问。两人很快就正式结为夫妻,后来此人就是蔡申熙,时为长江局军委会主席。蔡申熙后来率红二十五军转战到鄂豫皖苏区,她仍留在南昌城内,继续从事党的秘密工作。直到这年夏天,她才抱着刚满 3 岁的小女儿,一路上乔装改扮,历尽艰险,风尘仆仆地来到了大别山。恰在这个节骨眼上,蔡申熙作战负伤,夫妻两人相会时,就在担架旁边……离别数载的一对夫妻,总算是见得了一面,最后的而又难得的一面!相见之后,她正好为丈夫更衣、入棺、送葬……

“蔡申熙也是为了大家,而顾不得小家……”吴焕先不由喃喃自语。这话,原出自他的六姑之口,是在新婚之夜对着红烛讲的。此时此地,偏又从他的心底里呼唤出来。吴焕先甚至想到,来日再与他的六姑相见时,一定要把这句话儿以及他的所见所闻一一展现在眼前的“夫妻相会”的活剧,全都实实在在地告诉她,对她讲上一遍。

蔡申熙的遗孀遗孤,以及他所具有的军事家的胆识和气度,都给吴焕先留

下了极为深刻的印象，打上永远不可磨灭的烙印。

## 一个也不能丢

在中国人民革命军事博物馆里，陈列着一幅红二十五军北过渭河的情景图片。这张历史照片是怎么得来的呢？

事情是这样的：部队到达双石铺时，恰好有两位找上门的照相师傅，因为生意不那么景气，很想与红军做点交易。军参谋长戴季英决定将他们收留下来，随同军部一起行动，吃饭不要饭钱，照相开给工钱，所需成本费用，当另作计算。这样，就将他们从双石铺带到了陕北，沿途拍下几幅极为珍贵的历史画面。

长征路上，吴焕先所留下的三幅肖像，就是这样偶然做成的永久性留念。否则，他戎马倥偬的短暂一生，也难以留下一张照片。照片是在两当县城拍摄而成，一张是吴焕先的半身留影，一张是他与徐海东的合影，另一张是他与郭述申、徐海东、戴季英、赵凌波以及詹大南等人员的合影留念；而这最后的一张合影照片，郭述申将它一直带到陕北。1936 年，美国记者埃德加·斯诺到达陕北时，这张照片经由杨尚昆转到斯诺手里，现仍见之于《斯诺眼中的中国》画册。这本画册上的图片文字说明为："徐海东和他的参谋人员"，其实并非如此。这是吴焕先与几位领导同志以及他们的警卫人员，并肩团结战斗、情同手足的真实写照！

北过渭河的图片画面，犹如一幅黑白相间的木刻版画，山原、梯田、树木、河流、木船、滩头……依稀可辨。然而，乘在木船上的众多小小人影，就很难辨个清楚明白。当然，惯于奔前跑后的军政委吴焕先，他是不会抢入这个镜头的。木船尚未启航之前，他就骑着一头栗色骡子，随同先头部队一起，抵达渭河的北岸。当小船第一次靠近岸边时，他已站在滩头上，向指战员们大声讲道：

"同志们，我们已经过了渭河，希望就在前头，曙光就在前头！现在，也是最紧急的关头，大家都要团结一致，开展体力互助，决不能丢下一个同志，都要紧紧跟上队伍！我们这支红军队伍，多一个人总比少一个人要好，众人拾柴火焰高！这一路上，全军的每一个单位，无论男女老幼，只要紧紧跟上队伍，没有几个掉队的，就等于加强了我们的战斗力，对于争取革命胜利，就有保证！"

军供给部过河以后，吴焕先忙把剃头匠熊发龙喊在当面，随手将他牵着的牲口缰绳，递给对方说："老熊同志，这一路行动紧急，叫小熊骑上我的骡子，好好跟上队伍，千万不要掉队！……"熊发龙一接过缰绳，心里就感到不是个味

儿,面有难色地支吾着:

“吴政委,你……我……我背得动这个崽子,保证不会掉队!”

吴焕先不容推辞地说:“我不是跟你做人情,必须服从命令!中国革命是长期的、艰苦的,道路也是曲折的,将来还依靠这些随军远征的小兄弟,补充我们的队伍,壮大革命力量!对了,二二五团炊事班那个可爱的小兄弟,也要收养在军供给部。这事,就由你操心负责……骑上我的骡子!”

被称为“可爱的小兄弟”的,就是在长征入陕的途中,吴焕先当着女护士们的面讲过的河南光山县匡家湾的匡书华。这个红军“小兄弟”,跟着他的哥哥经过千里转战,随军到了陕南。谁知担任炊事班长的哥哥匡占华,偏又在战斗中牺牲,使他失去唯一的亲人。与炊事班形影不离的“小兄弟”便成为全班的重点保护对象。他在全班哥哥的帮助照顾下,作为红军的一员、后补战士,继续西征北上。

与红军相依为命的熊氏父子,当时就以“老熊、小熊”闻名遐迩,在长征路上传为佳话。熊发龙是个剃头匠出身,皖西六安县人,当过乡苏维埃主席。当初,他就背着个八九岁的娃娃,参加了红二十五军。长征出发时,精减了不少的老幼病残,他们父子亦在其中。可他随后又背着他的儿子,偷偷地越过平汉铁路,跟在部队后面行走。主力团的供给处处长刘炳华,将这一对“父子兵”收留下来,好在不是战斗连队,能够“窝藏”得住。等到上级领导发现时,生米已煮成熟饭。背着走也就是啰!熊发龙的儿子熊开先,虽说乳臭未干,但很逗人喜爱。有次被吴焕先政委碰到时,居然咧着个掉了两颗门牙的小嘴巴,说他长大也要当红军,勇敢上前杀敌人!指战员都很喜欢“小熊”,一路上轮流着背他、抱他,从大别山转战到陕南,现在又随军奔向陕北。从江口镇西进时,吴焕先考虑到主力团的作战任务繁重,将他们父子调到军供给部,跟随军部一起行动。这个随军长征的“小熊”,到达陕北后还是个“娃娃”,没“资格”参加红军。是抗日战争开始以后,他才当上一名“小八路”的。

向以“童子军”著称的红二十五军,十二三岁的少年儿童,为数也有十好几个。但能够回忆出姓名的,就是匡书华和熊开先。他们跟随自己的父兄,经历了艰难困苦的长征历程,在红军长征的“摇篮”里长大成人。坎坷的征途、血染的道路,使得他们在少年童稚时代就经受了风风雨雨,同时也造就了他们前仆后继的政治意识。

吴焕先把两个红军“小兄弟”扶上他的骡子,由剃头匠熊发龙牵着缰绳,嘚

嘚嗒嗒地向前走去。这时，他又把军政治部组织科科长夏云廷喊在当面，决定由其带领一个连队，担负后卫收容任务，沿途不得丢下一个战士。

五十余年过去了，至今不少老战友仍然记得吴焕先的音容笑貌，时不时来到甘肃省泾川县王村镇四坡村“吴焕先烈士纪念馆”凭吊。该馆占地面积 300 平方米，建筑面积 112 平方米，其中展厅面积 72 平方米。陈展分两个部分：一部分是吴焕先烈士生平事迹，另一部分是泾川革命历史。纪念馆四周，竖立着党和国家、军队领导人给吴焕先烈士题词的碑文。其中，以胡乔木、胡绳同志亲自修改审定的《吴焕先烈士纪念碑文》告慰英烈，激励后人：

吴焕先烈士纪念馆

吴焕先同志，1907 年生于湖北省黄安县四角曹门村（今属河南省新县）。童年读私塾，十六岁进麻城蚕业学校，加入社会主义青年团。1926 年加入中国共产党。从事农民运动，参加领导著名的黄麻起义，坚持鄂豫边武装斗争。他是鄂豫皖革命根据地和红四方面军创始人之一，历任黄安县农民自卫队党代表、鄂豫边革命委员会委员、土地委员会主席、中共黄安县委书记、鄂豫皖特委委员、鄂豫皖省委委员、红十二师政治部主任、红七十三师政治委员、红四方面军政治部主任等职。

1932 年红四方面军撤离鄂豫皖时，吴焕先同志留任鄂东北游击总司令。他根据省委决定主持重建红二十五军，先后任军长、军政治委员。在面对数十万敌军“围剿”、物资又极端困难的条件下，他领导红二十五军和地方军民坚持鄂豫皖革命根据地，进行了艰苦卓绝的斗争。

1934 年，根据党中央指示，鄂豫皖省委决定实行战略转移。他率红二十五军冲破敌二十余倍兵力的围追堵截，进入陕南。他代理鄂豫陕省委书记，主持全面工作，正确制定各项方针、政策，为粉碎敌人两次重兵“围剿”、创建鄂豫陕革命根据地、扩大红二十五军做出了重大贡献。

1935 年 7 月，红二十五军北出秦岭，威逼西安。在获知红四方面军和中央红军北上动向后，省委毅然做出西进甘肃、迎接党中央、北上会合陕甘红军的决定。红二十五军挥师猛进，占两当、攻天水，连克秦安、隆德县城，翻越六盘山，直逼平凉，截断西兰公路……这一具有历史意义的战略行动，有力地配合了党中央和中央红军北上。

8 月 21 日，焕先同志在甘肃泾川县四坡村战斗中壮烈牺牲，时年二十八岁。

吴焕先同志是中国无产阶级革命家、政治家、军事家，他热爱祖国，忠于党、忠于人民，胸怀全局，实事求是，无私无畏，百折不挠。他严于治军，与战士同甘共苦，英勇机智，指挥若定。在多次恶战中使所率部队转危为安、转败为胜。他具有高尚的革命品质、坚强的斗争意志、卓越的战略远见和领导才能，深为全体指战员爱戴和崇敬，是全军公认的杰出领导者。他的牺牲，全军万分悲痛。

为缅怀先烈业绩，继承革命精神，将立此碑，以志永念。

吴焕先同志永垂不朽！

红二十五军先烈纪念委员会

1985 年 8 月 21 日

## (二)徐海东的故事

### “徐老虎”的由来

说起罗山革命时期的战斗故事,人们最难忘怀的就是“徐老虎”。“徐老虎”就是徐海东。在罗山要说起徐海东未必人人皆知,但要说起“徐老虎”,便是家喻户晓。徐海东从1928年起就转战鄂豫皖,坚持在大别山区开展革命武装斗争,其绰号也在大别山传遍四乡,威震敌胆。

徐海东1900年出生于湖北省大悟县徐家桥村一个贫苦的窑工家庭,1925年4月加入中国共产党,是红二十五军的主要缔造者和领导者。徐海东在共和国十位大将中出身最苦,也是战斗负伤最多、最重的一人,他作战勇猛,人称“中国的夏伯阳”。国民党反动派说他猛如“老虎”,当地群众称他为“杀敌猛虎”。国民党曾把他与毛泽东、朱德并列为通缉悬赏额最高的三个人,赏额均为25万大洋。徐海东一家先后有66人被国民党军杀害,甚至连婴儿也没有被放过。埃德加·斯诺在他的《西行漫记》中写道:“中国共产党的军事领导人中,恐怕没有人能比徐海东更加大名鼎鼎的了,也肯定没有人能比他更加神秘的了。”在斯诺看来,要了解红军,了解中国革命,徐海东其人其事便是最好的例证。就连张国焘后来在其《我的回忆》中也承认:“徐海东的奋斗经历,是一篇标准的红军军人的壮烈史诗……”

### 外号“臭豆腐”

徐海东出生时,正遇灾荒,家庭生活十分困难,母亲没有奶水,父亲急得团团转,打算把这个幺儿子溺死,免得挨饿令人伤心。幸亏几个嫂子耐心劝说,并把自己的奶水给小弟弟吃,这样徐海东才活了下来。

徐海东小时候,没有穿过新衣服。天冷时,把哥哥们的衣服捡来穿;到天热,他一丝不挂。那时,父亲忙于做窑活,没工夫管他,母亲病瞎了眼睛,不方便照顾他。

他自己在窑上玩耍,模仿大人制作陶器坯子,成天玩泥巴,捏盆缸坛罐,时常把身子弄得很脏,从头到脚沾满泥土灰尘。嫂嫂们对他笑着说:“老幺呵,你简直像一筒臭豆腐!”他听了嘿嘿直笑。此后,嫂子们为他料理时,就不叫他的名字,经常直喊道:“臭豆腐,你过来,我帮你把身上洗洗!”他对嫂嫂非常尊敬,不称嫂嫂而称姐。嫂嫂们叫他“臭豆腐”,他并不觉得有什么不好,反而感到亲切,随叫随应。他的乳名叫“永”,大号叫“元清”,“臭豆腐”叫惯了,就成了他的代号,本名反而不被注意。直到他长大成人,参加革命,人们依然这样叫他,他也依然随叫随应。

## 赤膊上阵

1932 年,红二十五军重建,徐海东被任命为副军长兼七十四师师长。

重建后,红二十五军取得郭家河、潘家河、杨泗寨等胜利后,敌人暂时停止了进攻,中共鄂豫皖省委的领导头脑一时又热了起来,提出要夺取中心城镇。

结果,接下来的战斗不仅没有获胜,反而使红军元气大伤,全军指战员从上到下,心里全都憋着一肚子怨气。在此后不久的省委会议上,大家不吭声、不讲话,满肚子的怨气憋在心里,徐海东忍不住开了口:“围攻七里坪,我早就反对,结果怎么样?敌人越围越舒服,越打越猖狂,而我们自己呢?弄了个半死不活!这是为什么?”

省委书记沈泽民点了点头,诚恳地说:“是的,这个问题当时我们考虑欠妥。”

“一支好好的队伍,被搞垮了,我看领导该先检查!”徐海东又说。

“是啊,我们是有责任的。”沈泽民书记的声音很低很沉。

“不!我看领导应该负全部责任!”徐海东一下提高了嗓门。

“海东,你……你说什么?”沈泽民有些愣了。

“我说领导应该负全部责任!”徐海东话一出口,就有一股血气直冲脑门,禁不住一下站了起来,“真正的共产党人,就应该替劳苦大众和红军战士着想,只有小资产阶级的领导,才只顾自己吃饱喝足,不管老百姓和战士的死活……”

“徐海东,哪个是小资产阶级?啊?”沈泽民几乎是跳了起来,一下打断了徐海东的发言,然后气冲冲地走到徐海东的面前,用省委委员尹中的小烟袋指着徐海东的鼻子问:“你说哪个是小资产阶级?难道就你才是无产阶级?我看你这人很成问题!”

沈泽民一直是徐海东敬重的领导。他出过国,喝过洋墨水,马列主义懂得不少。在战争环境中,他作战勇敢,身先士卒,跟战士们一样吃粗粮、嚼野菜。

可是，这一次，他却让徐海东陌生了。

徐海东开始分辩，可是话一出口，沈泽民就说："你没有资格参加这个会议！"

徐海东便被不由分说地推出了会场。

天亮时分，特务连连长却跑过来报告：敌三十师和三十一师攻上来了。

徐海东立时两眼放光。与其等死，不如战死。他立即拎起马鞭子大步跨出门外，让通信员叫过两个团长，马鞭子又在空中举起："组织反击，坚决顶住！"

"什么？反击？"两个团长都愣住了。

"对！"徐海东大手一挥，"你们两个团从两翼包抄过去！"

两个团长还是不明白，敌人的攻击力量明摆着如此强大，部队不赶快撤退，副军长怎么还要组织进攻、反击？而且，更为奇怪的是，过去的副军长只要枪声一响，两眼便瞪得像火球，要是有人动作稍慢了一点，他马上就是一顿臭骂，甚至有时还会挥动手中的鞭子。可此刻，副军长却显得从容不迫，平静如水，仿佛不是马上奔向战场，而是将要步入宴席。于是，便斗胆问了一句："那……正面的敌人怎么办？"

"由我来对付！你们快去！"徐海东说着，疾步奔了出去。

黑压压的敌军如潮水般涌了过来，迎着漫天风雪，徐海东带着特务连守在正面，一动不动。敌群渐渐近了。这时，徐海东一下站了起来，刷刷刷地脱开了衣服。他先脱掉棉衣、衬衣、背心，又脱掉了裤子和鞋袜，最后，全身只剩下一条裤衩。"就是死，也得把衣服留给同志们！"

全体红军指战员都惊呆了：副军长今天是怎么啦？

"你们别动！"众人还没反应过来是怎么回事，徐海东已从警卫员手里一把夺过大刀，然后向交通队的人员大手一挥，便一跃而起，率先冲了出去。

正面和两侧的红军战士，见副军长已赤膊上阵，"呼啦"一声，也全都发疯般号叫着冲向敌群。

于是，壮景出现了——

狂风大雪中，一位穿着裤衩、裸着上身的红军高级将领高举大刀，发疯似的叫喊着，拼命地冲杀着，浑身上下那十几处明显突出的伤疤，在阳光的照耀和雪地的映衬下，放射出摄人心魄的光芒；上千名红军战士跟在他的身后，也拼命地奔跑着冲向敌群！

这突发而起的举动、意想不到的阵势，一下子竟然把对方给搞蒙了。敌军还没反应过来到底是什么新战术，便被徐海东的队伍冲了个一塌糊涂。

就这么简单，敌军的一个旅被打得七零八散。徐海东不仅打退了两个师的进攻，而且还活捉了500名俘虏。这不能不说是红军作战史上的一个奇迹。

一心想死的徐海东偏偏又没死成。

战斗一结束，他便躺在了床上。一场激战，累得他大气直喘。此刻，他脑子空空荡荡，整个身子像腾云一般在空中飘浮起来。

“副军长！”警卫员走了进来，“省委书记来了！”

徐海东一惊，问：“几个人？”

警卫员答：“就他一个人。”话音刚落，沈泽民已走进屋来。

“海东，打得好哇！”

“是好呵，心病去了一块，你们可以下手了。”徐海东冷冷地说。

“你说什么呀，海东？”沈泽民愣了一下，笑了，说，“你在作战上这么勇敢，政治上怎么就不进步呢？”

徐海东问：“说我不进步，表现在哪里？”

沈泽民问：“省委开了几次会，你都不参加，为什么？”

徐海东说：“政委说他是省委常委，开完会回来给我传达。”

沈泽民这才恍然大悟，问了许多情况，终于打消了对徐海东的误会。临分手时，还把瞿秋白以前送给他的一块怀表送给了徐海东。

沈泽民第二天便向省委委员们宣布：“我不死，就不准有人说徐海东有问题，哪一个说他有问题，哪个就是反革命！”最后，沈泽民向中央汇报，他在谈到徐海东时，说，“肃反中徐海东没被杀掉真是奇迹，刀子离他脑袋只有半寸远了。”

徐海东却在另一个地方高兴地对他的部下说：“杀了我，谁去打仗呢？”

1932年10月，红军转移到莲花沿、李家湾一带后，红军为避免与敌决战，即向皖西转移。在红旗山、丁家埠会合了皖西道省委领导下的八十二师后，组成红二十八军。徐海东任军长，政治委员由郭述申兼任。

不久，徐海东又与红二十五军各路队伍会合，被任命为红二十五军军长，吴焕先任政治委员。

## 坚韧不拔

20世纪30年代初，日本想把东北从中国本土分裂出来，日军在东北自毁南

满铁路柳条湖段，反诬中国军队所为，借此炮轰东北军驻地，攻占垂涎已久的重镇沈阳，制造九一八事变，成立伪满洲国，自成一区，置日本势力范围，扶植清废帝溥仪做傀儡皇帝，东北三省沦为日本殖民地。

国难当头，而蒋介石密电东北驻军首领张学良，要求对日军避开冲突，不予正面抵抗。中国共产党和许多爱国华人华侨立即发表宣言，谴责日本帝国主义的侵略行径，声讨蒋介石祸国殃民的不抵抗政策，强烈要求国民政府停止内战，一致对外。而蒋介石却错误认为“外寇不足虑，而内匪实为心腹之患”，一边向日军妥协，一边调集30多个师分左、中、右三路对红军革命根据地发动第四次“围剿”，采取逐次转移、各个击破的策略，于1932年6月开始对鄂豫皖革命根据地大举进攻。为加大“清剿”力度，河南省绥靖公署由信阳直接迁驻罗山周党畈驻扎，将公路修进偏远深山，与红军摆开决一死战的架势，还把宣化店、姚家畈、丰家店、彭城店、毛家集等2700多平方公里划出，增设礼山县。国民党中统、军统纷纷在罗山设立情报站，充作内线，窃取秘密，刺探军情，暗杀进步人士，边区有少数干部被其策反叛变，党的部分地下组织被破坏。县署依照蒋介石颁布的《各县编查保甲户口条例》，将全县划为5个区，下辖联保、保、甲，保甲制实行互相监督和互相告发的连坐法。用苛税压榨农民，刮削民脂民膏，商人负担着契税、烟酒税、牙税、屠宰税、印花税、盐税、糖税、茶税、营业税、所得税、利得税、包裹税等12种，农民承担着地丁、田赋和斗捐、串票捐、铺户捐、戏捐、壮丁费等30多种附捐；拉丁扩充军队，派夫加固城垣，运送辎重。由过去的“三兄抽一”“五兄抽二”改为“二兄抽一”“三兄抽二”；加上春旱秋涝、飞蝗蔽日，农民陷入兵燹的渊薮之中，不少家庭鬻儿卖女，苦不堪言。

1932年11月，中共鄂豫皖省委在黄安县檀树岗召开最高军事干部会议，决定重建红二十五军，由徐海东任军长，吴焕先任政委。同年冬天，他们来到罗山，徐海东部在罗山独立团和特务营的配合下攻楠杆，占青山，打彭新，围杨店，重创国民党军队四十四师一三二旅。翌年3月6日，在新县郭家河全歼国民党三十五师一一〇旅，并在罗山开辟了朱堂店根据地，建立苏维埃区乡政府。从此，以徐海东为首的红二十五军孤军奋战在大别山区。

1933年6月，蒋介石调集百万军队，对革命根据地又疯狂发动第五次“围剿”，其中50万正规军、200架飞机以“步步为营，稳扎稳打”的碉堡推进政策，直接杀向鄂豫皖苏区。在合围南部苏区时，国民党胁迫2万名群众大肆砍伐、焚烧野鸡笼、何冲、灵山一带的森林约50万亩，给红军隐蔽造成诸多不便。面对国内斗争形势，鄂豫皖省委决定将红二十八军编入红二十五军，徐海东继续担任军长，吴焕先任政委。

为了保存实力，壮大这支队伍，徐海东率领红二十五军采取避强击弱、声东击西和“推磨”战术，在运动中给敌人以沉重打击。7 月 17 日清晨，徐海东率先头团从罗山县殷家冲向何家冲转移，远远地，他从望远镜里发现长岭岗上全是敌人，山头上还架着 3 门迫击炮。作为一名军事指挥员，他一眼就能判断敌人缺乏戒备，根本不知道此时有红军靠近。加上这条山岗呈鲫鱼背状，犹如虬龙脊梁，长约 2 公里，南陡北峭，只要扼首锁脚，是一个绝好的歼敌良机。便命令部队停止前进，立即与政委吴焕先商量决定，就地展开包围，打敌人一个措手不及。徐海东具体做了部署：一个营攻击岳家沟以西的敌人排哨，另外两个团分别从左右两个侧翼向敌人猛攻。一声令下，顿时，长岭岗枪声四起。敌人原来只知道这一带有红军的游击队，没料到有红军的主力突然杀来，等他们感觉不妙时，摆在长岭岗上的一个团已被红军拦腰斩断，敌人待在光秃秃的山岗上乱作一团。在红军的猛烈打击下，奉系军一一五师的六四三团和六四四团很快就瓦解了，残敌纷纷向倒座湾逃窜。此役，共歼敌 5 个营，缴获轻、重机枪和长短枪 800 多支，还有其他一批军用物资。长岭岗战斗之后，“徐老虎”的绰号更是声名远扬，威震敌胆。不久，徐海东率领红二十五军又南下黄陂、孝感交界的地区，声东击西，8 月初忽又转到皖西，使敌人的多次合围计划完全失败。

1934 年 11 月，红二十五军接到中共中央和中革军委副主席周恩来要求红二十五军实行战略转移、开辟新的革命根据地的指示，派程子华前来传达这一精神。中共鄂豫皖省委于 11 月 11 日在光山县的花山寨召开会议，决定红二十五军实行战略转移。12 日，红二十五军转移到罗山县铁铺镇何家冲村。何家冲位于大别山西端的鸡笼山西北坡，是一条长约 4 公里的山沟，这里四面环山，山峰陡峭险峻，泉水四季流淌，森林葱郁茂密，构成天然障壁。红二十五军在此整编部队，筹备物质，军部设在何氏祠堂。长征出发之前，徐海东主动向省委提出申请，声称自己文化较浅，唯恐误了革命事业，建议让程子华当军长，自己当副军长。省委主要领导被徐海东的大度所感动，采纳了他的建议。16 日，红二十五军 2980 余名将士在那棵千年银杏树下集结出发，在军长程子华、政委吴焕先、副军长徐海东的率领下，高举“中国工农红军北上抗日第二先遣队”的旗帜，踏上长征之路。韩先楚奉命带 1 个连为先头部队。行前，省委发布了《中国工农红军北上抗日第二先遣队出发宣言》，留下杨厚益游击队 30 多人坚持在罗南

山区活动，负责收集国民党溃兵及丢弃的枪支，扩充壮大革命队伍。大部队于翌日越过平汉铁路，继而向桐柏山挺进。

红军撤离后，国民党一一二师对何家冲进行血洗，茅屋过火，人畜见刀，烧毁房屋60多间，山林1万多亩，屠杀村民100多人，形成了“张寡妇沟”“邓寡妇沟”等地名。为掩护红二十五军长征，中共鄂东北道委组织地方武装和便衣队在罗山至汉口公路沿线割电线、打汽车、毁公路、炸桥梁，有效牵制敌1个步兵师和1个骑兵团。

蒋介石闻讯后，急调30多个团对红二十五军前堵后追，令南阳庞炳勋第四十军和驻湖北老河的肖之楚四十师迎头拦截，奉军一一五师像个幽灵紧随其后，妄图趁红二十五军孤军远征，包围消灭。红军进入桐柏县洪仪河、界牌口一带后，面对敌人的重兵围堵，省委果断决定折转北上，部队开进伏牛山区，甩掉跟踪的尾巴。

途中，徐海东无论是行军还是打仗依然身先士卒，在庾家河战斗中，一颗子弹从他的左眼下方钻进去，由颈后穿出，他昏迷了四天四夜后，大难未死，转危为安。徐海东率领红二十五军身经百战，创造“先疲后打”的战术，转战陕南，一路行军打仗，一路传播革命火种。红二十五军经过战斗的不断洗礼，队伍不断扩大。1935年红二十五军政委吴焕先牺牲后不久，省委召开会议，一致通过徐海东任军长，程子华任政委。

徐海东、程子华指挥红二十五军灵活运用毛泽东同志的战略战术，多次冲出了敌人的包围圈。

这支队伍历时10个月，途经5省，转战近万里，途中历经艰难险阻，不仅使这支队伍不断发展壮大，由原来的2980余人发展壮大到3400多人，而且创建了鄂豫陕苏区，于1935年9月15日先期到达陕北永坪镇，成为中央红军四支长征队伍北上的先导。

听说红军会师陕北，蒋介石即调几十万兵力发动了对陕甘苏区的“围剿”。红二十五军的到达，大大加强了陕甘苏区的红军力量，随后与陕北的红二十六军、二十七军合编为第十五军团，先后在劳山、榆林桥、直罗镇等地打了几个大胜仗，歼奉系军3个精锐师，缴获了大量物资，改善了武器装备，稳定了延安局势，为中共中央和主力红军的到来创造了有利条件，为把革命的大本营奠基到大西北建立了不朽的历史功绩。

同年10月19日，红十五军团与毛泽东率领的中央红军胜利会合。

大别山是红二十五军成长的摇篮，也哺育了徐海东这个大将。徐海东与红二十五军休戚与共、相生相依，共同写下了中国革命史上辉煌的篇章。特别是中央红军进驻陕北后，部队给养十分困难，毛泽东派人向徐海东借款，他将全部家当7000元大洋中的5000元慷慨相送。毛泽东、张闻天、周恩来、彭德怀都把这5000元大洋看作是雪中送炭。毛泽东在会见徐海东时称赞他是“对革命有大功的人”。李先念后来说“红二十五军的长征是红军长征史上的光辉一页”。1955年，徐海东被授予大将军衔，列十大将之二。

## （三）程子华的故事

程子华是一位征战半生的著名将领，在长期的革命战争中立下了不朽的功勋：在大革命的激流中投身黄埔，在引领红二十五军长征胜利后担任军团政委，在抗战后期主持晋察冀抗日根据地的全面工作，在人民解放战争的战略决战中是东北野战军最早成立的两个兵团司令员之一，他指挥的塔山阻击战、隆化战役等成为我军战史上著名的战例之一……然而，他却在中华人民共和国成立伊始，较早离开军队从事地方和经济等工作，先后被中央任命为山西省委书记、省政府主席、省军区司令员兼政委。从此，结束了他长达22年的戎马生涯，投身到中华人民共和国的经济建设事业中，成为经济战线领导人，成为一位“无衔将军”。开国上将宋任穷曾称赞他是我军一位屡建战功的著名高级将领。

“文革”以后，他又再次大改行，担当了民政部部长的重任，为恢复社会秩序、安定人民生活和保障社会主义建设事业，做出了新的贡献。程子华之女林爽爽退休前曾任昆明市的副市长，她坦言，“与父亲在战争年代、经济建设年代所面对的艰辛和挑战简直没法比，也因此，更加感到父亲那一代人精神的可贵”。

程子华，1905年出生在山西运城解州县，那里是“武圣人”关羽的故乡。林爽爽说：“父亲本姓苏，由于他的姨妈没有孩子，父亲很小便过继给了姨妈，从此改姓程，名世杰。父亲7岁读私塾，12岁进入模范国民小学，17岁考入国民师范。在那里，他接触了共产主义思想，参加革命活动，改名程子华。”

程子华从小就非常渴望学习，即便家境再贫寒，也没有放弃求学的希望。他从小就表现出很强的独立思考能力，幼年时期的偶像是戚继光。林爽爽说：“翻看父亲的回忆录，越发对父亲青少年时期接受的教育和思想有所感悟。”

程子华曾在回忆录中记载：“第一次世界大战之后，校长在教室里挂了岳飞、关羽、戚继光等八幅历史上军人的画像，要同学们各选一人定为学习榜样。不少同学选了关羽，但我选择了戚继光。老师和同学都问我，你为什么不选择关羽？关羽是武圣人，又是我的同乡。那时，家乡的人非常迷信关羽，解州县城里还修建了一座雄伟的关帝庙，不但我们县，就是附近的一些县都要祭祀他。旧历的四月初八，传说是关羽磨刀的日子，要是这一天不下雨，就要抬着关羽的像上街求雨，还传说关羽是中条山常平村人，那地方连军阀和土匪都不敢去抢东西，如果谁敢去那里冒犯关老爷，就要遭到吃枪子打败仗的报应。我当时的想法是，1915 年日本强迫袁世凯承认了《二十一条》，想灭亡中国，学关羽就只能是中国人打中国人。戚继光是打倭寇的，以他为榜样，将来投笔从戎，打日本、救国家。”

“高小毕业后，家里人还是劝我不要再上学了，学做买卖，几年就可以赚钱养家。可我还是想读书。要读书还得找个不花钱的学校，就决定到太原去投考国民师范。程家出不起路费，还是苏家的妈妈给了两块钱，我就带了这两块钱到太原，考入了国民师范，那是 1922 年秋天，我已经 17 岁了。

山西国民师范是阎锡山在 1919 年创办的，青年经过培训后可以当小学教员。阎锡山当时是山西省督军兼省长。他还创办了学兵团、斌业中学、斌业大学，为晋军培养士官、军官。他办育才馆，训练县政府承审、县长，还轮训村长。山西国民师范的教学体制受黄炎培办职业教育的影响，每天下午两小时正课后，有两小时劳作，校内设有做木工，制造肥皂、纽扣、粉笔，编织毛线、手套、围巾等的手工工厂。学生每学期轮选学习一种手工。学校是官费，每个学生每月发 3.6 元的伙食费。学生自己办伙食，每月略有节余，还可以分到一点零用钱。学习的讲义大部分是学校印发的，只有英文和代数用课本，学生付半费。国民师范学生大多数是穷人家子弟，太原曾流行一句话‘国民师范，拉洋车的一半’。学校有军事课，每周还有一次野外演习。我喜欢军事课，认为要反抗侵略就得学会打仗。”

“1924 年，阎锡山创办了进山中学，录取比一般学校学生水平高的学生，全官费。我牺牲了山西国民师范二年级学历，投考进山中学第二班，考生约 2000 人，录取 40 人，我考上了。入学后，我连每月的伙食费都出不起，要求官费，学校当局不批准，我就向国民师范体育教员要求回国民师范，因为我是校足球队的中心队员，体育教员高兴地欢迎我回校。那时正值太原高中等学校秋季足球比赛，国民师范同另一学校比赛上半场输了一个球，下半场要我上场，我踢进了一球扳成平局。回校后，我领导 41 班同学驱逐了班主任，鼓励了各班同学反班主任压迫的斗争。我成为闹抗税学潮的领头人之一。

成立学生会时，纪秀川被选为会长，我被选为副会长。我们两人一起闹学潮，彼此了解。有一次他问我：‘你爱国，爱什么样的国呢？封建军阀统治的、对外投降帝国主义、对内进行军阀混战和压迫老百姓的国，你也爱吗？’他还向我

宣传俄国的十月革命，介绍我看《共产主义 ABC》《社会进化史》等书，我慢慢地知道了共产主义思想，开始从单纯的爱国主义转变为信仰共产主义。”

林爽爽说：“父亲的一生可以说是中国近代史的一个缩影。他 1925 年参加革命，1926 年入党，受党委派于 1927 年初考入黄埔军校武汉第一分校，编进入伍生第二大队第八队，从此开始了戎马生涯。”

红军时代，程子华本在中央苏区任职。1934 年 6 月，中革军委副主席周恩来同志和程子华谈话，派程子华去更为艰苦的鄂豫皖根据地工作，经鄂豫皖省委决定程子华任红二十五军军长。红二十五军长征到达陕北后，与陕北红军合编为红十五军团，任军团政委。林爽爽说：“抗战时期，父亲的经历大致可以分成三段：从抗战爆发至 1938 年底在山西工作；1939 年 1 月到冀中工作，任冀中军区政委、后兼冀中区党委书记；1943 年 8 月直至抗战胜利任晋察冀中央分局副书记、兼军区副政委，后又代理分局书记、军区司令员和政委。”

抗日战争，国共合作。程子华是山西人，去山西第二战区工作，任第二战区民族革命战争战地总动员委员会人民武装部部长，这是一个公开的组织，国共两党均有人参加。他还有一个职务是不公开的：中共战动总会高级党团书记。等同于我党派驻战动总会的实际负责人。

战动总会的工作环境是异常复杂的，程子华做这一工作却游刃有余，不仅利用战动总会为我军及友军提供物资等后勤保障，还利用这块合法的牌子建立起一大批基层政权，如晋西北 32 个县的基层政权，就一直掌握在战动总会手里。不仅为一二〇师提供了一块自己的根据地，甚至还抓起来一支武装——山西工人武装自卫队。这支队伍里有不少是太原兵工厂的工人，后来发展成工卫旅，这是我党历史上少有的真正的工人武装。当时中央对程子华的工作是予以了充分肯定的。

1938 年 7 月 4 日，毛泽东和刘少奇曾致电程子华说：“动委会工作已获得很大成绩，望在各方面进行巩固。”并对他带病工作表示慰问，还说要补贴他 100 元钱看病。

“我父亲觉得中央经济上很困难，没有要这 100 元钱。”林爽爽说。

1939 年 9 月，日本华北派遣军司令提出“囚笼政策”，封锁困死八路军等抗日武装。就是以铁路为柱，公路为链，碉堡为锁，辅之以封锁沟，封锁墙，从而形成网状“囚笼”。“1939 年 12 月，父亲与冀中军区政治部主任孙志远专门发电报给八路军总部，虽然父亲一向是很沉得住气，但这次也少见地表现出焦虑：

‘绝不能让敌修成’,否则‘将造成坚持游击战争的极端困难局面’。接到这封电报,朱德、彭德怀、左权等八路军领导集思广益,决定联合各军区、各部队大干一场,彻底打破敌人的‘囚笼政策’,这就是1940年8月的‘百团大战’。”林爽爽说。

1943年8月,程子华被任命为晋察冀中央分局副书记兼晋察冀军区副政委,和刘澜涛一起配合聂荣臻工作。在聂荣臻赴延安参加中共七大期间,程子华出任晋察冀代理书记和代理政委,和军区司令员萧克一起主持晋察冀的工作,之后萧克也去了延安,程子华又代理军区司令员的职务。林爽爽说:“这两年间父亲不仅主持了晋察冀的政治和军事工作,还全面主持了晋察冀的经济工作,兼任第一任工商局长和经委主任,聂荣臻惊叹道‘没想到你程子华不光会打仗呀’! 这可能也是中华人民共和国成立后父亲一直在经济领域工作的原因。”

从1938年11月到1945年8月,程子华和他的战友们领导冀中军民,与日军、伪军、顽军在广袤的冀中平原上,浴血奋战了7年之久。1945年10月,程子华调任中共中央东北军委员、冀察热辽中央分局书记、军区司令员兼政委,1948年,程子华亲自指挥了著名的隆化战役。

隆化战役结束后,程子华转战南北,历经各个革命战争时期的严峻考验。中华人民共和国成立后,程子华于1950年2月赴家乡,任中共山西省委书记、省政府主席、省军区司令员兼政委。从此,他结束了长达22年的戎马生涯,步入建设中华人民共和国的激情燃烧岁月。

1978年,程子华任民政部部长、党组书记。这年程子华已经73岁高龄,他用了两个月的时间,就把民政部组建起来。1980年8月,程子华被增选为第五届全国政协副主席;1982年9月当选为中共十二届中央顾问委员会委员、常委;1983年6月当选第六届全国政协副主席。

1984年,中共中央书记处批准成立黄埔军校同学会,创办之初任务十分艰巨,程子华出任同学会常务副会长、顾问长达7年多,致力于祖国和平统一大业。

1991年2月19日,程子华接见台湾四海同心会执行会会长张琦,这是他最后一次参加两岸联谊活动。“在他与世长辞的两周前,还坐着轮椅出席了同学会理事扩大会议,并做了热情洋溢的讲话。3月30日傍晚在弥留之际,他仍然魂系台湾黄埔同学,梦萦访问团校友,‘台湾同学可能到广州了吧? 我不能陪同了……我见不到他们了……’当夜父亲飘然远行,令人心碎。享年86岁。”林爽

爽说。

“父亲一生对物质生活几乎没有追求,一辈子朴实、勤俭。我很少见到父亲为自己添置什么新衣裳。印象中,只有一次父亲和吕正操相伴逛北京百货大楼,两个人各自为自己买了一件很不适用的的确良背心,成了我们的话柄。除了工作,父亲唯一的业余爱好就是打台球,他和邓小平、段君毅、张廷发等打了十几年的台球,父亲打台球讲究精益求精,听说他很少输球,所以很少钻桌子。父亲年轻时是很好的足球运动员,他一生都对中国的足球发展给予了极大的关注,他毕生的希望就是能够看到中国足球队冲出亚洲。1982 年,在父亲担任中国足球协会名誉主席期间,那年中国队和香港队的那场比赛,是决定中国队能否冲出亚洲的关键。赛前,父亲特地把全足球队的队员请到家里来,在客厅里铺开战局商量对策,赛后总是认真总结经验,鼓励教练员和运动员们。那时宋任穷是中国排球协会的名誉主席,宋伯伯经常调侃父亲说:‘怎么我的排球队总赢,你的足球队老输。’而父亲总是报以笑容。”

“父亲和吕正操伯伯感情深厚,很看重战友情。当年战争时期给父亲牵马的马夫,父亲也留在了身边。父亲一生严于律己,从不愿意给别人和组织增添麻烦,就是他双手残疾,他也是能自己干的就决不麻烦其他人。他对我们要求很严格,常常笑眯眯地说:‘《红灯记》里说得好,穷人的孩子早当家。’”程子华非常重视子女的教育,要求孩子们学好数理化。在他的教导下,家里的几个孩子都是搞理工科的。

“我出生于 1946 年 9 月。1970 年大学毕业后,先在南京无线电厂工作,1973 年回到北京,进入航天部工作,后调入国家科委。1989 年,我被调入国务院研究室文卫局。1994 年,我来到昆明任副市长。从一名科研技术人员,逐渐成长为多方位的政府管理人员,走上从政之路。也是在这个过程中,我更加体会到父亲的不易。”林爽爽说:“在异常忙碌的时候,父亲认真、严格的做事风格常常在我的脑海里萦绕。即便工作再忙,我也给自己定了一个要求,所有的会议稿件必须亲自修改。我后来负责文教口,科技、文化、教育、卫生、体育,这些彼此没有联系的系统,怎么做到整体规划,是我的职能所在。我参照国外各种项目的实施方法,花小钱办大事,先科学调研,设计整体实施方案和步骤,再科学地进行阶段落实。在我的建议下,昆明的重点大学恢复了课题研究,比如滇池水源地怎么保护、固体废弃物怎么处理、村庄怎么来发展,都先有课题研究,再去科学开展,避免盲目拨款建设,浪费国家资源。”

“如今,我到了退休的年龄,很想更多地参与黄埔军校同学会的活动中,当我见到父亲的老战友、战友子女,同他们交谈,获悉有关父亲的更多信息后,我似乎离父亲更近了。在我看来,父亲的一生是平和与平衡的。从政以后,我才真正体会到人的一生要做到平和与平衡是多么的不易。父亲做到了。他给我们留下丰富的遗产,我希望不仅是我,更多的中华儿女能沿着父辈们的足迹前行!”

(节选自林爽爽《我的父亲程子华》)

# (四)郑位三的故事

郑位三,是鄂豫皖、鄂豫陕两个革命根据地创始人之一,他在领导鄂东北的革命斗争、随同红二十五军长征、创建和坚持陕南革命根据地斗争中的动人事迹,至今仍为后人传颂。

## 从进步学生到鄂豫皖苏区领导人

郑位三,原名郑植槐。1902 年 10 月 21 日出生在湖北省黄安(今红安),7 岁读私塾,16 岁考入湖北省甲种工业学校,因在考试中名列第三,故改名“位三”。在校期间,得到在武昌活动的共产党人萧楚女的指导,接受了马克思主义。1922 年夏天,郑位三回到黄安,利用教书的条件,积极开展革命活动。在党组织的指导下,他利用自己的文化知识,联合当地知识青年,建立了以学习为名的“学习马克思列宁主义小组”“青年夜校”“讲演会”等各种各样的宣传组织,以此作为传播马克思主义的阵地。1925 年底,他光荣地加入了中国共产党。从此,他走上了中国革命的历史舞台,开始了职业革命家的生涯。

1926 年 10 月,国民革命军胜利地攻占了武汉,革命之声响遍湖北各地。中共黄安县党团特别支部也由秘密转向公开,郑位三被推选为党团特支的委员。

1927 年 2 月,中国共产党黄安县委成立,郑位三当选为县委委员。2 月下旬,在中共黄安县委主持下,黄安县农民协会正式成立,他当选为县农民协会的委员和常务委员。这时,郑位三已成为黄安县革命运动的主要领导人之一。

按照党的指示,郑位三参与并领导了全县的文化教育革命、惩办豪绅地主的斗争和建立革命武装工作。此外,郑位三还和吴焕先等一起,领导全县农民掀起了打击土豪劣绅、不法地主、贪官污吏和各种封建宗法的思想和制度的农村大革命高潮。在他们的组织领导下,广大农民群众积极参加斗争,农民协会迅速建立起来。他们还利用办“红枪会”的办法,公开组织训练农民的革命武装。

1927 年 4 月、7 月,由于蒋介石、汪精卫集团先后叛变革命,大革命运动失败了。

同年 8 月,国民党反动派开始对黄安地区的共产党人进行疯狂的“清剿”和屠杀,郑位三是被通缉的共产党人之一。在白色恐怖下,他按照党的"八七会议"精神和中共湖北省委关于发动秋收起义的计划,组织和领导了黄安"九月暴动"。"九月暴动"举起了土地革命的旗帜,沉重地打击了土豪劣绅的反革命活动,大大鼓舞了农民革命的斗志,为大规模的农民起义创造了条件,揭开了黄麻起义的序幕。

1927 年 11 月 13 日,中共鄂东特委发动了著名的黄麻起义,成立了黄安县农民政府和中国工农革命军鄂东军。郑位三为起义做了许多准备工作,因病在武汉而未能参加起义。

1930 年 3 月,中共鄂豫皖特委成立,郭述申任书记。6 月,鄂豫皖特区苏维埃政府成立,至此鄂豫皖苏区正式形成。郑位三被调到特区苏维埃政府工作。从这时起直到 1932 年 10 月,红四方面军离开鄂豫皖苏区,郑位三先后担任了中共鄂豫皖特委委员、鄂豫皖省委常委,鄂豫皖特区苏维埃政府内务部部长、财政经济委员会主席和代理苏维埃政府人民委员会委员长等重要领导职务。他为鄂豫皖苏区的建设做出了重大贡献,是鄂豫皖苏区的主要创始人之一。

## 孤军纵横鄂东北的战斗岁月

1932 年 6 月,蒋介石指挥 30 万军队向鄂豫皖革命根据地发动了第四次反革命"围剿"。在此危难之时,郑位三接任了中共鄂东北道委书记兼游击总司令职务,从此挑起了领导鄂东北革命斗争的重担。

1933 年,是鄂豫皖苏区斗争最残酷的时期。在敌人的疯狂"清剿"下,许多地方变成了无人区。郑位三一家也遭受到很大不幸:他曾担任过乡苏维埃主席的父亲郑维翰,因长期在深山老林中活动,长了一身毒疮,病死在山中;母亲为饥饿所迫,吃野菜中毒而死;他的前妻曹梦云在"跑反"中活活冻死在山洞里,撇下七八岁的女儿郑奇英,只得由二弟郑植惠(游击队队员)背着打游击。他忍受着极大的痛苦和悲愤,领导部队在天台山、老君山、仰天窝地区的深山老林中坚持斗争。在那艰苦的日子里,他染了一身疥疮,经常感染化脓,痛痒难熬,仍每天和游击队队员们一起钻山林,过着风餐露宿的生活。他和游击队员们一样,穿着破烂单衣,日当衫,夜当被。粮食奇缺,野菜、树叶找不到,战士们只好剥树皮、挖葛藤根充饥。他经常给大家讲大革命时期农民暴动和创建苏区初期的斗争故事,鼓舞大家,即使剩下几个人也要战斗下去。在他的影响下,部队和群众的斗争情绪始终是高昂的。郑位三在鄂豫皖苏区斗争中所起的重要作用和建

立的不朽功绩，鄂豫皖人民永远不会忘记。

郑位三领导的游击总司令部及罗山地方武装（也称西路军），当时主要活动在黄安、光山、罗山交界处的天台山、老君山、仰天窝一带，同时与活动在其他县区的独立团、游击队保持联系，共同配合主力红军打击敌人。他发现一些区乡干部三五人一队，携带短枪、匕首，袭扰敌人，串联群众，有效地保存了自己，便及时总结经验，提出了建立便衣队的正确主张。为了使便衣队更快地在各地发展起来，他在罗山县卡房（现属新县）多次举办训练班，亲自讲课，轮训骨干。他规定了“游击战争、昼伏夜动、两面政策、统一战线”的活动方针，使便衣队既是一支游击小分队，又是一级“没有挂牌子的苏维埃政府”，成为党政军三位一体的武装工作队。便衣队的活动，加强了党和群众的联系，也配合了主力红军行动。当时，中共鄂豫皖省委对这一斗争形式曾给予高度评价。

## 随同红二十五军长征

1934 年 9 月，党中央派程子华到鄂豫皖苏区工作。程子华在罗山县殷家湾向郑位三传达了中革军委副主席周恩来的指示，要求红二十五军主力作战略转移，去创建新的根据地。鄂豫皖省委在光山县花山寨，做出了红二十五军实行战略转移的决定，整编了部队，随军长征。

长征路上，他很少骑马，经常拄着一根木棍，跟连队一起行军。部队每到一地，他就跟战士挤在一起，亲亲热热地拉家常。有时还给战士讲上几段故事，既风趣，又幽默。所以，基层干部战士都愿意和他接近。他给部队上政治课，联系实际，深入浅出。

郑位三生活俭朴，作风扎实，平易近人。他时常穿着一身破旧衣服，群众说他像个农民，也有人说他像伙夫头儿。但在红二十五军中，大家都亲切地称他“位老”，其实他那时只有 33 岁，却在军中享有很高的威信。他最大的特点就是善于做群众宣传工作。部队每驻一地，他就找来当地老百姓，有乡绅、教书先生、小商小贩等，和他们亲切交谈，了解情况。他懂点医道，常用看病来接近群众。遇到常见病患者，他及时给诊脉，有的还给开出单方。群众都把他称为“先生”。因军情紧急，没有充足时间开展宣传工作，他就在部队到达乡镇之前，亲自拟定几条标语口号，让宣传员们进行刷写、张贴，借以稳定民心。

1934 年 12 月 10 日，红二十五军进入陕南商洛地区，中共鄂豫陕省委决定在鄂豫陕边创建新苏区。为让新区人民了解红军，部队一进入陕南，郑位三就起草了《什么是红军》的张贴传单。仅以400来字，就把红军的宗旨、性质、任务以及有关政策讲得十分明确。红二十五军攻占镇安县城后，他又起草了《中国工农红军第二十五军为占领镇安县告群众书》。他还根据省委有关新苏区的经济政策，起草了《关于商业政策》的布告。为争取瓦解国民党士兵，他起草了《告国民党士兵书》。为做好新苏区优待红军家属工作，他制定了"红军家属优待证"，并亲笔给部分战士签发。郑位三起草和制定的这些有着历史意义的文献，在红二十五军开创鄂豫陕苏区的过程中，曾产生过深远的影响。

## 坚持陕南游击战争

由于郑位三对开展地方工作、建立苏维埃政权、坚持游击战争，都有着丰富的经验。中共鄂豫陕省委先后派他到豫陕特委和鄂陕特委任书记，领导当地的斗争。1935年7月，红二十五军为配合中央红军的北上，决定西征甘肃、北上陕北。当时，担任鄂陕特委书记的郑位三被留在陕南地区，继续坚持鄂豫陕根据地的游击战争。红军主力北上后，敌人仍集中20多个团的兵力，对鄂豫陕革命根据地实行"划区清剿"，妄图消灭留在鄂豫陕根据地的游击武装。在此危难时刻，郑位三召开联席会议，将鄂陕、豫陕两个特委合并成鄂豫陕特委，将留下的红军和游击武装编成红七十四师，由他任特委书记，陈先瑞任师长。由于统一了领导，集中了兵力，使鄂豫陕边的游击战争有了可靠保证。随后，郑位三冷静地分析形势，准确地判断敌情，决定避敌锋芒，扬我之长，采取"兜大圈子"的游击战法，从敌人的包围中奔来突去，忽东忽西，神出鬼没，先后打破敌人三次"围攻"。

1936年秋，敌人又一次调集重兵进行"围剿"。特委根据山区地形条件和我军善于游击的长处，决定将部队"化整为零"，深入敌后活动。郑位三当时领导一团，出商洛，奔袭两岔河，回兵大龙庙，横扫反动民团，捕捉了由西安赴商州上任的国民党督察专员汤有光。不久，他又根据敌情变化，提出集中兵力打击敌人。部队集中后，在商南县富水关痛击了公秉藩别动队一个大队，接着挥师北上在华山脚下转了三个大圈，继而进入蓝田境内，对西安之敌震动很大。

因为没有电台联络，红七十四师完全和上级党组织失去联系，对当时的斗争形势很不了解。在这种情况下，郑位三想了许多办法。他走一路问一路，及时了解敌情动态，熟悉地形道路。他还从各种报纸和截获的敌伪信件中判断敌情，决定部队行动。红七十四师打下宁陕县城后，他根据周围的敌情分布和路

程远近，决定部队就地休整8天，开展群众工作。当部队撤离后，敌人果然在第9天进入宁陕县城。

郑位三在领导陕南的游击战争中，还依据斗争的需要和形势的变化，灵活地制定和实行了一些具体政策。例如，对在宁陕、柞水一带活动的宋登贤“神团”组织，他主动派人去做工作，从武器、经费上给以资助，最后把这支农民武装编为红七十四师补充团。对当时率部起义的何振亚、沈启贤同志，他亲自写信联系，同何部派来的人亲切交谈，使这支部队加入了红军的队伍。对商南县大地主石老八，不捕不杀，不没收其财产，利用其为我军采购药品、布匹等物资。柞水县的一名伪区长，经过位三同志几次教育后，明着为敌人办事，暗地给我们送情报、筹粮款、掩护伤员。我军曾多次截获过邮差，位三同志每次都只准扣留有关敌伪方面的信件、报纸，然后给邮差开个“收条”，盖上公章，以宣传我军政策，保护邮递人质。这些具体政策的贯彻执行，有效地分化了敌人，争取和团结了中间势力，使游击战争得以胜利开展。

郑位三领导鄂豫陕特委和红七十四师，独立坚持了近两年的游击战争，使红七十四师由原来的600余人，发展到2100余人。西安事变爆发后，这支活跃在鄂豫陕根据地的红军队伍，在周恩来同志的关怀下，回到了党中央的怀抱，后来改编为留守兵团警卫四团，肩负起保卫陕甘宁边区、保卫党中央的光荣任务。贺龙曾说过：“红七十四师能在陕南坚持近两年的游击战争，位三同志的正确领导起了重要作用。”

## 活跃在抗日战场

1937年夏天，郑位三受党中央和毛泽东的委派，返回鄂豫皖边区，发动和领导人民进行抗战。他到鄂豫皖边区的一项重要任务就是将红二十八军改编为新四军第四支队。当时，红二十八军在大别山区坚持了三年艰苦卓绝的游击战争，不了解全国的抗战形势，对国共合作更缺乏认识，因此，干部战士对改编一时想不通。郑位三反复宣讲党的政策，深入浅出地摆道理，耐心细致地谈心，终于使红二十八军走上了抗日第一线。从1937年10月到1938年6月，为了提高红军游击队和人民群众对抗日民族统一战线的认识，培养领导抗日游击战争的骨干力量，郑位三根据党中央的指示精神，先后举办了游击队干部、青年、党员训练班，共培训出600多名学员。他同方毅、张劲夫、肖望东等同志一起，领导开展敌后游击战争，发动和武装群众，使大别山区的抗日游击战争有了很大发展。他自己也走遍鄂东各县,先后领导建立了独立第五、第六两个游击大队。

1938 年 12 月,中共鄂豫皖区党委成立,时任湖北省委常委兼鄂东特委书记的郑位三调任鄂豫皖区党委书记,但他仍派人到鄂东领导组建了独立第七、第八两个游击大队。到 1939 年夏,4 个游击大队已有 1800 余人、1400 余支枪。为广泛开展敌后游击战争,打击日寇进攻和建立抗日民主根据地创造了条件。

1939 年 11 月,党中央成立了以刘少奇为首的新四军江北部队 5 人指挥小组,郑位三是小组成员之一,并兼新四军第四支队政委。他一面协助刘少奇领导新四军的抗日斗争,一面与支队司令员徐海东指挥部队开展反“扫荡”,不断打击敌人,很快在津浦路东、西建立了抗日根据地。

1941 年初,国民党制造“皖南事变”后,郑位三任新四军第二师政委兼淮南区党委书记,他与师长张云逸领导第二师先后粉碎日寇两次“扫荡”,巩固了淮南抗日根据地。

1943 年 11 月,郑位三作为华中局的代表,参加鄂豫边区抗日民主根据地和新四军第五师的领导工作。他和师长李先念等同志一起,领导鄂豫边区军民开展敌后抗战,减租减息,发展生产和文化教育。根据党中央指示,实事求是地进行整风,密切了党同人民群众的联系,进一步巩固和扩大了边区抗日民主根据地。1945 年 6 月,在中共七大上,郑位三当选为中央委员会委员。

## 领导中原突围留下惊世绝响

1945 年 8 月,抗日战争刚刚落幕,国民党反动派在美国支持下,先后调集 30 万大军包围地处中原的鄂豫边区。面对反动派的进攻,郑位三和李先念一面领导部队和边区群众积极进行反内战的准备,一面建议党中央集中黄河以南部队打击敌人的进攻。10 月 24 日,按照党中央的指示,第五师野战纵队、八路军三五九旅南下支队、嵩岳军区部队在桐柏山区胜利会师。10 月 30 日,成立了中共中央中原局和中原军区,郑位三任中原局代理书记兼中原军区政委。

在郑位三为首的中原局领导下,中原军区部队针对国民党“假和平,真内战”的反革命两手,采取了“坚决自卫原则”和“进行合法斗争”的革命两手,进行了针锋相对的斗争。在军事上,实行坚决自卫反击,抗击了国民党军的多次进攻;在政治上,及时揭露其各种阴谋;在经济上,发动军民,开展生产自救,粉碎其经济封锁。直到实施突围时,死死拖住国民党 30 万大军,紧紧扼守中原战略要地,为我军实施争取东北、巩固华北和华东的战略展开,做好迎击国民党军

队向我军发动全面进攻的各项准备工作，赢得了时间。

1946 年 6 月中旬，国民党反动派不顾各种协议和我党的一再声明，准备向中原我军发起大规模的围攻，中央同意中原局突围的决定。突围前，党中央考虑到郑位三身体不好，要他离开部队去延安。但他不顾个人安危，坚持随部队行动。他和李先念对部队的突围进行周密的准备和部署，共同率领北路军以秘密、突然和迅速的行动，抢在国民党军发动总攻之前，跳出其内层包围圈，冲破多道防线后，胜利到达陕南。同时，其他各路突围部队也打破了国民党军的防线，冲出包围。中原突围，拉开了解放战争的序幕。对此，中央军委和毛泽东、刘少奇、朱德、周恩来、任弼时、彭德怀等中央领导同志，都曾对郑位三、李先念同志表示过慰问，祝贺他们在领导中原突围中所取得的重大胜利。中原突围的胜利，具有伟大的历史意义。

1949 年 10 月 1 日，郑位三毕生为之奋斗的中华人民共和国诞生了，为革命落得满身病痛的郑位三却无力承担具体工作，但他在病中仍坚持学习马列主义、毛泽东思想，注重调查研究，写了许多有见地的文章和建议，曾被选为中共八届中央委员和全国政协第二、第三、第四届常务委员。

1975 年 7 月 27 日，郑位三在北京因病逝世。逝世后，曾在鄂豫皖共同战斗过的李先念、徐向前等曾亲往医院向郑位三的遗体告别。邓小平为他主持了追悼会，李先念致悼词，悼词中说："郑位三同志是我们党的一位革命老战士。他在毛主席、党中央的领导下，在长期革命斗争中，同敌人进行了不屈不挠的斗争。几十年来，积极工作，艰苦奋斗，为中国人民的解放事业和共产主义事业贡献了自己的一生。"

## （五）钱信忠的故事

1932 年 8 月，蒋介石对鄂豫皖根据地发起第四次大规模“围剿”，蒋军的主力西路军卫立煌纵队，以第十师李默庵部打头阵，和红十二师陈赓部打了一大仗，双方各自损失不小。李默庵由于部队损失太大，被迫下令放弃部分阵地，向师部靠拢。

等蒋军退出阵地，红三十六团的战士们爬进被遗弃的阵地，开始打扫战场。突然，一个人突然从稻田里窜出。红军战士见他穿着一身整齐的黄斜纹布军装，脚上踏着皮鞋，身上还挎着一把小手枪，身材特别壮实，这明显就是个军官嘛！

于是，战士们你一拳我一脚，把他打倒在地，准备拿出绳子捆了。

这时，那位军官忽然高呼：“你们不要捆我，我是医官，我没有往回逃跑，是有意留下来参加红军的。”眼见没人相信，军官继续说：“请你们把我送到你们上级司令部去，我是自动留下来的，要跑我早跑了！”大家想想也对，便把他放开了。

大家问起他为啥要参加红军？原来，这位名叫钱信忠的军官曾参加过上海工人第三次起义，蒋氏背叛革命后，他与组织失去了联系，只好在上海宝隆医院上班，这期间也秘密帮助过来看病的陈赓和程子华等红军将领。后来蒋军第十师师长李默庵请他出任师卫生队队长，钱信忠便欣然允诺，因为这样就有机会投奔红军了。

由于红军很缺乏医生，钱信忠马上被送到后方野战医院工作。钱信忠被分配到孝陂北医院，这里共有 400 多名病号，但其中只有 120 多名是在反“围剿”战斗中受伤的伤员，另外 280 名都是因为脚板溃烂而失去行动能力的。在第四次反“围剿”之前的麻城战役中，蒋军故意在道路上下了毒，打赤脚的红军战士一踩上去，很快都会双脚溃烂，严重的都能看见骨头。

孝陂北医院的医疗条件较差，既缺乏设备又缺乏药品，医护人员的专业水平也较低，很多患烂脚病的伤员，因为伤口长时间得不到有效护理都长了蛆。钱信忠一面组织看护工们晚上集训，提高她们的护理技术，一面用碱水煮过的土棉花蘸上盐水给战士擦拭伤口。在他的努力下，大批得了烂脚病的红军战士

只用了两个月，就恢复了活力，其中就包括时任鄂东北特务大队战士的刘震上将。

钱信忠参加红军没几个月，形势变得更为严峻。红四方面军主力因为第四次反“围剿”失利，被迫越过平汉铁路向西转移。大部分后方医院的工作人员也都跟着红四方面军总部撤离，伤员们却没法带走，钱信忠则被调到新成立的红二十五军总医院，负责这些伤员的治疗和看护工作。名义上是总医院，其实包括钱信忠在内总共只有 4 个医生。钱信忠因为医疗技术好，负责重伤组的看护。

由于敌我悬殊的兵力对比，红二十五军在鄂豫皖事实上已经没有了稳固的后方。所谓的几块根据地，都是深山老林里一些被蒋军屠杀过后的无人区。红军把伤员疏散在这里，分成许多小组，通常由一个看护员照看。这也是非常无奈的办法，因为部队作战频繁，不方便携带重伤员，钱信忠这时已经是总医院院长，平时也大都跟着部队活动，主要给火线上下来的重伤员动手术。

1934 年 11 月，红二十五军踏上长征征途，并在庾家河与追击而来的蒋军第六十师打了一仗。第六十师是蒋氏收编的粤军第十九路军的主力部队，战斗力非常强，红二十五军好不容易打退了敌人，但自身伤亡也不小。团以上干部除了吴焕先和张绍东外全部负伤，副军长徐海东头部负重伤，一直发烧昏迷不醒。钱信忠派担架队抬着他一直走，在钱忠信的努力护理下，两个月后徐海东的伤口便基本愈合。

从此，徐海东十分信任钱信忠，每次上阵地观察地形时都要带上他。钱信忠便能根据作战要求，合理地设置靠近战场的医疗救护点，在战斗中负伤的红军战士也都能得到及时的医治。在行军的时候，钱信忠和医院的看护员都随部队后卫连行动，负责收容掉队的病号，这大大降低了红二十五军长征途中的减员率。

红二十五军长征抵达陕北后，钱信忠和其他医疗工作人员都非常高兴，因为终于有了一块稳固的根据地可以安置轻重伤员了。而陕北红二十六军、二十七军的医疗条件较差，红二十五军便主动支援一批医疗干部、设备和医药给他们。在之后的劳山、榆林桥战役中，钱信忠还动员了俘虏兵中的李维桢、董汉文 2 名医疗兵参加了红军，中华人民共和国成立后，他们分别在东北药学院和天津中医学院工作。

红一方面军抵达陕北后，配合红二十五军和陕北红军在直罗镇歼灭了东北军第一〇九师，钱信忠的前线医疗点及时收治了 100 多名轻重伤员。面临蒋军飞机的轰炸，伤员们不但无一伤亡，还都能及时吃上饭喝上水。钱信忠在前线医疗点科学合理的救治措施，得到了前来检查工作的周副主席、彭老总的赞扬和肯定。

# （六）高敬亭的故事

高敬亭，原名高志员，1907 年 8 月出生于新县新集镇董店村一个贫苦农民家庭，10 岁丧母。因家庭贫困，只读过六年私塾就辍学在家帮父亲种田。在大革命时期，湖北省黄安县（今红安县）的共产党员方进贤、梅光荣等人以走亲访友为名在鄂豫边区开展革命活动，高敬亭受到了革命的启蒙教育，随之开始了革命活动。1927 年 11 月发生了著名的黄麻起义，高敬亭参加了工农革命军，1929 年加入中国共产党。

1934 年 11 月 16 日，红二十五军从大别山区罗山县铁铺镇何家冲村出发长征后，根据鄂豫皖省委的意见，留下部分武装力量，由高敬亭领导坚持敌后斗争。这支小分队沐浴战斗风雨，不仅在鄂豫皖苏区站稳了脚跟，而且如星星之火呈燎原之势，不断发展壮大成为一支浩大的武装力量，让大别山区根据地的革命烽火始终在这里熊熊燃烧，有了“红旗不倒、坚不可摧”的红色堡垒之赞誉，成为建设中华人民共和国政权的一块基石，最后成为组建红二十八军的“班底”。特别是三年游击战争中，这支队伍在与党中央完全失去联系的情况下，高敬亭实际上已成为鄂豫皖根据地党、政、军的最高首脑。可贵的是，他能够驾驭全局，独立自主地开展工作，始终把队伍牢牢掌握在手中，率领全体指战员栉风沐雨，历经坎坷，百折不挠，勇往直前，可谓功勋卓著，贡献特殊。

## 肩负重任独撑一面　扩大队伍消灭顽敌

1935 年 1 月底，这时离红二十五军转移已有两个多月了。根据中共鄂豫皖省委指示，第二次组编的罗山独立团团长方永乐、政委徐诚基负责寻找时任鄂豫皖苏维埃政府主席、鄂豫皖省委常委兼皖西北道委书记的高敬亭。方团长、徐政委深知这支部队来之不易，主要队员有的是通过宣传自愿报名参军的，有的是从基层民兵中挑选的，有的是不堪忍受地主剥削要求参军的。罗山先后就有 6000 多人参军，在山店洪河扩军会上，当场有 980 多名青年参军。经过悉心寻访，十几天后，独立团在皖西与高敬亭取得联系。2 月 3 日，高敬亭在安徽省太湖县凉亭坳主持召开了会议，宣布了省委有关指示精神，决定将罗山独立团和红二一八团进行合编，重新组建红二十八军。高敬亭任政治委员（军长暂时缺位)，统一领导鄂豫皖边区党、政、军的全面工作。红二十八军下辖八十二师，罗成云任师长，方永乐任政委，熊大海任政治部主任。八十二师下辖二四四团和特务营，并成立了军直属手枪团，团长余雄，下辖三个分队，重建的红二十八军约 2000 人。

罗山县地处鄂豫边陲，南卧大别山腹地，北瞰黄淮平原，境内深山、丘陵交错，除军事地位极其重要外，这里有着光荣的革命斗争传统，对中国革命事业有重大贡献。元、明、清年间，农民不堪忍受封建官僚地主阶级的剥削压迫，多次树旗造反。20 世纪 20 年代，罗山就成立了党的组织，先后组织领导了九里关、陈望楼、桂店、罗南、殷湾等 20 多次农民起义，起义部队先后 6 次编入中国工农红军主力部队。加上群众基础好，对红军相依相亲，相信红军能干事、干成事，是值得信赖的军队，只要党有号召，群众能一呼百应。特别是土地革命时期，包括罗山在内的鄂豫皖革命根据地仅次于中央革命根据地，在全国属第二大革命根据地，许多老一辈无产阶级革命家曾在此生活战斗过。所以，高敬亭决定将军部设在罗南大鸡笼山中的门坎岭。

红二十五军北上后，蒋介石计划把鄂豫皖根据地的红军“清剿”干净，出台了三个月肃清大别山根据地红军的计划。为加强布防，国民党最高统帅部命一一五师进驻铁铺、一一二师进驻杨店、四十四师一三二旅进驻彭新店，又调东北军两个师加一个团布防罗山县城至宣化店沿线，蒋介石任总司令，张学良任副司令，将鄂豫皖边区划为 6 个“驻剿区”和 1 个护路区，还抽调 11 个战斗团组成 4 个追击队，不分昼夜地寻找红军主力决战，把罗山围成了铁桶一般。高敬亭根据鄂豫皖边区新的斗争形势，遂决定避敌锋芒，利用辽阔的大别山区与敌周旋，寻找新的立足点，创建新的游击根据地。2 月 4 日，他率部连破敌人堵截后，向皖西霍山方向转移，于 20 日转移至潜山县汤池东侧的桃岭，遇敌第九十五旅一九〇团尾追而至。红二十八军用“一快、二猛、速战速决”的战术，在汤池畈歼灭敌 2 个营、击溃 1 个营。敌三个月内消灭大别山区红军的计划落空了。

## 追寻红二十五军　遇困难重新返回大别山

桃岭战斗的胜利，不仅狠狠打击了敌人，也让蒋介石的计划泡汤了。国民党最高层已觉察到鄂豫皖边区已形成了一支新的主力部队。4 月下旬，蒋介石重新布置了所谓划区“围剿”和机动的“追剿”“堵剿”相结合的战略，限令“清剿”部队在两个月内要消灭红二十八军。针对敌人新的“清剿”计划，高敬亭于

5月1日在霍山黄尾河召开会议，决定留二四六团在皖西坚持斗争，自己率红二十八军离开皖西，越过平汉铁路，西进桐柏山，伺机北上陕南追上红二十五军，相互策应歼敌。5月8日部队出发，18日穿过敌人在光山、新集至麻城的封锁线，下午陆续到达罗山县杨店地区。

驻扎在彭新店的东北军一一二师获悉后，立即在杨店的查家坳设防，展开堵截。5时许，红二十八军手枪团为牵制敌人先头部队，掩护主力部队向大乘山转移，火速抢占了5个馒头山包，并利用地形采取迂回包围的战术，分三路向敌人发起猛烈进攻。经过半小时激战，重创敌人1个营，全歼2个连，缴获双环马步枪195支、轻机枪6挺、子弹万余发。待敌增援部队赶到时，手枪团已乘暮霭悄悄撤进大鸡笼深山丛中。

5月19日，高敬亭在长岭岗的一个山坳里召开了一个专门会议。参加会议的有红二十八军营以上干部、鄂东北道委负责人、罗山新独立团负责人等。会议传达了黄尾河会议精神，并决定将第二次组建的罗山独立团编入红二十八军二四四团，道委特务一、二营编入红二十八军手枪团，任命原独立团团长梁从学为二四四团团长，张生先为政委。会议之后，红二十八军继续西进，越过平汉铁路，直插桐柏山区。谁知，5月底，当部队进至泌阳县东南五道岭地区时，在那里遭到国民党东北军的重兵堵截。看样子，无法实现去陕南与红二十五军会合的计划。于是，高敬亭在五道岭的一个庙内召开现场会议，研究部队的去向问题。经过热烈讨论，大家一致认为，省委给红二十八军的基本任务是坚持鄂豫皖敌后斗争，保卫革命根据地，只要红二十八军坚守在大别山区，不仅对国民党南京政府构成相当大的威胁，拖住蒋介石10多万部队，而且还会大大减轻中央主力红军和红二十五军的压力。高政委经过反复权衡，遂决定重返大别山区，继续坚持鄂豫皖边区的游击斗争。在返回途中，当部队行至桐柏县桃花山时，与敌独立五旅六一四团一营遭遇。于是，高敬亭命令部队就地设伏，将敌全歼。6月9日，红二十八军从广水以北、武胜关以南地段突破敌军层层封锁，终于跨越了平汉铁路，回到了罗山县铁铺地区，在青蓬再次召开会议。会上，高敬亭向中共鄂东北道委传达了桐柏山五道岭会议关于“红二十八军重返大别山坚持鄂豫皖根据地游击战争”的决定，部署了鄂东北道委的工作，并留下原罗山独立团的部分干部以加强鄂东北地区的斗争力量，然后率部继续东进皖西。6月13日，红军途经光山县郊陌店时，在王园围歼敌东北军一〇九师六二七团大部。于6月下旬进抵安徽太湖县店前河，与中共皖西特委及红二四六团会合。红二十八军往返平汉铁路的战略行动，不仅牵制了大量的敌人，而且打乱了敌人的“清剿”部署。全军在战斗中受到锻炼，积累了经验，提高了战斗力，为持久地坚持鄂豫游击战争创造了条件。

## 大义凛然与敌和谈　迟滞内战赢得时间

“西安事变”后，蒋介石虽然被迫在华北停止了“剿共”，但对大别山革命根据地以高敬亭为首的红二十八军及游击队、便衣队从没停止秘密“清剿”，就连“七七事变”后也没有放下屠刀。蒋介石命令卫立煌统一指挥对鄂豫皖“共匪”的征剿，并成立了“鄂豫皖剿共督办公署”。但卫立煌尚有爱国良心，倾向抗日，他认为日本军国主义者远不会占据东三省就满足了，其野心在于吞并中国、独霸亚洲、称雄世界，这是中国近代以来遭受的一次规模最大的帝国主义侵略战争。作为中国军队的高级将领，他不能前去抗日，却陷入内战之中，思想上非常矛盾。但迫于蒋介石“攘外必先安内”的政策压力，他又不敢公开反抗。

一天，皖鄂边特委书记、红八十二师师长兼政委何耀榜从敌人的报纸上看到“西安事变”的消息，就将这一信息告诉了高敬亭。为了解中央精神，高政委派人化装成樵夫前往西安七贤庄八路军办事处，带回了林伯渠处长和总政治部主任王稼祥的重要指示和几份中央文件。高敬亭从文件中了解到中央在陕北召开了洛川会议，制定了动员全民族一切力量坚持抗日的方针，倡导国共两党合作，筑成民族统一战线的坚固长城，把日本侵略者驱逐出中国，遂决定向“鄂豫皖剿共督办公署”发起和谈倡议。

这天，卫立煌接到红二十八军首长高敬亭要求和谈的信息，心里盘算起来。他作为鄂豫皖剿共督办长官，很想有突出表现，增加自己在蒋委员长心中的筹码。可在大别山区打了多年，从来没见过红二十八军主要负责人的影子。现在，高敬亭、何耀榜就要现形了，这真是一个千载难逢的机会。于是，他暗暗命令属下见机行事，力求一网打尽。

和谈地点选在安徽省岳西县蓝田村（今属金寨县）。蓝田村坐落在兀峰上，是个仅有几户人家的小村落，它的附近驻扎着国民党三十二师。敌方出席代表是师参谋赵先生，我方代表是何耀榜。在这之前，敌人已派一个加强营埋伏在谈判四周，赵参谋命令属下：“如果诱降高敬亭、何耀榜不成，我以摔杯为号，能擒住二位匪首更好，万一活捉不成就将他们干掉！”为防不测，高、何也将附近各县的游击队、便衣队集中在蓝田外围潜伏，一旦敌人行动，对敌人采取反包围。

何耀榜以警卫队“吴队长”的身份进入和谈会场。赵参谋一见来了个警卫队队长，不免有些失望，劈头就问：“吴队长，看样子你们的高政委和何师长也不是猛张飞式的人物呀！”“吴队长”深谙敌人的阴谋，爽快回应：“我们高政委不在岳西，我是何师长的全权代表。”赵参谋咂了一口茶，睥睨着“吴队长”：“那好，吴队长，我明明白白地告诉你，你们的官到我们这里还当官，你们的兵到我们这里都当排长。你们的武器我们有明码标价：交 1 挺重机枪 500 大洋，盒子枪 100 大洋，长枪 80 大洋。”“吴队长”一听就上火：“赵先生，我想问，你是奉谁的命令来谈判的？”赵参谋大包大揽：“我代表岳西办事处，也代表卫长官……”“吴队长”霍地站起来：“我想提醒赵先生，我们与你们团结抗日不是投降，不知你们是真和谈还是假和谈。国难当头，我们共产党为了挽救中华民族，提出国共合作，团结抗日，态度是真诚的、严肃的，不像你们这么儿戏！”“吴队长”搡了一下桌上的茶杯，环视四周：“我也想明白告诉你，我们的高政委和何师长就在不远，我们的人枪也都在这附近几条山沟里。不知你们用意如何！”初谈陷入僵局，另约改日续谈。

十多天后，当鄂豫皖地区国共双方重新相对而坐时，赵参谋的态度明显转好。原来，卫立煌接到报告后，立即与蒋介石进行协商，正中蒋介石下怀。虽说红军方面只来了个警卫队队长，但他能代表高敬亭。卫立煌要求属下先稳住红军，不得与之发生武装冲突。如果高敬亭出面，国方将派少将高参刘刚夫和政训处处长丘国珍入谈，故赵参谋改变了态度。其实，当时的蒋介石一则处于日寇、红军的双重压力下，已是血本大亏。二则他想借和谈之机，重新部署战略，力挽败局。

这真是“冰凌底下涌暗流”。蒋介石的肚肠已是“司马昭之心——路人皆知”，被赵参谋猜个正着。这次，他也打着和谈的幌子，伺机调动部队将谈判地点围得水泄不通。几天内，连续发生了 5 起磕磕碰碰的流血事件。“吴队长”分析，卫立煌派的谈判代表迟迟不来，当地敌军又多次组织围攻，说明敌方对谈判没有多大诚意。但他从国家民族生存计议，愿意真诚和谈，联手抗日，也没有把这些伎俩放在心里。

近几天，卫立煌一直在密切注视着各方面的动向。种种迹象表明，日军将很快向北平、天津发动进攻，并加紧向上海方面增兵。大敌当前，他忧心如焚，迫切希望能尽快化内战为抗日。可蒋介石却电令“以先剿灭大别山匪患为上策，以在迫不得已的情况下和谈为下策”。然而，对蓝田的几次进攻都失败了，岳西、蕲春等地却出现了大量谴责国军拖延和谈、围攻共军的传单和标语，香港《申报》等多家报纸先后刊登消息赞扬高敬亭的和谈之举，宋庆龄、行政院院长孙科也对此发表了谈话，表示欢迎高部倡议，希望卫长官能真诚响应。罗山李玉膏等组织教师和学生成立抗日救亡宣传队巡回演出，宣传党的抗日主张。是和是打？卫立煌真是骑虎难下。

一个月后，卫立煌所派的正式代表刘刚夫和协谈代表丘国珍来到岳西县城。县长方少石带着商绅、社会名流及群众举行了热烈的欢迎仪式。何耀榜闻讯后，立即代表红二十八军赶往岳西县城谈判。启程前何耀榜与高敬亭商量，敌三十二师必须解除对蓝田的围困，这是谈判的先决条件。

丘国珍系国民党军统的老牌特务，原本是蒋介石用来监视卫立煌的。他一贯坚持反共立场，这次卫立煌之所以派他做协谈代表，一则防止和谈后他在蒋介石面前做自己的文章；二则想借这次和谈的机会消灭红二十八军头目。下午，代表们各自摘下佩枪交给警卫，走进谈判室。丘国珍也将佩枪交出，手握文明棍昂然走了进去。谈判正式开始，双方展开了激烈的争论。何耀榜首先提出，在正式谈判之前，对方三十二师及保安团必须退兵 10 公里，这无疑使对方的阴谋难以得逞。因此，丘国珍暂时不肯答应。但见我方态度坚决，他随即耍了个滑头："何先生，我们三十二师和保安团不是已按贵军的要求，正在后撤 10 公里吗？"

何耀榜不卑不亢，义正词严："丘先生，你说的是岳西，我指的是整个鄂豫皖边区。时下，国共两党已实现联合，你们仍在对红军进行"清剿"。我是代表鄂豫皖边区全体红军将士来谈判的，你们若连这个最起码的条件都不能答应的话，谈判还有什么实际意义呢？"何耀榜利用谈判场合揭露了国民党假和谈真内战的阴谋，表现出了共产党人大智大勇和以民族利益为重的宽广胸怀。

这是一个非常敏感的话题，丘国珍想起临行前卫长官的私下"部署"，竭力讨价还价，他坚持红军由南京国民政府军事委员会授予番号，并将红军调往别处统一编配。而何耀榜观点明确，则坚持把红军的集结地定在七里坪一带而使谈判再次陷入低迷。这时，一阵清脆的电话铃声打破僵局。原来是卫立煌打来的，表示同意首先停战，并退兵 10 公里以示和谈诚意。

这让双方代表颇感意外。卫立煌亲自打电话给谈判现场，目的很明确，说明他本人对和谈的态度有了重大让步。如果不是卫长官的亲自电令，丘国珍无论如何是不肯相信的。可他仍不死心，他估计高敬亭很可能也在岳西，说不定

那个“吴队长”就是。由于丘国珍别有用心,语言霸道,所以负责警卫的红军战士听到里面争论的气氛有些特别,感到势头不对,就相互使个眼神,不动声色地控制住了谈判室门口和对方的警卫哨兵。

室内,仍在继续争论。丘国珍阴沉着脸,将文明棍靠在桌子边上,显得很不经意,然后掏出那份协议书:“何代表,我看这样无休止地争下去也解决不了什么问题,我们草拟了一份协议,请何代表当场签字!”

何耀榜一愣:“你们……”他很不情愿地接过协议放在一旁。但何耀榜仍坚持将改编后的原红二十八军驻防在七里坪一带,如不同意,等于白谈。这时,意外险情发生了。只见丘国珍腾地上前抓住何耀榜的领口,顺手拧出文明棍里的匕首,直指何耀榜的喉咙。说时迟,那时快,2 名红军警卫几乎同时扑上去,用胳膊肘狠狠地勒住了丘国珍的脖子,门口的红军战士也同时用枪顶住了敌军警卫的胸膛。

这时,刘刚夫腆着大肚闯了进来吼道:“老丘,你这是干什么!”然后转向何耀榜,“何先生,误会!误会!……”何耀榜挥手让红军战士退出,转身冷冷地对刘刚夫说:“我要立即与卫立煌通话!”“这……”刘刚夫有些不知所措。可当何耀榜拿起话筒拨键,而电话里传出一阵忙音。原来,敌人早已做了手脚。刘刚夫赶忙解围:“我看就不麻烦何先生了。由我们将谈判情况汇报督座,请他定夺,并要求给丘国珍以处分行吗?”何耀榜气极,掉头往外走。丘国珍狼狈地立在那里。

是日,卫立煌接到蒋介石电话,被委任为第二战区副司令。卫立煌有些激动,终于可以奔赴抗日前线了。但手头上的工作他必须尽快做个了结,当他询问起与红二十八军的谈判情况时,刘刚夫汇报上来的却是另一番景象。他听后十分气愤。在刘刚夫建议给丘国珍处分时,卫立煌说:“算了,效忠党国,诚心可嘉。今后,由你负责谈判事宜,可以答应他们的条件!”

1937 年 7 月 28 日,双方在岳西县青田畈朱家大屋隆重举行了《岳西协议》签字仪式。岳西谈判是抗日战争爆发后南方八省游击区与国民党方面最早进行的一次成功的谈判,它为以后其他游击区与国民党的谈判提供了宝贵的经验,为日后突围奠定了基础。

初秋时节,依照《岳西协议》要求,根据中共中央的指示,大别山区的红二十八军及鄂豫皖根据地各方武装力量陆续向七里坪(今湖北省红安县)集结,接受整编,被改编为国民革命军陆军新编第四军第四支队,高敬亭任总队司令员,陈毅任第一支队司令员。他们还主动与国民党桐柏游击总指挥张轸（罗山人）达成联合开展抗日游击战争的协议，并争取友军银圆2000块。

1938年3月，国民革命军陆军新编第四军高敬亭部接到上司命令，要求开赴抗日前线。作为靠自己发展壮大起来的这支队伍，高敬亭想了许多，他认为离开了山区，就是虎落平川，容易折损，说不定会覆没。所以，他迟迟按兵不动，一则担忧，二则观望，并以种种理由要求继续留在大别山区，不愿就这样一撤了之，丧失了这块根据地。1939年6月，高敬亭被错杀于安徽省肥东县青龙场。

出于多种复杂原因，高敬亭同志被错杀的冤案被历史封存。也因这个历史悬案，多少年一直缠绕在高敬亭的一些生死战友的心底，为其不平，为其奔走。1975年11月，毛泽东主席亲自批示，重审高案。1977年7月27日，党中央对若干历史问题进行拨乱反正，高敬亭一案才被揭开尘封。讨论认为，高敬亭虽有错误，但功大于过，不至于死。1977年8月，党中央对高敬亭同志平反昭雪。

## （七）军史布衣第一人：陈廷贤

1932 年以前，鄂豫皖是仅次于中央苏区的全国第二大苏区。蒋介石曾亲率 50 万国民党军队重兵“围剿”鄂豫皖根据地，红四方面军主力突围西进川陕，留在当地坚持斗争的红二十五军处境日益艰难，并且因为没有电台，同中共中央失去了联络。面对根据地的危险局面，中共鄂豫皖省委书记沈泽民（著名作家茅盾的弟弟）委派在当地担任省委宣传部长的成仿吾找中央汇报，经几个月的跋涉到达瑞金。

成仿吾向中央汇报工作并要求派军事干部到鄂豫皖去，周恩来经过反复考虑，决定派我的父亲、时任红二十二师的师长程子华为中央代表前往。1934 年 6 月，周恩来找程子华谈话交代，中央已经决定红军主力要作战略转移，去建立新的根据地。红二十五军必须实行战略转移，到外围去，建立新的根据地。

程子华在几个交通员的接力护送下，经过闽西—汕头—上海—武汉，1934 年 9 月终于进入鄂豫皖根据地，传达了周恩来的指示。1934 年 11 月 16 日，是中央红军出发长征后的 1 个月，红二十五军高举“中国工农红军北上抗日第二先遣队”的旗帜，全军 2980 多人由河南省罗山县何家冲出发开始长征，并为出师北上发表宣言。

提到红二十五军长征过河南卢氏县，一定不能忘记货郎陈廷贤。是他带领红二十五军神不知鬼不觉地出豫入陕，让国民党的围追堵截全部落空！他是载入红二十五军军史的一位老百姓，被誉为“军史布衣第一人”。

1934 年 12 月 4 日，红二十五军近 3000 红军，到达豫西的卢氏县，此地地势凶险，自古就是兵家必争之地。为了能够快速从这里穿过，红军制定了“直奔豫陕边界开辟新根据地”的战略方针。从伏牛山进入陕西，必须经过两个隘口，朱阳关和五里川。早在红二十五军刚刚启程之时，蒋介石就亲临武昌督战，在半个月前调集在开封的国民党军十九军六十师上万精兵沿陇海线西下，早于红二十五军抢占了五里川和朱阳关这两处关隘，并构筑大量的防御工事。

当红二十五军发现这一切时，已经晚了，因为从后面追尾而来的国民党“追剿队”第二支队数万兵力已经赶上，距离红二十五军只有 70 里了。南面又有豫西军阀“内乡王”别庭芳部的夹击，只有北面没有国民党军，因为那里是黄河天险，红二十五军很快陷入腹背受敌的处境。老蒋更是乐观地认为，现在的红二十五军就是“插翅也难逃”。

最让人感动的是部队的伤病员们，他们知道自己继续长征会是红二十五军的累赘，因此他们联名给部队领导写了请求血书，坚决要求把担架队的士兵充实到连队，由伤病员们集体断后。在血书的背后，还遗书般地附上了各自的籍贯。

在红军的历史上，从来没有出现过让伤病员断后的事情，硬拼显然是不现实的。程子华等军领导决定充分依靠当地群众，派遣侦查队多方寻找熟悉小路的向导，率领红二十五军走出这险地。然而豫西一带从来都是军阀混战，民不聊生之地，当地居民看到穿着军装的红军，都躲进了地主民团控制的寨子。

在这千钧一发之际，出去侦查的手枪队，在距离卢氏县 20 余里的一个村子里找到了一位去赶集的货郎，这个货郎就是陈廷贤，他愿意帮助红军带路。

陈廷贤出生于山西省晋城县的一个贫苦农民家里，13 岁时陈廷贤随着堂哥外出谋生。刚开始在晋南运城下井挖盐，后来经常挑担贩盐到黄河南岸的三门峡、卢氏县一带贩卖。为了多赚点钱，陈廷贤就经常在这一带的山里走小路，以躲避关卡，渐渐地对这一带山中的地形十分熟悉。贩盐不行的时候，也经常做点糕点卖，并且在卢氏县落下脚来，可以说，红二十五军能够找到以货郎为生的陈廷贤给带路，简直是太幸运了。

陈廷贤随着侦察队的同志来到了红二十五军军部，受到了军长程子华等军领导的亲切对待，同时他也被这些衣衫褴褛、不拿群众一针一线的“娃娃军”深深感动了。陈廷贤全程看在眼里，再次确认了红军才是“穷人的队伍”。程子华是山西运城人，和陈廷贤攀谈起来才知道两个人居然是老乡，立刻熟络了起来。

陈廷贤从小就生活在困顿当中，长大后走南闯北什么样的军队没见到，却没有见到这样热心关心群众的军队，深受感动。他想到当务之急是带领红军脱离险境。他说：“我这些年来挑着货郎担了在卢氏四野八乡来回跑，走过一条小路，这条路只有当地牧羊人才走，其他人一般不知道。这条路虽然险要、崎岖难走，但可以绕过朱阳关、五里川两个隘口，直插陕西的洛南！”程子华立即和红二十五军的领导研究，最终决定采纳陈廷贤的建议，部队冒险从这条小路入陕，他们信得过这个年轻人，决定把“宝”全压在他的身上。

为了麻痹敌人，红二十五军还给敌人来了一个“明修栈道暗度陈仓”的计策，就是派出手枪团，到朱阳关附近的村子里贴标语，虚张声势，给敌人造成红

二十五军将从朱阳关入陕的错觉，从而让敌人把更多的力量调集到这里。

1934 年 12 月 5 日凌晨，趁着刚刚亮的天，红二十五军就在陈廷贤的引导下出发了，这一天走得全是弯弯绕绕的小路，其中有一处号称“一线天”，更是凶险。傍晚时部队就快要到达卢氏县，为了不打草惊蛇，红二十五军领导当机立断，决定连夜绕过县城，通过急行军离开了这里，到达横涧镇河口望云庵一带露营。12 月 6 日，红二十五军主力又从横涧镇向龙驹寨挺进，当地的保安队企图拦阻红军，当即被消灭。

12 月 7 日，红军多路隐蔽行进，直奔豫西与陕西交界的兰草村，并在此宿营。

12 月 8 日，红二十五军先头部队继续直扑豫陕交界处的要塞铁索关，敌军不敌红军，很快溃逃，红二十五军顺利打开了进军陕西的大门。

就这样，红二十五军在陈廷贤的带领下，走了一条敌人根本想不到的“油盐小道”，跋山涉水，披荆斩棘，穿越大石河、水峪河、文峪峡谷，又冒着卢氏守城敌军的枪林弹雨快速西进，经过三天三夜，终于顺利进入陕西商洛地区。如此一来，蒋介石想要在卢氏县的两处隘口包围红军的计划就泡汤了，几万国民党大军布置下的天罗地网，却连一个红军影子都没看到。

送军千里，终须一别，程子华代表红二十五军赠送给陈廷贤 10 块大洋当向导费，陈廷贤却说什么也不要。于是程子华与吴焕先就写了一张证明字条，盖上大印给了陈廷贤，告诉陈廷贤要保存好字条，并郑重地向他说：“小老乡，你受苦了。从现在起，你就是共产党的人了！”这几句话，陈廷贤记了一辈子！

送别红军后，陈廷贤又翻山越岭回到了卢氏县的家里，回家当天就被民团的人给抓了去，要治他给红军当向导的罪。陈廷贤就是不承认，说自己这些天贩货去了，没有给人带路，民团的人把他押到城隍庙，折磨了三天，又把他给放了。

后来陈廷贤想到自己虽然不识字，但是程军长给他的那张字条太危险，万一被翻出来肯定要掉脑袋，于是就把字条塞进土坯房的椽条小洞里。只不过全面抗战爆发后，日军打到卢氏县，把陈廷贤的两间土坯房连同纸条一同化为灰烬了，关于纸条上究竟写的什么，陈廷贤也不知道。

此后给红军当向导一事他也不敢再提，而是过起了往常的普通生活，1940年，陈廷贤回到阔别多年的老家晋城，娶了一个叫吉桂枝的女人当老婆，婚后回到了卢氏县横涧乡生活。1947 年解放军第一次解放了卢氏县城，陈廷贤千盼万盼,终于等来了这支人民的队伍,然而由于当时敌情比较复杂,面对卷土重来的敌人,解放军又选择了撤离。这个时候陈廷贤发现很多军用物资没来得及保存,想到自己应该算是一名共产党员,就冒险为解放军把军用物资隐藏了起来。新中国成立以后,陈廷贤不再像过去一样贩卖商品了,而是在卢氏县副食品公司参加了工作,在西街门市部当售货员,负责卖盐、卖酱油。也正是在这一段日子里,程子华就任山西省主席,曾先后 6 次派人寻找他,由于陈廷贤的山西口音比较重,所以大家只记得陈廷献,因此寻找多次无果。

在新中国成立之前,陈廷贤没有跟其他人说过自己为红军带路。后来陈廷贤认为新中国成立了,自己帮助红军渡过险关的事情可以往外说了,并且多次向单位领导说自己在 1934 年就已经是共产党员了,在递交了入党申请书后,还要求补交党费。

组织上询问他原因,他又将自己在 1934 年给红军带路的事陈述了一遍。然而后来让陈廷贤没有想到的是,领导不信任他,周围的人都不信任他,认为他这是在吹牛,是“美化自己”,给自己“涂脂抹粉”。当人们问他,他给带路的红军是什么番号,军长叫什么名时,他都答不上来,因为在当时特定的历史背景下,部队的很多情况都不能告诉给陈廷贤,都属于保密范畴,他只知道军长姓程。他说程军长曾给他一张字条,上面还有印,人们问他字条在哪里时,他却拿不出来。

1983 年,负责红二十五军战史的编辑人员把调查范围扩大到山西、河北、河南,才得知陈廷贤的确切住址在卢氏县。红二十五军所掌握的资料与陈廷贤本人讲述的完全一致,从而确定了他的身份,然而此时的陈廷贤已经重病卧床。当程子华和尚健在的红二十五军的老首长们听闻此消息,了解到卖货郎一生的坎坷经历时,无不感慨万分,泪流满面。

1984 年农历正月十二,陈廷贤他突然想起了什么,嘴里不住地叨叨:“朱阳关、五里川”、“字条、大印”。后来感觉自己快不行了,陈廷贤对自己的老伴和女儿说:“我死后,你们要将我埋到县委党校旁,我追求一辈子也未能入党,死后还要追求入党,我要头枕党校、面朝红军走过的路,永远地看下去……”

卢氏县委、县政府对陈廷贤的光辉事迹非常重视,根据陈廷贤生前遗嘱要求,在 1996 年 3 月将其安葬在县委党校旁边的公墓里。陈廷贤的墓是一个老百姓的“红军”墓,位于卢氏县城东北方向县委党校附近的一个小山坡上。这是他生前为自己选择的长眠之地,党和人民政府满足了他的这一要求。刻有“陈

廷贤之墓”的墓碑，是中共卢氏县委员会和卢氏县人民政府所立。墓碑背后是《陈廷贤墓志》碑文。1985 年出版的《中国工农红军第二十五军战史》中，用 300 字记载了陈廷贤帮助红二十五军脱险的史实，陈廷贤作为一个普通百姓被载入军史，被称为“军史布衣第一人”。

现在卢氏县县城广场上有 8 根石雕柱，上面讲述了红三军和红二十五军长征途经卢氏县的情况，其中有一个专门的主题叫作《我带红军出重围》，展现了货郎陈廷贤带领红二十五军出豫入陕的事迹。

2020 年 11 月重走红二十五军长征路时，我第一次到河南省卢氏县，来到陈廷贤的墓前祭奠，见到了陈廷贤的后人。在现场，我跪地叩首，代表我们全家及所有红二十五军的后代，感谢陈廷贤对红二十五军 3000 将士的救命之恩！

穿越历史的沧桑巨变，回望 86 年前那段苦难和辉煌，在中国共产党和红军的危急关头，在中国革命的危急关头，在中华民族的危急关头，陈廷贤面对生死存亡的严峻考验毫不畏惧，个人付出巨大牺牲，帮助红军战胜千难万险，他是对中国革命作出了突出贡献的人。

（节选自林爽爽《军史布衣第一人：陈廷贤》）

## （八）鏖战独树镇

1934年11月26日，恰遇寒流降临，天气很冷，雨雪交加。昏暗阴沉的中原大地，朔风在吼，雨雪在飘，四下里无遮无挡，一片混沌迷茫。突如其来的寒流天气，简直就像一张无边无际的罗网，严密地笼罩着一支挣扎在风雪中的红军队伍。我军指战员衣服都很单薄，况且又被雨雪湿透，一路上饥寒交迫，行进十分艰难。许多同志的鞋袜，都被烂泥粘掉，以致赤脚行军。为了抢在敌人的前面，尽快穿越公路，全军指战员迎着凛冽的寒风、冒着刺骨的雨雪，挣扎在泥泞道上，一步不停地向前挺进、挺进！

沃土中原，素有"居天下之中，咽喉九州"之说，自古以来为兵家必争之地。转战于中原大地的一支红色铁军，敌人岂能容你随意飘忽，纵横驰骋？敌我两军并驱于中原，谁死谁手，形势迫在眉睫！

午时，红二十五军先头部队二二四团抵达方城县独树镇附近，准备由七里岗穿过公路时，敌四十军一一五旅和驻叶县之骑兵团，恰在两小时之前到达此地，并占领公路沿线的几座村庄，突然向红二十五军先头部队发起猛烈射击。因为雨雪交加、能见度很低，先头部队发现敌人较迟，与敌突然遭遇时，许多指战员的手指都冻僵了，一时拉不开枪栓，以至于被迫后撤。敌人趁机发起冲击，并从两翼包抄而来，情况十分险恶。此旷郊野外，地势平坦，先头部队无所依托，难以抗拒敌人的进攻，完全置于敌人的火力控制之下……

就在这时，有个贪生怕死的叛逆之徒、外号叫"大金牙"的参谋主任，骑着一头大黑骡子，四下里仓皇奔逃，大喊大叫："我们被敌人包围了，公路过不去了，大家伙儿……各自逃命吧！"刹那间，先头部队又一次乱了阵脚，就地抗击敌人的几个连队，当时也表现出不稳情绪，纷纷掉转头来，往后撤退。

"同志们！——就地卧倒——卧倒！坚决顶住敌人，决不能后退——！"也就在这个时候，面临覆灭命运的危急关头，只见一位雄姿英挺的青年骁将，骑着一匹栗色骡子，如同一束离弦之箭，飞似的奔腾而来，向指战员们大喝几声，当机立断稳住了队伍。

他就是军政治委员吴焕先。在此紧急时刻，由于他及时赶上先头部队，坚决而果断地稳住濒于溃散的混乱局面，赢得了决定性的几分钟时间，使部队得

以转危为安。这时，他遂又指挥身边的二二五团，就近利用地形地物，凭借几座坟墓堆儿，顽强抗击敌人的冲击。战士们大多趴在泥泞地上，利用平原地带唯一能够作为依托的田埂、壕沟、坟墓堆儿，终于抵抗住两翼敌人的进攻。

那个贪生怕死的参谋主任“大金牙”，当场也被捆绑起来，由2名交通队员押送到政治保卫队，听候发落。

“张连长！”吴焕先当着他原来的警卫员张海文大声喊道。

张海文浑身滚得像个泥人似的，闻声奔到吴焕先的面前，大口喘着气儿：“政委，你下命令吧……！”

这个外号叫“肉芽”的红军战士，自从当上连长以后，似乎也神气了起来，无论是行军途中，还是在战场上，身边都少不了两员小将：一个号兵和一个旗手。两个形影不离的小战士，这时都紧紧地跟在连长身边。

吴焕先指着附近不远的一座砖瓦窑，果断下命令说：“你们二连，赶快占领那个土窑，利用周围的沟沟坎坎，坚决阻拦住右翼的敌人骑兵！……”

“得令！完不成任务，我提头来见！”张海文不由把两手往起一拱，做了个坚决执行命令的手势。紧接着，他便吩咐身边的两名小将：

“打旗兵跟我先上！司号兵传达命令。全连紧紧跟上……”

不一会儿，就见一杆紧紧卷住的连旗在风雪中展开，高高插在土窑顶端。鲜红的连旗上，绣着一颗五星与镰刀斧头交织而成的图案，中间还有6个鼓舞斗志的大字“英勇上前杀敌”！紧靠旗杆的一端，竖着一道白布条儿，上面标着红二十五军二二五团二连的番号。全连的兵力火力，顿时像潮水似的冲上前去，紧紧拥着一面战斗的红旗，利用土窑四周的地形地物，向敌骑兵展开射击。张海文也在不停地呐喊：

“连旗插在这里，顶住敌人就是胜利，谁也不能后退一步！……”

原来，红二十五军的每个连队，都有一面鲜红的连旗，配有一名掌旗兵，也叫旗手。行军路上，掌旗兵走在全连队伍的最前头，风展红旗，以壮军威。战斗中，掌旗兵总是紧紧地跟在连长身边，摇旗呐喊，冲锋在前。连旗举到哪里，全连就跟到哪里，只要把连旗插上阵地，就如同钉子一般钉了下去，人在连旗在，旗在阵地在！敌人即使有千军万马，也休想把连旗和阵地夺取，除非全连都壮烈牺牲。这支英雄部队的战斗作风，就是这样形成的，是在枪林弹雨中打起来的。

在打退敌人骑兵的冲击之后，吴焕先马上又指挥两个团的兵力，趁机向敌人发起反击。他从交通队员身上抽出一把大刀，怒冲冲地举在面前，大声喊道："同志们，现在是生死存亡的关头，决不能后退，共产党员、共青团员们，都跟我来。冲啊！"遂带领部队冒着敌人密集的火力，奋不顾身地杀上前去，与敌人展开白刃搏斗。

战斗正在激烈进行时，徐海东带领的后梯队二二三团跑步赶到，立即投入战斗，经过一番恶战，终将敌人打退。接着，红二十五军主力团又向七里岗之敌发起冲击，试图打开一道缺口，趁机穿过公路。由于敌人的疯狂阻击，一连三次冲击，都没有成功。于是，军领导当即命令部队转而固守与敌对峙的几座村庄，并以反突击打退敌人的多次进攻。

天黑以后，全军很快又转移到杨楼一带，稍事休整。因为敌情严重，"追剿队"主力随后也紧追而来。军领导决定连夜突出重围。天黑夜暗，风雨不止。连续几天的急行军，加上独树镇的一场激战，指战员大都疲惫不堪，几乎到了难以支撑的地步。吴焕先对部队进行了紧急动员，他号召全体指战员在此紧急关头，不畏强敌，英勇战斗，发扬吃苦耐劳的精神，最后再鼓一把劲，突出敌人的包围。当晚，全军以极其神速的紧急行动，由地下党的同志带路，从敌人封锁防线的间隙中穿插而过，绕道叶县保安寨以北的沈庄附近，穿越过许南公路，直抵伏牛山东麓。

第二天，我军转移新地区时，吴焕先同志把部队集合起来，表彰了作战勇敢的同志，痛斥了参谋主任临阵脱逃的可耻行径，并代表军领导做了立即枪决的宣判，使全军指战员受到一次深刻的战场纪律教育。

穿过公路以后，敌四十军骑兵第五师、步兵一一五旅和骑兵团很快又尾追而来，沿途实行追堵夹击。28日拂晓，我军又一次在拐河镇东北的沣河两岸，接连打退敌人的追堵进攻，这才进入伏牛山中。

转战于中原大地的红二十五军，长驱直入伏牛山以后，河南省绥靖公署主任刘峙顿时又慌了手脚，急电沿途各地专员、县长，"选择要险，努力堵截"，"务必实行夜袭，万勿失此良机"，"倘因循误事，即唯该县长是问！""如擒获匪首吴焕先、徐海东，即当转请重赏；倘仍敷衍，任匪免脱，决予严惩！"并于11月29日午时，电复军长庞炳勋："残匪西窜，已电令各县严堵……如各县防堵不力，请即电示，以便核办！"然而，这一切都不过是画饼充饥，为时已经晚矣！

# （九）长征路上“七仙女”

## 活着是红军的人　死了是红军的鬼

1934 年 11 月 16 日，在红二十五军近 3000 名指战员出发长征的队伍中，有 7 名女战士显得格外惹眼，她们就是被称为“七仙女”的红军医院女护士：周东屏、戴觉敏、余国清、田喜兰、曾纪兰、张桂香、曹宗楷。

当时，红二十五军在程子华、徐海东、吴焕先的率领下，为了迅速实施战略转移，部队一出发就是急行军。11 月 17 日，在击退敌“追剿队”第五支队后，部队已接近平汉铁路。这时，军政治部考虑前有阻敌，后有追兵，军情紧急，怕 7 名女同志在急行军中掉队出危险，就派医院政委苏焕清来动员她们留在根据地，并给她们每人发了 8 块大洋。

面对这突如其来的决定，她们手里攥着沉甸甸的大洋，心情十分沉重，有人急得都哭了。她们不愿离开部队啊！年龄稍大的曾纪兰说：“不行，我们不能留下，要随部队走。”

这时，向来胆大泼辣的周东屏把大洋往地上一甩，跟下达这一命令的军政治部主任戴季英吵开了：“回去，回到哪里去？我是逃出来参加革命的，难道还要我重新去当童养媳吗？你没有排斥女同志革命的权力！”

见周东屏带头，其他几个人的胆子也大了，一个个都把大洋往地上一甩，上前和戴季英讲理。她们不管戴季英讲多少理由，就是原地一坐，谁也不动。就在这时，副军长徐海东骑着马过来了。他见这边吵吵闹闹的，以为出了什么事情，就问戴季英：“这些女孩子是怎么回事？”

“要跟队伍走。”

“就她们几个？”

“对，就她们 7 人！”

“不多。这些女孩子，都经历过最艰苦的考验，她们既然有决心，就给她们一个锻炼的机会吧，又有何不可呢？”

听徐海东这么一说，女兵们就像见到救星一样，七嘴八舌地向他表示：“当红军，走革命的路，就是死在前进的道路上，也决不向后转！决不当逃兵！”

看到她们如此坚决，徐海东高兴地说："呵，革命性蛮坚决的嘛！"然后，他沉思片刻，果断地把马鞭向前一指："快追赶队伍去吧！"顿时，姑娘们个个破涕为笑。

部队出发以后，为了甩开敌人，跳出敌人的追堵合击圈，每天都要急行军40多公里，有时50多公里。为了隐蔽，部队常常夜间行动，7名女战士就把绑腿解下来，结成一条长长的带子，互相牵引着摸索前进。为了防止掉队，每天行军，她们都提前出发，最后到达宿营地，一天下来，全身就像散架了一样。尽管这样，她们还是坚持给伤病员送药，争着去做护理工作。

鉴于敌情日益严重，军首长见7名女同志身体很弱，时而掉队，就又一次动员她们离队，各自找可靠的人家当干女儿，待形势好转后，再接她们回部队。但有了上次没离队的经验，她们不怕了。在部队领导找她们谈话时，她们一致坚决表示："部队走到哪里，我们就跟到哪里，我们活着是红军的人，死了是红军的鬼，叫我们离开部队，坚决不走。"她们的决心再次感动了领导，于是她们得以继续随部队前进。

## 一口面条，一片深情，"七仙女"精心照料着红军伤员

1934年12月10日上午，鄂豫皖省委的同志在庾家河开会，突然枪声大作。警卫人员进来报告：敌人占领了东北坳口。由于红二十五军的战士们近一个月来长途行军，转战千余里，已疲惫不堪。排哨设在庾家河的东面，大部分人都睡着了，直到敌人打到眼前才发现。于是，全军从炊事员到军长全都投入战斗，从中午打到黄昏，经过殊死奋战，反复冲杀20多次，终于转败为胜，化险为夷。这次战斗虽然击毙敌人300多名，但红二十五军也付出了沉重的代价，伤亡190余人。营以上干部大部分负了伤，军长程子华、副军长徐海东也都负了重伤。

一颗子弹从徐海东的左眼底下打进去，又从颈后穿出。他这次负伤比以往哪次都重，失血很多……

徐海东整整昏迷了四天四夜，直到第五天才醒了过来。在这几天里，护士周东屏一直守护在他身旁。

徐海东醒来后便问道："现在几点钟了？部队怎么样了？"

周东屏眼里闪着激动的泪花，答非所问地说："首长可醒过来了，四天四夜不省人事，一句话也没说，把人都快急死了！"

徐海东开玩笑地说："我可没着急，倒是睡了一场好觉。"

周东屏怕徐海东刚醒过来太劳累，打着手势，不让他多说话。她知道徐海东已四天四夜滴水未沾，粒米未进，就去找来一碗面条，细心地一口一口地喂给他吃，生怕触痛他的伤口。徐海东吃了面条，精神好了许多，就向周东屏问这问那。

当徐海东听说程军长伤势很重，便对周东屏说："你不要管我，去好好照看程军长。"

经过近一个月的转战，部队消耗很大。特别是独树镇、庾家河两次殊死恶战后，7 名女战士看到一些伤病员因没有药品医治而结束生命，内心极为痛苦。强烈的责任心和战友情，促使她们不顾自己虚弱的身体，同医院的战友们一起收集缴获的药品，想办法买药品，趁空隙找偏方，采草药。在庾家河战斗中，许多指战员身负重伤，7 名女战士日夜守护在伤员们身边，精心照料。她们细心观察伤病员的病情，耐心帮助伤员解除伤痛，热心料理伤病员的膳食等。重伤员吞咽困难，她们就亲自煮面条，一口一口地喂。两个多月的时间里，周东屏用盐水和自制的高锰酸钾天天给他们消毒；有时边行军，边用采来的药用树枝、树根熬成水，给伤员清洗伤口。她们通过这些办法，弥补了药品的不足，挽救了不少战友的生命。

## 编新歌，演新戏，"七仙女"医护、宣传一肩挑

红二十五军进入陕南后，蒋介石调兵遣将，从 1935 年 1 月起，连续两次派重兵对鄂豫陕地区进行疯狂"围剿"，企图把红二十五军消灭在这里。红二十五军奋力反击，在反"围剿"斗争中，连战皆捷，以战斗的胜利，为建立和巩固根据地创造了条件。部队一面作战，一面派遣部分干部和战斗连队到地方发动群众，建立地方武装和基层政权。

医院随部队行动，7 名女战士的任务相当繁重，她们既要抢救和看护伤病员，又要当宣传员。她们在庆祝解放大会上演出节目，向群众宣传党的政策和主张，宣传红军是穷人的队伍，动员群众起来打土豪分田地，建立苏维埃政权，号召青年踊跃参加红军等。军政治部根据这些内容编排节目，有时她们还自己编些新词配上老调，连夜进行排练，然后登台演出。唱歌、跳舞、演新戏，她们并不擅长，都是现学现演，但每次演出，总是人山人海，老百姓特别喜欢看。群众渴望听到共产党和红军的声音，群众的情绪鼓舞着每一个红军战士，也激励着她们自己。

她们的宣传收到很好的效果,打破了国民党反动派和地方豪绅的造谣欺骗。在红军没有到达之前,地主们时常散布谣言。因此,红军每到一个地方,当地的人非常稀少,但经过三四天的宣传之后,大批的群众就回来了。

1935 年 8 月 15 日,红二十五军进入甘肃省静宁县回民聚居的兴隆镇。为尊重回族人民的宗教信仰和风俗习惯,部队在进入兴隆镇之前,进行了党的民族政策教育。红二十五军的民族政策得到回族同胞的拥护,回族群众像迎接亲人一样欢迎红军的到来。尤其是这几位女战士,更受到了回、汉族妇女的特殊优待。她们怀着无比羡慕和敬仰的心情,热情地将女战士们拉到家里去,请她们吃饭,像对待亲姐妹一样。

女战士们还在医院院长钱信忠的带领下,深入到群众家里,热心为病人治病。她们的实际行动,使当地回族人民深受感动,连声夸赞"红军好"。三天后,部队离开兴隆镇时,男女老幼站满街道两旁,敲锣打鼓,鸣放鞭炮,端着点心油果,为红军送行。

## 二女默默长眠长征路,"五仙女"远征到陕北

在战斗频繁、工作紧张、宣传任务繁重的情况下,曾纪兰、曹宗楷倒下了。她们默默地长眠在漫漫征途上,像大别山一样朴实无华,山风吹拂着她们,绿水环绕着她们,草木和四季陪伴着她们。曾纪兰、曹宗楷的倒下,没有吓倒其他 5 人,她们继续走在长征路上。道路坎坷,征途漫漫。红二十五军转战到达陕甘边境的黄土高原时,发生了严重的粮荒。没有粮食,战士们经常挨饿,只得向当地群众购买一些土豆和做马料用的黑豆来充饥。当地缺水,土豆就连皮带泥蒸熟吃。部队翻山越岭走了几天,许多战士饿得甚至昏倒在路上。5 名女战士,以坚强的意志战胜了艰难困苦,于 1935 年 9 月 15 日,随着大部队来到陕北延川县永坪镇,次日同刘志丹率领的红二十六军、二十七军胜利会师。

## （十）何大妈掩护伤员的故事

在何家冲有一个令女性骄傲的名字——何大妈。一谈到红军，人们不能忘怀的女性还是何大妈。何大妈是当地的一名普通农家妇女，经常以做小生意为名，挎着竹篮或肩挑箩筐奔村走山，为红军打探消息，运送物资，留下了许多传奇故事。

1934 年的一个秋天，何大妈正在家中为红军做鞋，突然听见对面山上“叭！叭！”两声枪响，她立即向后山眺望，原来是几个敌兵抓住了两个在山上砍柴的轻伤员。何大妈立即跑回家中，拿出自己多年积蓄的 20 块银圆，拼命向对面山坡跑去。等何大妈跑到对面山上，几个敌兵正把两位轻伤员带到山下的小河边。何大妈冲上去问道：“谁是长官？”

一个黑高个说道：“有啥事？我是小队长。”何大妈上前拦住敌小队长，指着被抓的伤员，说道：“这是我的两个孩子，正在山上砍柴，你们抓他们干啥？”两位红军伤兵一看何大妈是来救他们的，齐声喊道：“妈妈，孩儿们遇上鬼啦！”何大妈不惊不慌地说：“长官，我哪敢瞎说。”便把 20 块银圆递给敌小队长。敌小队长一看是 20 块银圆，立即动了心，看了看身后几个士兵，说道：“兄弟们辛苦了，每人分大洋一块。”其余的全装进了自己腰包，然后向何大妈挥挥手说：“领走吧，以后莫让孩子们乱跑。”

就这样，两位红军伤员得救了。

又有一次，一位名叫余占海的红军伤员被敌人抓走了，为了使他的身份不被发现，何大妈谎称余占海是自己的亲戚。但狡猾的敌人怎么肯轻易相信。为了打消敌人的疑虑，何大妈发起了毒誓，用自己的眼睛担保余占海不是红军。在相持不下的当儿，何大妈用敌人的枪托砸向自己的右眼，顿时血流如注，惨不忍睹，她忍着剧痛从敌人手中扶过余占海，在场的人包括敌人都深深为之震撼！

还有一次，为了救助被“清剿”队抓走的红军伤员，何大妈竟然用自己最亲最挚爱的儿子换回那位战士。人都说母爱是世界上最伟大的爱，但何大妈对革命战士的爱超越了神圣的母爱，她的精神为何家冲这块英雄的土地添上了最绚丽多姿的光彩。

何大妈的家，坐落在何家冲的一个山坳里，独门独户一个小院子，三面环山,靠着石崖的一面搭了几间茅草棚子,前面扎着半人高的木栅栏,门前有一棵大银杏树。房后是几丈高的悬崖,悬崖的上面就是高山。山崖下有一个大石洞,石洞里经常有红军伤员在里面养伤。

何大妈50多岁了,乌黑的头发里已经掺杂了一些白发,但身板壮实,精力充沛。这是一位英雄的革命母亲,地方的便衣队员和红二十五军的战士们都亲切地唤她“何大妈”。无论是早年的农民暴动,还是在敌人残暴的统治下,何大妈始终如一地掩护被暴露的革命同志,秘密护理伤员。她一口饭、一口水地喂病号,不分昼夜地给病号洗擦伤口。曾经有多少红军战士,在何大妈的细心护理下重新获得了生命,走上了革命疆场。

国民党民团知道这一带的群众和红军有联系,只是不知道具体是哪个人。有一天,反动民团突然拥到何大妈的小院里,包围了何大妈的家,然后在草棚子里里外外到处搜查。有几个团丁忙着追捕何大妈喂养的三只母鸡。

这时,还有4个红军伤员在石洞里隐蔽着,他们听到敌人的叫骂声和砸坛碎罐的响声。不一会儿,伤员们通过洞口的缝隙,看到何大妈和他的儿子、儿媳,都被敌人赶到院子里。敌人的搜查没有结果,就拿老百姓出气,不分青红皂白地抓住何大妈的儿子何老大,捆起来吊在门前的大树上。

何大妈不动声色,伫立在院子里,背对着我们隐蔽的石洞。

看到身旁的儿媳妇在哭泣,她厉声地说:“老总们辛苦,捉两只鸡子,有什么好哭的,我们以后再喂!”伤员们心里明白,何大妈的话是说给他们听的,要他们不要动,不要怜惜被打的儿子何老大,等养好伤再报仇。敌人挥舞着皮鞭,一鞭鞭地猛抽在何老大的身上,要他交出便衣队的病号。何老大一声不吭。伤员们的心在阵阵收缩,极力压住内心燃烧着的怒火。

何大妈仍然屹立在那里,纹丝不动,平扬着头,似乎在注视着远方。过了一段时间,敌人无可奈何,也就停止鞭抽何老大,留下2人在院里看守,其余的团丁都去搜山。直闹腾到黄昏,才滚回老窝去了。

暮色中,何大妈叫儿媳解开吊在树上的何老大,自己提了一个土罐子,一溜小跑来到红军伤病员隐蔽的石洞口,推开洞口的石头,摸进来说:“孩子,你们饿坏了吧!”把手中的土罐子,轻轻凑到一个重伤员的嘴边。重伤员扶着何大妈,哽咽着说:“老大他……”何大妈沉默了一下,然后说:“他身强力壮,受得住。只要你们不出事,我就放心啦!”

何大妈的话,字字扣着伤员的心弦,也永远铭刻在伤员们的心中,是鼓舞他

们革命斗争意志的最强音。

何大妈是一位普通的农村妇女，但她又是不平凡的，她为革命所表现出来的英勇无畏、大义凛然和慷慨无私，让无数铁血男儿肃然起敬。她用平时辛勤劳作换来的微薄收入，在自家后院的山洞里，先后救活了13名红军伤员。

为支援红军，何大妈把自己2个儿子送进革命队伍，并先后牺牲在战场上，她的感人事迹在当地广为传颂。

# （十一）韭菜崖突围的故事

红二十五军从何家冲出发长征时，有100名伤员无法随队行军，于是军领导决定留下林之翰、张映青、张先庆、范小楼等20余名医生、护士和战士，负责收容和照顾他们。医护人员、战士和伤病员汇聚在一起后，来到了韭菜崖，以山上仅有的5间民房作为病房，秘密成立了红军医院，后改为鄂豫皖红军医院分院，林之翰任院长。在医疗条件极差的情况下，伤病员大多分散隐蔽在山洞里、悬崖下、山沟旁、密林中，一边治疗一边养伤。

1935年7月3日，国民党一一二师六三六团奉命来到铁铺乡，在当地民团的配合下，开始对何家冲一带的群山进行大规模的搜山，妄图消灭红军伤病员和游击队。一上午连搜几座山，没有发现红军伤病员和游击队。敌人又渴又饿又累，12时许，他们来到韭菜崖山脚下的泉水沟旁，边喝泉水边吃干粮，然后坐下来休息，养精蓄锐，准备下午继续搜山，目标就是韭菜崖。

红军医院分院的哨兵小张发觉了山下的敌人。急忙跑来向林之翰报告："林院长，山下有好几百名敌人，肯定是来搜山的。"

"莫慌。小张，你去把张映青、张先庆、范小楼几个叫来。"林之翰吩咐他。

"是！"小张答应一声，转身一溜烟地跑了。

不一会儿，张映青等人来到林之翰面前。

林之翰对他们说："情况紧急，长话短说。眼下，大批敌人已到山脚下，马上就要搜山了。这里山高林密，山陡路滑，敌人的搜山速度不会快，搜到这里估计要几个小时，我们要抓紧时间，把伤病员尽快转移出去。"

林之翰在每个人的脸上扫视了一遍，然后看着张映青说："你带几名战士和医护人员，迅速组织伤病员向东南方向转移。注意，要一个不漏地把他们护送到大鸡笼山，交到罗山独立团手里。"

"保证完成护送任务。"张映青回答。

林之翰侧身对张先庆、范小楼说："你们把剩下的人员全部组织起来，咱们共同商量一下如何阻击敌人。"

很快，能参加战斗的几十名战士和医护人员聚集在一起。

张先庆分析道："敌人这次搜山可能采取惯用手法，散状与线状结合布置兵

力，然后漫山遍野地搜。眼下正值夏季，山高林密，杂草丛生，敌人钻山入林，速度根本快不了。因此，不排除敌人顺路上山搜查的可能。”

范小楼补充道：“这次搜山有当地民团参加，他们肯定知道山上有房有人，而且可能还有红军伤病员。敌人在山脚下吃饱喝足休息好再搜山，显然是有备而来。所以，敌人很可能集中大部分兵力，顺路上山，直奔红军医院。”

看见大家纷纷点头表示赞同，林之翰说：“我同意大家的意见，敌人若散状搜山，会耽误很长时间，这正是我们所希望的。因此，对散状搜山之敌，我们可以不予理睬。但是对韭菜崖这条唯一上山的路不得不防，我们就是要在韭菜崖上埋伏起来，狠狠地打击上山搜查的敌人。”

韭菜崖位于半山腰，离山脚有 5 公里多路，是山径小路的最窄处，两边悬崖中的通道像一根长长的韭菜叶子，因此被人们称为韭菜崖。此处好像鬼门关，不容两人并行，只能单人行走。悬崖下是高丈余的峭壁，人很难攀爬上去，可谓上山难，难于上青天。悬崖上怪石林立，树木参天，林密草茂，便于隐蔽自己，打击敌人。此处真乃一夫当关，万夫莫开。

林之翰带着参战人员来到韭菜崖，安排张先庆等人埋伏在左边悬崖上，他和范小楼埋伏在右边的悬崖上。林之翰说：“把手榴弹集中起来，由范小楼充当投弹手，其他人开枪瞄准敌人射击，注意节约子弹，不准放空枪。另外，赶快找些石头堆放在崖上，在弹药打完时当作武器砸向敌人。”

一切布置结束，几十双眼睛密切地注视着山下的敌人。

下午 2 时许，敌人呈一条横线状开始搜山，横线的中间是上山的路口，大部分敌人沿路上山，好像是一条又粗又长的蟒蛇向半山腰蠕动，100 米……50 米……30 米，蛇头已逼迫韭菜崖。突然，“砰！”的一声枪响，林之翰开枪打死了最前面的敌人。紧接着，枪声、手榴弹爆炸声不断响起，快到韭菜崖的敌人还未来得及还枪就被击毙。

后面的敌人赶紧趴下，不敢贸然上山。

很快，敌人缓过神来，急忙组织火力，机枪、步枪、手枪一齐向韭菜崖开火，直打得崖上怪石火星四溅。敌人在猛烈火力的掩护下，迅速冲向韭菜崖。

“打！”林之翰大喊一声，又是一颗颗子弹直射敌人，一颗颗手榴弹在敌群中开花，敌人的进攻被打退。

不一会儿，敌人再次组织进攻，前面倒下一批，后面又上来一批。人多路窄，敌人被卡在韭菜崖，欲进不得，欲退不能。

“这次看你的了!”林之翰对投弹手范小楼说。

“林院长,你就瞧好吧,看我是怎样用手榴弹收拾这些狗日的。”范小楼一边说,一边把几颗手榴弹捏在手中,一眨眼工夫全部拉开导火索,一甩手投向敌群。顷刻间,敌人尸横遍野,血流满山。前面是敌人一具具的尸体,后面的敌人害怕了,掉头就往山下退去。林之翰立即派人迅速捡起死伤敌人的枪支弹药。他深知:一场恶战还在后头。

果然不出所料,敌人又开始一次次更加疯狂地进攻。然而,每次进攻都被林之翰他们打了下去。

眼看夕阳西下,敌人急了,不惜血本地拼命往上攻。敌人快攻上来了,可惜林之翰他们的手榴弹甩光了,子弹也打光了。“用石头,把敌人砸下去。”林之翰大声命令道。

一块块石头砸向敌群,敌人随石头向山下滚去。

“他们没有子弹啦!”敌人呐喊起来,又一个紧跟一个地往上冲。此时,钻山入林的敌人也迂回到了韭菜崖上,林之翰他们被敌人包围了。又是一场激烈的、惊心动魄的肉搏战。在敌众我寡的情况下,林之翰和几名医护人员不幸被俘,林之翰妻子和其他人员全部壮烈牺牲。

韭菜崖上的枪声停了。然而,韭菜崖上的一场血雨腥风的阻击战却为红军伤病员的迅速转移赢得了宝贵时间。太阳落山时,张映青等人护送着红军伤病员终于来到了大鸡笼山,安全地与独立团会合在一起。

# （十二）回忆参加长征的片段

周东屏

1917年，我生于安徽省六安县的一个贫农家庭。7岁时，母亲被狗咬无法医治致死。13岁时，我被人贩子拐去卖了50块钱。正当我身陷困境，走投无路的时候，家乡来了共产党。1931年3月，我14岁那年参加了革命。1932年10月，我加入了红二十五军。下面是我回忆随同红二十五军长征的几个片段。

## 不能留下

1934年11月，红二十五军奉党中央的指示，作战略转移，离开了鄂豫皖苏区进行长征。长征前，领导决定全军老幼病弱的同志和全部伤员留下来分散隐蔽或回乡生产。当时，我在军医院，并不知道女同志也是精简对象。有天，军医院政委苏焕清来了，他分给我们女同志每人八块银洋，叫我们回家各自寻找出路，说这是军参谋长戴季英的命令。听了这话，我们如同被迎头泼了一盆冷水，心顿时都凉了。沉默片刻之后，我们决定退回银洋，一起到戴季英那里去请求留在部队。

当时，全军只有我和曾纪兰、余国清（后改名为余光）、戴觉敏、田喜兰、曹宗楷、张桂香七个女同志①。我们一起找到了戴季英，但是，不管我们怎么请求，他就是不同意。曾纪兰等同志只好无可奈何地往回走。我呢，却死缠着他说什么也不走。我对他说："你没有排斥女同志革命的权力。"他气得直跺脚。正当我和戴季英哭着闹着吵得难解难分的时候，徐海东从对面稻田走过来。那时，我对海东同志还很不熟悉，他见这个情况，以为出了什么事情，就问戴季英："这个女孩子是怎么回事？"

"要跟队伍走。"

"就她个？"

---

① 曾纪兰也有写作"曾继兰"；田喜兰，也有写作"田希兰"；曹宗楷，也有写作"曹示凯"；张桂秀，即张秀兰。——编者注

“哪里，还有六个哩！”

“不多，不多。她们既然有决心，给她们一个锻炼的机会，又有何不可呢？”

说到这里，徐海东指着已经走远的曾纪兰等同志，对一个背驳壳枪的小伙子说：

“李有贵，叫那几个女同志也回来吧！”

戴季英这回不说什么了。我抑制不住内心的喜悦，高兴得禁不住笑了起来。徐海东说：“你们先别笑，参谋长叫你们留下也有道理。这次部队走到哪儿、走多少天都不一定，情况比现在想象的更复杂更困难，这可不比喝凉水那么容易，思想上要有准备啊！”

我说：“早就准备好啦！男同志能做到的，我也能做到，我能经受起任何考验，绝不掉队！”

最后，我们七个女同志跟随红二十五军，踏上了长征的征途。

## 经受战斗的考验

红二十五军离开了鄂豫皖苏区后，天天行军，一个劲地向西走。开始，国民党军队的指挥机关还没有发现我们的动向，直到我们过了平汉路，进入了桐柏山区，敌人才发觉。这时，国民党政府慌忙调集了大批部队，妄图把我们这支不满3000人的队伍一口吃掉。面对敌人的围、追、堵、截，我们天天打仗，有时一天要打好几仗。形势越来越危急，困难越来越严重，但是，我们的意志越来越坚定。为了打破敌人的“围剿”，军首长决定，我军向河南省方城东北许（昌）南（阳）公路插去。老天像是故意和我们作对，那几天特别冷，整天风雨交加，还夹着雪珠。我们本来穿得就单薄，加上浑身被淋透，在刺骨的北风中，真是寸步难行。战士们在连续作战之后，又冒雨急行军，都感到十分疲劳。我们七位女战士，参军后从来没有遇到过这样的困难，大家就互相勉励，决心经受战斗的考验。

11月26日下午，在方城县独树镇，我军正要穿过许南公路时，突然遇到敌人。由于气候恶劣，能见度低，发现敌人较迟，又加上手指冻僵，拉不开枪栓，因而我们被迫后退。敌人趁机冲击，从两翼包围我军，双方展开了激烈战斗。在这万分危急的时候，军政委吴焕先高呼：“同志们，坚决顶住，绝不能后退，这是我们生死存亡的关头！”并随即举起大刀，喊道：“共产党员跟我来！”率领部队冲上去，和敌人展开白刃格斗。战斗正激烈时，徐海东率后梯部队二二三团跑步赶到，也投入了战斗。经过英勇奋战，我军终于打垮敌人的进攻，突出重围，胜

利通过了许南公路，转向西北。

## 团结战斗的军医院

长征途中，我仍在军医院工作。当时，红二十五军没有成立卫生部，医院实际上就是军卫生部。我们七个女同志组成一个班，班长曾纪兰，副班长余国清，护士是我。

我们的院长钱信忠有高度的责任心，工作十分负责。他的医疗技术很高明，平时对人和蔼可亲，没有架子，所以很受同志们的尊敬。军医院在他领导下，同志们之间互相帮助、团结友爱，发扬了救死扶伤的革命人道主义精神。我们克服了行军打仗给医护工作带来的困难，战斗打到哪里，医务人员就出现在哪里，勇敢地抢救伤员。在缺医少药的情况下，我们想方设法，充分发扬阶级友爱的精神，努力减轻伤员的痛苦。不管那时形势多么紧张，生活多么艰苦，我们仍以高度的革命英雄主义精神和革命乐观主义精神，生活和战斗着。

我们七个女同志在长征途中除一人不幸牺牲外，其余六人始终没有掉队①，这与军首长的关心是分不开的，这同医院领导的帮和爱也是分不开的。行军打仗最要紧的是两只脚，而我们七个人小时候都缠过足，有人还是“三寸金莲”。参军后虽然放了脚，但总还留有病态，走起路来困难格外大。当时部队条件差，只有院一级领导才有马骑。我清楚记得，为了帮助女同志克服长途行军的困难，院领导经常把马让给我们骑。在这个集体里，我们女同志常得到特殊的优待。1935 年 8 月初，我军在攻占甘肃两当县城，夜袭天水北关成功之后，决定乘胜北渡渭水。一天，我们来到渭水南岸，当时正是初秋，只见水大流急，既无渡船，更无桥梁，好不容易才找到一只小船。但是，人多船小，后面又有追兵，形势十分危急，不允许我们一船一船渡过去。医院的男同志就让我们七个女同志坐到小船上，然后自己一手拉着临时用绑腿拧成的绳子，一手扶着船舷慢慢涉水过河。后来抢渡泾水时，连一条渡船也没有，男同志就让我们排在队伍中间，拉着绳子，扶着我们顺利渡过河去。正是这样，一个团结战斗的集体给了我们以战胜困难和永远向前的力量。

---

① 回忆有误，应为曾纪兰（曾继兰）、曹宗楷（曹宗凯）二人在长征途中牺牲。——编者注

## 一支朝气蓬勃、纪律严明的队伍

红二十五军长征时不到3000人,大都是20岁以下的年轻人。在战斗中,我们像初生牛犊不怕虎一样,以一当十,奋勇争先。在平时生活中虽然条件十分艰苦,有时连盐也吃不到,但是,我们却始终朝气蓬勃,精神饱满,到处洋溢着革命乐观主义精神。我清楚记得,每当部队得到休息时,队伍里就到处响起歌声。吴焕先和徐海东最喜欢唱京剧,吴政委的拿手好戏是学唱谭富英的《珠帘寨》。徐海东则擅长学唱高庆奎的《辕门斩子》。这是两出老生戏,徐海东学唱《辕门斩子》中的杨六郎,声音洪亮高亢,声情并茂,颇有高派味道。另外,战士们爱听他讲故事。窑工出身的徐海东早年进过私塾,最爱看《七侠五义》《水浒传》《三国演义》一类书。战士们见他有空,就要他讲故事。他平易近人,也乐于这样做。他那有声有色的故事,常常说得我们哈哈大笑。女同志喜欢唱歌,因而战斗间隙时,同志们就经常邀我们唱一唱。我最喜爱唱的歌是《八月桂花遍地开》。也许当时我的歌声还比较悦耳吧,每当我唱起"八月桂花遍地开,鲜红的旗帜树呀树起来,张灯又结彩呀啊,光华灿烂现出新世界"时,还会博得同志们阵阵热烈的掌声哩。

我们这支部队朝气蓬勃,同时又纪律严明。1935年8月,我们到达甘肃省静宁一带。这是回民地区,军首长们十分尊重回民的风俗习惯、宗教信仰。早在到达这一带之前,就组织全军专门学习了党的民族政策,规定到达回民地区时的政策和纪律。当我们离开回民地区时,男女老幼在阿訇带领下齐集街头为红军送行,夸奖我们是一支纪律严明的部队。

## 在护理徐海东的日子里

1934年12月,我军进入陕南境内庾家河时,战斗打得十分激烈。徐海东和程子华先后不幸身负重伤。吴焕先政委命令钱信忠想尽一切办法抢救他们。在钱院长领导下,我们尽全力进行抢救工作。徐海东这次是头部负伤,子弹从左眼下面打进去,从左耳朵下面穿出,失血严重,伤势比以往都重。当时,医院条件很差,没有什么药品,我们只能用盐水洗洗伤口,又用碘酒擦擦,然后再用绷带包扎起来。徐海东就这样睡在担架上,昏迷四天。在徐海东负伤后昏迷不醒的四天四夜里,我奉命日夜守护在他的身边。到了第五天,他才清醒过来。他勉强睁开眼看到同生死共患难的最亲密战友吴焕先、徐宝珊、郑位三、郭述申

等同志都守候在床边,便深情地点点头。当时,他的头肿得像巴斗,嘴张不开,好像想讲什么但又讲不出来。又过了一天,伤口开始消肿,他才能讲话。他见我守在他身边,似乎记起我是军医院叫周少兰的小护士,就问我:“现在几点钟了？部队该出发了吧?”这是我守候在他身边五天五夜之后,听他讲的第一句话,不由高兴得流下眼泪:“首长可醒过来了！五天五夜不省人事。一句话也没说,把人都急死了!”他却开玩笑地说:“我可没着急,倒是睡了个好觉。”

听到钱院长说程子华的伤已没有危险之后,他脸上露出了欣慰的笑容,并叮嘱钱院长道:“你们一定要负责治好子华的伤,出了问题,你们要负责。”他这样说时,好像自己是一个健康的人似的,他的心里只装着别人,只装着革命,多好的一个人啊！我的眼里不由得又涌出了眼泪。徐海东以坚毅顽强的精神,跟致命的重伤作斗争,积极地配合我们治疗。

1935 年 1 月,我军来到陕南境内的葛牌镇。一天,天下着大雪,我们正在给徐海东换药,吴焕先突然派人请海东到前线去指挥战斗。第一个传令兵刚走,第二个传令兵又进来报告说:“吴政委请您马上到前沿指挥所去。”可见前面情况十分紧急。海东不顾自己伤还未好,让我们匆匆地把伤口包扎好,就叫来四个警卫员,架着他迅速赶到指挥所。这一仗,他协同吴政委,指挥全军英勇奋战,全歼敌柳彦彪旅一个团又两个营,使红二十五军在长征途中又一次摆脱了险境。

战斗结束,海东因伤口受雨淋发炎,头部又肿了起来,痛得他直咬牙,甚至流出了眼泪。我们经过连续几天的治疗,他的伤势才继续好转。

在护理海东的日子里,他的一言一行、他的高贵品质使我深受感动。这时,我对海东爱慕的感情在我心里产生了。海东也曾向我讲过他的革命经历,并问我的身世和参加革命的经过。共同的苦难遭遇和革命理想,使我和海东之间产生了爱情。

长征结束后,我和海东在同志们的关心下结了婚。

（徐文伯整理）

选自中共六安地委党史办公室编:《红军女战士》,安徽人民出版社,1986 年 8 月第 1 版,第 81—88 页。

周东屏,原名周少兰,女,1917 年生,安徽六安人。1931 年参加革命,1932 年参加中国工农红军,1935 年由共青团员转为中共党员。红军长征时任红二十五军军医院护士。中华人民共和国成立后,曾任中央军委办公厅秘书、解放军总参谋部管理局顾问、全国政协委员等职。1997 年 7 月在北京逝世。

# 二、红二十五军大事记

## 1931 年

**10 月 25 日** 中国工农红军第二十五军于安徽六安麻埠正式组成。军长旷继勋,政治委员王平章。暂辖第七十三师,师长刘英,政治委员吴焕先。

**11 月 7 日** 中国工农红军第四方面军于黄安(今红安)七里坪成立。总指挥徐向前,政治委员陈昌浩,政治部主任刘士奇。下辖第四、第二十五军,总兵力共 3 万余人。

**10 日—12 月 22 日** 红四方面军总部率第十一师、第十二师和第十师一个团,发起黄安战役。战役历时 43 天。歼敌 15000 余人,夺取了黄安县城。

## 1932 年

**1 月初** 红二十五军七十三师攻占皖西苏家埠,歼敌两个营。之后进至霍邱叶集待命。

**10—20 日** 鄂豫皖革命根据地第一次党代表大会于光山新集(今为新县)召开。

中共鄂豫皖省委正式成立。沈泽民为书记。

**下旬** 红四方面军发起商(城)潢(川)战役。红二十五军七十三师奉命参加此役。战斗中,师长刘英负伤,王树声接任师长。战后,于 2 月中旬返回皖西地区。

**3 月上旬** 红二十五军七十五师于六安麻埠正式组成。师长廖荣坤,政治委员戴克敏。

**22 日—5 月 8 日** 红四方面军发起苏家埠战役。战役历时 48 天,歼敌 35000 余人。皖西“剿共”总指挥厉式鼎被第七十三师二一七团俘虏。战役后,红二十五军七十四师于霍邱白塔畈正式组成。师长汪明国,政治委员戴季英。至此,红二十五军七十三师、七十四师、七十五师全部组成,连同军教导团、特务

营、交通队等共 12000 余人。

**5 月 12 日** 第七十三师二一八团乘胜北上，占领淮南重镇正阳关。15 日红二十五军攻占霍邱县城。

**6 月 12—16 日** 红四方面军发起潢光战役。第七十三师参加了此役，于仁和集以西地区歼敌两个团，活捉敌旅长李万林。与此同时，第七十五师南下英山、罗田、黄梅、广济一带活动，于 6 月 30 日攻克罗田，继而占领广济，歼敌第三十三师一部。

**29 日** 蒋介石亲赴汉口，指挥 24 个师又 5 个旅共计 30 余万兵力，对鄂豫皖革命根据地发动第四次“围剿”。

**7 月 7 日** 皖西之敌徐庭瑶部全线向霍邱进犯。旷继勋军长指挥红二十五军教导团和霍邱独立团共 3000 余人，固守霍邱县城，与敌浴血奋战 5 昼夜。12 日，霍邱县城失守，旷继勋负伤。蔡申熙接任红二十五军军长。

**8 月 11—13 日** 第七十三师随红四方面军主力转战于黄安冯寿二、冯秀驿地区。13 日，敌占领黄安县城。

**15 日** 第七十三师随红四方面军主力转移到七里坪地区与敌激战。之后，转移到檀树岗地区做暂时休整。

**9 月上旬** 第七十三师随红四方面军主力转战于新集以北斛山寨地区，而后向皖西北革命根据地转移。9 日，敌占领新集。

**10 日** 第七十四师、第七十五师在金家寨地区与红四方面军主力会合。之后，第七十四师及第七十五师二二五团建制被撤销，部队分别补入方面军各师。

**10 月 2 日** 红二十七军在英山金家铺组成。军长刘士奇，政治委员郭述申。辖第七十九师、第八十一师，共 4 个团，全军 4500 余人。

**上旬** 红二十五军七十三师随红四方面军主力转战于河口镇、冯寿二等地。军长蔡申熙牺牲。

**10 日** 中共鄂豫皖中央分局在河口以北的黄柴畈举行会议。会后，第七十三师随同红四方面军主力撤离鄂豫皖革命根据地，第七十五师二二三团、二二四团和军特务营留在根据地，坚持反“围剿”斗争。

**11 月 12 日** 中共鄂豫皖省委在黄安长冲召开第一次扩大会议。会议由省委书记沈泽民主持，做出《关于反国民党四次“围剿”下的总任务》决议案。

**24 日** 红二十七军由皖西转到黄安七里坪附近，与中共鄂豫皖省委、鄂东北游击总司令部及留在根据地的红军三个主力团会合。

**29 日** 中共鄂豫皖省委在黄安檀树岗召开军事会议,决定重新组建红二十五军,独立坚持鄂豫皖革命根据地的斗争。

**30 日** 中国工农红军第二十五军重新组成,辖第七十四师、第七十五师,共5个团另2个特务营,约7000人。军长吴焕先,政治委员王平章。第七十四师师长徐海东,政治委员戴季英;第七十五师师长姚家芳,政治委员高敬亭。

**12 月 12 日** 蒋介石下令以15个师又1个旅共约80个团的兵力,对鄂豫皖革命根据地进行大规模划区"清剿"。

**30 日** 中共鄂豫皖省委召开临时紧急会议。进一步明确独立坚持斗争的思想,同时决定组建红二十八军,担负恢复与巩固皖西北革命根据地的任务。

## 1933 年

**1 月初** 根据中共鄂豫皖省委决定,红二十八军在麻城大畈组成,辖第八十二师二四四团、二四六团和军部特务营,约3000人。军长廖荣坤,政治委员王平章。

**5 日** 中共鄂豫皖省委就红四方面军撤离前后鄂豫皖革命根据地的情况和斗争方针,向中共中央做出报告。

**2 月 5—6 日** 双河山战斗。红二十八军在商城双河山一带连续战斗,歼敌第七十五师近1个团。

**3 月 6 日** 郭家河战斗。红二十五军在光山郭家河,全歼敌第三十五师一〇三旅二〇五团及第一〇四旅二〇七团,毙敌100余名,俘敌2000余人,缴炮9门、机枪12挺、长短枪2000余支、战马100余匹。

**13 日** 九龙长岭战斗。红二十五军在黄安九龙长岭予敌第十三师三十八旅七十七团以歼灭性打击。

**18—19 日** 门坎山战斗。红二十八军在商城门坎山与敌第七十五师二二四旅激战,毙伤敌数百名。军政治委员王平章牺牲。

**4 月 8 日** 红二十五军和红二十八军在麻城大畈会合。中共鄂豫皖省委决定将红二十八军编为红二十五军七十三师,师长廖荣坤(兼),后为周希远,政治委员王少卿;另将罗山独立第六师十六团编为第七十五师二二五团,全军共12000余人。军长吴焕先,政治委员戴季英。同时,决定以红二十八军特务营及皖西北地方武装,再组建第八十二师,坚持皖西北地区的斗争。

15 日　潘家河战斗。红二十五军在黄安七里坪以北的潘家河痛击进犯之敌第十三师，歼其 1 个多团。

18—20 日　杨泗寨战斗。红二十五军在麻城杨泗寨与敌第三十师、第三十一师先后两次激战，共歼敌数百名。

19 日　蒋介石鉴于大规模划区“清剿”计划破产，任命卫立煌为“豫鄂皖边区清剿总指挥”，部署新的进攻。

5 月 2 日—6 月 13 日　七里坪战役。中共鄂豫皖省委根据中共中央 3 月 10 日的军事指令，决定夺回七里坪。战役历时 43 天，因作战指导思想错误等而告失败，红二十五军和根据地受到严重损失。

6 月 5 日　蒋介石任命刘镇华为“豫鄂皖三省边区剿匪总司令”，统辖 14 个师又 4 个旅共 82 个团的兵力，准备对鄂豫皖革命根据地发动第五次“围剿”。

7 月 1—2 日　中共鄂豫皖省委在光山太平寨召开常委会和省委第二次扩大会议，传达中共中央 3 月 15 日《给鄂豫皖苏区党委的信》，制定了保卫根据地中心区的单纯防御作战指导方针。

11 日　福田河、黄土岗战斗。红二十五军与红八十二师在福田河、黄土岗地区，将敌第五十四师一六二旅三二三团、三二四团全部击溃，毙其旅长郭子权。

**中旬**　红二十五军于麻城董家畈附近进行整编，撤销第七十三师建制，辖第七十四师、第七十五师，共 6 个团，约 6000 人。

17 日　敌军开始对鄂豫皖革命根据地进行第五次“围剿”，以 8 个师又 4 个旅共 53 个团进攻鄂东北革命根据地。鄂东北中心区保卫战开始。

21 日　[illegible]石战斗。红二十五军于光山陵牌石、王家湾一带抗击敌第六十五师的进攻，毙伤敌 700 余人，红军伤亡 500 余人。

8 月 17 日　红八十二师和皖西北第一、第二、第三路游击师在商城史河上游上磊子截击敌第十二师运送物资的 70 多对毛排，歼敌 1 个多营，缴获大米 140 多万斤及大批物资。

18—20 日　红二十五军在黄（安）麻（城）光（山）边界的光宇山、杨真山、紫云寨、大小坳口等地，连续抗击敌第三十师、第三十二师、第五十四师的进攻。

22 日　红二十五军于黄安大小斛山与敌第十三师遭遇，打退敌人多次进攻后，转移到太平寨。鄂东北中心区保卫战失败。

9 月 5 日　中共鄂豫皖省委率红二十五军转移到皖西北，在商城南溪与红八十二师会合。

**上旬** 中共鄂东北道委将第七十五师特务营和第七十四师二二二团三营（大小斛山战斗后因被敌隔绝而留在鄂东北），以及独立第七师的大部合编为第七十三师，师长夏如银，政治委员王少卿。下辖第二一七团、第二一九团。

10 日 敌军 7 个师向皖西北根据地中心区南溪、汤家汇地区合围。皖西北中心区保卫战开始。

13 日 双河山战斗。红二十五军在商城双河山击溃敌第四十五师一三三旅，毙伤敌 300 余人。

19 日 汤家汇战斗。红二十五军在商城汤家汇一带击退敌第七十五师两个团的进攻。

23 日 汤家汇、南溪地区战斗。敌军继续进攻商城汤家汇、南溪地区，红二十五军激战后撤出战斗，向南转移。皖西北中心区保卫战失败。

26 日 中共鄂豫皖省委在商城大埠口附近举行会议，决定红二十五军转赴鄂东北地区，并决定缩编红二十五军；第七十四师辖三个营，第七十五师辖两个团。全军约 3000 人。

**10 月 2 日** 黄土岗战斗。红二十五军赴鄂东北途中，于麻城黄土岗附近通过潢（川）麻（城）公路时，遭敌第三十一师两个旅南北夹击，后卫部队被切断。

7 日 中共鄂豫皖省委和军长吴焕先、政治委员戴季英率领越过潢（川）麻（城）公路的红二十五军大部到达黄安紫云寨，与中共鄂东北道委及第七十三师会合。省委决定部队在内线分兵活动。

**上旬** 副军长徐海东率领红二十五军在潢（川）麻（城）公路被切断的后卫部队 1000 余人转回皖西北，到达南溪附近，与中共皖西北道委及红八十二师会合。

11 日 中共皖西北道委在南溪东北之吕家大院召开会议，决定第二次组建红二十八军。下辖第八十二师、第八十四师，每师三个营，共 2300 余人。军长徐海东，政治委员郭述申。

16 日 中共鄂豫皖省委于黄安紫云寨召开第三次扩大会议，全面检查斗争方针，总结经验教训。由于敌人进攻，会议仓促结束。

**下旬** 红二十五军在内线分兵活动遭到失败。部队转至黄安、光山交界的天台山、老君山地区活动。

**11 月初** 石门口战斗。红二十八军八十四师在第二路游击师配合下，于立

煌（今金寨）石门口击溃敌独立第四十旅，歼敌1个团，俘敌1000余人，缴获大批武器和军用物资。

**10日** 中共鄂豫皖省委就鄂豫皖革命根据地的斗争情况给中共中央写出报告。报告初步总结了失败的教训，检查了过去斗争方针的错误，表示了转变的决心，提出了比较正确的斗争方针。

**20日** 中共鄂豫皖省委书记沈泽民病逝于老君山，省委书记一职由徐宝珊代理。下旬红二十五军在鄂东北的部队合编为第七十五师二二四团，共1000余人。

**月底** 红二十五军在天台山和西高山恢复两小块游击根据地。

**12月中旬** 红二十八军在皖西北接连袭击吴桥、段集、黎家集等地，歼民团500余人，缴获棉布600多匹、棉花1000公斤。

## 1934年

**2月下旬** 蒋介石任命张学良为“豫鄂皖三省剿匪副总司令”，调东北军到鄂豫皖革命根据地，继续进行第五次“围剿”。

**3月12日** 葛藤山战斗。红二十八军在商城葛藤山将敌第五十四师一六一旅击溃，毙伤敌1000余人，俘敌旅长刘书春以下130多人，缴获一批武器弹药。

**4月10日** 中共鄂豫皖省委召开会议，讨论中共中央1934年2月25日批转中革军委《关于鄂豫皖苏区战争经验的研究及今后作战的建议》，初步确定了红二十五军在根据地的边沿地区恢复老区和开辟新区的方针，并于13日将会议的决定向中共中央做了报告请示。

**16日** 红二十五军和红二十八军在商城豹子岩会师。根据中共鄂豫皖省委决定，红二十八军编入红二十五军。辖第七十四师（三个营）、第七十五师（两个团），共3000余人。军长徐海东，政治委员吴焕先，政治部主任郭述申（兼）。第七十四师师长梁从学、政治委员姚志修；第七十五师师长丁少卿、政治委员高敬亭。同时以红二十八军二二四团一个营、军特务营和皖西北第三路游击师为基础，编成第八十二师（一个团），坚持皖西北革命根据地斗争。

**19日** 高山寨战斗。红二十五军于光山沙窝集以西之高山寨，伏击敌东北军第一〇九师两个营，将敌大部歼灭，缴获枪支弹药甚多。这是给东北军的首次打击。

**20日** 中共鄂豫皖省委于光山高山寨附近召开扩大会议,决定到边沿地区恢复和开辟根据地。

**25日** 中共鄂豫皖省委召开第二次常委会议,做出《省委关于粉碎五次“围剿”中鄂豫皖党的紧急任务决议案》。

**30日** 中共鄂豫皖省委召开第三次常委会议,做出《省委关于粉碎五次“围剿”中敌人新的进攻与我党任务的决议案》。

**5月6日** 红二十五军攻克罗田县城,歼守敌一部,缴获银洋、物资甚多。

**30日** 凌云寺战斗。红二十五军在光山凌云寺击退敌第三十二师九十四旅的追击,毙伤敌700余人,红军伤亡600余人。

**6月7—8日** 彭新店、杨家店战斗。红二十五军在罗山彭新店和杨家店,接连予敌第四十四师一三二旅以打击,共毙伤敌600余人,俘敌300余人,缴炮1门、轻重机枪11挺、步枪200余支。

**7月2—4日** 中共鄂豫皖省委召开会议,讨论中共中央1934年2月12日指示及中央与军委6月13日军事训令。

**中旬** 中共鄂豫皖省委率红二十五军在罗山朱堂店到铁铺地区恢复和开辟根据地。

**17日** 长岭岗战斗。红二十五军在罗山长岭岗将敌东北军第一一五师2个团全部击溃,歼敌5个营,缴轻机枪60余挺、长短枪800余支及其他军用物资。

**26日** 红二十五军政治部发布《红军中“八一”工作计划大纲》。

**8月9日** 中共鄂豫皖省委率红二十五军自罗山南部地区向皖西北转移。

**下旬** 红二十五军在皖西北郝集击退敌第十一路军独立旅的进攻,毙伤俘敌500余人,缴枪300余支及大批物资。

**9月4日** 红二十五军远程奔袭攻占太湖县城,歼敌警备旅一部,缴获大批物资。

**上旬** 中共鄂豫皖省委率红二十五军在英山陶家河地区恢复和开辟根据地。

**10月9日** 中共鄂豫皖省委召开第五次常委扩大会议,做出《为完全粉碎五次“围剿”而斗争的决议》。

**下旬** 红二十五军在陶家河附近与敌“豫鄂皖三省追剿纵队”第二、第三支

队激战后，撤离陶家河地区，向汤家汇、葛藤山地区转移。途中，接到郑位三给省委的信：望率红二十五军速返鄂东北，讨论行动问题。

11 月 6—7 日　中共鄂豫皖省委率红二十五军自商城葛藤山西进，两夜一天疾进 100 多公里，突破敌四道封锁线。在商城汤泉池歼敌第一〇九师工兵营 4 个连，在大柳树击溃敌第一〇七师 2 个团。

8 日　斛山寨战斗。红二十五军在转战途中，于光山斛山寨与敌第六十四、第六十五师、第一〇七师、第一一七师等部约 10 个团激战 2 日，毙伤俘敌约 4000 人，缴获甚多。

11 日　中共鄂豫皖省委在光山花山寨举行第十四次常委会。根据鄂豫皖革命根据地实际情况和中共中央及中革军委副主席周恩来的指示精神，讨论并决定率红二十五军向平汉铁路以西实行战略转移，留部分武装重建红二十八军，继续坚持鄂豫皖边界地区的武装斗争。

13 日　红二十五军于罗山殷家湾、何家冲一带进行整编补充。军直辖第二二三团、第二二四团、第二二五团和手枪团，共 2980 余人，军长程子华，政治委员吴焕先，副军长徐海东。

16 日　中共鄂豫皖省委率红二十五军由何家冲出发西进，并发布《中国工农红军北上抗日第二先遣队出发宣言》，红二十五军长征从此开始。

17 日　红二十五军于罗山朱堂店附近击退敌“豫鄂皖三省追剿纵队”第五支队的进攻。当晚，在信阳以南的东双河和柳林之间越过平汉铁路西进。

19 日　红二十五军进入桐柏山地区，由于敌重兵围追堵截，难以立足，中共鄂豫皖省委认为该地区不具备创建根据地的条件，遂决定继续向伏牛山区进军。

22 日　红二十五军以一部佯攻枣阳县城后，于韩庄附近掉头转向东北，取道泌阳、方城县城以东，向伏牛山区前进。

26 日　独树镇战斗。红二十五军在方城独树镇以东与阻击之敌第四十军一一五旅和骑兵团激战，击退敌数次猛攻。当夜，突出重围，经保安镇以北越过许（昌）南（阳）公路，进入伏牛山区。

12 月 5 日　红二十五军绕过卢氏朱阳关敌第六十师堵击防线，经卢氏城南西进。

8 日　红二十五军击溃陕西洛南铁锁关（又名箭杆岭）敌守关民团，进入陕西南部。又在三要司歼灭陕军第四十二师二四八团一个营。

10 日　中共鄂豫皖省委在洛南庚家河(今属丹凤)召开第十八次常委会议,提出了《关于创造新的苏区、新的革命根据地的决议案》,决定创建鄂豫陕革命根据地,改鄂豫皖省委为鄂豫陕省委。并在庚家河与突然来袭之敌第六十师恶战半日,经过 20 多次反复冲杀,毙伤敌 800 余人,将敌击退。红军伤亡百余人,军长程子华、副军长徐海东均负重任。

11 日　红二十五军在洛南蔡川进行整编,将第二二四团编入二二三团、二二五团。

## 1935 年

1 月 9 日　红二十五军攻克镇安县城。战后,乘胜在鄂豫陕边区南部开展群众工作,创建根据地。

**中旬**　蒋介石下令以 11 个团的兵力,对根据地红军发动第一次"围剿"。

**下旬**　鄂豫陕边区第一次反"围剿"斗争开始。

2 月 1 日　蔡玉窑战斗。红二十五军一部袭占柞水县城,主力在蔡玉窑击溃尾追之敌陕军第一二六旅二五二团,歼其一个多营。

5 日　文公岭战斗。红二十五军在蓝田文公岭将敌第一二六旅二四八团、二五一团击溃,歼敌 2 个多营。战后,乘胜在鄂豫陕边区北部开展群众工作,创建革命根据地。

19 日　中共鄂豫陕省委在郧西二天门附近召开第二十次常委会议,通过《为完全打破敌人进攻,争取春荒斗争的彻底胜利,创造新苏区的决议案》。

**下旬**　中共鄂陕特委和鄂陕游击总司令部成立。

3 月 3 日　红二十五军占领宁陕县城。

4 日　红二十五军占领佛坪县城(袁家庄)。

10 日　石塔寺战斗。红二十五军在洋县石塔寺附近设伏,击溃尾追之敌陕军警备第二旅 5 个多营,毙伤敌 200 余人,俘敌团长以下 400 余人,伤敌旅长张飞生。战后,乘胜在华阳地区开展群众工作,创建根据地,同时建立华阳游击队。

4 月 9 日　九间房战斗。红二十五军在蓝田葛牌镇以南之九间房,歼灭尾追之敌陕军警备第三旅 1 个团另 1 个营,俘 1000 余人。至此,粉碎了敌人的第一次"围剿"。

**中旬**　中共鄂豫陕省委在蓝田葛牌镇召开扩大会议。总结过去的工作和经验教训，肯定了入陕4个月的成绩，提出准备粉碎敌人第二次“围剿”和加紧根据地建设的任务。会议改选了省委班子，徐宝珊、吴焕先分别当选为中共鄂豫陕省委正、副书记。

**18日**　红二十五军攻克洛南县城。战后，乘胜在豫陕边开展群众工作，创建革命根据地。

**20日**　蒋介石下令以30多个团的兵力，向鄂豫陕革命根据地和红二十五军发动第二次“围剿”。

**5月初**　中共豫陕特委和豫陕游击师成立。至此，鄂豫陕革命根据地初步建成。

**4日**　红二十五军于商县龙驹寨（今丹凤县城）进行为期一周的战备整训。

**9日**　中共鄂豫陕省委书记徐宝珊病逝于龙驹寨，省委书记一职由吴焕先代理。

**19日**　中共鄂豫陕省委举行第一次执委会议，通过《关于粉碎敌人二次进攻、为开创新苏区而斗争的决议》。

**下旬**　中共鄂豫陕省委于郧西地区开会，确定诱敌深入、先拖后打的反“围剿”作战方针。

**6月初**　红二十五军由郧西二天门出发，北上商县、洛南地区，插向敌之侧背，寻机歼敌。

**16日**　荆紫关战斗。红二十五军远程奔袭攻占河南淅川荆紫关，歼敌民团1个营及第四十四师1个连，缴获一批物资。

**7月2日**　袁家沟口歼灭战。红二十五军在山阳袁家沟口全歼尾追之敌陕军警备第一旅，毙伤敌团长以下300余人，俘敌旅长唐嗣桐以下1400余人，缴获轻重机枪40挺、长短枪1600余支。

**13日**　红二十五军北出终南山，威逼西安。

**15日**　中共鄂豫陕省委沣峪口会议。在代理书记吴焕先主持下，省委于长安沣峪口召开会议，决定率红二十五军西征北上，配合主力红军北上行动，会合陕甘红军，发展与巩固西北革命根据地。并决定合并鄂陕、豫陕两特委，组成新的中共鄂豫陕特委，领导留下的部队继续坚持鄂豫陕革命根据地的武装斗争。

**16日**　中共鄂豫陕省委率红二十五军主力从沣峪口出发西进，踏上继续长征的道路。

**17 日** 中共鄂豫陕省委向中共中央做《关于红军二十五军的行动、个别策略及省委工作情况的报告》。

**22 日** 杨虎城下令，除以部分兵力尾追红二十五军外，以 20 多个团的兵力对鄂豫陕革命根据地实施划区“清剿”。

**30 日** 中共鄂豫陕省委在留坝江口镇给中共鄂陕、豫陕特委发出两封指示信，具体指示坚持鄂豫陕地区游击战争的方针和任务。

**31 日** 红二十五军攻占川陕公路要地双石铺（今凤县县城），歼敌一部，并截俘敌少将参议 1 名。

**8 月 3 日** 红二十五军攻占甘肃两当县城，歼敌一部。

**9 日** 红二十五军攻占天水县城北关，歼敌一部，缴获一批军用物资。

**11 日** 红二十五军北渡渭河，并占领秦安县城。

**14 日** 红二十五军威逼静宁县城，开始截断西（安）兰（州）公路。

**15 日** 红二十五军进至回民聚居的兴隆镇地区。中共鄂豫陕省委开会，决定部队休息 3 天，严格执行民族政策，开展群众工作，并做好继续沿西（安）兰（州）公路行动的准备。

**17 日** 红二十五军攻占隆德县城，歼守敌第十一旅二团一营大部。当晚翻越六盘山，沿西（安）兰（州）公路东进。

**18 日** 红二十五军于瓦亭附近与敌第三十五师一〇五旅一部遭遇，将敌击退，并相继占领瓦亭、三关口、蒿店。次日逼近平凉县城。

**20 日** 马莲铺战斗。红二十五军在平凉马莲铺击溃尾追之敌第三十五师一〇五旅一部，歼敌一个多营。

**21 日** 四坡村战斗。红二十五军在泾川四坡村附近南渡汭河，后卫第二二三团遭敌第三十五师一〇四旅二〇八团的突然袭击。经奋力反击，全歼敌 1000 余人，击毙敌团长马开基。军政治委员吴焕先壮烈牺牲。

**下旬** 红二十五军回旋于灵台与崇信之间的上良镇、梁原镇、赤城镇等地，以继续钳制敌人，积极探听有关中央红军北上的消息。

**31 日** 红二十五军由平凉以东的四十里铺渡过泾河，向东北前进。至此，截断西（安）兰（州）公路 18 天。

**9 月 4 日** 板桥镇战斗。红二十五军后卫第二二五团在合水板桥镇遭敌第三十五师骑兵团袭击，伤亡 200 多人。战后，红二十五军沿陕甘边界人烟稀少的山区继续北进。

7日　红二十五军到达合水东北边界的豹子川（今属华池县）。中共鄂豫陕省委在此举行会议，决定程子华代理中共鄂豫陕省委书记兼军政治委员，徐海东任军长，郭述申任政治部主任，戴季英任参谋长。

9—12日　留在鄂豫陕革命根据地的中共鄂豫、豫陕两特委和地方武装在商南梁家坟会合，决定组成中共鄂豫陕特委（又称陕南特委），特委书记郑位三。

15日　红二十五军到达陕北延川永坪镇，胜利结束长征。

16日　红二十五军与红二十六军、红二十七军胜利会师。

18日　在永坪镇举行会师联欢大会。宣布红二十五军、红二十六军、红二十七军合编为红十五军团。各军依次编为第七十五师、第七十八师、第八十一师。

10月1日　劳山战役。红十五军团在甘泉劳山，歼敌第一一〇师师部及第六二八团、第六二九团，毙敌师长何立中。

6日　红七十四师在商南碾子坪正式成立。师长陈先瑞，政治委员李隆贵。全师近700人。

19日　中共中央和毛泽东、周恩来、彭德怀等率陕甘支队（即中央红军）到达陕北吴起镇。

25日　榆林桥战斗。红十五军团在榆林桥歼敌第一〇七师六一九团和第六二〇团一个营，俘敌团长高福源。

11月3日　中共中央军委决定恢复中国工农红军第一方面军番号，彭德怀任司令员，毛泽东任政治委员。红十五军团编入红一方面军序列。方面军下辖第一军团、第十五军团。

21—26日　直罗镇战役。红一军团、红十五军团在中央军委直接指挥下，于鄜县（今富县）直罗镇全歼敌第一〇九师和第一〇六师六一七团，粉碎了敌人对陕甘革命根据地的第三次“围剿”。

30日　红十五军团营以上干部在鄜县东村参加党中央召开的庆祝会师和直罗镇战役胜利大会，聆听毛泽东所做的《直罗镇战役同目前形势与任务》的报告。

12月6日　青铜关战斗。第七十四师在镇安青铜关伏击敌第四十军一一五旅二三〇团1个营，毙伤敌营长以下100余人，打破敌人第一次围攻。

**中旬**　中共鄂豫陕特委在宁陕四亩地开会，决定开辟宁陕、佛坪根据地。

26日　红七十四师攻占宁陕县城，歼敌保安队300多人，毙敌县长。

## 1936 年

**1 月下旬** 红七十四师先后两次攻占佛坪县城。

**2 月** 初杨虎城以 10 多个团的兵力，对红七十四师发动第二次围攻。

**中旬** 红七十四师在宝（鸡）汉（中）公路要塞双石铺、黄牛铺歼敌保安团 400 余人，缴枪 300 余支，断敌交通半个月。于 3 月中旬打破敌人的第二次围攻。

**20 日** 红七十五师东渡黄河，参加东征战役。

**4 月 12 日** 红十五军七十五师在山西中阳县师庄东之大石头村，全歼敌第六十六师一九六旅三九二团，毙伤敌 500 余人，俘敌团长郭登瀛以下 450 余人。

**14 日** 红十五军团在孝义县大麦郊进行一周整训。将二二三团改编为七十三师，师长张绍东，政委赵凌波；第二二五团改编为新七十五师，师长陈锦秀，政委常玉清；原七十五师二二四团分别编入第七十三、第七十五师。第七十八师番号不变。

**5 月 2—5 日** 红十五军团七十五师、七十八师西渡黄河，回师陕北。第七十三师掩护全军渡河后，最后西渡。

**中旬** 杨虎城调动 20 个团的兵力对鄂豫陕边的第七十四师发动第三次围攻。

**19 日—10 月初** 西征战役。红十五军团从延川贾家坪地区出发，参加西征战役，先后攻克靖边、盐池、豫旺堡、同心城、打拉池、会宁等地。

**10 月 22 日** 中国工农红军第一、第二、第四方面军在甘肃境内胜利会师。

**11 月 21 日** 山城堡战役。红十五军团参加山城堡战役。此役共歼敌胡宗南部第七十八师二三二旅及第二三四旅 2 个团。

**下旬** 红七十四师打破敌人第三次围攻后，在商南富水关击溃国民党军事委员会别动总队公秉藩第一支队一部和陕西省保安队的进攻，毙伤敌近百人，俘敌中校军官 1 人，缴 20 响驳壳枪 30 余支、步枪数 10 支、机枪 7 挺。

**12 月中旬** “西安事变”爆发后，中共鄂豫陕特委和红七十四师接到中央军委副主席周恩来的指示，从此，即在中央军委的直接领导下行动。

# 1937 年

**1 月 15 日** 红十五军团奉命南下，进抵商县地区，协同友军制止国民党中央军对西安的进攻。

**22 日** 红十五军团在商县与红七十四师胜利会师。

**3 月初** 红十五军团奉命北返甘肃庆阳之西峰镇、驿马关地区，开始历时五个月的整训。红七十四师仍驻防陕南地区。

**8 月 25 日** 红十五军团改编为国民革命军第八路军一一五师三四四旅，旅长徐海东，副旅长黄克诚（到职时为旅政治委员）。全旅 6200 余人。红七十四师改编为第一一五师留守处，不久改为西北留守兵团警备第四团。

# 三、红二十五军整编中主官名录

**红二十五军(1932 年 11 月 30 日重建)**

军长:吴焕先　　政委:王平章

下辖七十四师　　七十五师

**七十四师**

师长:徐海东　　政委:戴季英

下辖二二〇团　　二二一团　　二二二团

**七十五师**

师长:姚家芳　　政委:高敬亭

下辖二二三团　　二二四团

**红二十五军(1933 年 4 月上旬合编)**

军长:吴焕先　　政委:戴季英　　副军长:廖荣坤

下辖七十三师　　七十四师　　七十五师

**七十三师**

师长:廖荣坤(兼)　　政委:王少卿

下辖二一七团　　二一九团

**七十四师**

师长:徐海东　　政委:戴季英(兼)

下辖二二〇团　　二二二团

**七十五师**

师长:姚家芳　　政委:高敬亭

下辖二二三团　　二二四团　　二二五团

**红二十五军(1933 年 7 月中旬整编)**

军长:吴焕先　　政委:戴季英　　副军长:徐海东

下辖七十四师　　七十五师

**七十四师**

师长:徐海东(兼)　　政委:周化贤

下辖二二〇团　　二二一团　　二二二团

**七十五师**

师长:姚家芳　　政委:高敬亭

下辖二二三团　　二二四团　　二二五团

**红二十五军(1934年4月16日合编)**

军长:徐海东　　政委:吴焕先

政治部主任:郭述申(兼)

下辖七十四师　　七十五师

**七十四师**

师长:梁从学　　政委:姚志修

下辖一营　　二营　　三营

**七十五师**

师长:丁少卿　　政委:高敬亭

下辖二二三团　　二二四团

**红二十五军(1934年11月整编)**

军长:程子华　　政委:吴焕先　　副军长:徐海东

政治部主任:戴季英

下辖二二三团　　二二四团　　二二五团　　手枪团

**红二十五军(1934年12月11日缩编)**

军长:程子华　　政委:吴焕先　　副军长:徐海东

参谋长:戴季英　　政治部主任:郑位三　　副主任:郭述申

下辖二二三团　　二二五团　　手枪团

**1935年9月18日编为红十五军团**

军团长:徐海东　　政委:程子华

副军长兼参谋长:刘志丹

政治部主任:高岗　　副主任:郭述申

下辖七十五师　　七十八师　　八十一师

**七十五师**

师长:张绍东　　政委:赵凌波

下辖二二三团　　二二五团

**1935年11月编为红一方面军十五军团**

军团长:徐海东　　政委:程子华　　参谋长:周士第

政治部主任:郭述申　　副主任:冯文彬

下辖七十五师　　七十八师　　八十一师

**七十五师**

师长:张绍东　　政委:赵凌波　　参谋长:毕士悌

下辖二二三团　　二二五团

**1936 年 4 月 18 日扩编**

军团长:徐海东　　政委:程子华　　参谋长:周士第

政治部主任:郭述申　副主任:冯文彬

下辖七十三师　　七十五师　　七十八师

**七十三师**

师长:张绍东　　政委:赵凌波　陈漫远(后接任)

参谋长:伍修权

下辖二一七团　　二一八团　　二一九团

**七十五师**

师长:陈锦秀　　政委:常玉清　　参谋长:韦杰

下辖二二三团　　二二四团　　二二五团

1937 年 8 月以后,红军又经过多次整编,红二十五军将士一直是革命阵营的重要力量。